阳湾村志

YANGWAN CUNZHI

武汉市蔡甸区史志研究中心　主编

李正华／执行主编

华中师范大学出版社

新出图证（鄂）字10号

图书在版编目（CIP）数据

阳湾村志 / 武汉市蔡甸区史志研究中心主编 ；李正华执行主编. — 武汉 ：华中师范大学出版社，2022.12

ISBN 978-7-5622-9928-8

Ⅰ. ①阳… Ⅱ. ①武… ②李… Ⅲ. ①村史—蔡甸区 Ⅳ. ①K296.35

中国版本图书馆CIP数据核字（2022）第198259号

阳湾村志

 主编 李正华 执行主编

责任编辑：梅 杰 **责任校对：**肖绪旭 **封面设计：**胡 灿

编辑室：学术出版中心 **电话：**027-67867792/3280

出版发行：华中师范大学出版社 **邮编：**430079

社址：湖北省武汉市洪山区珞喻路152号

销售电话：027-67863426（发行部） **传真：**027-67863291

网址：http://press.ccnu.edu.cn **电子信箱：**press@mail.ccnu.edu.cn

印刷：湖北恒泰印务有限公司 **督印：**刘 敏

开本：787mm×1092mm 1/16 **字数：**380千字

版次：2022年12月第1版 **印次：**2022年12月第1次印刷

印张：24.5 **插页：**16 **定价：**148.00元

欢迎上网查询、购书

《阳湾村志》主编单位

武汉市蔡甸区史志研究中心

主　　审　姚开明　姜新壮　许雁晴

《阳湾村志》编纂委员会

主　　任　杨家斌

副 主 任　傅建桥　欧阳国华　欧阳国祥

委　　员　方玉荣　刘自功　刘锡新　李定汉　杨圣之
杨平轩　杨光生　杨光霞　周学华　邹德豪
祝月祥　项必强　郑良帅　郑彦轩　聂东平
欧阳万忠　欧阳荣国　欧阳瑞章

《阳湾村志》编辑部

主　　编　李正华

副 主 编　欧阳国祥

编　　辑　周　聪　程歆玥　黄　荣　郭　娟

美术编辑　程歆玥

地图绘制　杨元德

摄　　影　刘福华　程歆玥

篆　　刻　方弘孝

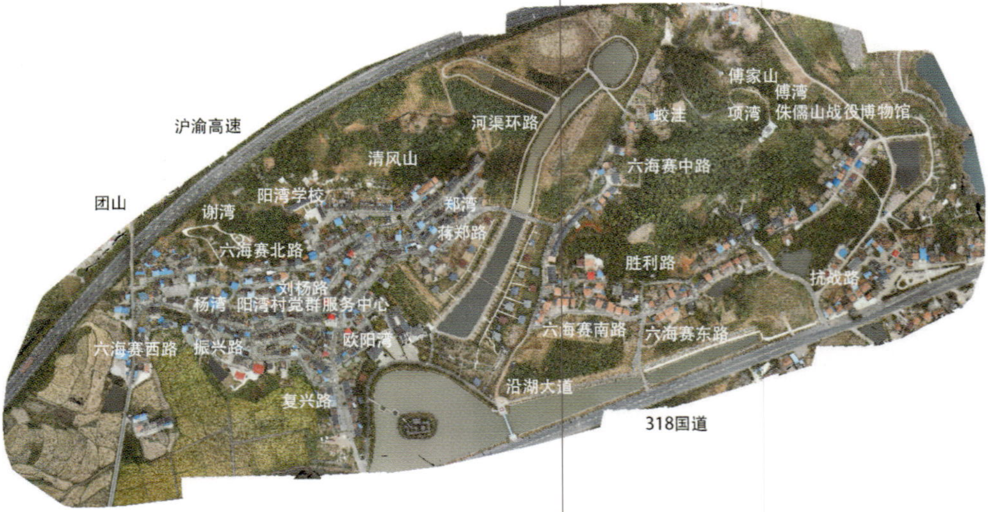

蔡甸区侏儒山街阳湾村方位图(杨元德测绘)

著名作家董宏猷题“红色美丽阳湾”

革命犧牲軍人家屬光榮紀念證

字第〇〇拾號

查蔣天树同志在革命鬥爭中光榮犧牲，豐功偉績永垂不朽，其家屬當受社會上之尊崇。除依中央人民政府「革命軍人犧牲褒恤暫行條例」發給卹金外，并發給此證以資紀念。

永垂不朽

主席 毛澤東

一九五八年 月 日

中華人民共和國中央人民政府之印

毛泽东 **1958** 年为蒋天树家属签发的革命牺牲军人家属光荣纪念证

阳湾村蒋天树旧居

李先念之子李平手书“侏儒山战役旧址”

侏儒山战役纪念碑

阳湾村傅家山傅湾

侏儒山战役纪念牌楼

侏儒山战役博物馆

傅家山铁军亭

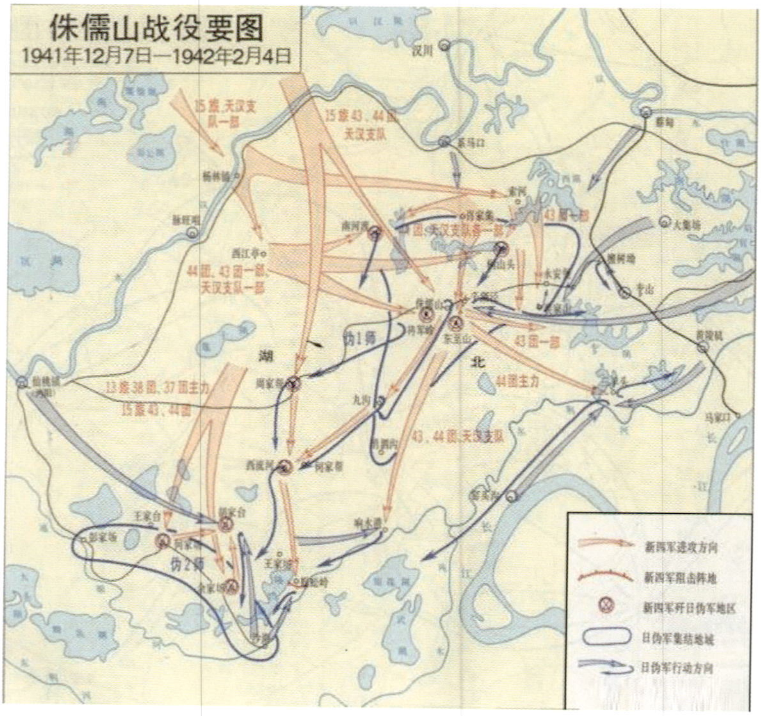

侏儒山战役要图

湖北省委老领导一行参观侏儒山红色教育基地

抗日英雄傅玉和旧居

纪念侏儒山战役八十周年合影

"红色热土,江汉砥柱"

侏儒山中心小学参加红色教育活动

公交六公司参观侏儒山战役红色教育基地

通号部团员青年参观侏儒山战役红色教育基地

著名作家董宏猷一行参观侏儒山战役博物馆

“光荣在党 50 年”
奖章获得者杨圣之

红色教育基地
创建者傅建桥

六海赛生态小镇
创建者欧阳国华

阳湾村六海赛

阳湾村六海赛生态小镇

“桃源桑梓”巨石

阳湾村六海赛生态小镇夜景

六海赛生态小镇民居

六海赛生态小镇民居

湖心岛龙吟阁

2017 年荆楚最美村镇评选颁奖仪式(左四:欧阳国华)

2018 年 1 月 23 日,武汉市政府与市农委、市国土局、市财政局负责人在六海赛生态小镇调研

阳湾村广场舞欢乐嘉年华

序　一

欧阳万坤

欣闻阳湾村被列为中共中央组织部、中华人民共和国财政部建设红色美丽村庄试点之一，中共湖北省委组织部、省财政厅和中共蔡甸区委、区政府亦相继发出通知，大力开展推动阳湾村红色美丽村庄工作试点落地实施。同时，蔡甸区档案馆馆长姚开明提出以文化支撑红色美丽村庄工作试点建设的建议，得到区委、区政府高度重视，决定由区史志研究中心着手编纂《阳湾村志》。盛世修志，功在当代，惠及后人。作为家乡人，感到无比欣慰。文运同国运相牵，村史与国史相连。村志是重要的地方文献，在保存历史、传承文明、资政育人、服务社会中能发挥重要作用。

阳湾村从公元1372年（明洪武五年）欧阳氏移民建村，到现在已有649年历史，其间历经王朝兴替，自然演变，代代相传。7个自然村，11个村民小组，21个姓氏风雨同舟、和衷共济、砥砺前行，一直发展到今天建设红色美丽村庄，实在很不容易。阳湾村的历史既厚重，有温度，又特别鲜活。从先民早期植桑养蚕，缫丝织绸，到开发南屏垸、军山外垸，大兴农业文明；从红色苏维埃政权建设、红军三次树旗、侏儒山战役，到中华人民共和国成立，再到如今的红色美丽村庄建设；从欧阳氏、傅氏、杨氏、项氏、李氏等先贤，到革命烈士蒋天树、抗日英雄傅玉和；从光荣在党50年的老书记杨圣之，到郑彦轩、傅建桥、欧阳国华、欧阳国祥等乡贤，一个个优秀人物竭尽全力推动着历史的车轮向前，同心协力铸造着阳湾村的“村魂”。这个“村魂”有着一个共同的精神，归纳起来就是卧薪尝胆、发愤图强的精神，风雨同舟、和衷共济的精神，爱国爱党、舍生忘死的精神，为民兴村无私奉献的精神。这就是我们梦寐以求的精神家园。

《阳湾村志》分为概述、基本村情、红色历史与教育基地、六海赛生态小镇、经济产业、村级组织、民俗风情、人物、大事记、附录10个部分，它承载地方人文遗产，可谓“文脉之根”“文化之矿”，为今天人们的社会活动提供有价值的信息，在文化创造中具有重要的基础性作用。无论是弘扬中华优秀传统文化，还是发展社会主义先进文化，我们都离不开从村志中撷取素材、吸收养分、寻求启示，收到镜鉴、资治、教化的效果。

阳湾村是生我养我的故乡，铭刻在我心上的一抹乡愁。儿时的我在这片红色土地上聆听老一辈讲革命故事，无数先贤的光辉事迹激励着我学习向上。那时，我在合丰中学读书光荣加入共青团，不久乡亲们还选我当团支部书记，跟着老书记学习为人民服务。后来，我离开了故乡，外出读书、工作，但是，在我的心灵深处，总有一条无形的东西牵引着，一头在故乡那边，一头牢固地拴在我的心上。特别是夜深人静的时候，故乡的影像就愈清晰，故乡的歌声就愈响亮。纵使走到天涯海角也解不开乡情和乡愁，只要想起故乡，漂泊的心灵才得以慰藉，前进的脚步才不会停止。我衷心祝贺《阳湾村志》的编纂圆满成功，在此谨向编纂人员致以崇高的敬意。

（欧阳万坤，侏儒山街阳湾村人，湖北省人大财政经济委员会原副主任委员、中共湖北省纪委第九届委员、中共湖北省委第十届委员）

序　二

姚开明

红色美丽村庄建设是中组部、财政部开展的乡村振兴项目，是省、市、区委主要领导主抓的“天字号工程”。阳湾村能够成为武汉市唯一入选村，是侏儒山街党工委办事处倾情投入，阳湾村两委会带领全村群众不懈努力，特别是傅建桥、欧阳国华等乡贤无私奉献的结果。作为家乡人，我感到无比骄傲和自豪。

红色美丽村庄建设，我认为要两腿用力，双手使劲，既要抓村容村貌等基础硬件的建设，也要挖掘红色文化内涵，探寻村湾历史、前人足迹、乡贤名流奋斗历程等软件建设。阳湾村为什么能够确定为全市唯一的红色美丽村庄创建村？一是傅建桥对侏儒山战役红色文化的挖掘和弘扬，二是欧阳国华打造六海赛生态小镇产生的聚集效应，让阳湾村名声响亮，扩大了影响。这次红色美丽村庄创建是阳湾村难得的历史机遇，我们要充分利用资源，全员行动，文化引领，产业支撑，村貌吸引，辐射八方，把阳湾村建设成为红色文化主题教育区、红色文化旅游区、生态休闲度假区，以及新农村特色体验区，使之无愧为荆楚名村。

2021年1月26日，在区委红色美丽村庄创建推进会上，我提出用文化支撑创建的建议得到区领导的认同，编纂《阳湾村志》被区委采纳并确定为工作目标任务。通过充分的准备，我们非常荣幸地聘请到全国先进文化站长、史志文化名人李正华和阳湾村乡贤欧阳国祥负责村志编纂工作，并确定了以老书记杨圣之等多位乡贤为村志的资料员。《阳湾村志》历史跨度649年，岁月沧桑，人事皆非。尤其是该村各类档案资料遗失殆尽，很多历史数据查询颇难，修志人员面对严峻挑战，克服各种困难，寻根溯源，千方百计寻找知情人回忆历史，搜集到近百万字的资料，然后根据村志篇目大纲的要求精心构思，总体记录了阳湾村的历史。全书分为概述、基本村情、红色历史与教育基地、六海赛生态小镇、经济产业、村级组织、民俗风情、人物、大事记、附录等部分。历史沉淀十分厚重，人物形象鲜活，数据真实可信，具有较高的参考利用价值。

《阳湾村志》以越文化为起点，红色文化为主线，红色美丽村庄建设为重点，坚持人民是历史的创造者的唯物史观，尊重人民主体地位，聚焦人民实践创造，自觉把红色美丽村庄建设同国家和民族发展紧紧联系在一起，记述广大村民长期奋斗，接力探索，历尽千辛万苦，付出巨大代价所取得的伟大成就。在记录红色美丽村庄的同时，传承、传播好历史智慧和经验。

《阳湾村志》是深入开展红色教育的村本教材。广大群众通过读史明智、鉴往知来，立足村庄特色，用好红色资源，做到有址可寻、有物可看、有史可讲、有事可说；感党恩、听党话、跟党走；广泛深入讲好党的故事、革命的故事、红色苏维埃的故事、英雄和烈士的故事。让广大党员干部群众牢记红色政权是怎么来的？新中国是怎么来的？今天的幸福生活是怎么来的？不忘历史，不忘初心，饮水思源，让红色基因代代相传。

在区委、区政府领导和武汉市地方志办公室专家支持下，《阳湾村志》终于出版问世，在此谨表示由衷的感谢。

（姚开明，侏儒山街薛山村人，汉阳四中原校长、汉阳一中原党委书记兼校长，现任蔡甸区档案馆馆长）

凡　例

一、《阳湾村志》以马克思列宁主义、毛泽东思想、邓小平理论、“三个代表”重要思想、科学发展观、习近平新时代中国特色社会主义思想为指导，按照国务院《地方志工作条例》规定，坚持以史为鉴、实事求是的原则，用辩证唯物主义和历史唯物主义观点全面、客观、系统记述阳湾村历史和现状，达到思想性、科学性和资料性的统一，发挥存史、资治、育人的作用，促进经济发展和社会进步。

二、本志记述上限追溯事物起源，下限至公元2020年，重点资料可适当延伸。记述上详今略古，着重反映时代特色和地方特点，重点记述阳湾村的“红色”“美丽”，实事求是地记述历史发展的成就，也不回避历史的挫折。

三、本志叙事区域范围为阳湾村行政区域，包括在阳湾村行政区域以内的相关单位，以及历史上与阳湾村联系紧密的区域。

四、本志采用条目体，分设类目、分目、条目三个层次，横分门类，纵述史实，述而不论。

五、本志综合运用述、志、传、图、表、录、记等载体，以志为主。

六、本志使用规范的现代语体文记述，语言文字力求朴实、严谨、简洁。

七、本志数据分别来源于阳湾村党支部、村委会文件资料，各姓氏宗谱和“三老”（老党员、老教师、老村民）的回忆录，侏儒山街道办事处以及主管部门、主办单位的提供。

八、本志纪年，清代及以前大多采用中国历史纪年与公元纪年对照，民国纪年原则上采用公元纪年。“新中国”指中华人民共和国。“解放前”“解放后”以1948年8月4日侏儒山解放为界。

九、本志记述各个历史时期的组织、人物、职务、地址等，均以当时的名称为准。对频繁出现的名称，首次用全称，其后用简称。记述中“侏儒山地区”“第四区”“侏儒区”“幸福人民公社”“侏儒人民公社”“横龙乡”“侏儒镇”“侏儒街”“侏儒山街”等建置名称，均按事实相区别。

十、本志大事记以编年体为主，有关历史事件记入大事记便于查阅。

十一、本志计量单位采用国务院1984年2月发布的中华人民共和国法定计量单位。考虑到社会使用习惯，土地面积“亩”不统一换算为“公顷”，“斤”“公斤”“吨”不统一换算为“千克”。行政区划地图采用武汉大学测绘学院测绘的地图。

十二、本志遵循“生不立传 ”的原则，设人物传、人物表。对历史人物评价以中共十一届三中全会精神为准，对非社会正能量者不予记述，2020 年在职的公职人员恕不录入。教育、科技、经济方面代表人物不受时间限制，适当录入。

目　　录

二、侏儒山战役旧址

三、六海赛生态小镇

四、经济产业

五、村级组织

六、民俗风情

七、人物

八、大事记

九、附录

概　述

阳湾村位于武汉市蔡甸区侏儒山街道西南，北靠傅家山、清风山、团山，与中刘村交界；东部与榨坊村、土龙村为邻；南临军山，与中湾村、戴湾村接壤；西南与百赛村、小襄河、南屏垸、军山外垸相连，属垄岗平原与泛区平原的过渡地段，地形呈东北高、西南低。村庄三面环山，中间为六海赛湖，西南为小襄河、南屏垸、南桥河和军山外垸，318国道穿境而过。村域总面积约10平方千米，六海赛湖水面4公顷，山林投影面积37.3公顷，耕地面积248公顷，土壤具有较好的耕作性能，适宜种植水稻、棉花、玉米、黄豆、芝麻、瓜果蔬菜等作物。全村辖7个自然湾、11个村民小组、21个姓氏。2021年村民366户1684人。境内有侏儒山战役红色教育基地和六海赛生态小镇。

阳湾村古为武汉西部地区战略屏障和交通要塞，故称“汉西关锁钥”，是历代兵家必争之地。村域南部为洪泛区，是拱卫汉西关的屏障。古时，六海赛湖边有六个小湖泊，九条土岗岭伸向湖边，形似“九龙下六海”，为侏儒山地区形胜之地。六海赛贯通小襄河，吐纳白湖，汇集江汉，享有外江内河水路运输的便利。元末农民起义军布王三、孟海马部驻守军山时，曾泊舟于此。

明代，欧阳氏从江西移民落户六海赛湖畔，奉行以农为本、多业并举的经营方式，“改稻为桑”，繁荣丝绸之路外贸经济。以欧阳隆沂为代表的乡村精英大力倡导儒家文化和越文化精神，注重乡村治理，重视教育，构筑民众精神根基，传承弘扬文明乡风、淳朴民风、优良家风。欧阳氏亲诚惠容，吸引各姓氏相继迁入，建设村湾，开发南屏垸，农耕文明成果十分突出。

清末，太平天国农民起义军与清军在六海赛湖畔发生多次战斗。北伐战争时期，北伐军曾驻守汉西关。阳湾村民在战乱中求生存，将全部身心投入泛区，与水争地，围垸造田，先后垦田2000余亩。民国时期，全村拥有土地近3000亩，水面数百亩。70%的农民人均拥有3亩多土地，棉花、油料、莲藕等农作物连年丰收，形成以中等农业生产者为大多数的经济结构。农民将收获的农作物进行深加工销往市场，促进货币交换与商品经济发展。同时投入人力、财力疏浚小襄河、南桥河等河道，修筑堤防，不断改善农业生产条件。

清末秀才欧阳鼎臣主持六海赛书院教学，为贫困学子提供免费教学。乡绅与为官者主张为乡亲尽力，极力维护村庄安全、村民平安，村民和睦相处，共生共荣。阳湾老一辈善于营造大家庭氛围，祖孙几代人在一起讲家族史、村民创业史，创作采桑歌、养蚕歌、缫丝歌、织绸歌、采莲歌、纺纱歌，开展采莲船、龙灯、蚌壳精、踩高跷、扭秧歌等群众自娱自乐的文化活动。各姓氏十分珍惜家族的历史，尊崇祖先的美德善行，创作了大量民谣和故事，传承文脉，用自己的勤劳智慧不断改变落后的社会生产力，逐步满足日益增长的物质文化需要，在衣食住行和生产、生活、习俗方面积累了丰富的历史文化遗产。

土地革命时期，阳湾村人蒋天树同徐质夫、刘可人等在团山和丰（后改名合丰）禅林古庙和六海赛古堡点燃了农民运动的烈火，先后举行工农武装三次树旗活动，用中国共产党的革命武装反对国民党的反革命武装，建立了侏儒山地区最早的乡村苏维埃政权。

抗日战争时期，傅湾作为侏儒山战役情报中心，李先念、张执一等新四军领导人在这里组织领导对日伪的战斗。抗日英雄傅玉和带领群众奔赴抗日战场，一大批阳湾人为中国革命事业献出了宝贵生命，留下了可歌可泣的革命故事。

阳湾人世代勤劳为本，农耕文明成果十分突出，至 1948 年，阳湾 5 个自然村湾拥有土地面积 2860 亩，其中中农拥有土地 1809 亩，形成了以中农为主的“两头小、中间大”的橄榄型中等经济结构，以中农为主的自耕农代表着村湾经济的第一方阵。

中华人民共和国成立后，土地改革时期阳湾全村人平均土地 3.7 亩，广大农民翻身做了主人，生产积极性空前高涨。互助组、合作化时期农户经济收入大幅增长。至 1956 年，阳湾 5 个自然村湾经济指数跃升至侏儒山地区首位。

人民公社时期，由于“五风”（官僚主义、强迫命令、瞎指挥、浮夸风、共产风）和“一平二调”的错误思想指导，阳湾大队集体生产与人民生活遭受严重挫折。1960 年后，阳湾大队受派遣赴府河、汉川沉湖、新沟船闸、长江干堤修建水利工程，还先后参加了成功堤、洪北大堤、苏家垸、军山外垸、南屏垸、西湖垸等民堤民垸及汉沙公路等水利、交通工程建设，广大村民为改造大自然与抗拒自然灾害进行了艰苦卓绝的战斗。大队党支部带领群众于艰难时奋起，打造棉花高产田和兴办大队工副业，壮大集体经济，改善人居环境，提高人民收入。在“文化大革命”中，大队党支部坚持维护安定团结的局面，抓革命促生产，集体经济进一步壮大，农民生活明显改善。

中共十一届三中全会以后，阳湾村党支部坚定不移走强村富民之路，推行家庭联产承包责任制，积极支持一部分能人外出创业，鼓励少数人先富起来而逐步走向共同致富。倡导土地集约化经营，走名优特种养殖和产业兴村之路。

2004年，随着农业税取消和财政直补政策落实，阳湾村农业效益稳步上升，产品质量不断优化。科技农业、特色农业、生态农业、都市农业、旅游观光农业出现良好开端。

2012—2016年，傅建桥发起并筹建侏儒山战役博物馆、铁军亭等红色教育基地，每年接待参观者数万人次。

2015—2017年，由欧阳国华投资并争取政府配套资金兴建六海赛生态小镇，成为武汉蔡甸西部的生态休闲度假区、新农村特色体验区，获评湖北省“十大荆楚最美小镇”。

2020年，阳湾村被中共中央组织部、中华人民共和国财政部列为全国200个红色村试点之一，成为湖北省23个红色村试点之一，武汉市唯一的红色美丽村庄工作试点。

阳湾建村649年，7个自然湾、21个姓氏，人才辈出，灿若星辰，其中不乏杰出始迁祖、革命烈士、战斗英雄、知名乡绅，希望工程图书馆和红色教育基地、生态小镇创建者，优秀共产党员、文明乡贤、种田能手、革命干部和各行各业先进人物，世代薪火相传，生生不息。

一、基本村情

阳湾村山丘、河流、湖泊交错，古为“九龙下六海”自然形胜之地。2021年，辖区有7个自然村湾、11个村民小组、21个姓氏，村民366户、1684人。基础设施建设和教育、民政、文化、卫生等社会事业不断发展。

区　　位

阳湾村地处武汉市蔡甸区侏儒山街西部，境域地跨北纬30°26′33.17″—30°34′，东经113°50′36.74″—113°56′。北靠傅家山、清风山、团山，与中刘村交界；东部与榨坊村、土龙村为邻；南临军山，与中湾村、戴湾村接壤；西接百赛村；南与小襄河、南屏垸、军山外垸相连，行政区划面积10平方千米（含南屏垸、军山外垸面积）。阳湾村水陆交通便利，小襄河贯穿辖区南部，流经侏儒河、通顺河、黄陵闸、沌口汇入长江，是明代江西填湖广移民的重要航道。318国道、百曲公路、汉宜高速、宜黄高速、沪渝高速均在境内交会。2021年共开通公交汽车线路6条，是连接武汉、蔡甸、洪北、成功、消泗、石山、仙桃、汉川等地的交通要冲。辖区有侏儒山战役博物馆、铁军亭、六海赛生态小镇等重要建筑。

自然环境

地形

阳湾村地势由北向南倾斜，属泛区平原到垄岗平原过渡地段，山丘、河流、湖泊交错呈团块和条带状，以军山为最高点，海拔136.3米。南部的军山外垸为最低点，海拔19.80米。古时，南部洪泛区芦苇丛生、河港纵横具有战略纵深优势，傅家山、清风山、军山怀抱六海赛湖，扼江汉平原进入武汉的咽喉，故称“汉西关锁钥”。1372年（明洪武五年）欧阳氏始迁祖欧阳隆沂根据境域内地形特征形容为“九龙下六海”。“六海”（六个小湖泊）分别是中湾、官厅湾、北榜湾交会处，傅家山与土龙村交会处，龙口（今傅湾）与芦笋嘴（今项湾）结合部，军山临六海赛湖的雷坑凹，芦笋嘴（今项湾）与欧阳湾三星台之间，欧阳湾窑嘴至西阳湾窑沟处。“六海”汇集为“六海赛湖”（“赛”原为“塞”，指边界上险要地方，后约定俗成为“赛”）。沿六海赛湖东、南、北方向分别有九个土岗岭延伸到湖边，形似九条龙，亦称“九矶头”，分别是中湾矶头、北榜矶头、土龙矶头、龙口矶头、芦笋嘴矶头、三星台青龙岭矶头、窑嘴矶头、六屋台矶头、戴湾矶头。“九龙下六海”为自然形胜之地，后因历史沧桑，地形特征发生变化。

面积

阳湾村总面积（包括耕地、村民宅基地、道路、生态小镇、红色教育基地等公用设施用地等）10 平方千米。

明清时期，六海赛湖水域面积约 2000 余亩，东至土龙、中湾，南临军山至戴湾一线，北溉六海赛湖畔田野，西连百仗赛。先民在燕子山建有六海古堡。民国时期，由于洪水冲击使泥沙淤积，泛区地面抬高，水位下降，六海赛湖面积逐渐缩小。土地改革时期，六海赛湖实际水面只有 24 公顷，其中 18 公顷划给中刘、百赛、戴湾所有，阳湾村仅剩 6 公顷。1972 年围湖造田 6 公顷。1973 年，汉沙公路建设占用湖面 1.8 公顷。2020 年，六海赛湖实际水面 4 公顷。

清风山、傅家山、团山水平投影面积 66 公顷。明代，欧阳氏在清风山、阳家山、团山植桑造林。清代、民国时期，清风山、傅家山、团山改为牧场。新中国时期，阳湾大队在清风山、傅家山、团山植树造林约 66 公顷。

土地改革时期，欧阳湾、西杨湾、小阳湾、谢湾、蛟洼 5 个自然湾实有耕地面积 190.7 公顷，其中南屏垸旱地 166 公顷，六海赛湖畔水田 24.8 公顷。1959 年人民公社时期，新华管理区（合丰管理区前身）在南屏垸开展土地“一平二调”，将阳湾大队南屏垸耕地 96 公顷划分给匡湾、土金、黄金、管岭、高灯、榨坊、中刘、百赛等大队。此后，阳湾大队欧阳湾、小阳湾、西杨湾、谢湾、蛟洼 5 个自然湾实有耕地面积 95 公顷。同年傅湾、项湾并入耕地 26 公顷，阳湾大队欧阳湾、小阳湾、西阳湾、谢湾、蛟洼、傅湾、项湾 7 个自然湾实有耕地面积 121 公顷。1973 年，阳湾大队在军山外垸围湖造田，新增耕地面积 133.3 公顷，合计耕地面积 248 公顷。

至 2021 年，阳湾村拥有耕地面积 248 公顷、山林 66 公顷。

土壤

阳湾村地处蔡甸区中部垄岗平原与西部泛区平原的过渡地段，土壤构成错综复杂，村境内分布有各种不同的土壤。土壤系统分类为黄土、湖板土、底沙湖板土、沙土、油沙土、垫沙油沙土、包银油沙土、正土、包银正土、砾质黄沙土、白散土、青隔泥散土、烂泥土，具有较好的耕种性能，适宜种植水稻、棉花、玉米、黄豆、芝麻、瓜果蔬菜等作物。

气候

气温　阳湾村年平均气温为16.89℃。1月气温最低，平均气温3.95℃；7月气温最高，平均气温26.70℃。有过3次极端最低气温，分别为：－14.10℃，出现在1955年1月；－11.20℃，出现在1984年1月22日；－6.70℃，出现在2008年1月29日。有过三次极端最高气温，分别为：39.60℃，出现在1983年8月6日；38.30℃，出现在1995年7月23日；40℃，出现在2013年8月13日。

2000年后，在全球气温变暖的大环境下，本地区年平均气温为17.57℃，高值年为18.20℃，出现在2007年；低值年为16.90℃，出现在2003年。

2018年，本地区月平均气温为18℃，较以往多年偏高1℃。最高气温38.30℃，出现在8月11日；最低气温－6.10℃，出现在1月29日。2020年月平均气温为18.5℃，较2018年偏高0.5℃。2021年月平均气温为17.5℃，较2020年偏低1℃。

降水　阳湾村年降雨量为1270.46毫米，降雨多出现在6月上旬至7月上旬“梅雨”期间，降雨量占年降雨量的60%左右，其中以6月降雨量最大，平均为238毫米。降雨量最少的月份是12月，平均月降雨仅26毫米，平均年雨日为115天。高值年降雨量达1800毫米以上，分别出现在1983年（1836.90毫米）、1998年（1866毫米）。低值年降雨量在1000毫米以下，分别出现在1985年（807.10毫米）、1997年（921.80毫米）、2001年（906.20毫米）。

2018年，雨天数132天。年降水量为1101.80毫米，较以往多年平均雨量偏少225.60毫米。最大日降雨量699毫米，出现在7月5日。2020年7月6—7日，本地区普降中到大雨，西南部地区降雨较大，其中南屏垸、军山外垸34—87毫米。全年雨天数112天，年降水量为1202.4毫米。2021年8月9日13时至18时，本地区普降中到大雨，分别为63.1毫米和53.3毫米（14—15时）。

1963—1984 年阳湾村降雨表

单位：毫米

年		月		日	
年份	总年量	高值月	合计雨量	高值日	雨量
1963	908.7	7	/	30	44.5
1964	1538.7	6	442.2	8	120.8
1965	995.0	6	/	24	98.9
1966	812.6	6	/	25	52.5
1967	1158.95	6	/	18	105.0
1968	747.0	6	/	28	45.9
1969	1537.4	7	529.9	15	137.7
1970	1181.2	7	262.3	7	75.7
1971	618.6	5	137.1	23	39.0
1972	905.5	5	192.4	11	87.9
1973	1414.9	9	340.2	6	91.3
1974	940.7	4	113.0	19	47.2
1975	1170.3	6	65.7	24	65.7
1976	927.5	8	105.5	25	68.3
1977	1425.0	4	34.3	26	122.9
1978	995.7	6	226.7	13	81.7
1979	1075.0	6	443.4	23	113.5
1980	1353.7	8	347.5	11	179.1
1981	1111.5	6	222.3	27	142.1
1982	1588.5	6	278.8	19	168.5
1983	1836.9	7	362.5	4	237.0
1984	1069.4	6	266.9	26	77.5

1985—2020 年阳湾村降雨量统计表

单位：毫米

年份	年降雨总量	年份	年降雨总量
1985	1267.3	2003	1489.4
1986	1070.40	2004	1354.8
1987	1422.40	2005	1340.3
1988	1231.1	2006	1084.9
1989	1748.70	2007	919
1990	1422.3	2008	1110
1991	1830.7	2009	1306
1992	1193.40	2010	1071
1993	1564.40	2011	1499.2
1994	1069.40	2012	1041
1995	1256.4	2013	1302.4
1996	919	2014	1397.6
1997	921.80	2015	1120.9
1998	1866.86	2016	1409.0
1999	1710.20	2017	1794.3
2000	1081.54	2018	1101.80
2001	906.20	2019	902.80
2002	1101.80	2020	1202.4

日照 阳湾村日照时数从每年 3—7 月逐旬上升，与雨天日数成反比。日照高峰期在每年 3 月、5 月、7 月、8 月下旬和 10 月中下旬。年平均日照时数为 1925.84 小时，日照百分率为 57.4%。日照百分率大于或等于 60%的年平均日为 168 天，小于或等于 20%的年平均日为 137 天。

日照高值年出现过 3 次：1978 年（2332 小时）、1981 年（2107 小时）、2001 年（2181.20 小时）。日照低值年出现过 3 次：1975 年（1854.60 小时）、1989 年（1571.50 小时）、2015 年（1336.90 小时）。

2018年，全年日照时数为1664.3小时，较多年平均日照时数偏少214.60小时。最高值在8月，日照时数为223小时；最低值在12月，日照时数为44.40小时。

2020年，全年日照时数为2164.3小时，较多年平均日照时数偏多414.60小时。2021年，全年日照时数为1764.5小时，较多年平均日照时数偏少314.20小时。

辐射 阳湾村年平均太阳辐射总能量为112.70千卡/平方厘米，高值年1978年为120.30千卡/平方厘米，低值年1975年为104.40千卡/平方厘米。≥10℃的总辐射量为86.50千卡/平方厘米，占全年总数的76.8%；15～20℃的总辐射量为64.6千卡/平方厘米，占全年总数的57.3%。光能可被植物进行合作利用的部分约占总辐射量的47.3%。

风速 阳湾村风向以北风出现最多，仅有2年出现最多风向为东南风。年平均风速为1.85米/秒。高值年为2.30米/秒，出现在上世纪80年代前期及2016年和2018年。低值年为1.40米/秒，出现在上世纪90年代后期以及2005年、2012年、2014年。2021年5月14日20点39分，蔡甸区突发龙卷风9级，风速23.9米/秒，阳湾村军山外垸部分农作物大棚被毁。

蒸发 阳湾村年平均蒸发量为1343.20毫米。高值年1518.80毫米（1986年），低值年1149.60毫米（1999年）。4—6月蒸发量在1000毫米以上，最大为7月，平均195毫米。最小为1月，平均42毫米。

湿度 阳湾村年平均相对湿度为79%，高值年份为82%（1989年），低值年份为76%（1986年、1988年、1995年），最小相对湿度为12%，出现在1976年3月1日。月平均相对湿度在74%～82%之间，秋冬季较春夏季小。

四季划分

春季 3月14日至5月13日为春季，共计61天。2018年春季气温显著偏高，降水偏多，时空分布不均，日照偏少，出现了雾霾、大风、持续阴雨、暴雨、高温等天气。2020年、2021年春季气温显著偏高，达到27℃。

夏季 5月14日至9月25日为夏季，共计135天，温度在20℃以上。2018年夏季气温偏高，降水偏少，时空分布不均，日照偏多，出现了大雾、高温、强对流等天气。2020年夏季气温26～33℃，2021年夏季气温25～28℃。

秋季 9月26日至11月19日为秋季，共计55天，温度在10～22℃。2018年秋季气温偏高，降水总量偏少，日照偏少，出现了强对流、大雾、霾、大风降温等天气。2020 年秋季气温 10.5～23℃，2021 年秋季气温 10～22℃。

冬季　11 月 20 日至 3 月 13 日为冬季，共计 114 天，温度在 10℃以下。2018 年冬季气温偏低，降水偏少，时空分布不均，日照偏多，出现了雾霾、大风、低温雨雪冰冻等天气。2020 年、2021 年冬季温度在 1～5℃之间。

1983—1995 年阳湾村气候要素表

年份	平均气温(℃)	最高气温(℃)	最低气温(℃)	平均风速(m/s)	日照时数(h)	雾日	露日	雪日
1983	16.5	37.5	−3.5	2.2	2069.9	30	234	
1984	17.2	37.7	−2.4	1.6	1851.1	16	198	9
1985	16.1	37.4	−6.4	2	1898.2	27	179	
1986	16.5	37.4	−4.5	2	2106.4	19	191	
1987	18.57	35.3	−3.7	2.13	2028.3	29	241	
1988	16.7	38.3	−3.3	2.2	2005.4	11	165	
1989	16.05	37.6	−3.1	2.1	1571.5	23	193	
1990	17	37.7	−6.4	1.9	1992.4	39	234	
1991	16.4	31.7	2.4	1.7	1637.2	32	186	
1992	16.8	38.2	−2.7	1.8	2005.7	23	222	
1993	16.3	35.1	−6.9	1.7	1813	16	197	
1994	17.2	37.7	−2.4	1.6	1851.1	16	198	
1995	17.2	37.6	−4.8		1852.2			

2000—2020 年阳湾村气候要素表

年份	平均气温(℃)	最高气温(℃)	最低气温(℃)	平均风速(m/s)	日照时数(h)	雾日	露日	雪日
2000	17.2	38.7	−6.1	1.6	1876.1			
2001	17.5	37.5	−3.4	1.7	2181.2			
2002	17.4	38.1	−4.8	1.5	1807.2			

续表

年份	平均气温（℃）	最高气温（℃）	最低气温（℃）	平均风速（m/s）	日照时数（h）	雾日	露日	雪日
2003	16.9	39.6	—3.5	1.5	1613			
2004	17.7	36.5	—6	1.4	1928.6			
2005	17.4	38.4	—5.9	1.3	1801.2			
2006	17.9	37.4	—3.6	1.4	1862.3			
2007	18.2	37.5	—2.3	1.6	1655.8			
2008	17.5	37.4	—6.7	1.4	1875.2			
2009	17.5	38.4	—4.5	1.5	1680.6			
2010	17.2	38.5	—3.3	1.6	1761.2			
2011	17.1	37.8	—4.5	1.5	1915.4			
2012	17.1	37.8	—4.1	1.3	1639.3	9		5
2013	18.1	40	—4.8	1.5	2097.4	7		3
2014	17.5	37.6	—5	1.3	1494	4		12
2015	17.5	35.6	—1.9	2.2	1336.9	11		32
2016	17.8	38.4	—5.8	2.3	1459.7	12		51
2017	17.9	39.1	—1.4	2.2	1655.9	5		1
2018	18	38.3	—6.1	2.3	1664.3	22		12
2019	18.5	37.6	—4.5	1.6	1874.3	11		
2020	18	38.1	—5.2	2.2	1760.3	9		

自然资源

水体

六海赛　六海赛位于阳湾村前，是承接阳湾村、土龙村、中湾村等地来水的村域湖泊，汇入小襄河。明清时期，六海赛湖水面约数千亩，东至捉马山，南连军山，北到清风山、傅家山、团山山麓，西达百仗赛燕子山。

“赛”在汉阳南乡方言中是湖荡、洼地的意思，因此，侏儒山湖泊中的“赛”一个是通假字，通“塞”。“塞”是边界上隔绝内外的屏障，泛指易于据守御敌的险要地方，也表达出当地人想阻塞河流使泛水区成为圩垸进行耕作的意愿，明嘉靖汉阳府地方志中的地名也有记载。

六海赛湖中盛产莲藕、鱼类，惠及乡邻。民国时期，由于洪水冲击使泥沙淤积，六海赛湖面缩小。土地改革时期，六海赛湖实际水面只有 24 公顷，将其中 18 公顷划给中刘、百赛、戴湾所有，阳湾村仅剩 6 公顷。1972 年围湖造田 6 公顷。1973 年，汉沙公路建设占用湖面 1.8 公顷。2020 年，六海赛湖面实际水面仅剩 4 公顷。

太白湖　太白湖内称西湖水系，外称太白湖水系，六海赛、南屏垸和军山外垸明、清、民国时乃汉水泛区，亦称白湖泛区。相传唐代大诗人李白曾泛舟于此，后人遂以为名。古时，太白湖水系泛水时汪洋一片，不分东西；落水时则高低有别，高者为柴山草场，低者为湖泊港汊。从 1966 年起，泛南、洪北相继围垦造田，南边湖成为大兴垸；黄网湖劈直为河道，东部围入洪北大垸，西部围入军山外院，大湾湖围入军山外垸。

小襄河　小襄河位于阳湾村南侧，流经戴湾村合丰村出军山闸入侏儒河汇入通顺河，是承接汉川境内下泄渍水和汉江来水的一条进洪河道。长 3.5 千米，水深 3 米，流域面积 2.40 平方千米，径流量 31 立方米每秒。

南桥河　南桥河位于南屏垸和军山外垸南侧，流经南屏垸南侧出南屏闸，经军山外垸、南边湖垸汇入通顺河至沌口汇入长江，是承接汉川境内下泄渍水和汉江来水的一条进洪河道。水深 3 米，流域面积 12.40 平方千米，径流量 31 立方米每秒。

西进河　西进河位于阳湾村、中刘村西侧、合丰桥西侧百赛村进入汉沙公路处，是 1973 年人工开掘的一条进洪河渠。长 3.6 千米，水深 2 米，流域面积 2.40 平方千米，径流量 31 立方米每秒。

山丘

傅家山　傅家山原名阳家山，位于阳湾村傅湾与项湾之北，为侏儒山战役策源地。位于阳湾村东北方向 886 米处，长 0.4 千米，宽 0.353 千米。海拔 73.6

米，兼有砂岩与土质。明代，欧阳氏在山坡上植桑造林。清代、民国时辟为牧场。1959—1973年，植树造林20公顷。山顶建有铁军亭，山南麓建有侏儒山战役博物馆、侏儒山战役牌坊、侏儒山战役旧址石碑，是全国红色教育基地之一。

清风山 清风山位于傅家山之西，阳湾村之北，亦称清明山，为越王勾践后裔欧阳氏祭奠先人之处。山地水平投影面积15公顷，斜坡面积约23.3公顷，海拔71.8米，兼有砂岩与土质。明代，欧阳氏在山坡上植桑造林。清代、民国时辟为牧场。1959—1973年，植树造林20公顷。

团山 团山位于阳湾村之西，占地面积8.6公顷，土质，山体矮小、形圆，昔属阳湾。曾为和丰禅林古庙所在地，土地革命时期苏维埃政权诞生地。中华人民共和国时期为合丰小学、合丰中学校址。

生物

动物 古时，白湖泛区俗称“三来”宝地，即：天上飞来野鸭大雁，地下长出芦苇，水里游来鱼虾龟鳖。野鸭长年生活于湖区，以水中虫、螺、藻类植物为食，秋后生长成熟，体肥味美。猎手依其大小形体分类出售，其类别：首先为对鸭，又名青头，以一雌一雄两个为一对；其次为三个头，即二母一公为一组；再次为五个头，又名黄尖（因头上黄色羽毛多得名），为三公二母；最小为八搭，即五公三母八个一组。体型稍大于鹌鹑。进入深秋，大雁南来，栖息于太白湖区滨湖地带。当地猎手用土铳射击获取，为婚丧喜庆及春节期间卤制菜肴之佳品。现在，泛区实行《野生动物保护法》，保护、拯救珍稀、濒危野生动物，保持生态平衡。野生兽类有野兔、獐子、刺猬、獾等。野生禽类以山禽和水禽为主。山禽有喜鹊、燕子、麻雀、乌鸦、啄木鸟、野鸡等。水禽有白鹳、红嘴鸥、小天鹅、野鸭和大雁等。家养畜禽主要有猪、牛、羊、鸡、鸭、鹅等。

植物 阳湾村山地与湖区植被丰茂。山地灌木类植物有山胡椒、杜鹃、冬青、竹类、野蔷薇、野花椒、野柿子、紫藤、南天竹等17种；湖区水生植物有水生湿生植物、浮游植物、水生维管束植物、挺水植物、浮叶植物、沉水植物，其中芦苇、莲、藕分布最广。苦草、马来眼子草、金鱼藻、茨藻为优势种群。食用野生植物有藜蒿、荠菜、茭白、芡实、苜蓿、野菱角、菱米菜等。

水产 阳湾村湖泊、港汊、河流南通长江，北连汉水，鱼群多趁洪水泛滥进入觅食、栖息、繁殖。有鲭、鲤、鲩、鲢（白鲢）、鳙（胖头）、鲫（喜头）、鳊、鳜、鲇、黄鳝、泥鳅、乌龟、甲鱼、虾、螺蛳、蚌壳等水产。明、清、民国时期，六海赛年产鲜鱼数十万斤以上。后因民垸围垦，水面缩小，致使鲜鱼产量锐减。后来，境内大力发展水产养殖业，现有鱼类16科77种，其中鲤科鱼类48种。主要经济鱼类有青、草、鲢、鳙、鲤、鲫、鳊、鳜、乌鳢。主要经济水栖动物有甲鱼、黄鳝、泥鳅、鳖、龟、蟹、螺、蚌等。2010年，本地小龙虾养殖业兴起。小龙虾是一种外来物种，别称克氏原螯虾、红螯虾和淡水小龙虾，是螯虾科原螯虾属动物，甲壳坚硬，成体长约5.6—11.9厘米，暗红色，螯狭长，幼虾体为均匀灰色。它是淡水经济虾类，肉味鲜美，是本地重要的经济养殖品种。

自然灾害

阳湾村西接汅水，南通长江，北连汉水，加之平原丘陵相间和过渡性季风气候特点，容易出现渍涝、干旱、冰冻、蝗虫等自然灾害，经常受到“姊妹水”“兄弟旱”的袭击。1915—2021年的106年间，共有46年发生各种自然灾害。

水灾

1919年6月15日以后，大雨倾盆，日以尺计，水位高28.28米，堤防俱溃。

1926年夏，大水，溃堤，全村淹没。

1931年6月，大水，堤溃，村庄田地被淹，房屋倒塌60%，村民流离失所，水位28.28米。

1934年，水灾。

1935年，入夏后霪雨成灾。7月上旬又大雨倾盆，复受汉水冲击，加之长江水位顶托、倒灌，水位迅速上升。7月12日，西湖、南屏两垸堤防先后被冲毁，溃口8处。

1942年，西湖、南屏两垸溃水甚大。

1948年5月，大雨连绵，被渍田亩达百分之六十。同年冬，冰冻，河面行人。

1954年春夏之交，长江、汉江流域发生连月强降雨。6月，水势猛涨，汉江水位30.3米，堤防俱溃，遭受百年未遇之特大洪水。田地淹没几尽，房屋多被冲毁，人畜转移到山地上。政府大力救灾，全力领导重建家园，恢复生产。入冬，大雪冰封，道路阻隔，河面行人。

1964年6月23日至30日，降雨量达238.5毫米，大雨成涝，排渍得救。11月6日至31日，阴雨连绵15天，降雨量138.5毫米。至入春以来，降雨量达

430 毫米。

1974 年，7 月 9 日 16 时 45 分至 17 时 05 分，巨雷过后，暴风雨从西北方呼啸而至，一瞬间，又转偏南风，平均风力为 10.7 米/秒，降雨 17 分钟，降雨量为 135 毫米，后连降大到暴雨，军山外垸民堤崩溃，垸内农作物被淹。秋，杜家台分洪。

1977 年 4 月 29 日至 6 月 14 日，连续降雨 16 天。6 月份大风、大雨，降雨量达 218.6 毫米。军山外垸溃堤，垸内农作物被淹。

1980 年 8 月 30 日，汉江汉川水位高 31.7 米。秋，杜家台分洪，军山外垸淹没。

1982 年，涝灾。

1983 年，6—7 月涝灾，早稻受损，中稻绝收。7 月 5 日 5—7 时，降雨 92 毫米；10 月 4 日上午 7:40—9:40 分，降雨 144.7 毫米；7 月 19 日水位上涨至 28.11 米，水灾仅次于 1954 年。10 月 8 日，杜家台分洪，洪北泛区泄洪，洪北大垸、军山外垸等民垸破堤蓄洪。

1984 年，9 月 29 日，因汉江上游普降暴雨，中下游水位陡涨，杜家台被迫开闸分洪，最大流量达 2100 立方米/秒。

1986 年，梅雨季节普降大雨。7 月 17 日，雨量达 150 毫米，渍涝农作物 18.5 万亩。

1991 年，出现史上罕见暴雨、大暴雨、特大暴雨。7 月 1—12 日降雨不歇，史称“91.7”型暴雨，是自 1880 年有雨情记载以来同等时间的最大降雨量。泛区北垸闸外水位 26.37 米，农田绝收面积达 60%以上。

1993 年，9 月 17—20 日持续大暴雨，农田受渍，房屋损坏。

1996 年，大水，6—7 月暴雨不断，内湖水位超过 1991 年同期水位。

1998 年，长江发生全流域性特大洪水，外洪内涝，灾情十分严重。

1999 年，6 月 23 日，持续大到暴雨，被称为 1998 年的“姊妹水”，平均雨量为 476.51 毫米。

在 2000—2018 年的 18 年间，因长江三峡水利工程发挥调蓄洪水的作用，境内只发生各种洪灾 5 次。

2009 年 7 月，水灾。

2016 年 7 月，水灾。

旱灾

1958 年 4 月，暴风为灾。夏秋之间，80 余天不雨，全面组织抗旱，群众用水车从六海赛湖心取水，仍无济于事。

1978年夏秋间，97天不雨，人称百日大旱，因排灌设施发挥作用，农业仍获丰收。

1981年，旱灾。4—7月，下雨量仅160毫米。7月10日，一天降雨120毫米。

1983年，春旱，无水育秧开田，向沔阳借水开苗。伏旱，从长江引水抗旱。

1986年，春旱无雨，向沔阳借水下秧。8月底至9月初，连续33日未雨，严重秋旱。

1988年，大旱。四月下旬持续高温，普刮“南洋风”，整个梅雨季节只下雨70.8毫米。湖泊、塘堰干涸见底。

1990年，先涝后旱。7月中旬开始持续高温，政府从汉川借水抗旱。

2000年，百年不遇的旱灾。春旱接伏旱，伏旱连秋旱。塘堰干涸，人畜饮水困难。

其他灾害

1915年，大旱，继之蝗虫为灾。

1916年，大旱，飞蝗蔽日。

1917年，正月初二地震，房屋动摇几倒。2月1日，地震声较微。

1918年，正月初三下午2时，地微震；6月29日下午2时，大风雨并冰雹。

1926年夏，一日，蛟洼发生大雨雷电事故，一村民遭雷击死亡。

1927年夏，瘟疫流行，本地不几日死亡数人。

1929年，虫灾，大部分田亩受灾。

1940年4月8日，冰雹大作，人畜受伤甚众。

1956年3月17日，龙卷风达8级，村中房屋多遭毁坏。

1960年秋，沿南屏垸堤内外，蝗虫为灾，政府派飞机灭蝗。

1962年夏，南屏垸田鼠成灾，禾苗被毁，机关人员及在校学生帮助挖鼠。一日，蛟洼发生大雨雷电事故，一村民遭雷击死亡。

1969年冬至次年正月，持续降雪两月余，大雪封门，滴水成冰，耕牛被冻死数头。

1973年，从秋到冬，90天不雨。一日，蛟洼发生大雨雷电事故，一村民遭雷击死亡。

1980 年，多雨低温，导致农作物各种病虫害大面积发生。

1983 年，鼠害猖獗，谷芽、玉米苗多被咬断。

1989 年，低温灾害。年平均气温 16.1℃，极端高温仅 37.6℃，比常年低 2—3℃。寒露风在 9 月 8 日开始，比常年提前 10 天，造成晚秋作物减产。

1994 年，低温、冰冻、阴雨、寡照，造成夏粮和油菜受灾减产。

2008 年，冰冻灾害。从 1 月 12 日至 2 月 1 日持续低温雨雪，遭遇 1954 年以来最恶劣的冰冻灾害性天气，最低气温－3℃—－1℃。

2018 年 1 月，本地遭遇持续低温雨雪冰冻天气，农业生产受灾害情况严重，村党组织全力抗灾、救灾，帮助瓜农菜农积极清理 60 多个大棚棚顶积雪，疏挖田间沟渠 1000 多米，抢摘藜蒿、菜薹等蔬菜 2000 多公斤。

2019 年底春节期间，武汉地区发生严重新冠病毒疫情，全市封城抗疫，阳湾村启动应急响应，建立街村联防联控工作机制，落实方案，明确流程，实现科学高效运转，关口前移，深入排查，加强密切接触者管理，严格管控，禁止群众聚集，减少人群流动，启动问责程序，压实属地责任推动各项措施落地见效。从而保证疫情防控工作的成效，取得疫情防控阻击战的最终胜利。

村治沿革及自然村湾

村治沿革

1372 年（明洪武五年），欧阳氏移民至汉阳县和丰堡六海赛湖畔定居建村，名欧阳湾，后简称阳湾。明代县下设乡，乡下设里，阳湾属汉阳县湘阴乡三里。

清代，乡里以下按佛寺堡庙的香火来源划分区域，阳湾属和丰堡，傅湾、项湾属白土堡。

1929 年，中国共产党在侏儒山地区成立县、区、乡苏维埃政权，阳湾属和丰乡苏维埃政府管辖。

1931 年，国民党推行保甲制，县下设区，区下设保，阳湾属汉阳县第六区第十保。

1938—1940 年抗日战争时期，侏儒山地区沦陷，阳湾属伪汉阳县第六区东土乡。

1941—1942 年，侏儒山战役取得决定性胜利，阳湾属抗日民主政府管辖。

1944 年，阳湾属汉沔行政委员会管辖。

1945 年抗战胜利后，阳湾属第三行政督察区（随县）专员公署侏儒乡。

1948 年，阳湾属川汉沔县。

1949 年中华人民共和国成立，阳湾属汉阳县第四区。

1952 年属汉阳县第四区和丰乡。

1956 年属汉阳县第四区建新乡、石山乡。同年建立高级农业合作社，阳湾为幸福十四社，项湾、傅湾为幸福十三社。

1958 年成立人民公社，改为阳湾大队。同年，项湾、傅湾并入阳湾大队。

1983 年恢复乡镇体制，阳湾大队改为阳湾村，隶属横龙乡。

1992 年横龙乡并入侏儒镇，阳湾村隶属侏儒镇。

2000 年侏儒镇改为侏儒街，阳湾村隶属侏儒街。

2014 年侏儒街改为侏儒山街，阳湾村隶属侏儒山街，相沿至今。

自然村湾

欧阳湾 欧阳湾主要为欧阳氏、蒋氏、罗氏、周氏居住。1372 年（明洪武五年），元末进士欧阳隆沂率二侄欧阳宣鸾、欧阳宣凤由江西省吉安义历上（今江西省吉安市安福县竹江青乡）迁湖北省汉阳府汉阳县和丰堡六海赛（今武汉市蔡甸区侏儒山街阳湾村）。依水而居，始成村落，名欧阳湾。欧阳湾东临土龙村，南隔六海赛湖与军山相守，北靠阳家山（今傅家山）、清风山、团山、西经窑沟与小襄河，黄菱塞相通，与百赛村为邻。欧阳隆沂及家人居欧阳湾中部（今欧阳湾）、西阳湾（今杨湾）、小阳湾（今郑湾），欧阳宣鸾居龙口（今傅湾），欧阳宣凤居芦笋嘴（今项湾）。

明朝初年，湖北汉阳地区侏儒山一带只有少数村湾，六海赛方圆十多千米范围内人烟稀少。欧阳隆沂根据朝廷荒地免税三年和生荒永不征税的政策带领族众垦荒辟田，发展经济，建设移民居住地，在村湾治理方面采取了一系列措施。

1372 年（明洪武五年）至 1374 年（明洪武七年），欧阳隆沂将阳家山、清风山、团山南麓至六海赛湖畔土地水面报汉阳府备案，纳入欧阳氏家族管理范围。

欧阳氏采阳家山、清风山、团山之竹木为檩，茅草盖房，以黄土干打垒为墙建房，使族众居有其所。

欧阳氏大力发展农业生产，将阳家山、清风山、团山麓平缓地和六海赛湖畔高地垦为水稻田，种植稻谷以保障口粮。欧阳隆沂利用国家惠农政策，申请汉阳府免费发给移民耕牛和种子，大大地刺激了老百姓的生产积极性，使村湾人口及耕地骤增，并使无业流民耕者有其田，生活有保障。

欧阳氏将阳家山、清风山、团山之坡地垦为桑园种桑养蚕，发展桑织业，时各户均有大片桑园，族众精于缫丝织绸技术，生产的丝绸行销武汉一带。1566年（明嘉靖四十五年）朝廷“改稻为桑”，六海赛湖畔部分稻田改为桑园，桑织业成为村湾主要产业，村民80%的收入来自丝织品。

欧阳隆沂以元末进士身份兴办族学，初始以茅草房为学堂，教育子弟读圣贤书，弘扬“抚剑尝胆”“枕戈泣血”“忍辱负重”“发愤图强”的越文化精神，“如先祖大禹与越王勾践之艰苦奋斗意志，均足以资模仿”。

自欧阳隆沂始，欧阳湾倡导乡绅治村，老人治家和共生共荣，并采取抑制豪强、缓解土地兼并的重要措施，推行耕牛、种子、农具借用，劳动力互换，以强带弱，树立勤劳兴农榜样，促使大多数自耕农不断扩大生产规模，形成以大批自耕农为主体的农村社会结构。

1422年（明永乐二十年），欧阳氏开垦垸田种植油料作物，支持榨坊湾制油能人李天和兴办榨油坊。欧阳氏守字辈十大房守贵、守用、守正、守纪、守约、守城、守信、守高、守斌、守中和宣鸾、宣凤后裔商议决定在小襄河泛区垦田千亩种植芝麻，供应李天和榨油坊制作食油。10年间因江汉无泛，油料作物获得丰收，促使本地食油生产大发展，同时也带动了邻村农民参加泛区垦田。

1426年（明宣德元年），欧阳氏将六海赛湖定为族产，湖中水产收入均作为家族兴办教育、扶贫济困及祭祀活动之用。后在六海赛湖种植莲藕获得成功，年产莲藕300多万斤，鲜鱼数万斤，惠及村民与周边群众。

至明万历年间，欧阳氏人口近千，村湾无法满足人口增长需求，守字辈十大房和宣鸾、宣凤后裔决定在小襄河以南汉水泛区围垸垦田。经过几代人的不懈努力，并与陆续迁徙而来的各姓氏族众同心协力共开垦良田2000余亩，种植业多元化发展，高处种芝麻、黄豆、油菜、大小麦、高粱、棉花，低洼处种水稻。为了将南屏垸所收农作物运回，在小襄河上兴建木质桥一座，即现合丰桥前身。所收芝麻、黄豆、油菜、棉籽与榨坊村合作炼制食油销往四乡八岭，远及汉口、武昌。同时兴办采石、炼灰业满足农村住宅兴建的需求，开办纺纱、织布、织袜等手工业作坊达30多家。六海赛欧阳湾从单一的农耕种植型逐步向手工业、经商、求学入仕等多方面发展，同时兴建了六海赛书院和欧阳宗祠。

明末清初，因欧阳湾土地广袤，经济发展，民风向善，陆续有各姓氏慕名而来，欧阳氏积极为迁入者创造条件，提供方便，使其安居乐业。

原六海赛欧阳湾欧阳氏族产包括六海赛湖、阳家山（今傅家山）、清风山、团山、六海赛书院、欧阳宗祠、通顺河泛区柴山草场、先祖陵园、阳家山西天鹅抱蛋陵园、蛟洼罗汉肚陵园、清风山陵园、碾米场、蓄水塘堰四座、饮用水井四口。六海赛书院在清嘉庆年间毁于火灾。欧阳宗祠在20世纪60年代分两次被当地政府征收，第一次拆下的砖、瓦、木材兴建了黄金机站，另一次所拆材料兴建了合丰小学。

从清初至民国，欧阳湾陆续接纳因投亲、婚配的各姓氏迁入，并团结各姓氏积极参与南屏垸防洪堤建设，疏通小襄河、南屏河，围垸垦田，修建塘堰、水井、道路和合丰桥，使一大批佃农和贫苦农民在围垸垦田中获得土地，通过勤劳改变家庭状况。

1920—1945年，欧阳勋等人在阳湾村开展民国法治宣传教育和乡绅治乡活动，宣传《大总统令内务、司法两部通饬所属禁止刑讯文》《大总统令内务、司法部通饬所属禁止体罚文》《临时中央裁判所官制令草案》《律师法草案》《维持地方治安临时军纪十二条》等民国法律，强调“拥护人权为第一要义”，严惩侵犯人民生命财产权利的行为。同时宣传关于振兴实业，发展文化教育的法律。由乡绅主持乡村的治理工作，村湾水资源的分配，道路使用权的归属，环境病害的共同医治，不同姓氏之间的通婚，寡妇改嫁等均由乡绅来依法依规处理。

大革命时期，蒋天树等人在本地闹革命，国民党汉阳县保安大队和清乡团多次在百仗赛、中刘家清剿红军，屠村烧房。阳湾村由于有欧阳勋保护，清乡团不得不放弃行动，使村庄免于涂炭。

台湾同胞欧阳一眷恋故乡阳湾村，于1991年、1992年、1993年三探故里，组织一百多位台湾同胞共集资87万新台币及美金、港币、外汇券等捐献阳湾村兴建希望工程阳湾小学和图书馆。共计建筑面积1087.8平方米，其中教室508.2平方米，图书馆（含办公室、楼梯间）579.6平方米，藏图书5000余册。

2015—2016年，欧阳国华申报六海赛生态小镇项目，个人出资8000万元，依托越王勾践文化和侏儒山战役红色文化，将其打造成了集休闲、健身、垂钓、观光为一体的生态公园。2017年，六海赛生态小镇获评“十大荆楚最美小镇”之一。

傅湾　傅湾地处六海赛阳湾村东端，主要为傅氏居住。傅湾原名六海赛龙口，明初欧阳氏宣鸾一支居住于此，明末宣鸾一支转迁湖南。傅湾东与土龙村接壤，南至六海赛湖，西至项氏住宅，北傍阳家山（今傅家山）。

1607年（明万历三十五年），傅氏伯贞公由土东村土茧山迁六海赛蛟洼，带领家人修通蛟洼通往欧阳湾、项湾等处道路，修建塘堰、水井，后因发生雷击事故而考虑迁徙。

1707年（清康熙四十六年），傅氏临友公率家人由蛟洼迁往阳家山（今傅家山）山南龙口定居，购买欧阳宣鸾一支遗留的田产及房屋，将龙口改名为傅湾。傅临友生一子傅汝纯，傅汝纯生三子克荣、克华、克进，自此发展形成傅湾傅氏三支世系。至1949年，傅氏在此繁衍生息342年。

傅氏积极参与南屏垸垦田和防洪堤建设，在疏通小襄河、南屏河与堤防建设，修建塘堰、水井、道路和合丰桥工程中精心谋划，并出力出资，舍己从人。

抗日战争期间，傅湾是中国共产党在武汉对敌斗争的情报中心，新四军第五师敌后战场的红色前哨。1939年10月，中共汉阳县委在傅德树家设立地下交通站。1940年2月，新四军豫鄂挺进纵队奇袭侏儒山自卫军第八十二师汪步青部时驻傅湾。原新四军第5师第15旅侦察参谋、手枪队队长傅玉和带领乡亲们与日伪展开殊死战斗。1941年11月，侏儒山战役打响，傅湾成为新四军战时情报中心。1942年6月，日伪军对傅湾实行报复性扫荡，制造了“6·16”惨案，交通站负责人傅德树、天汉支队侦察员傅在炎、交通站工作人员方旺遭枪杀身亡，地下情报员傅鹤林在突围中遭枪击左眼失明。在抗日战争和解放战争期间，傅湾共牺牲5人，伤残4人，失踪1人，遭日伪军、国民党反动派抓捕与关押15人，全湾房屋遭严重破坏。1946年，傅玉和之妻张环芝带着6岁儿子傅铁桥在中原突围战斗中不幸被捕，壮烈牺牲。1950年，傅玉和之子傅汉桥、傅华桥参加抗美援朝战争，傅汉桥在上甘岭战役中荣立战功。

傅玉和之子傅建桥于2000年参与新四军史料研究工作，曾任武汉新四军研究会常务理事，积极参加全国各地的新四军抗战纪念活动，悉心收集侏儒山抗战文史资料。为了铭记侏儒山战役的历史，打造侏儒山红色教育基地，傅建桥于2012年通过个人投资和社会集资建设侏儒山战役纪念馆，并于2013年正式开馆。2014年经湖北省文物局、武汉市文化局、武汉市民政局批准成立武汉侏儒山战役博物馆，由傅建桥担任馆长。同年中共武汉市委宣传部、中华人民共和国武汉警备区授予该馆为市国防教育基地，中共蔡甸区委宣传部授予该馆为“区爱国主义教育基地”。2016年，傅建桥组织人力、物力在阳湾村傅家山顶兴建铁军亭。2017年11月8日，中共党史学会、全国政协文史和学习委员会、中国文物保护基金会、北京新四军研究会授予傅建桥“保护红色文物突出贡献奖”。

项湾 项湾地处六海赛东部，主要为项氏居住。东与傅氏住宅相邻，南至六海赛湖，西隔冲田与欧阳湾相望，北傍阳家山（今傅家山）。项湾原名六海赛芦笋嘴，欧阳宣凤一支居此地。明末宣凤一支转迁湖南。

项氏金彩公于1740年（清乾隆四年）由汉川县南河渡沥山坡迁入汉阳和丰堡六海赛芦笋嘴，经与欧阳氏族人商议，购买了欧阳宣凤后裔遗留的房屋、冲田，始称项湾。至1949年，项氏在此繁衍生息209年，期间积极参与南屏垸垦田和防洪堤建设，在疏通小襄河、南屏河，修建堤防、塘堰、水井、道路等工程中吃苦耐劳，笃行始终。同时大力发展水稻、棉花种植，养殖家畜家禽，购置多台轧棉花机械，大多数家庭男女都会弹棉花，精于纺纱织布等家庭手工业，促进农产品增质增效，将织好的土布行销市场，不断积累财富，经济实力达到本地中等收入水平。族中开明人士热衷于劝学，鼓励后裔宜农宜学，造就人才。项新山曾任川阳县苏维埃侏儒区第二乡土改委员，1933年初，因同志之间的思想分歧和领导的牺牲而遭到上级的怀疑被误杀，后被追认为因公牺牲。

杨湾 杨湾原名西阳湾，主要为杨氏、刘氏、谢氏居住。20世纪70年代称木杨湾，现称杨湾，东与欧阳湾周氏住宅相邻，西与谢湾接壤。

杨氏成仪公于1793年（清乾隆五十八年）由神堂圻迁合丰堡六海赛（西阳湾），与阳湾各姓氏积极参与南屏垸垦田和防洪堤建设，在疏通小襄河、南屏河，修建堤防、塘堰、水井、道路等工程中不惮艰辛，有“杨家将”之美誉。杨氏建村初始用石磙碾压水稻田后挖土砖做房，房顶用茅草铺盖，后在团山制作砖瓦，建砖瓦窑，使用芦苇和农作物秸秆烧制青砖布瓦建房，并推广到其他村。至1949年，明太、明才、明学三支（世系）已历156年，人丁兴旺。杨氏在农忙季节帮助困难农户解决耕牛、农具、种子之急需，并到泛区打湖草，割芦苇，拉帮船运绿肥，使水稻、棉花获得丰收。同时大力发展家畜家禽养殖和轧棉花、弹棉花、纺纱织布等家庭手工业，将织好的土布行销各地，不断积累财富，大多数家庭达到中等收入水平。

刘克安于1824年（清道光四年）由中刘村迁六海赛西阳湾（今杨湾），率家人参加南屏垸围垸垦田，与杨氏修建村里道路，兴修塘堰，改造水井，饲养耕牛，纺纱织布，家道兴旺，并舍己为人，为贫困农户提供耕牛、农具、种子，多有佳誉。

谢本祥于20世纪40年代在周佑青家做长工迁阳湾村，居木杨湾（今杨湾）。

谢湾 谢湾主要有谢、苏、刘、邹、何、章、聂、余、闵9个姓氏居住。谢湾地处六海赛阳湾村西端，东傍清风山，南至六海赛冲田，西邻团山，与中刘村隔冲相望。

1602年（明万历三十年）谢氏一支由港嘴村迁居六海赛团山南麓定居，称谢湾。谢氏在欧阳氏支持下报备汉阳府划定土地范围，拓土置业，开垦农田，后参加南屏垸围垸垦田，发展农业生产。

苏氏一支于1622年（明天启二年）由太渡迁入谢湾。期间积极参与南屏垸垦田和防洪堤建设，大力发展油料作物种植，促进食油加工业。精于纺纱织布等家庭手工业，促进农产品增质增效，将织好的土布行销市场，不断积累财富。

邹氏成兴公于1822年（清道光二年）由汉川县南河渡历山坡迁谢湾，期间积极参与南屏垸垦田和防洪堤建设，发展农业生产，家道有兴。大革命时期，邹氏常暗中支持农民革命，接待来自汉川县南河渡的游击队员，为他们提供情报。

何氏本善公于1862年（清同治元年）由仙桃市西流河何家口迁谢湾。何氏擅长农耕，积极参与南屏垸围垸垦田，发展棉花生产，所产棉花通过加工提高附加值，增加家庭收入。何氏与人为善，为困难农户提供耕牛、农具、种子等帮助。

刘德发、刘德纪于1875年（清光绪元年）由太渡村鲁家岭迁谢湾，与各姓氏和睦相处，参与南屏垸垦田、防洪堤建设和修建塘堰、水井、道路，为发展农业生产作出了一定贡献。

章氏齐安公于1875年（清光绪元年）由土金村郭家垸迁谢湾，章氏与各家族风雨同舟，和衷共济，在发展水稻、棉花种植，纺纱织布等家庭手工业方面卓有成效。

聂氏雨成公于1933年由汉川聂家台迁谢湾。聂氏拓土置业，发展农业生产，努力改善人居环境，与村邻和睦相处，并能教育子弟。

闵氏启才公于1946年由黄陂迁谢湾。闵氏擅长手工业织袜技术，收购农户的棉纱加工袜子，并批发到周边地区销售，带动了阳湾数百人从事棉纱纺织，棉袜加工销售，发展村湾经济。

至1949年，谢湾谢、苏、邹、何、章、聂、闵等姓氏增进村民团结，促进农业生产，发展家庭经济，增加村民收入，改善了村湾环境。

郑湾　郑湾主要为郑氏居住。郑湾原名小阳湾，地处六海赛欧阳湾清风山东端。东与蛟洼隔冲相望，南至村前冲田，西邻欧阳湾蒋氏住宅，北傍清风山。欧阳氏一支居住于此，故称小阳湾。1876 年（清光绪二年），郑氏祖正华公由铁炉村西头郑湾迁入六海赛小阳湾。20 世纪 90 年代改名郑湾。至 2022 年郑氏迁阳湾历时 146 年，期间积极参与南屏垸垦田和防洪堤建设，在修建塘堰、水井、道路工程中多有作为，鼓励后裔求学不懈努力。

蛟洼 蛟洼主要为李氏、刘氏居住。蛟洼地处六海赛东北端。东傍阳家山罗汉肚三路陵园，南靠阳家山（今傅家山）天鹅抱蛋陵园。西隔冲田与小阳湾（今郑湾）相望，北邻中刘周家山东端。蛟洼三面环山，且阳家山与中刘周家山东端有一峡口，遇强对流天气，电闪雷鸣，易受雷击，自古至今村民多次遭雷击死亡，民间传说此地山洼中有蟒蛇变蛟龙，故名蛟洼。1607 年（明万历三十五年）傅氏伯贞公由土东村土茧山迁入此地。

李氏显善公于 1806 年（清嘉庆十一年）由高灯夹榜湾迁蛟洼，至 1949 年，李氏繁衍生息 143 年，期间积极参与南屏垸垦田、防洪堤，疏通小襄河、南屏河等水利建设，参与修建塘堰、水井、道路和合丰桥，与欧阳氏、项氏等家族风雨同舟，和衷共济，在发展水稻、棉花种植，纺纱织布等家庭手工业方面卓有成效。1942 年，李先桓参加新四军，1943 年正月初三牺牲于汉川新堤。

刘氏选兴公于 1864 年（清同治三年）由中刘八屋岭迁蛟洼。至 1949 年，刘氏繁衍生息 85 年。刘氏与李氏和睦相处，参加南屏垸垦田、防洪堤建设和修建塘堰、水井、道路，发展农业生产。

20 世纪 70—90 年代末由于采石炼灰，蛟洼清风山北端被炸成数个大坑，山林大多被毁。

人　口

姓氏人口

阳湾村第七次全国人口普查资料显示：2020 年 11 月 1 日零时，全村 7 个自然湾 11 个村民小组，共 366 户 1684 人，其中 60 岁以上常住人员 278 人。60 岁以上常住人员中男性 128 人，占总数的 46.04%；女性 150 人，占总数的 53.96%。80—89 岁的常住人员共计 35 人，占总数的 13.67%。90 岁以上的常住人员共计 8 人，占总数的 2.88%。

欧阳氏 2021 年总人口 838 人，外迁 238 人，户籍在册 600 人。大学生专科及以上学历96人，在外务工200多人。

杨氏　2021年总人口373人，外迁103人，户籍在册270人。大学生专科及以上学历48人，在外务工70多人。

傅氏　2021年总人口247人，外迁180人，户籍在册67人。大学生专科及以上学历67人 。

项氏　2021年总人口416人，外迁200人，户籍在册216人。大学生专科及以上学历47人，在外务工50多人。

郑氏　2021年总人口238人，外迁60人，户籍在册178人。大学生专科及以上学历4人，在外务工30余人。

王氏　2021年人口10人，大学本科在读1人。

李氏　2021年总人口50人，外迁39人，户籍在册11人。大学生专科及以上学历7人。

刘氏　2021年总人口92人，外迁8人，户籍在册84人。大学专科及以上学历7人，在外务工20多人。

刘氏　2021年总人口115人，外迁31人，户籍在册84人。大学生专科及以上学历14人，在外务工20多人。

谢氏　2021年总人口115人，外迁31人，户籍在册84人。大学生专科及以上学历14人，在外务工20多人。

蒋氏　2021年阳湾村蒋氏总人口34人，户籍在册34人，有劳动能力的多以外出打工为主。

罗氏（欧阳湾）　2021年总人口44人，外迁13人，户籍在册31人。大学生专科及以上学历8人，在外务工2人。

周氏（欧阳湾）　2021年总人口50人，外迁12人，户籍在册38人。大学生专科及以上学历6人，在外务工10多人。

祝氏（项湾）　2021年总人口18人，外迁16人，户籍在册2人。大学生专科及以上学历7人。

邹氏（谢湾）　2021年总人口39人，外迁13人，阳湾村户籍在册26人。大学生专科及以上学历3人，在外务工10余人。

何氏（谢湾）　2021年总人口33人，外迁3人，阳湾村户籍在册30人。大学生专科及以上学历3人，在外务工10余人。

刘氏（谢湾）　2021年总人口22人，户籍在册22人。大学生专科及以上学历1人，在外务工10人。

章氏（谢湾） 2021年人口14人，户籍在册14人。外出务工8人。

聂氏（谢湾） 2021年人口6人，外迁1人，户籍在册5人。大学生专科及以上学历1人，在外务工2人。

闵氏（谢湾） 2021年人口7人，户籍在册7人。外出务工4人。

余氏（谢湾） 2021年人口8人，户籍在册8人。外出务工4人。

知识青年插队落户

1969年，知识青年集体到阳湾大队插队落户27人，投亲靠友21人，共48人。

1969年插队落户及投亲靠友知识青年名单

大队	类别	姓名
一队	下放	丁爱国　胡汉超　华生（女）　付汉芳（女）
	投亲	蒋学仙（女）　郭友梅（女）
二队	下放	闵汉强　田建军　罗晶（女）　卢连珍（女）
	投亲	欧阳九林　欧阳汉书
三队	下放	徐亮　张兆武　路小秀（女）　王春姣（女）
	投亲	欧阳玉玲（女）　郑景轩　郑新桥
四队	下放	万新燕（女）　曾春香（女）　项汉菊（女）　周汉荣（女）
	投亲	付感恩　周传运（女）　陈佩云（女）　项槐其 项汉英（女）　项解生　项汉香（女）　项春芝（女） 项三八　项汉运　项久荣（女）
五队	下放	罗桂芬（女）　罗桂玲（女）　张慧敏（女）　杨秀玲（女）
	投亲	
六队	下放	彭红（女）　涂红松（女）　陈昌荣（女）
	投亲	杨三军　刘业成　谢火生
七队	下放	程方文　邓新华　李秀玲（女）　彭春兰（女）
	投亲	

1975年，824厂分两批对口阳湾大队下放知青26人，在军山外垸兴办农场（50亩）。知青详细名单失考，仅知四人姓名：刘凯、吴小燕、李志玉、陈芳。至

1977 年，阳湾大队知青全部返城。

人口普查

第四次人口普查 1990 年，阳湾村在横龙乡政府与乡统计站组织指导下开展了第四次全国人口普查。阳湾村设立第四次全国人口普查办公室，由乡镇统计站具体组织实施。阳湾村共抽调普查员 30 余人（村两委 10 人，村民小组 22 人）。阳湾村共有 11 个村民小组，共划分为 11 个普查小区，普查 341 户 1506 人。

第五次人口普查 2000 年，由侏儒街办事处与街统计信息中心组织协调阳湾村开展了第五次全国人口普查。阳湾村共抽调普查员 30 余人（村两委 11 人，村民小组 22 人）。阳湾村有 11 个村民小组，划分为 11 个普查小区。普查采用全面调查的方法，以户为单位进行登记。普查采用按现住地登记的原则，每个人必须在现住地进行登记。普查对象不在户口登记地居住的，户口登记地要登记相应信息。

普查登记采用普查员入户询问、当场填报，或由普查对象自主填报等方式进行。确保信息不外露，严格保护居民隐私。普查的主要内容包括姓名、性别、年龄、民族、户口登记状况、受教育程度等诸多项目。高达 10%的被普查者要填写 40 多项的长表。这次人口普查根据全国人大常委会通过的《中华人民共和国刑法修正案（七）》，首次增设了侵犯个人信息安全犯罪的条款。刚实施的《全国人口普查条例》也规定，人口普查对象提供的资料应依法保密。这些法律法规的出台和健全，对保护居民隐私提供了坚实的法律保障。

普查数据显示：普查总户数 354 户，人口 1606 人。

第六次人口普查 2010 年，由侏儒街办事处与街统计信息中心组织协调阳湾村开展了第五次全国人口普查。阳湾村共抽调普查员 30 余人（村两委 10 人，村民小组 22 人）。普查采用全面调查的方法，以户为单位进行登记。按现住地登记的原则，每个人必须在现住地进行登记。普查对象不在户口登记地居住的，户口登记地要登记相应信息。普查登记采用普查员入户询问、当场填报，或由普查对象通过互联网自主填报等方式进行。确保信息不外露，严格保护居民隐私。普查的主要内容包括姓名、性别、年龄、民族、户口登记状况、受教育程度等诸多项目。普查数据采集原则上采用电子化的方式。采取普查员使用电子采集设备（PAD 或智能手机），将登记普查对象信息联网实时上报。这次普查的亮点之一就是超生人口也可以落户。普查中发现人户分离的情况越来越突出，有 30%的农村人口的人户是分离的，这既是人口普查的难点，也为以后改革提供了方向。资料显示，阳湾村 11 个村民小组普查 361 户 1806 人。

第七次人口普查 2020 年，阳湾村开展了第七次全国人口普查，共 336 户，1684 人，与 2010 年第六次全国人口普查的 361 户 1806 人相比，10 年共减少 1 户，减少人口 122 人。人口减少的主要原因是大学生户口迁出和老龄人口自然减少，计划生育出生率低于人口增长水平。

计划生育

阳湾村贯彻执行国家计划生育政策，在全村采取调节生育行为。育龄夫妻有计划地生育合理数量的子女，并养育健康的下一代，以增进家庭幸福，促进人口、经济、社会、资源、环境协调和可持续发展。

宣传教育

阳湾大队于 1971 年开始推行计划生育政策，1980 年 9 月，学习宣传党中央发表的《关于控制我国人口增长问题致全体共产党员、共青团员的公开信》。1982 年开展计划生育相关法律法规、纲要、条例等各项宣传教育，提倡优生优育“一对夫妻只生一个孩子”。

一镇两乡时期，阳湾村人口控制由自由增长，逐步实现法治化、规范化、科学化。生育观念由多子多福、养儿防老，逐步转变为优生优育、少生快富。出生人口维持在中低生育水平。

1992 年，侏儒镇执行计划生育国策，采取宣传教育与强制、处罚相结合的办法，落实“一票否决”制度，坚决遏止计划外生育问题。至 2000 年，阳湾村出生人口维持在低生育水平。

2001 年，阳湾村开展创建人口文化示范村等活动，倡导婚育新风进万家，并创建“致富发展”示范户 2 户，带动全村 11 个村民小组开展创建生育文明、幸福家庭活动，全村共评比 112 户创建幸福家庭。

2014—2017 年，阳湾村在“5·29”“7·11”等节日开展宣传国家全面二孩政策，倡导文明有序自然生育，并结合入户收集信息、随访服务等工作下发计生政策宣传资料近 1000 册。

2018—2021 年，在春节、端午节前对全村计划生育困难家庭、孤儿、空巢老人等 7 类特殊家庭进行慰问。3 月 5 日，组织街卫生院 7 名医生，对 2 户、10 人的计生特殊家庭上门实行家庭医生签约服务，宣传、讲解政府为他们购买的疾病综合保险、就医绿色通道等各类优惠政策。

管理

1980年，阳湾大队开始实行计划生育政策，自愿终身只生育一个子女的夫妻，国家发给独生子女父母光荣证，并在工作生活方面给予一定的政策支持。

1984年，横龙乡成立计划生育领导小组，在计划生育工作上实行一些必要的奖惩措施，有效控制人口增长。阳湾村已婚育龄妇女采取结扎、上环、服药打针等避孕措施，人口自然增长率由1976年的16‰下降到13.7‰。

1985年，阳湾村以宣传教育和孕前管理为主，坚持既定人口控制目标，由党政一把手负总责和实行计划生育政策“三不变”，按照计生法规，落实长效节育措施，积极开展计划生育与发展经济，帮助群众勤劳致富和建设文明幸福家庭“三结合”的活动，形成“二高二低”的生育格局（即计划生育率高、避孕节育率高，人口出生率低、计划外生育率低）。

1990年，阳湾村实行“一胎半”的弹性计划生育政策，即女方为农业户口且第一胎生女儿的夫妇，间隔5年可生二孩；双方均为农业户口且第一胎生女孩的夫妇，间隔4年可生二孩。一孩半政策在当时被视为是体恤民情的政策纠偏，但客观上却形成了一种人为诱导，助长了重男轻女的倾向，间接地鼓励了产前性别鉴定、遗弃女婴等不良现象，造成了出生性别比与女孩死亡率的大幅度超常偏高。

1991—1992年，阳湾村采取奖励办法：男、女结扎或上环及服用避用药物一律免除手术医疗费，女性结扎后发给营养费20元；领取独生子女证者，发给福利费20元；单位职工独生子女每月发给保健费4元，一胎后结扎延长产假，工资照发；六一儿童节及年终，给独生子女颁发价值6—8元奖励品，上学、就医予以照顾。1991年10月1日—1992年9月30日阳湾村已婚育龄妇女数24人，已婚无孩妇女数12人，一孩育龄妇女6人，二孩育龄妇女6人。

1993—1999年，阳湾村执行佚儒镇计生工作管理规定，建立计生目标管理责任制，落实“一票否决”制度，把好计生证明关、户口关、用工关、执照关、审验关、结婚登记关、婚检关。落实节育手术，完成“四清”（1孩妇女上环、2孩夫妇一方结扎、计划外补救、计划外生育费征收）工作。摸清“四术”对象底数，及时上环、结扎、补救。进行“大清查、大处罚”，对照目标查漏补缺，全面完成“三为主”工作任务。

2008年，阳湾村强化计划生育“区、街、村三级负责”的工作机制，明确村支部书记、村委会主任对本村人口和计划生育工作负总责，切实加强对本村计划生育工作的组织领导，落实“一票否决”制度。

2009年实行计划生育村民自治，即村民在村两委会的领导、组织下，依照国家有关计划生育法律、法规、政策及自治章程，规范生育行为。通过“民主参与，民主决策，民主管理，民主监督”，实现对婚姻、生育、节育等婚育行为的“自我教育，自我管理，自我服务，自我监督”，落实“一票否决”制度。

2010年，为全面落实科学发展观及人口和计划生育以“区、街、村三级负责”的工作机制，切实稳定低生育水平，进一步落实村人口和计划生育“一票否决”制度，执行期限一般为一年。开展整治非法鉴定胎儿性别和选择性别终止妊娠行为专项活动，严格落实14周以上孕妇B超检查制度和终止妊娠管理工作，控制出生人口性别比。

2011年，阳湾村成立综合治理出生人口性别比工作领导小组，主要负责组织和协调全村综合治理出生人口性别比工作，引导群众转变生育观念。全年有1对夫妇主动放弃二孩生育指标，办理独生子女父母光荣证；7户双女户选择绝育措施，并办理优惠证。

2012年，阳湾村切实加强村主职干部对计划生育工作的责任感，落实街工委、办事处在年初下达的目标任务，认真分析，结合本村计生工作的实际情况和特点，并与街办事处领导签订了年度村计划生育目标责任书。

2017年，阳湾村配齐、配强村计生专干，并将计生工作列入村网络员工作职责，形成村专干、网格员、中心户长一条线的计生网络工作格局，及时收集、上报、录入、核查、反馈各类计生信息。出生人口性别比明显下降，尤其是二孩及以上孩次出生人口性别比下降幅度更大。

2018—2019年，阳湾村利用冬春两季扎实开展计划生育“十大行动”，完成工作目标。3月份印制宣传手册200份，入户宣传政策，随访服务、摸排重点对象的婚、孕、产等相关信息，更改完善流动人口联系方式、流出详细地址等信息180条，充分利用手机掌上计生、智慧计生、村育龄妇女微信群完成平台信息比对、核查、反馈、上报等工作，健全信息采集、录入、异动，全员信息准确率、村平台反馈率保持在98%以上。坚持月例会制度、孕情上报及时率和“两非”案件线索上报告，严格奖惩兑现。

2020年10月1日—2021年9月30日，阳湾村已婚育龄妇女数281人，已婚无孩妇女数13人，一孩育龄妇女172人，其中：上环83人，结扎0，上环结扎率48.26%。二孩育龄妇女91人，其中：上环21人，结扎34人，结扎率37.36%。

多孩育龄妇女 5 人，其中：上环 1 人，结扎 3 人。领独生子女证 11 人，领证率 3.91%。全村总人口期初 1538 人，期末 1537 人，出生总数人数 3 人，出生率 1.95‰，符合政策生育人数 3 人，符合政策生育 100%。

服务

1984—1991 年，阳湾村抓好晚婚、晚育、避孕节育。

1992 年，阳湾村加强计生服务网络建设，配齐村民小组宣传员和信息员，建立育龄妇女台账（卡），制定药具管理、技术服务规范、计生协会管理，落实“一票否决”等制度。

1996 年，开展“三查”（查环、查孕、查病）和“婚育新风进万家”“科技服务乡村行”“五上门”（优生优育知识上门、结婚证上门、妇女孕期检查上门、孕期保健知识上门、新生儿护理和产后保健知识上门）活动。同时，加强村计生服务站建设，使用镇计划生育服务站 B 超机及其他计生设备。

2000 年，阳湾村建立计生服务室，形成以镇站为龙头，分站为补充，村室为基础的计划生育网，并全面落实计生奖励优惠扶助政策。

2011 年，阳湾村进一步执行上级制定和完善的综合治理出生人口性别比的奖惩办法。

2012—2015 年，阳湾村启用村信息系统，组织育龄夫妇参加免费孕前优生健康检查，为 16 户计生家庭办理家庭意外伤害保险共发放奖励资金 8000 元。为双女结扎户 1 户，放弃二孩指标 1 人，独生子女 132 人，考取重点高中、大学的女孩户 2 人，奖（特）扶 15 人，合计发放奖励资金 12140 元，并联合街妇联、街民政办给计生贫困户、计生特困女孩户发放 3000 元的扶助资金。

2016 年，阳湾村大力宣传贯彻全国人大常委会表决通过的《人口与计划生育法修正案》，全面正式实施二孩生育政策。鼓励和引导符合政策的育龄妇女在宽松的法律政策环境下生育，尤其是社会公共政策，从女性职业、产假、医疗卫生、教育等方面，贯彻执行相应的公共政策来推动，降低养育成本。同时，扎实做好二孩生育对象调查摸底、资格初审、申报等工作，简化相关手续，为二孩生育家庭提供方便快捷的服务，全面落实二孩计生奖励优惠扶助政策，落实到位率达 100%。

2017 年，阳湾村组织 20 名育龄妇女参加两癌筛查和 15 对待孕夫妇参加孕前优生健康检查。同时拓展避孕药具免费发放渠道，在村医务室等地设立免费避孕药具点 1 个，并按要求做好定期随访及药品维护等工作。组织 16 对符合政策计划怀孕夫妇参加免费孕前优生健康检查，为57户计生家庭购买家庭意外伤害保险，创建留守儿童健康促进示范学校一所。

2018—2021年，阳湾村开展生育全程服务行动、“两癌两免”行动、“两项制度”落实行动、健康教育行动，实现群众生育证件“零距离”办理，做到办证零投诉。对39名符合领取基本生育服务免费对象发放7000元生育补贴，对15个计生奖特扶对象逐户上门，进行了户、人、证相统一的年审工作，全年新增奖抚对象2人、特抚对象3人，发放独生子女保费人数11人。2户失独家庭全部纳入农村低保。各类奖扶资金发放到位率达100%。

村湾建设

1985年以前，阳湾村道路多以土垒而成，可供牛车通行，主要作用是运回南屏垸农作物，下雨天则泥泞难行。村中居民饮用水多为六海赛湖边的井水。洗衣、洗菜是湖水。照明一般为油灯。一户一茅厕，一粪坑。烧火做饭以稻草、棉梗或其他农作物桔梗为主。与外界的通信联系多以口信、书信为主。远行多以步行为主，或乘马车、船只。

1959—2000年，随着汉沙公路的通车，农业机械化的发展，阳湾村兴建了通往杨湾、谢湾、欧阳湾、郑湾、蛟湾、项湾、傅湾的3条通村道路。两横村中道路将7个自然湾村连为一体。道路以砂石路为主，雨天勉强通行。村民饮水以井水为主，各家各户房前屋后打井，采用地下水。1964年，阳湾村通电照明，从此告别油灯为伴的日子。茅厕通过初步改造为砖砌瓦盖厕所。通信手段多由电报、电话取代。出行逐步变为自行车、手扶拖拉机、农用车，远行以公共长途汽车、火车、轮船为主。居民烧火做饭的燃料由单一的农作物秸梗，变为柴、煤炭兼用。

2001—2021年，随着中央对“三农”的重视和相关惠农政策的落实，阳湾村在欧阳国华回乡出资兴建阳湾村生态园及六海赛生态小镇后，村容村貌发生了翻天覆地的变化，“三纵”“三横”柏油马路从村中连接东南西北，村民告别了井水、湖水，用上了自来水，经过电网改造，村民用电得到保障，空调、洗衣机、冰箱及各种家用电器提高了村民的生活品质，电话、手机、有线电视、宽带网络覆盖全村，全村居民家家户户都用上了清洁能源——煤气。

道路

2021 年，阳湾村道路为“三纵”（南北向）“三横”（东西向），6 条主干道，连通村中道路及生态园景观道路，全部为混凝土路基、柏油沥青路面。道路两旁分列太阳能路灯、监控探头、绿化树。

复兴路（南北向），全长 600 米，南起 318 国道、阳湾村口，经六海赛湖涵闸桥、欧阳湾、阳湾学校，北至清风山。

六海赛东路（南北向），全长 183 米，南起 318 国道，北至傅家山，经龙口桥连接项湾、傅湾、蛟洼村中道路。

抗战路（南北向），全长 245 米，南起 318 国道，北至抗战纪念馆。

振兴路（东西向），全长 352 米，东起复兴路，西止团山冲田，经欧阳湾、杨湾、村委会、中刘通村公路涵洞桥。

胜利路（东西向），全长 999 米，西起复兴路，东至抗战路，兴建万功桥一座。经欧阳湾、郑湾、项湾、傅湾，止于抗战纪念馆。

六海赛北路（东西向），全长 647 米。东起清风山郑湾东端，经郑湾、欧阳湾、杨湾、谢湾，止于中刘通村公路。

沿湖路（东西向），全长 826 米，起于复兴路，经生态园、景观桥、龙口桥，止于抗战路。

河渠环路（南北向），全长 1740 米，南起生态园涵闸，北至蛟洼九龙堰。

蛟洼路（南北向），全长 321 米，南起胜利路，北至九龙堰。

蒋郑路（南北向），全长 142 米，南起生态园，北至清风山，地处欧阳湾、郑湾结合部。

刘杨路（南北向），全长 98 米，南起六海赛冲田，北至六海赛中路，处于欧阳湾、杨湾结合部。

项傅北路（东西向），全长 300 米，东起抗战纪念馆，西止于胜利路，地处阳家山（今傅家山）南坡。

六海赛西路（东西向），全长 186 米，东起复兴路，西至刘杨路。

六海赛中路（东西向），全长 180 米，东起复兴路，西至刘杨路。

杨湾环路（屋前道路，走向不一），全长 413 米。

六海赛南路（东西向），全长 296 米，东起青龙岭欧阳先祖陵园，西至刘杨路。

饮用水

井水、湖水 2000年以前，阳湾村基本以井水和湖水为饮用水源。沿六海赛湖北岸修建专用饮水井5口，湖边专供洗衣物的石坎埠3处。蛟洼专用饮水井1口，衣物清洗在方家塘（今九龙堰）。如遇特大暴雨，井水被倒灌，浑浊不清。遇天旱时井水常枯竭见底。村民每家都有存水的大水缸，取水均用木桶挑回。从1970代开始，村民自发在自家房前或屋后打井，采集地下水作为饮用水。

自来水 2000年以后，侏儒街从武汉经开区引进长江水，阳湾村用上了自来水，后因水压很低，供水时而中断，通过市区政府协调，从东西湖白鹤嘴水厂增压供水，圆满解决了村民用水困难。

照明、供电

油灯照明 1964年以前，阳湾村照明多以油灯为主，后逐步有了煤油灯、马灯、汽灯、应急或走夜路多用火把或马灯，条件好一点的才使用手电筒。学生做作业都抢在天黑之前做完，晚自习只能用油灯。

供电 1964年供电以后，阳湾村照明全部用上了电灯。生产生活得到改善，碾米、农田灌溉用上了电动机。1970—1976年因农村电网问题经常有线无电或拉闸断电，期间在下乡知识青年推动下，824厂赠送给阳湾大队一套发电机组，解决大队用电困难。1984—2014年经过几次农村电网的改造，阳湾村用电得到保障。家家户户都用上了空调、冰箱、彩电、热水器、洗衣机以及厨房配套的专用家电产品。家用照明变成了吊灯、顶灯、壁灯、台灯。

2015年，阳湾村生态园及六海赛生态小镇建成。夜晚，道路两旁有太阳能路灯、电子监控探头，灯火通明，音乐喷泉五光十色，广场上如同白昼。

厕所

农户原始厕所 集体生产队时期，阳湾村肥料的主要来源是人畜粪便和青草沤制肥。家家户户一厕所，一粪塘，臭气熏天。最原始的厕所大部分是一个大水缸，上面搭两块木板，周围扎上篱笆，收集人的大小便。厕所缸内的水沤粪便多作为农田追施肥。粪塘就是在地上挖一土坑，收集牛粪、猪粪、鸡鸭粪便及草木灰集中沤制一段时间，再送往农田，作为农作物底肥。旧时，阳湾村妇女是不到外面去上厕所的，妇女多在家里备有马桶用于大小便，男人夜间小便则备有尿壶。

女人出嫁时有马桶作嫁妆，马桶外并配置一木箱，名曰“金柜”，意指粪便之金贵，反映了先民对肥料的重视。每天清晨，女人开门第一件事就是倒马桶，将马桶内粪便倒入自家厕所内，然后在河边或水塘边清洗马桶，此谓“下河”。男人也将尿壶中尿液倒入自家厕所内。过去，人们在村里劳作发生内急时，也要憋着回到自家厕所内大小便，如在别的地方应急，会被人戏谑为“吃家饭拉野屎”。改革开放后，随着村容村貌的整治力度不断加大和化肥、复合肥普及使用，农户外面的厕所全部被拆除。

生产队简易公厕　集体生产时期，阳湾大队和11个生产队都在主干道边或队屋稻场附近修建男女简易公厕。公厕的粪便坑是用石灰和砖砌就，粪便坑上面建有木板或水泥板蹲位，外面是一间两档的小屋，上盖木檩檐桷和瓦片，门上分别标明男女二字，供社员集体劳动或外来人员方便时使用，厕内粪便为生产队所有。这种公厕内蛆蝇涌动，臭气扑鼻，令入厕者掩面叹息。2017年，六海赛生态小镇建设时，简易公厕全部废止。

农村户用卫生厕所　2000年，阳湾村将改造农村户用卫生厕所作为“十件民生实事”之一，村两委反复向村民宣传《农村集中下水道收集户厕建设技术规范》等文件精神。要求农户厕所污水与农村生活杂排水分开收集，在已建和拟建生活污水收集管网和集中处理设施的地方，农村改厕应和收集管网衔接，厕所污水应尽量进入收集管网，和生活污水一并处理，不能“两张皮”，避免重复建设。具体做法是：农户改厕时，可以修建两格或一格化粪池，然后接入收集管网；已完成水冲式卫生厕所改造的农户，可直接把三格化粪池等接入收集管网；入户管道坡度较大的农户，可不用建设化粪池等预处理设备，直接把便器排出的厕所污水接入管网。同时，妥善解决好厕所污水进入收集管网导致的管道堵塞、后期处理负担过重等问题。至2018年，全村300余户均按照《农村集中下水道收集户厕建设技术规范》完成户用卫生厕所改造。

六海赛生态小镇公共厕所　2021年，阳湾生态园及六海赛生态小镇建成，7个自然村湾的主干道旁兴建了11座设计美观的水冲式公共厕所，具体为抗战纪念馆1座、傅湾1座、项湾1座、蛟洼1座、九龙堰1座、郑湾1座、欧阳湾2座、生态园1座、杨湾1座、村委会1座。

通信

早期通信　民国前，阳湾村通信多以口信或书面信件交邮局送达为主。官文则以官方驿站快马传递。民国后，通信手段增加了电报、电话。电报送村一级，电话则只在县、区一级，且多为人工接线通话。

电话机、BP 机、模拟无绳机 1974 年，各大队及社办企业逐步安装了手摇式电话机。1990 年，由于程控交换电话机的普及，开始安装公用电话亭、私人电话机。阳湾村有少数通村电话机，多以小卖部为载体，作为传呼公用电话。随后配有 BP 机使用，极少数务工经商大户负责人持有模拟无绳机（俗称大哥大）。

电话、传真、手机 2010 年后，电话、传真、手机走入了千家万户，阳湾村成年人和 80%以上老人都有一部手机。

电视、宽带网

黑白电视机 1980 年，阳湾村多以黑白 14 英寸或 17 英寸电视机为主，通过广播电视转播塔发送讯号收看中央台、省台、市台节目。有的为了提高收视效果，在房屋上架一个天线。

有线电视 1990—2010 年，阳湾村农户由黑白电视机逐步向彩色电视机转换。为了提高电视机的收视效果，广播电视部门发展村村通有线电视，使电视节目精彩纷呈，影视清晰度升高，电视开始有偿收看，观众选择性多样化。

宽带网 随着宽带网络的开通，电脑、电视、手机通话三网合一，宽带网络由最初的 1G 到 2G、3G、4G，相关智能化产品也进入了农村。2021 年，有线电视、宽带网络覆盖全村，村里建起了电子商务平台，老百姓在网上销售农特产品，分享红色美丽村庄旅游信息。

柴禾、煤炭、煤气

柴禾 1980 年以前，阳湾村民多以农作物秆梗或野草、树枝烧火做饭。家家户户在厨房里打一座双灶或前后两口锅的节约灶。灶上用生铁锅，木锅盖。炖汤多用土罐在灶膛内配以谷壳，文火煨制。烧柴做饭不仅费时费力，而且不卫生，影响生活质量。

煤炭 1980 年以前，煤炭是一种计划物资，只有城镇人口才能凭计划票证购买到煤炭。改革开放后，煤炭作为农村辅助燃料进入村民家中，人们开始购买煤炭做煤球，后来直接购买蜂窝煤，捉马山煤炭加工厂为扩大销售量，用手扶拖拉机将蜂窝煤运送到村里。使用煤炭做饭比烧柴省力、方便，但储存和升炉子有点麻烦，调节火候也不方便，人们更希望清洁环保的燃料。

煤气 煤气是一种清洁环保的燃料，1980年以前，只有区、公社领导干部才有煤气供应，其他人只有望煤气兴叹。1990年，部分人凭关系从武汉石化购回煤气使用，阳湾村少数务工经商大户也用上了煤气，但广大村民仍难圆煤气梦。2000年，侏儒矿办刘荣豪在东山村索子长河边兴建煤气供应站，在各村做宣传，只要打个电话就有专人送罐子煤气上门，至此阳湾村各农户都用上了煤气。从此，清洁能源替代了柴草、煤炭。

水利建设

明、清、民国至中华人民共和国时期，阳湾村人民先后疏通小襄河、南桥河、西进河、侏儒河，并远赴府河、汉川沉湖农场，开挖河道，开挖黄金机站进水渠、军山外垸永丰闸干渠、南屏垸干渠、洪北一号干渠，开展村内农田水利等工程建设。同时，与洪水、涝渍、干旱等自然灾害作斗争，夺取农业丰收。

河道

小襄河疏通 小襄河位于百赛村南侧，流经戴湾村、合丰村出军山闸入侏儒河汇入通顺河，是承接汉川境内下泄渍水和汉江来水的一条进洪河道，也是阳湾村六海赛下泄渍水和引入汉江来水的进洪河道。明清时期，小襄河六海赛湖口发生大面积淤塞，六海赛渍水难以下泄，湖边田舍淹没。明洪熙至清宣统的400多年，欧阳氏与境内民众一道共疏通小襄河50余次。苏维埃时期，阳湾村人民在蒋天树领导下疏通小襄河一次，将淤积的泥沙搬运到岸上修筑堤防。

南桥河疏通 南桥河位于五姓口村和军山外垸南侧，流经五姓口村出南屏闸，经军山外垸、南边湖垸流入黄陵矶出黄陵闸，至沌口汇入长江。南桥河是阳湾村南屏垸下泄渍水和引入汉江来水的进洪河道。清朝时期，南桥河南屏垸河段发生大面积淤塞，南屏垸渍水难以下泄，庄稼被淹没。欧阳氏与境内民众一道参加南桥河疏通10余次。苏维埃时期，蒋天树领导阳湾村人民与汉川人民一道疏通南桥河一次，并修筑河边堤防。

西进河疏通 西进河位于阳湾村西侧、合丰桥西侧百赛村进入汉沙公路处，是承接黄菱赛下泄渍水和小襄河来水的一条进洪河道。1973年，合丰公社组织10个大队疏通西进河，阳湾大队承担0.4千米开掘工程。投入男女劳动力1000余人次，开掘土方500余立方米。

佚儒河疏通 佚儒河是索子长河佚儒镇境内河段，因流经佚儒镇而得名，起于五公中学，止于军山村，北连索子长河，南接通津、通顺二河。1971 年，阳湾大队承担 0.42 千米开掘工程，投入男女劳动力 2000 余人次，开掘土方 1000 余立方米。

水渠

黄金机站进水渠开挖 1961 年冬，阳湾大队派遣劳动力 100 余人参加开挖黄金机站进水渠工程。群众赤足在冰冻的泥水中劳作，开挖土方 600 余立方米。

军山外垸永丰闸干渠开挖 1971 年，阳湾大队派遣劳动力 200 余人参加开挖军山外垸永丰闸干渠，承担 1100 米长的断面，从 9—11 月历时 90 天，完成土方 2 万余立方米。

南屏垸干渠开挖 1971 年，阳湾大队派遣劳动力 200 余人参加开挖南屏垸干渠，承担 1200 米长的断面，完成土方 2 万余立方米。

洪北一号干渠开挖 1973 年，阳湾大队派遣劳动力 100 余人参加洪北大寨垸开挖一号干渠，从 9—11 月历时 90 天，完成土方万余立方米。

村内农田水利建设 1961—1973 年修建本村六屋台机站水渠、项湾机站水渠、傅湾机站水渠，全长 3000 余米，完成土方 4 万余立方米。

2012 年 2 月在湖北省开展的“万名干部进万村挖万塘”活动中，阳湾村落实“三万活动”资金 100 余万元，疏挖六海赛沿湖沟，将其改造成一沟一路，新建军山外垸管渠 60 米，50×50 的 U 型渠 300 米，新建主干渠 0.36 千米，清挖主干渠 2500 米和建设有关水利工程。

民堤

清、民国至中华人民共和国时期，阳湾村人民投资投劳先后修筑西湖垸大堤、小襄河堤、横山西头至燕子山堤、南屏垸大堤、成功大堤、成功外垸堤、泛北堤、洪北大堤、苏家垸堤、军山外垸堤、长江干堤，围垦南屏垸、苏家垸、军山外垸。

西湖垸大堤修筑 西湖垸大堤位于佚儒街东南，东起世城垸，西抵军山脚。清朝时，佚儒山没有堤防，农民除了收获一季豆麦外，大多以捕鱼为业，每至 5 月后，洪水泛滥，田园淹没。为了防止内渍外汛，1913 年（民国二年），本地乡绅倡修西湖垸，从军山对东子山头筑堤，在坝上建闸。欧阳氏积极响应，并组织族众 200 余人参加修堤工程。1926 年（民国十五年）大水，西湖垸倒口，水退后，欧阳氏与各姓氏群众 200 余人参加修复西湖垸大堤水毁工程。1955 年春，阳湾 3 个初级合作社组织劳动力 250 余人参加西湖垸大堤水毁工程建设。

小襄河堤修筑 小襄河堤位于百仗赛南面小襄河边，民国前没有堤防，汉江洪泛发生时，洪水从小襄河下泄，百仗赛等地常被淹没。民国初年，由和丰三保联合修筑小襄河堤。阳湾欧阳氏与各族民众积极参加小襄河堤修建工程，投入劳力 5000 余人次，完成土方 3000 余立方米，使小襄河堤得以建成。

横山西头至燕子山堤修筑 民国前，横山西头至燕子山没有堤防，汉江洪泛发生时，洪水从小襄河下泄，港咀、横山、神堂、中刘、百仗赛等地常被淹没。民国初年，由龙王庙保联合和丰三保修筑横山西头至燕子山堤。阳湾欧阳氏与各族民众积极参加此次修堤工程，投入劳力 2000 余人次，完成土方 1000 立方米，使横山西头至燕子山堤得以建成。

南屏垸大堤修筑 南屏垸大堤起于军山闸，止于南屏闸。长 5460 米，顶宽 5 米，高 29 米，属泛区围堤。1932 年，由汉阳、汉川两县修建。明清时期，南屏垸由阳湾欧阳氏等地农民开发，实际占有土地面积 3000 余亩。1928—1932 年，阳湾欧阳氏与各姓民众积极参加南屏垸大堤修建工程，共投入劳力 2 万余人次，欧阳氏殷实人家并捐银 5000 余元，捐麦、豆 300 余担支持修堤和建闸工程。1955 年，阳湾 3 个初级合作社组织劳动力 200 余人参加修复南屏垸大堤水毁工程。

成功大堤修筑 成功垸大堤位于南屏闸至周帮一段，由抗日战争时期汉阳县县长陈绳武和汉川县县长龚勋南倡议修建，以两人姓氏“陈龚”（谐音“成功”）命名。抗日战争时期，阳湾组织劳动力 200 余人参加成功垸大堤以工代赈修堤工程。1959—1974 年，成功垸大堤 4000 余米一段划归合丰管理区管理，阳湾大队与各大队一道多次组织劳动力参加成功垸大堤岁修工程。

成功外垸堤修筑 成功外垸堤位于侏儒山街西部，东起南屏闸，西至仙桃周帮。1964—1974 年，阳湾大队组织劳动力 200 余人参加成功外垸堤修筑工程，完成土方 6000 立方米。

泛北堤、洪北大堤修筑 1971 年，中共汉阳县委决定在开挖侏儒河的基础上修建军山坝上沿侏儒河的泛北堤，阳湾大队组织劳动力 100 余人参加泛北堤的工程建设，完成土方 5000 余立方米。1976 年，为解除因泄洪而造成泛区民垸溃堤的危险，县委举全县之力从泛北堤 16 千米拐弯处向上延伸，至沔阳张家大山处形成一条直线堤防，筑新堤 8 千米，将军山外垸、南边湖垸、成功外垸包围在洪北堤内，使分洪水道直入泛区，从根本上治理上游分洪水势泛滥和各民垸堤防时有溃口之弊。阳湾大队组织劳动力100余人参加洪北大堤工程建设，完成土方6000余立方米。

苏家垸堤修筑 苏家垸是军山外垸的前身。1966年，合丰公社党委调动土、黄、高、管、匡、榨、阳、刘、合9个大队将原苏家垸、吴家垸、窑沟、黄尾塌子、鱼尾等柴草山、湖泊围垦为苏家垸，并修建苏家垸堤。苏家垸堤从南屏垸军山闸小襄河北岸起沿窑沟—黄尾塌子—湘口乌汛沟—南屏闸东北处，全长28.76千米。阳湾大队组织300余劳动力参加苏家垸堤建设，部分妇女劳动力也参加了，经一冬一春苦干，完成土方近万立方米，使苏家垸堤告成。

军山外垸堤修筑 军山外垸堤北起坝上对河，南至成功南屏闸，东沿通顺河北岸与南边湖垸隔河而望，东抵侏儒河，沿侏儒河西岸北靠南屏垸堤。1971年，合丰公社党委调动土、黄、高、管、匡、榨、阳、刘、合9个大队6000多劳动力在通顺河北岸筑堤，扩大围垦面积，定名军山外垸。该垸堤高程26.1—27米，堤面宽2.4—3米，边坡比为51：2—1：2.5，堤内陡高3.5—4米，堤外陡高3—4.5米，全长11.17千米。阳湾大队组织劳动力300余劳动力参加苏家垸堤建设，部分妇女劳动力参加，经一冬一春苦干，完成土方近万立方米，使军山外垸堤告成。因阳湾大队堤段地处沼泽，后发生塌方事故，翌年又复修。

邓南捞子湖长江干堤修筑 1974年，中共汉阳县委调遣侏儒公社1000余民工赴邓南捞子湖修筑一段长江干堤，阳湾大队组织90余名劳动力参加此次修筑工程，历时两月，完成土方5000余立方米。

民垸

南屏垸 南屏垸位于阳湾村小襄河以南，南桥河以北，西与汉川南河渡接壤，东抵南屏垸大堤，与军山外垸交界。南屏垸大堤北起军山闸，南止成功新帮堤。长5460米，顶宽5米，高29米，属泛区围堤。由前汉阳、汉川两县修建于1932年，2010年整修。

南屏垸之名始于元末农民起义军领袖孟海马在军山驻军时文告中“汉西关之南屏”一词。明清时期，泛区逐渐淤积为平原，由阳湾欧阳氏与邻村家族共同开发，定名为南屏垸，阳湾村实际占有土地面积160公顷。

消泗中洲垸围垦 1961年，阳湾大队派遣劳动力50余人，耕牛、农具30余套参加消泗中洲垸垦荒2.6公顷。

汉南银莲湖垦荒 1962年，阳湾大队派遣劳动力50余人，耕牛、农具30余套参加汉南银莲湖垦荒 3.3 公顷。

苏家垸围垦 1966 年，阳湾大队在苏家垸垦荒造田 46 公顷。

军山外垸 军山外垸北起坝上对河，南至南屏闸，与南边湖垸隔河而望，东抵侏儒河，沿侏儒河西岸北靠南屏垸堤。1966 年，由合丰公社将原苏家垸、吴家垸、北垴、张家山、南垴等湖围垦为苏家垸。1973 年，合丰公社在南屏闸河北岸筑堤，扩大围垦面积，共垦荒造田 46.6 公顷，定名军山外垸。该垸堤面宽 2.4—3 米，堤内陡高 3.5—4 米，堤外陡高 3—4.5 米，全长 11.17 千米。在娘娘台处兴建排水闸 1 座，建大小排灌站 4 处，涵闸 4 处，穿堤建筑物有甲垸闸、苏家垸闸、永丰泵站低闸、五冶闸、五姓口低闸。围垦面积 16 平方千米，耕种面积 8366.67 公顷，宜种小麦、棉花、玉米、高粱、豆类等作物。阳湾村在军山外垸现有耕地面积 133.3 公顷。

塘堰

大塘开挖 清朝至民国期间，欧阳氏家族为抗御旱灾开挖塘堰一口，面积近千平方米，取名大塘，可蓄水 3000 余立方米，浇灌水稻百余亩。合作化时期将大塘开挖扩大至 1300 平方米，增加蓄水 1000 余立方米，浇灌水稻 120 余亩。

西杨湾塘开挖 民国期间，西杨湾开挖塘堰一口，面积近 800 平方米，取名西杨湾塘，可蓄水 2000 余立方米，浇灌水稻近百亩。合作化时期将西杨湾塘开挖扩大至 1000 平方米，增加蓄水 2000 余立方米，浇灌水稻百余亩。

傅湾水塘开挖 傅湾水塘原由傅氏家族于民国期间开挖，可蓄水 1000 余立方米，浇灌水稻 70 余亩。合作化期间进一步开挖增加蓄水量。

塘堰开挖 2012 年 2 月，在湖北省开展的“万名干部进万村挖万塘”活动中，阳湾村落实资金 100 余万元，用于新挖塘堰 3 口和建设有关水利设施。

水库

黄金水库修建 1960 年春，新华公社（合丰公社前身）副书记朱本才调集万人在黄金村黄金山与纱帽山之间修建黄金水库，阳湾大队派遣劳动力数百余人参加黄金水库建设，群众清晨 6 时开工至夜晚 10 时收工，阳湾大队群众赤足在冰冻的泥水中战斗，开挖土方 400 余立方米。

蛟洼水库修建 1960 年秋，阳湾大队组织劳动力数百余人开挖蛟洼水库，因地处蛟洼自然村范围内，故名。蛟洼水库面积近千平方米，蓄水 3000 余立方米，可浇灌蛟洼一片水稻田100余亩。合作化时期将蛟洼水库开挖扩大至1200平方米，增加蓄水1000余立方米，浇灌水稻田120余亩。2012年2月在湖北省开展的“万名干部进万村挖万塘”活动中，阳湾村落实资金100余万元，将蛟洼水库扩浣并修建有关水利设施。

村外机（泵）站

黄金机站修建 1961年春，新华公社（合丰公社前身）副书记朱本才调集万人在黄金大队与土金大队之间的太渡河畔纱帽山麓修建黄金机站。黄金机站工程浩大，任务十分艰巨，仅机站站台扬程就有18.5米高。阳湾大队派遣劳动力数百人从距离机站站台1000多米远的地方取土修筑机站站台，群众清晨6时开工至夜晚10时收工，历时60余天将机站站台建成。

南山涧机站修建 1961年秋，新华公社（合丰公社前身）副书记朱本才又调集阳湾大队、榨坊大队、中刘大队劳动力数千人修建南山涧机站。该机站从白土堡湖汊引水可浇灌榨坊大队、阳湾大队、中刘大队部分农田。阳湾大队派遣劳动力数百余人参加南山涧机站建设，历时30余天将机站站台及部分水渠建成。

其他泵站修建 1977—1979年，阳湾大队派遣劳动力参加挖口泵站、北垸泵站、界河泵站及西湖泵站建设，共投工5000余个，耗资近万元，给集体经济造成了沉重的压力。

村内机（泵）站

六屋台机站、项湾机站、傅湾机站修建 1962—1972年秋，阳湾大队组织全部劳动力修建本地六屋台机站、项湾机站、傅湾机站，安装14—18台马力电动机和配套水泵，扬程9—12米。六屋台机站管六海赛一片水稻田，项湾机站管项湾一片水稻田，傅湾机站管傅湾一片水稻田，

1973—1980年，阳湾大队将六屋台机站、项湾机站、傅湾机站重新维修，提升服务功能。1985—2005年，阳湾村又将六屋台机站、项湾机站、傅湾机站维修、提升，以满足大面积农田用水需求。

合丰桥、南桥“污工泵站”修建 1972—1973年，合丰公社抽调阳湾大队协助修建合丰桥“污工泵站”和南桥“污工泵站”，共投工1000余个。

机站维修 2012年2月，在湖北省开展的“万名干部进万村挖万塘”活动中，阳湾村落实资金100余万元，维修机站6座，并修建有关水利设施。

外地水利工程

府河改道水利工程 1959年湖北省改府河下流由云梦东进孝感，至卧龙潭与澴水汇合，流经东西湖区北面，在汉口谌家矶入长江，武汉市境内流程48公里，工程十分艰巨。阳湾大队派遣30余人远赴府河改道水利工程建设，历时数月，大多数人累倒。

汉川新沟船闸水利工程 新沟闸位于汉川市境东北端，汉北河出口处，南临新河镇，东与武汉市新沟镇交界，为汉水、天门河水交通要道，是湖北省孔跨最大的水闸。新沟闸为汉川最大的水利及交通建筑物之一，整个工程由排水闸、船闸和公路桥三个部分组成。1969—1970年，阳湾大队组织数十名劳动力参加汉川新沟船闸建设，主要是开挖和搬运船闸基地的土方，数千人排成长队挑着担子行走，一个劳动力每天挑20—30担土，至寒冬方返回。

汉川沉湖农场工程 沉湖位于湖北省中部，天门市、汉川市交界处，邻沪汉蓉高速铁路天门南站。它接纳汉江与天门河间渍水，由两路分泄。一路由万福闸入汉江；一路由共济闸经竹筒河泄入汈汊湖，属河间洼地湖。1966年至1970年围垦，辟农田7333公顷，建有沉湖农场。1970年，阳湾大队抽调20余人远赴沉湖农场，经100多天战斗胜利返程。

“四水”共治

2014—2021年，侏儒山街办事处在阳湾村加大投入“四水”（蓄水、引水、提水、挡水）共治农业基础设施建设，农业抗灾保障体系逐步完善。

蓄水 投资10余万元，对3口塘堰实行扩容、加固3000立方米，增强调蓄能力，改善灌溉面积500余亩。

引水 投资15万元，对南屏垸、军山外垸的50余条沟、渠道进行疏挖改造，完成土方5000立方米，保证排供水畅通无阻。

提水 投资5万余元，兴建改造机站6座，提升抗旱排涝能力。

挡水 街办事处投资25万元，对军山外垸阳湾等村15千米薄弱堤防段面进行加高增厚，完成土方30万立方米，可防御十年一遇的洪灾。

水旱灾害治理

侏儒山地区围堤民垸防线长59697米，阳湾村主要防守围堤（军山外垸堤、成功堤）。1959—1963 年，阳湾村两次参加整修扩建侏儒闸，增强抗洪排涝能力。1985 年后发生多次旱情，阳湾村充分利用分蓄洪区水源，逐级提灌，或从长江引水入湖，或实施人工降雨，使旱情得以缓解，但因客观条件的制约和水库、涵闸、泵站配套不完备等问题，遇到总量大、历时长、范围广的梅雨型洪水，防洪压力仍然很大。

抗洪

1974 年、1977 年大洪水，阳湾大队全力防守军山外垸堤防，终因洪水超过极限，堤防崩溃垸内被淹。

1983 年 10 月 7 日，杜家台分洪，分洪流量由 1800 立方米/秒、3200 立方米/秒逐渐加大到 4200 立方米/秒。10 月 13 日 20 时，洪北民垸全部奉命扒口蓄洪。

1996 年、1998 年、1999 年相继发生特大洪涝灾害，为汉江历史以来最高洪峰过境，阳湾村调动村民 300 余人驻守军山外垸民堤，召开防汛抢险誓师大会，确定责任段，明确责任人，签订防汛“军令状”，立下抢险“生死牌”，确保人人上岗、人人担责。村党支部发挥党员干部在防汛工作中的战斗堡垒和先锋模范作用，备足粗砂、石料各 100 立方米，备足编织袋 5000 条，打通了 17 条防汛碎石通道与军山外垸堤相连。

所有涵闸安装照明灯具，坐哨观察，做到 24 小时不离人，对倒口、蚁穴严加防范，及时处理散浸和管漏。对标高不够的堤段加筑子堤，在军山外垸民垸上严防死守，安全度汛。

2011 年 9 月，面对汉江历史以来最高洪峰过境，阳湾村调动村民数百人驻守军山外垸民堤，在民堤树立宣传牌 11 块，教育群众保护堤防、爱护堤防，严禁在民垸堤坡种植作物和树木。9 月 18 日，阳湾村配合街工委、农办、水利站、区水政大队、街派出所组成军山外垸清违联合执法小组，对堤上乱耕乱种进行整治，清障面积达 300 平方米，清除树苗 200 余株，玉米、棉花 1000 余株，并对清障面积进行播散草籽，以防水土流失。

在 2000—2018 年的 18 年间，因长江三峡水利工程发挥调蓄洪水的作用，阳湾境内只发生 2009 年、2016 年洪峰过境 2 次。

排渍涝

渍涝灾害一般出现在 6—7 月的梅雨季节，几乎隔年发生一次，有时一年还发生两三次的连续性灾害。最早发生于 5 月下旬，最迟发生于 9 月中旬。特大渍涝水灾近50年发生10次，分别为1969年、1980年、1982年、1989年、1991年、1996年、1998年、1999年、2003年、2010年。军山外垸主要有永丰闸泵站排涝，南屏垸主要有南桥泵站和合丰桥泵站排涝。汛期优先保障小泛区防洪调度运用方案，当小泛区泄洪闸内水位达到25米，挖口闸受外江水顶托关闭，可根据水、雨、汛情启动泵站，抽排小泛区渍水。阳湾村在南屏垸、军山外垸的3000多亩农作物每遇涝渍时，通过泵站及时抽排渍水，受渍农作物90%得以存活。

1991年7月1—12日，阳湾村遭遇100年未遇的降雨量。7月18日4时，南屏垸、军山外垸、洪北民垸渍水位达26.57米，低于1983年分洪水位0.89米，高于1980年渍水位0.53米，整个洪北堤、军山外垸堤段仅出现散浸129处，计6388米，管漏62处。

1996年、1998年、1999年特大洪涝期间，阳湾村在南屏垸、军山外垸的3000多亩农作物通过泵站及时抽排渍水，抓紧清沟除渍，旱地力争在24小时排除田间积水，水田争取在72小时内现苗，确保作物正常生长。旱地及时挖好田头沟、围沟和腰沟，排除田间积水，促进根系生长，做到雨停田干，受渍农作物90%得以存活。

2016年入汛后，连续遭受6轮强降雨侵袭，形成外洪内涝的严重灾害，农业生产遭受重大损失。阳湾村在街党工委、街办事处领导下围绕“一带、一线、三垸”分类展开生产自救。整修加培军山外垸堤防0.4千米，整修防汛通道0.6千米。

在2000—2018年的18年间，因长江三峡水利工程发挥调蓄洪水的作用，阳湾村只发生2009年、2016年水灾2次。

抗旱

人力水车 民国前，阳湾发生旱情，垄岗上的耕地仅靠塘堰供应少许水源，人称“搭苗水”。至20世纪50年代末，阳湾还未形成有效的水利体系，如遭遇旱灾，农民们只有使用人力水车在六海赛湖搬水抗旱。

1959年夏遭遇百日大旱，塘堰干涸，稻田龟裂，阳湾大队在六海赛湖心安装水车搬水。整个水路全长1000米，坡度有10余处，需安装水车20余部。其中平缓处为“两人头车”“三人头车”，高坡处为“四人头车”和“五人头车”，每班需劳力80余人，换班（两班制）需要160余人。车水时，在取水车上（水源处的第一部车）装上计时的线滚子，滚子上的线滚完就换班，名曰“车线水”。为了给车水的人提精神鼓干劲，人们在水车上装有锣鼓，一边车水一边敲锣打鼓唱“车水歌”。通过全力抗旱，全大队 33.3 公顷水稻获得丰收。

机站抽水、境外引水、人工降雨抗旱等措施 1962 年发生干旱，阳湾大队六屋台机站、项湾机站、傅湾机站相继建成投入使用。同时修建水库 1 座，整修塘堰 4 口，蓄水量达到了 5000 余立方米，可灌溉村前 33.3 公顷水稻田，大旱获得大丰收。

1988 年春旱、伏秋连旱和冬旱，早、中、晚稻和棉花普遍受旱，9 月中旬持续干旱。阳湾村充分利用分蓄洪区水源，逐级提灌，缓解南屏垸和军山外垸 200 多公顷农田的旱情。

1990 年伏秋连旱，两乡一镇从长江引水入湖，使阳湾村旱情得以缓解。

2000 年，2—4 月降雨 170.10 毫米，比历年间同期平均降雨 298.80 毫米少 128.70 毫米。其中，4 月份降雨 26.70 毫米，比历史同期减少 80%。多数水库基本干涸，半数塘堰见底。侏儒街工委请求蔡甸区政府与汉川、仙桃两市协商调水 1000 立方米，并投资 15 万元组织了 3 门高射炮，于 5 月的 9 日、16 日、20 日、24 日作业 7 次，发射催雨弹 760 发，首次人工降雨成功，阳湾村旱情缓解。

2011 年，面对春季旱涝急转的自然灾害，阳湾村组织劳力 300 人，启动抗旱排渍机械 12 台套，配套潜水泵等设备 7 台套，疏挖主河渠 2000 米取水抗旱。

2013 年夏，连续高温无雨，200 余公顷农田遭受不同程度的旱灾，阳湾村在军山外垸和苏家垸打坝提水，补水苏家垸渠。南屏垸区用南桥泵站 155 千瓦机站提水灌溉南屏垸 318 国道以南区域农田。同时，阳湾村组织劳力数百人和合丰片几个村在西进河上打坝，通过 4 台机组提太渡河水补源，确保高处农田有水灌溉。

教　育

明、清、民国时期，欧阳氏重视家族教育，开办六海书院。前清秀才欧阳鼎臣于民国年间主持阳湾地区私塾教学。1946 年，境内倡导新学教育，阳湾学生进入中刘家刘氏宗祠开办的中刘小学就读。1947 年，阳湾学生在侏儒乡（和丰堡）第十保国民小学校就读。中华人民共和国成立后，第十保国民小学校改为第四区第十村小学，后改名和丰小学。阳湾学生先后进入以上学校就读。1958 年，和丰小学迁入中刘村刘氏宗祠，阳湾学生在此就读。1964 年拆欧阳氏祠堂和中刘家祠堂，在团山和丰禅林古庙旧址建合丰中心小学，1966 年改为合丰耕读中学，阳湾学生在此就读。1969 年，各大队分设小学，阳湾大队设 1—5 年级 5 个班，1976—1984 年，阳湾大队学校师生自力更生，在大队炼灰厂支持下拣炭巴建校舍。1991—1994 年，台胞欧阳一组织台胞捐资建校。2014 年至今，欧阳国华为欧阳氏大学生颁发奖学金。

私塾

欧阳湾私塾始于明朝洪武年间，由欧阳氏始迁祖欧阳隆沂创办，他是本地区历史上唯一以进士身份从事乡村教育的塾师，对提高乡村教育社会地位有重要作用。由于明初处于医疗战争创伤，百废待兴时期，欧阳隆沂没有去追求仕途，而是把精力集中在发展生产和振兴教育上。自定居六海赛湖畔后，亲自创办六海书院，以土砖、竹木、茅草搭建教室，采阳家山树木做课桌凳，并率族中功名人士挨门挨户查访学龄儿童，劝其上学。将传承中华民族传统文化和家族文化精神，弘扬儒家文化作为教学育人之本，凡是到私塾读书的孩子都要讲大禹治水、勾践卧薪尝胆和欧阳氏迁移到六海赛湖畔以及“九龙下六海”等历史地理故事。私塾除了挂孔子的像，还要挂大禹和勾践的像。塾师和学生每天参拜大禹、孔子和勾践。欧阳隆沂将“大禹治水，勾践复国，仁义礼智，孝悌忠信，卧薪尝胆，忍辱负重，开疆拓土，发愤图强，坚韧不拔，勤能补拙，俭以养廉，爱己及人，啬己奉公”作为欧阳氏的精神谱系，以塑造学生灵魂。隆沂公之后，欧阳氏还将《传家世次总歌》作为私塾教材，要求塾师指导学生背诵讲解，使家族文化代代传承。

至清代，随着其他姓氏相继迁入，私塾也选编了傅说、项羽、杨家将、郑和下西洋等历史故事来启发学生。

私塾分成蒙馆和经馆两类，蒙馆的学生由儿童组成，重在识字；经馆的学生以成年人为主，大多忙于科举考试。

蒙馆由各家族或农户合伙约聘塾师对儿童进行启蒙教育。村内孩子一般在 6 岁进蒙馆开始学习，学生进蒙馆不需要考试，先生同意之后，去孔夫子的牌位前，向孔夫子和先生磕头作揖，然后进学。塾师对他们进行识字、写字、诵读教学。学习的内容开始是“三、百、千、千”，就是《三字经》《百家姓》《千家诗》《千字文》。学了两三年后接着学《百家姓》《三字经》《朱子治家格言》《增广贤文》《六言杂字》《幼学故事琼林》《珠算》等。过了启蒙的初始阶段就可以学习《四书》《五经》等。私塾教学除了书本知识还会教授生活习惯、日常礼节与道德规范之类的内容，像着衣、叉手、作揖等都会教导。民国二十年，每生每年学费

2—4 块大洋。一位塾师年收入 30—50 块大洋不等。对于贫困学生，阳湾村规定可以在六海书院私塾享受免费就学，贫困学生学费经各家族代表公议后由阳湾村公产收入（六海赛莲藕收入、家族田产租金）托底。

有钱人家的子弟读了 6 年私塾后再读 6 年经馆，俗称 12 年长学。对天资聪明的贫困学生，由六海书院申请公产给予重点支持。经馆主要是读经史子集。塾师都是举人、秀才级别的，还有赴京赶考过的名士。著名的塾师则重点指导优秀学子参加科举考试而取得功名。欧阳鼎臣注重练习诗文和经义，并指导点读《四书》《五经》《纲鉴》《史记》，学习《诗经》、《楚辞》、唐诗、宋词，辨声律、作策论，每逢 10 日一次作文。经馆塾师颇受尊敬，待遇较为优厚。学生学费由塾师根据学生成绩而定，成绩最高的一学段学费谷子 1 石，全年计谷子 3 石左右。1 石谷子折合银元 3 块，每生学费全年需银元 9 元左右。

六海书院明中期扩建为砖木结构瓦屋面，清为砖木结构带院子，分上下屋并带天井。清末民初毁于火灾，后在欧阳氏宗祠设私塾。1974 年，据欧阳文湘回忆，民国时期，欧阳氏族产主要用于支持教育，六海书院对穷苦孩子读书是不收钱的。但是，因为各家各户田多，一般孩子读了几年书后就要帮大人干农活或放牛，真正能读经馆的没有几个人。

新学

1946 年，村内倡导新学教育，原阳湾私塾停办，时任国民政府军官考核委员会主任委员、国防部中将高参的欧阳勋对国民党政治腐败不满而退居故里，欧阳氏族众力主欧阳勋赴汉阳县教育科报备筹建新学。欧阳勋不愿出面，放弃了在阳湾筹建新学的报备。与此同时，中刘家刘氏征得县教育科同意在中刘家刘氏宗祠开办中刘家小学，欧阳文椿带着阳湾学生进入中刘家小学就读，中刘家小学由旧式教育转向新式教育，课程有语文、算术、历史、地理、自然、音乐、美术、体育等。

1947 年，由阳湾、戴湾向县教育科建言在和丰禅林古庙筹建联村小学，为侏儒乡（和丰堡）第十保国民小学校，阳湾学生在此就读，初小四年级语文课本有关于抗日战斗的英雄，也有《大发明家爱迪生》，还有控诉鸦片之害的《害人的“大烟”》。五年级语文课本中有《抗倭英雄戚继光》，也有《瓦特发明蒸汽机》，还有《放牛娃画家——王冕》。六年级的课本里有《詹天佑和京张铁路》《八女投江》，也有《火车发明家司蒂芬孙》等，还有老师给学生讲共产党和本地红军人物徐质夫、蒋天树、刘可人的故事，并教唱《义勇军进行曲》等革命歌曲。

扫盲

新中国成立时，村内的文盲率高达 80%，文盲成为农村社会进步的拦路虎。1950 年，区委派出扫盲工作队在欧阳湾、西杨湾、小阳湾、蛟洼等地举办成人（扫盲）识字班，每天晚上由农会和扫盲工作队把农民集中起来识字，再学简单算术加减法，每个学员必须学会写自己的姓名。

1951—1955 年，村内 200 多名半文盲基本能做到识字 1500 个以上，能够阅读浅近通俗的报刊，能够记简单的账，写简单的便条。500 多名不识字和识字很少的文盲，能做到识字 1000 个以上和计算数字，写自己的姓名。文盲和半文盲数已由 1951 年时的 80%下降 1956 年时的 38%。

1956—1957 年，村内随着农村政治夜校和学习毛主席著作深入开展，生产队根据农村特点，贯彻自愿原则，因人、因时、因地制宜，采取多种形式扫除文盲。由妇女队长和党员带头，切实安排好学习时间，防止走过场、赶任务，坚持经常性学习，不断总结和推广办学经验，提高扫盲工作水平，把扫盲工作搞得扎扎实实。让识字很少的学员都能识字 2000 个以上，达到“四会”（会读、会写、会用、会讲）。

1962—1970 年，阳湾大队在抓好扫盲工作的同时，采取多种形式抓好普及小学六年教育，努力做到“一防、二扫、三提高”。“一防”就是防止适龄儿童辍学，尤其是适龄女孩辍学。党支部书记和生产队干部把组织学龄儿童入学作为一项重要工作来抓，并坚持学满 6 年，真正达到小学毕业程度。坚持小学要吸收 15 岁以下的超龄儿童入学，采取适当的速成方式，使他们尽快达到小学毕业程度。对不送孩子上学的家长，书记和生产队长在社员大会上给予点名批评，要这些人当众表态送孩子去上学。“二扫”就是要把 12—45 周岁的少年、青年、壮年中的文盲基本上扫除，凡有学习条件的青少年文盲，要全部扫除。“三提高”就是对已经脱盲的，要采取各种形式，组织他们继续学习，进一步巩固和提高；对已脱盲的少年、青年和有条件的壮年，组织他们参加合丰小学和耕读中学的业余学习，经过两三年的时间，基本上提高到小学毕业和初中毕业的文化程度。通过开展《毛主席语录》和时事政治学习，营造“五好”（学习信念坚定不移好，对党忠心耿耿好，积极参加农业劳动好，不怕苦不怕累好，有文化懂科技好）社员竞赛的良好氛围，整体提高广大干部群众思想政治素质，促进农业生产发展，社会风气好转。

学校

1946年，村内倡导新学教育后，原阳湾私塾停办，中刘家刘氏征得县教育科同意在中刘家刘氏宗祠开办中刘小学，服务范围为中刘3个自然村湾、阳湾5个自然村湾。1947年，阳湾和戴湾有关人士积极向县教育科建言，选择地理位置集中且历史基础好的团山和丰禅林古庙兴办联村小学，经县教育科考察后决定在和丰禅林古庙兴办侏儒乡第十保国民小学校。阳湾5个自然村出资兴建了教师住房、厨房、操场及公厕等配套设施。

1949年，第十保国民小学校改为第四区第十村小学，后改名和丰小学。服务范围为中刘3个自然村、阳湾5个自然村和戴湾、百仗赛一部分村子。

1958年"大跃进"时，新华公社（合丰公社前身）意欲拆除中刘家祠堂和欧阳氏祠堂，木材拿去炼钢铁，不料受到两姓群众强力阻止，转而拆除和丰禅林古庙，将和丰小学迁入中刘家刘氏宗祠。

1964年整顿"五风"（共产风、浮夸风、"一平二调"风、强迫命令风、生产瞎指挥风）后，在县区指导下重新布局和丰小学，拆欧阳氏祠堂和中刘家祠堂在团山和丰禅林旧址建中心小学，并改名为"合丰中心小学"，1966年，改为合丰耕读中学，服务范围为中刘、阳湾、戴湾、百赛。1969年，各大队分设小学，阳湾大队决定另起炉灶兴建阳湾小学，设1—5年级5个班，1976—1984年，阳湾小学师生自力更生在大队炼灰厂支持下拣炭巴建校舍，师生们把炭巴一担一担挑回来，大队炼灰厂送来了石灰，老师们当起了泥瓦匠，学生们做小工，通过数年苦干，建起了6间教室与活动室、办公室、教师宿舍。

1985年，汉阳县教育改革管理体制，为充分调动各级办学的积极性，两乡一镇实行三级办学分级管理。中心小学交乡镇管理，一般小学由村管理。1986—1995年，阳湾村小学教学质量得到提升，先后有100多名学生考入省重点高中。

1996年，阳湾村小学高年级学生并入合丰小学就读，幼儿园与低年级学生仍在阳湾村小学就读。期间由于大批学生随务工经商的父母进城读书，至2000年，阳湾村小学因生源减少而停办，部分学生转入侏儒山中心小学就读。

阳湾小学历任校长：袁华昌、邱大勇、甘启海、郭德顺、郑彦轩。

台胞捐建希望工程

台湾同胞欧阳一眷恋故乡阳湾村，时任阳湾村小学校长郑彦轩得知后特邀请他于1991年、1992年、1993年三探故里。欧阳一组织120位台湾同胞共集资87万新台币及美金、港币、外汇券等捐献阳湾村，兴建希望工程阳湾小学和图书馆，共计建筑面积1087.8平方米，其中教室508.2平方米，图书馆（含办公室、楼梯间）579.6平方米，馆藏图书5000余册。

乡贤助学

欧阳国华重视培养人才，从2000年开始制订助学计划，凡本村学生考上大学，给予每人5000元助学金。2016年为杨雅欣（湖北大学）、刘雨（陕西师范大学），2017年为郑思颖（江汉大学）、欧阳威（湖北中医药大学），2020年为欧阳宇航（武汉理工大学），2021年为欧阳昌傲（武汉理工大学）给予助学金支持。

阳湾村大学生

1953—2021年，阳湾村大学生共294人，其中大学毕业265人，在读29人。1953—1978年大学生11人，1978年恢复高考至2021年283人。大学生深造获博士学位者6人，获硕士学位者13人。

民　　政

老年工作

1950年，阳湾村在区委和土改工作队指导下开始探索建立社会福利制度。在财力微薄的情况下，阳湾村形成了区政府负责、农会包办的救济型、低水平福利制度，区政府仅负责城乡孤寡老人的赡养。随后，在计划经济体制下，福利对象开始扩大，形成了农村五保供养的福利制度框架。救济性保障成为当时福利制度的明显特征。除了农村孤寡老人以外，绝大部分老年人都由家庭养老。1950—1957年以及1962—1973年出现了两次生育高峰，多子女模式推动了家庭养老抚幼功能的结合，家庭养老是当时的主体选择。

2000—2014年后，侏儒山街养老机构与阳湾村整合多方资源，抓好安全监管、食品和消防安全工作，签订安全生产责任书，明确分管责任，密切关注独居老人的日常生活安全。

2018年，阳湾村切实抓好老龄工作台账资料管理，做到与区、街资料台账完整、准确、规范。高龄老人的津贴申请、审核、发放工作，做到发放程序规范资料手续完善，资金发放准确、情况真实。供养农村五保户欧阳远陔1人，全年补助人均1.32万元。全年全村无一例供养对象安全事故发生。

五保户老人供养

土地改革后，党和政府对城镇无依无靠的鳏寡孤独老人组织集中供养。1952年，阳湾村将2名孤独老人送往侏儒镇教养院供养。

1965—1976年，本地五保户（保吃、保穿、保医、保住、保葬）老人均由生产队分散供养，主要由生产队按人均生活标准供给粮油、柴草等生活物资。1980—1992年，阳湾村对五保户老人由供给生活物资到补贴资金分散供养为主。

扶贫

土地改革后，阳湾村无劳动能力的老弱孤寡、残疾、家庭主要劳力常年生病、家大口阔和发生意外事故等情况不能维持最低生活水平的人有11户56人。人民政府每年组织民政部门对阳湾村贫苦人口以及残疾人除发放救济款、救济粮外，到冬季还发给寒衣、寒被。

1980年后，随着经济体制改革，阳湾村一部分人已经先富起来，有少数人生活水平仍处在温饱线以下。1981—1982年，侏儒公社为阳湾村扶贫救灾发放救灾款7000元。1986年，阳湾村贫困户数共17户、92人，发放扶贫资金7500元。1997—2000年，阳湾村建档立卡贫困户14户、76人。2001—2010年，建档立卡贫困户12户、64人，10年共脱贫12户、64人。2011年，街民政办公室对阳湾村扶贫资金实行“专户存放、专人管理、专账核算”，从项目申报、备案、造价、验收、审计、资金拨付进行全程规范管理，执行财务报账手续中17项资料“缺一拒报”制度。

2014年，阳湾村引进武汉博茂生态农业公司，参与精准扶贫，通过“公司＋土地流转＋农户”“公司＋培训就业＋农户”“公司＋旅游经济＋农户”的模式建立利益联接机制，推进扶贫增效致富，成为全街“十二五”整体推进扶贫规划项目。

2015年，阳湾村推广五种行之有效的扶贫模式，即支部引领示范、合作社领头帮带、自我造血发展、企社联动助推、能人回乡反哺，并根据中央、省、市、区扶贫攻坚工作部署推进“精准扶贫，不落一人”实现攻坚决胜、全面小康的目标任务。当年建档立卡贫困户17户、89人，当年脱贫11户、78人。2016年，按照“精准扶贫，不落一人”的总体要求，对应施策，实施“一核三辅”战术，推进“五个一批”扶贫攻坚计划。通过市区工作队帮扶，建立健全八项机制，用足用活政策，实施挂图作战、层级管理、倒排进度、销号扶贫。整村脱贫出列，村集体收入人均达到10万以上，比帮扶前增加5万元，共脱贫15户、102人。2017年，市驻村工作队参与帮扶，利用2个月左右时间，动态调整贫困人口，新增120人，自然减少113人，标认硬伤户7户、26人，剔除硬伤户7户26人。全年整村脱贫出列，脱贫8户、46人。

2018—2020年，阳湾村党支部、村委会与驻村工作组因村制宜制定方案，确保扶贫项目的造血功能强、带动效益高。以武汉博茂生态农业公司为龙头，为扶贫项目提供人工、技术服务，将军山外垸2000亩低洼地荒湖等提档升级改造成精养鱼池发展扶贫特色养殖业；发展50亩扶贫钢架大棚开展蜂柿小番茄、冰糖心牛奶玉米、蔡甸西甜瓜特色农产品种植，实现村集体年收入持续稳定达到10万元以上。全村扶贫149户，脱贫121户、614人，完成了攻坚决胜任务。

最低生活保障

2006年，阳湾村建立农村低保制度，享受该待遇的家庭主要是四类：1.无经济来源、无劳动能力、无法确定赡养人或抚养人的村民；2.领取失业救济金期间或失业救济期满仍未能重新就业，家庭人均月收入低于市低保标准的村民；3.在职人员在领取工资或最低工资及退休人员领取养老金后，其家庭人均月收入仍低于市低保标准的村民；4.其他家庭人均月收入低于市低保标准的村民（不包括五保对象）。同年底，全村农村低保户53户；当年新增2户，取消7户，调标户数3户，降标户数1户；其中二季度新增13户，取消18户，调标15户，降标1户；第三季度新增9户，取消21户，调标30户。2007年，阳湾村村民享受最低生活保障补贴共56户，计152人次，比上年分别增长9.3%和12.8%。生活保障费实际发放金额2.70万元，比上年增长0.90万元。2008年，阳湾村进一步加强低保规范管理，按照动态管理原则，审核申请低保对象55户。经过入户调查，张榜公示确认符合条件对象49户，其中农村低保户49户，常年公示率达100%。

2009—2013年，阳湾村推进“阳光低保”工程，完善低保申请、入户调查、民主评定、审核审批等工作环节和程序，强化低保动态管理，做到有进有出，同时加强低保档案规范化管理，健全信息库。

2014年，阳湾村开展低保户家庭入户“拉网式”核查，实施低保户街级电子屏幕公示，加强动态管理，做到低保对象应保尽保、分类施保、管理明确。2016年，全村村民最低生活保障补贴标准分别为370元/月、320元/月。全年享受农村村民最低生活保障对象68户、89人，共发放农村村民最低生活保障补贴373800元。2017年，全村共新增低保对象3户、15人；清退9户、45人，提高标准8户、36人，降低标准24户、102人；全年全村村民享受最低生活保障补贴64户、81人，每月共发放生活保障费50735.2元，全年共发放生活保障费608822.4元。

2018—2020年，阳湾村低保实现动态管理，运用大数据信息，年度动态比率超过15%，农村最低生活保障补贴标准分别提高到500元/月、470/月。共新增低保对象3户、11人；清退5户、24人；提高标准2户、8人；降低标准4户、15人。全年全村村民享受最低生活保障补贴57户、75人，每月共发放生活保障费49725.2元，全年共发放生活保障费596702.40元。

退役军人优抚

土地改革后，侏儒区根据国家《军人抚恤优待条例》规定，对阳湾村在册的中国人民解放军现役军人、服现役或者退出现役的残疾军人以及复员军人、退伍军人、烈士遗属、因公牺牲军人遗属、病故军人遗属、现役军人家属（统称为优抚对象），进行摸底调查登记造册，按职级发放抚恤粮。1950年，牺牲者每人每年发抚恤粮食600—1200斤，1952年提高到1200—1800斤；病故者每人每年发抚恤粮食450—900斤，1952年提高到900—1200斤。

1953年，侏儒区对阳湾抚恤对象改抚恤粮为抚恤金，牺牲者每人每年发抚恤金140—550元，病故者每人每年发抚恤金110—410元。1960年后，实行定期定量补助，补助标准每年调整一次，农村户口每人每月由2—4元逐步增至为14—19元。

1962年分别对其家属给予一次追恤、抚恤费，每位烈士由国家发给遗属追恤费人民币140元，并从1965年开始对三等残疾军人，由原来的一次性抚恤改为长期抚恤。随着国民经济的发展，人民生活水平的提高，抚恤金逐年增加。

1974年，开始实行差额补助办法，即困难大多优待，困难小少优待，不困难不优待。国家实行粮油统销后，在农村的特等、一等残疾人员的粮油按当地干部定量标准供应；二等残疾人员分得的口粮每月不足35斤的由国家返销粮补足。在主要副食品实行计划供应时期，在食糖、猪肉等物资上给予优先享受。1981年起，对在农村的残疾人员，根据残疾等级，每人每月发付食品价格补贴2—5元。1982年，农村实行责任制以后，以公社为单位统筹优抚款，对现役军人实行“普优”，按当地群众收入标准以400元为基数，服役1—2年，优抚200元；服役2年，优抚220元；4年以上，优抚260元，确保现役军人家属的生活水平不低于平均生活水平。

1993—1999年，侏儒镇对阳湾村定恤、定补优抚对象共28人，其中三属5人、复员军人13人、退伍军人11人共发放优抚补助金5.4万元，其中三属0.6万元，复员军人2.6万元，退伍军人2.2万元。除此之外，政府对优抚对象子女入学优先享受助学金，特殊困难的免费入学。烈属就业优先照顾，烈属、军属在医院治病优先就诊，有困难的给予减免医药费。退伍军人的安置，本着从哪里来到哪里去的原则，由军地两用人才介绍所向地方乡、镇、村办企事业，机关单位推荐。

2000年，侏儒街对阳湾村优抚工作注重解决烈属、军属，在农村复退军人和伤残军人的“三难”（生活、医疗、住房）问题，并建立“困难优抚对象关爱行动台账卡”，做好退伍士兵的安置工作，解决退伍士兵的历史遗留问题，给立功受奖的现役军人发放喜报等奖励。

2007年，侏儒街对阳湾村优抚对象28人，其中三属5人，复员军人13人、退伍军人11人，全年发放优抚补助金1.32万元。2011年，优抚转移支付1.44万元，发放解“三难”资金1.98万元，共26人。

2014年，侏儒山街抓好对阳湾村优抚对象的档案资料管理，做到重点突出，专项经费使用规范，程序合理。同时按政策开展“关爱行动”，做到“关爱行动”及时，专项经费使用范围明确，程序合理。

2018—2020年，侏儒山街落实对阳湾村优抚安置政策退役军人和其他优抚对象28人，其中三属人员5人。

殡葬

明代至20世纪50—70年代，阳湾一直沿袭土葬习俗，人死亡后一般是把遗体先安放在棺材里，然后再把棺材埋于土中（区别于火葬、水葬、天葬等）。欧阳氏十分重视慎终追远，修建陵园，立墓碑，每逢祭祀节举行隆重的祭祀活动。少数姓氏则对殡葬和祭祀活动从简。1971—1975年，阳湾大队推进殡葬改革，改土葬为火葬。

殡葬改革宣传教育活动

1970年，阳湾大队宣传贯彻“全县殡葬改革工作会议”精神，利用有线广播、幻灯片等宣传工具，采取各种形式，全面开展殡葬改革宣传教育活动。积极协助民政部门组织宣传车深入到村、组进行宣传；设立殡葬改革板报集中展活动；悬挂宣传横幅，召开多种形式的座谈会，开展文明祭祀大讨论活动，以殡改宣传月活动为契机，规范丧葬行为。清明节是开展殡改宣传的良好时机，全大队结合清明传统祭祀活动，认真做好宣传月活动的各项工作。采取人民群众喜闻乐见的各种形式进行宣传，注重实效、不走过场，力求做到殡改政策深入人心、家喻户晓。

殡葬管理

1971—1975年，阳湾大队成立殡葬改革工作领导小组、制定工作方案，召开动员大会，精心安排，积极稳妥推进殡葬改革。引导群众采取科学、文明、节俭，少占地或不占地的骨灰安葬形式，并规定社、队、企业及商业部门，一律不准向阳湾大队出售棺材。对实行火葬的丧户，给予“三优先，一减免”，即优先安排车辆、劳力、经费，对贫困户减免运费和火化费。

1976年，阳湾大队组织30多位老人到百赛大队燕子山公墓和城市公墓参观，了解殡葬改革是大势所趋，并在群众中大力倡导厚养薄葬的美德，表彰好子女、好媳妇对老人临终关怀的先进事迹，让健在的老人在物质和精神上都充分享受到尊重。1997—2021年，阳湾大队殡葬改革跨入区先进行列，火化率100%。至此，棺葬习俗不复存在。

文　化

阳湾村家族文化与群众文化是人民生活中一种特殊的文化现象，群众文化是在革命战争年代，由中国共产党人、先进分子和人民群众共同创造的先进文化，蕴涵着丰富的革命精神和厚重的历史文化内涵。阳湾村现有 23 个姓氏，各家族都编纂有自己的族谱，记录家族繁衍、发展的历史。

家族文化与族谱编修

阳湾村欧阳氏自明代就有家族修谱的先例。家族文化以家谱为载体，家之有谱，犹国之有史。家谱中有谱序、谱例、世系图、世系录、先世考辨等。后在此基础上有所补充发展，形成一套成规：增谱论、像赞、族规、家训等。清光绪年间，侏儒山一批宿儒倡导编纂《乡土志》。阳湾村各姓氏受其影响，先从谱牒入手编纂《氏族志》（即各姓氏宗谱）。民国以降，阳湾各姓氏仍坚持编纂《氏族志》，各姓氏宗谱设置氏族历史、地理、自然资源、道路、物产、人口、教育、法律、宗教、实业、生活习俗、世系、人物等方面资料。从清初至民国，阳湾村以欧阳氏为代表的各姓氏均编有《家族志（宗谱）》。

在 1949 年后历次政治运动中，《家族志（宗谱）》被作为封建文化予以废止。“文化大革命”中，境内各姓氏《家族志（宗谱）》均被“造反派”抄没焚毁，极少数《家族志（宗谱）》由贫下中农私下藏匿才得以幸存。改革开放以后，修志工作被提上政府工作日程。1987 年，《侏儒山方志》编纂完成后，阳湾村各姓氏家族自发在民国《家族志（宗谱）》的基础上开展续修工作。1986—1990 年，阳湾村欧阳氏、傅氏、项氏、祝氏、李氏、刘氏、郑氏、周氏、罗氏、蒋氏、王氏、杨氏、谢氏、何氏、邹氏、聂氏、余氏、闵氏均编有族谱，充分展示其家族的文化自信。

欧阳氏家族文化与族谱编修

欧阳氏源于夏禹王之苗裔，帝少康封庶子于会稽，使守禹祀传 20 余世至允常之子勾践，是为越王。勾践五世孙无疆伐楚，致楚威王灭越，其子蹄受封于楚为欧阳亭侯。受封地在湖州乌程欧余山之阳，其子孙遂以欧阳为姓氏。蹄公为欧阳氏得姓始祖，传至今已逾 88 世。

欧阳氏宗谱始修于唐太宗贞观年间。在中国唐代以前的封建帝制统治下，普通姓氏是不能擅修谱牒的，由于欧阳询的才华及官职地位，唐太宗李世民特敕令询公准许敕修《欧阳氏宗谱》。传至宋嘉祐四年（1059 年），宋代文豪欧阳修主修全国《欧阳氏宗谱》。再往后各姓氏谱牒均多以欧阳氏宗谱为蓝本加以效仿，逐步完善了欧阳姓氏谱牒文化。欧阳氏宗谱宋代续修 14 次，元代续修 5 次，明代续修

13次，清代续修8次，民国续修1次，1986年续修1次，2011年续修1次。古代欧阳氏所修宗谱，大多毁于人祸，尤以“文革”时期“破四旧”，烧毁古籍书刊、宗谱无数，现仅存明代（义历谱存于江西祖籍地）1部。甲申年（1944年）欧阳氏宗谱及1986年、2011年欧阳氏宗谱阳湾村有保存。谱系涉及湖北、四川、台湾、江西、河南、湖南、云南、广东、福建等省。如今，欧阳氏全国族谱正处于组织编写之中。

欧阳氏以世系传承上下尊卑，到清乾隆年间续修宗谱时，29世祖溥公联缀七言绝句二首，俾远近族众，遵派立名，以昭划一，因名定分，以别尊卑。酌定合族取名定派。自31世起至86世字派：“名贤代产与忠良，道德文章万世昌。祖业敦崇能永继，自余吉庆远贻芳。克绍先人振宗功，显承谟烈家声宏。圣朝宽大恩光懋，哲士景从遇必隆。”

欧阳氏宗约八则：“一、敦孝悌。二、务勤俭。三、习诗文。四、端品德。五、谨败德。六、厚族谊。七、和相邻。八、戒争讼。”

欧阳氏祖训十则：“一、兄仁弟义。二、父慈子孝。三、视叔为父。四、视侄犹子。五、琴瑟静好。六、妯娌和谐。七、勤俭治家。八、公平处世。九、耕读为本。十、礼义为门。”

欧阳氏家训十则：“一、立志报国，赤胆忠心，不奸不盗，守法安分，爱护公物，不侵不占，祖国需要，勇敢献身。二、孝顺父母，子女本分，养育之恩，报答不尽，养老送终，言和语顺，遗弃虐待，国法不允。三、兄友弟恭，切勿争斗，骨肉情深，如同手足，房宅财产，身外之物，让则有余，争则不足。四、和睦妯娌，推诚相待，不翻口舌，不疑不猜，如姐如妹，互敬互爱，言差语错，互相谅解。五、严教子女，切勿溺爱，严则有益，溺则致害，克勤克俭，戒奢戒怠，耕读工商，乐群敬爱。六、团结邻舍，和睦相处，出入相友，守望相助，疾病相持，关心爱护，亲如一家，安然乐土。七、敬老尊贤，社会公德，呼唤应对，和颜悦色，毕恭毕敬，彬彬有礼，让路让座，以身作则。八、公正诚实，凛然大义，弱者不欺，强者不惧，言而有信，心口如一，不阿不媚，不骄不屈。九、扶困济危，见义勇为，排忧解纷，尽心尽力，慈悲为怀，乐善好施，救死扶伤，人道主义。十、礼貌待人，和蔼可亲，富贵贫贱，一视同仁，邻里朋友，幼慈长尊，入孝出悌，循达己身。”

傅氏家族文化与族谱编修

据康熙三十九年《汉阳傅氏宗谱》记载，江西临川八三公为傅氏一世祖。第9

世傅楫、傅桂兄弟 2 人于明宪宗成化十三年（1477 年）由江西临川迁居湖北汉阳府。傅楫字渔溪，任职汉阳府吏，后定居汉阳县九真山傅家海。傅桂字汝芳，明正德甲戌年（1514 年）考中进士任河南陈留知县，后任监察御史、云南巡按。第 15 世傅伯贞于明万历三十五年（1607 年）由土东村土茧山迁六海赛蛟洼。第 19 世傅临友于清康熙四十五年（1707 年）由蛟洼迁山南，即今傅湾，传至 21 世分 3 房：克荣、克华、克进。

傅氏明代由江西迁湖北，至今已传 30 世，续修宗谱多次，计清代 2 次，民国时期 1 次。公元 2000 年 1 次，2017 年编修《傅氏湖北通谱》1 次。傅氏全国通谱拟于 2022 年出版发行。傅氏字派表在清乾嘉年间续修宗谱时拟定为：“临汝克守，世德在楚，志芳行端，传绪永有。”续定字派为：“明善修身，立道安仁，希贤绍远，辅国保民，功大可纪。业广斯美，学守鸿儒，民为哲士，福寿平康，培本必昌，同敦孝友，邦家之光。”

傅建桥 2012 年修建侏儒山战役博物馆时修建版筑纪念馆，尊殷商名相傅说为先祖。傅说是中国古代一位奴隶出身的政治家、军事家和建筑科学家。他是商代宰相，辅佐殷商高宗武丁安邦治国，形成了历史上有名的“武丁中兴”的辉煌盛世，并留下了千古不朽的《说命》三篇，其中“非知之艰，行之惟艰”名句，为我国最早的朴素唯物主义史观；他创造的“版筑”（俗称打墙）营造技术，是我国建筑科学史上的巨大进步。武丁尊他为“圣人”，就是品德最高尚、智慧最高超的人。历史上人们总把他敬之为“圣人”“天神”“梦父”。一些文人名士如屈原、李世民、杜牧、王维、司马光、苏轼等，均撰文赋诗颂扬他的卓才高德。

郑氏家族文化与族谱编修

据清同治四年《郑氏续修宗谱源流叙》记载：郑氏首出荥阳自强公（南宋京西节度使）。郑氏自强公为一世祖。传至今已逾千年。郑氏自强公子孙由荥阳迁金陵，后迁江西太和。至第 14 世宗道、宗伦、宗佩诸公迁湖北，即为楚北分支。后经历多次兵乱、灾荒，其后裔陆续迁散，遍及鄂、豫、皖、川等省。郑氏（阳湾村一支）始迁祖为郑氏正华公。清光绪年间正华公由铁炉村西头郑湾迁六海赛阳湾村小阳湾（今郑湾）。郑氏宗谱民国前陆续修 4 次，1987 年第 5 次续修。

郑氏宗派表为江西太和源流字派：端明学士文光星，世德昭承正大昌。辅弼贞良思永绍，国朝懋典配天长。

郑氏楚北分支新派：继传书礼恢前绪，重振家声启其祥。勋业克建为贤佐，万发一统超异邦。

项氏家族文化与族谱编修

据1991年《项氏宗谱》记载：秦末楚将项梁、项羽叔侄举兵伐秦，梁公驾崩，羽王继承，称西楚霸王。汉末平帝封项子玉为左相，掌管吏部，封地在河南项城。明洪武初年一世祖项恒敬由江西迁湖北省汉川县南河乡沥山坡象鼻岭。清乾隆年间12世祖项金彩由汉川县南河乡沥山坡象鼻岭迁汉阳县六海赛芦笋嘴后，称此地项湾。《项氏宗谱》始修于明代，堂号辽西堂，历代续修次数无考。据1991年续修的《项氏宗谱》记载，项氏复谱新派系（字派表）从12世始至59世为："治国兴家，连长久章，克绍伟业，广毓贤良，英俊显耀，荣华绪芳，雄才超卓，定佐朝纲，书香庆旺，立志维康，恩泽如祥，源本盛昌。"

杨氏家族文化与族谱编修

杨氏尊黄帝轩辕氏为始祖。黄帝轩辕氏传至28世武王姬发灭商建周朝，周武王之孙姬杼受封杨国，赐姓为杨，迄今已有3000多年历史，历代的县志上都有记载。湖南花园杨姓及汉阳、汉川、沔阳、天门、应城、潜江、洪湖之杨姓族谱载：东汉杨震称关西夫子，有四世三公之美誉，史传杨震为官清廉，畏"四知"（天知、地知、你知、我知）而辞金，惟以清白传子孙，故杨姓以"四知"为堂号，成为后世为官之典范。杨震14世孙隋文帝杨坚结束了西晋末年以来南北分裂的局面统一了中国，建立隋朝。杨坚因改革官吏制度与精简行政层次，改革府兵制度，实行"兵农合一"，重行均田，重编户籍，加强廉政建设，体察民间疾苦而垂法后世。宋朝《杨家将演义》中的杨业是杨坚的15世孙，杨业、杨延昭、杨文广辅佐宋太宗、真宗、仁宗三朝，可谓战功赫赫，满门忠烈。

汉阳杨氏始祖杨仲健于1357年（元顺帝至正十七年）由江西吉安迁徙至湖北汉阳杨五岭，杨仲健长子杨广先因杨五岭地势低洼迁徙到龙霓山下杨家大湾，龙霓山脚下现有杨仲健墓碑。杨士奇是杨仲健4代孙，1440年（明永乐二十年）迁徙神堂圻，1793年（清乾隆五十八年）杨成仪由神堂圻迁六海赛西阳湾（今杨湾）。杨氏在清乾隆时联修《杨氏宗谱》，1988年续修族谱一次，订立杨氏字派表："仲广崇士悦，大应惠斯文，云世学成名，立观国之光，元辅纯中道，鼎望振英才，茂治勤康济，贤良起万帮，圣代惟崇德，存心树祖芳。"

阳湾村各姓氏宗（家）谱目录

宗（家）谱名称	联谱
欧阳氏宗谱	全国族谱正处于组织中
傅氏宗谱	傅氏全国通谱
项氏宗谱	汉川县南河乡沥山坡象鼻岭项氏
祝氏宗谱	孝感闵集祝氏
李氏宗谱	高灯夹榜湾李氏
刘氏宗谱	中刘村中刘家刘氏
刘氏宗谱	中刘村八屋岭刘氏
刘氏宗谱	太渡村鲁家岭刘氏
郑氏宗谱	铁炉村西头郑湾
周氏宗谱	大军山周氏
罗氏宗谱	汉川罗家台罗氏
蒋氏宗谱	百仗赛蒋氏
王氏宗谱	永安向集王氏
杨氏宗谱	神堂村杨氏
谢氏宗谱	港咀村谢氏
何氏宗谱	仙桃市西流河何家口何氏
邹氏宗谱	汉川县南河历山坡邹氏
聂氏宗谱	汉川聂家台聂氏
余氏宗谱	孝感祝家湾余氏
章氏宗谱	郭家垸章氏
闵氏宗谱	黄陂闵氏

群众文化

阳湾村群众自古就有热爱文化，擅长歌舞的习惯，明清时期有采桑歌、养蚕歌、缫丝歌、织绸歌、采莲歌、纺纱歌，后发展为采莲船、龙灯、蚌壳精、踩高跷、扭秧歌等娱乐活动。民国时期则偏爱搭台唱戏，每逢春节即聘请剧团进村演出，祈吉迎祥。

中华人民共和国成立后，村民当家作主，文化自信前所未有。1949年3月区委驻村工作队组织阳湾妇女扭秧歌庆解放、闹翻身，宣传发动广大雇农、贫农、中农及农村中一切反封建的积极分子当家作主人，加入农民协会，学习贯彻《中华人民共和国土地改革法》，开展吐苦水和揭发地主恶霸罪行的活动。随后，一些爱好文艺的男人也自发组织高跷锣鼓秧歌队，以群众活动为主体，配合庆解放、闹翻身、闹土改政治运动，极大鼓舞群众的斗志。

1950年12月，阳湾村组织近百人的群众文化队伍，在傅湾开展采莲船、龙灯、蚌壳精、踩高跷、扭秧歌等项目的抗美援朝文艺表演，欢送傅汉桥、傅华桥加入中国人民志愿军入朝作战。同时，群众文化队伍在阳湾村表演一周，动员群众参加中国人民志愿军和捐献资金支持抗美援朝运动，募集到很多资金和金银上交政府。

1955—1957年，幸福14社夺得农业大丰收，成为名不虚传的富裕社。每逢春节，广大社员用牛车搭建戏台，聘请市县楚剧团进村演出，从正月初五演到正月十五，周边群众纷纷前来赶场看戏，阳湾村民杀猪摆酒待客，让客人过足了戏瘾。

1964—1976年，阳湾大队每月都要请区电影队进村为群众放几场电影，让群众在劳动之余愉悦身心。放映的多是《南征北战》《地道战》《地雷战》《刘三姐》等影片。1968—1974年，阳湾大队组织知识青年成立了一支毛泽东思想文艺宣传队，排演革命样板戏《红灯记》《沙家浜》等片断，并结合时事政治创作短小精悍的文艺节目为群众演出。欧阳国祥创作的小剧本《五斤黄花》被作为优秀剧本挑选到公社修改。改革开放历史进程中，阳湾村群众文化不断繁荣发展。

广场舞是阳湾村妇女们最喜欢的娱乐活动。2000年，几位妇女把城市广场舞带回阳湾村，首先在村里广场上教大家跳广场舞。此后，妇女们自发地以健身为目的，每天晚上在广场、院坝等开阔空地上开展富有韵律的舞蹈活动，她们自带音响，通常伴有高分贝、节奏感强的音乐伴奏。融自娱性与表演性为一体，以集体舞为主要表演形式，以健身为主要目的，包括佳木斯舞步、坝坝舞、水兵舞等。广场舞由群众自发组织，参与者多为中老年人，其中又以大妈居多。

2001—2005 年，侏儒山街文体服务中心贯彻文化部《关于开展全国基层文化队伍培训工作的意见》，落实省委宣传部 16 件实事"推进村（居）文化小广场建设，免费培训文化广场活动辅导员"，阳湾村几名广场舞爱好者参加了文化广场辅导员（广场舞）培训班。在村里进行培训和辅导，及时推广普及。街道在每年五一期间组织各村代表队进行比赛。2005 年，阳湾村由妇联主任牵头办起了广场舞队，舞队 30—50 人不等，2C10 年五一期间，阳湾村广场舞队参加全街广场舞大赛夺得了名次。

2010—2021 年，阳湾村广场舞队打造广场舞"一三三三工程"：一：以广场舞文化建设为一条主线；第一个"三"：把普及推广广场舞当作三个工程（民心工程、健康工程、幸福工程）抓好，为民造福；第二个"三"：广场舞领队和广场舞爱好者努力做三个大使（传播健康快乐的大使，传播文明大爱的大使，传播幸福美丽的大使）；第三个"三"：把阳湾村广场舞活动打造成推进全民健身、创建精神文明、构建和谐社会的三个平台。六海赛生态小镇建成后，村民群众结合旅游文化的综合性、景观意态的趣味性、旅游内容的丰富性，努力打造红色美丽村庄文化名片，以满足广大游客的文化需求。

农家书屋建设是一项面向农村、面向基层的惠民工程、民心工程。阳湾村农家书屋起步 2012 年，由区财政文化累计投入 2 万余元，到 2010 年已建成村级农家书屋 1 个，提前两年实现村级农家书屋全覆盖，有农民读者 40 余名，经常组织开展农民读书系列活动报告会。2014 年 8 月 22 日，蔡甸区第六届农家书屋农民读书系列活动报告会在侏儒山街举行，阳湾村 5 位读者同来自全区 12 个街、场、乡镇的 23 名农民代表以自己的亲身经历讲述了读书致富、改变生活的感人故事。至 2018 年，阳湾村已建成农家书屋两家，每家藏书 3000 册。全村共藏书 1 万册。

采莲船是阳湾村群众喜闻乐见的一种汉族传统舞蹈，为湖区人民模仿驾船采莲而创作的一种歌舞形式。一般在春节、元宵节等重大节日表演。阳湾村乃鱼米之乡，历来盛产莲藕，因而采莲船这一艺术形式在阳湾村广为流传。

舞龙是一种古老的传统民俗活动，阳湾村群众主要舞滚龙。舞龙的人，通常都安置在当地的龙王庙中，舞龙之日，以旌旗、锣鼓、号角为前导，将龙身从庙中请出来，接上龙头龙尾，举行点睛仪式。龙身用竹扎成圆龙状，节节相连，外面覆罩画有龙鳞的巨幅红布，每隔五六尺有一人掌竿，首尾相距约莫有十余丈长。龙前由一人持竿领舞，竿顶竖一巨球，作为引导。舞时，巨球前后左右四周摇摆，龙首作抢球状，引起龙身游走飞动。舞龙是个大节日，舞到任何一处都会受到招待，这叫“龙换酒”。等到舞龙完毕，就将首尾烧掉，龙身送回庙内。“文化大革命”后，阳湾村群众不再舞龙了。

蚌壳精舞是流行于阳湾村的一种民间舞蹈。蚌壳精舞由一男一女表演。女的化妆得十分美丽，躲在用竹篾扎成的蚌壳内。蚌壳用彩纸（或彩绸）糊成。男的肩背鱼篓、手拿鱼网，一心想得到躲在蚌壳内的女人。男女双方在欢快的锣鼓声中，变换着舞姿，进行着迷人的表演。阳湾村的蚌壳精舞形成于清嘉庆年间，现已失传。

踩高跷是阳湾村传统民俗活动之一。踩高跷俗称缚柴脚，亦称“高跷”“踏高跷”“扎高脚”“走高腿”，是民间盛行的一种群众性技艺表演，多在一些民间节日里由舞蹈者脚上绑着长木跷进行表演。踩高跷技艺性强，形式活泼多样，深受群众喜爱。

打腰鼓是土地改革时期庆解放、闹翻身的最火爆的节目，由省里来的几位文化干部传授。表演时，每人左腰挎一个尺半长之圆形小鼓，双手执系彩绸的鼓槌一对，边行进，边击鼓，有正击、顺击、倒击、胯下击等各种击鼓花样。腰鼓队可大可小，少的十多人，多的可达数百人，队伍庞大，动作齐整，花样翻新，彩绸飞舞，鼓声震天，十分壮观，成为本地区各种集会上的广场集体文娱形式，也是中老年人娱乐、锻炼身体的活动。

讲善书属说唱文学范畴。它有说有唱，说唱结合，俗称讲善书。善书以广训先贤为宗旨，惩恶扬善作内容，其评段，经官断的叫案，没经官断的称书。其表现形式为，由一人掌案主讲，由两至数人分角色宣唱，向人民进行忠、孝、节、义的宣传教育。阳湾村的善书发源于索河镇石山地区，民国十三年，石山北边湾人袁东初第一次配合汉川善书大王谭新春、王海元等人在阳湾村登台宣讲，因其掌案脉络清楚，人物个性鲜明，宣词委婉清亮，凄楚动人，艺在谭、王之上。此后，袁东初便自立门户，每年春节期间在阳湾村宣讲，乡贤欧阳文湘从民国起至互助组合作社时便组织讲善书活动，教人积德行善，深受老年人喜爱。2000 年以后，一批老年人相继去世，讲善书逐渐沉寂。

文明创建

1956—1984年，阳湾村在区（公社）党委指导下开展“五好家庭”“五好单位”创建活动。1985—1992年，在横龙乡党委指导下开展“学雷锋”和“五讲四美三热爱”活动。1993—1996年，在侏儒镇党委指导下，学习贯彻中共十四届六中全会审议并通过的《中共中央关于加强社会主义精神文明建设若干重要问题的决议》。制定相应措施，将精神文明建设摆在与物质文明建设同等重要的位置，纳入年度工作目标考核。1997年，镇党委出台《侏儒镇1997—2000年精神文明建设实施意见》，并指导各行政村制订出台争创“七星文明户”和“十星文明户”活动实施方案。此后，阳湾村以创建“全国红色美丽村庄”为目标，以开展创建“一村一品牌”以及志愿者文明服务活动为抓手，大力开展爱国主义、集体主义、社会主义教育，加强社会公德、职业道德、家庭美德建设。同时，坚持抓好法制宣传、党员学习教育、村规民约教育，开展乡贤理事会活动，引导人们树立社会主义荣辱观和社会主义核心价值观，不断促进阳湾村物质文明和精神文明协调发展。

“五好家庭”创建

1956—1984年，阳湾村在区（公社）党委指导下，以“爱国守法，热心公益好；学习进取，爱岗敬业好；男女平等，尊老爱幼好；移风易俗，少生优育好；勤俭持家，保护环境好”和“好公公、好婆婆、好儿子、好媳妇、好孙子”作为“五好家庭”评比条件，并组织大队干部到全省先进文明单位合丰大队参观学习，加强党的领导，年初布署，年中检查督办，各方协作，广大农户积极参与，年终评比表彰。以提高家庭成员的思想道德和科学文化素质为重点，大力弘扬家庭美德。开展丰富多彩的家庭文化活动，倡导健康文明科学的生活方式。发挥家庭在维护社会稳定中的积极作用，以家庭的文明促进社会的稳定。围绕党和政府关注的社会热点、难点问题组织家庭志愿者奉献他人、奉献社会，大张旗鼓地宣传表彰五好家庭，倡导家庭新风。30多年来，广大干部群众围绕家庭奉献、家庭文化、家庭环保、家庭教育以及家庭生活方式的转变不断深化“五好家庭”创建活动，对于提高家庭成员素质、提高家庭文明程度发挥了积极作用，涌现出一大批先进典型。

"星级文明户"创建

1984—1992年，阳湾村在横龙乡党委指导下开展"十星级文明户"创建活动，并在县文明办组织下赴全省星级文明户创评先进村参山街星光村观摩学习。针对村里存在的问题，积极开展"十星文明户"创评活动，把"十星"确定为热爱祖国星、遵纪守法星、创业致富星、义务风格星、科技兴农星、计划生育星、移风易俗星、重视教育星、团结和睦星、环境卫生星。1984年，全村共评选"十星级"文明户45户，涌现出了一批好党员、好公仆、好婆婆、好媳妇、最美教师、最美乡医。通过开展"十星文明户"创建活动，进一步改善了村容村貌、邻居关系、治安状况，阳湾村获得了全县文明村荣誉。创建活动从1984年开始至1992年，共历时9年，阳湾村每年都有200多家农户和1000多名村民参加了"十星级文明户"创建活动，每年都严格对照标准进行评选，9年共评选出"十星级文明户"近400户，其中有100户受到乡级表彰授牌奖励，9户受到县级表彰授牌奖励。

1993—2020年，阳湾村领导班子先后认真学习、宣传、贯彻邓小平理论、"三个代表"重要思想、科学发展观、习近平新时代中国特色社会主义思想，坚定执行党的路线、方针、政策，自觉坚持"两手抓、两手都要硬"的方针，高度重视精神文明建设，坚持把开展"十星级文明户"创建活动和红色美丽村庄建设、最美志愿者等文明创建活动摆上重要议事日程，做到机构健全、人员落实、计划周全、措施具体、经费保证、工作到位，并取得明显实效。要求领导班子团结协作，作风民主，开拓创新，勤政廉政，以身作则，在创建活动中发挥模范带头作用，受到群众好评。干部、群众的精神面貌好，团结互助，具有奋发向上的群体意识和较强的凝聚力与战斗力，工作的积极性、主动性、创造性得到较好发挥。

普法宣传

1949年以后区（公社）时期阳湾村法治宣传活动

1949年10月，侏儒山中共组织和民主政权在阳湾村向群众宣传中国人民政治协商会议的第一届全体会议通过的《中国人民政治协商会议共同纲领》，宣告了中华人民共和国的成立。

1954年10月，阳湾村谢本祥、何定金参加中共侏儒区委宣传第一届全国人民代表大会第一次会议通过的第一部《中华人民共和国宪法》大会，共4章106条。被称为“五四宪法”。

1975年1月，杨圣之、谢本祥、聂东平参加中共侏儒公社党委宣传第四届全国人民代表大会第一次会议通过的第二部《中华人民共和国宪法》，共30条，被称为“七五宪法”。当时仍处于“文化大革命”时期，所以带有比较浓重的“文革”色彩。

1976年，阳湾大队设专、兼职治保主任负责司法民调工作。1982年3月侏儒公社始设司法助理员，阳湾大队设民调主任，主要任务是法制宣传、民事调解、协助公证、参与经济纠纷调解及民事代理等。

1982—1983年，阳湾大队共举办司法宣传图片展览4场，散发汉阳县司法报1000余份，订阅武汉法制报100余份，办黑板报4期，播出宣传法制稿件50余篇，张贴收发各类法律条文200余份，设立法制宣传橱窗一个。两年来参加全区召开公处公捕大会15场。

1978年3月，杨圣之、谢本祥、聂东平参加中共侏儒公社党委宣传第三部《中华人民共和国宪法》，共4章60条，被称为“七八宪法”。

改革开放时期阳湾村普法活动

1985年，阳湾村学习贯彻司法部在六届全国人大常委会第十三次会议上提交“一五”普法规划草案，经全国人大常委会会议审议通过《关于在公民中基本普及法律常识的决议》和中共中央、国务院转发的《关于向全体公民普及法律常识的五年规划》的通知。自此之后，阳湾村全民普法工程正式拉开帷幕。“一五”普法：1986年至1990年；“二五”普法：1991年至1995年；“三五”普法：1996年至2000年；“四五”普法：2001年至2005年；“五五”普法：2006年至2010年；“六五”普法：2011年至2015年；“七五”普法：2016年至2020年。阳湾村于1986年“一五”普法开展以来，35年持续不断地开展普法教育，村民法治素养和社会治理法治化水平显著提升，村民对法律法规的知晓度、法治精神的认同度、法治实践的参与度显著提高，全社会尊法学法守法用法的自觉性和主动性显著增强，全社会办事依法、遇事找法、解决问题用法、化解矛盾靠法的法治环境显著改善。“春风化雨，润物无声”，每一个村民都是法治阳湾的亲历者、推动者和受益者，人人尊崇法律、信仰法律，充分调动村民守法护法的自觉性和积极性，法治深入人心成为现实。

阳湾村全民普法五年规划工作历程表

全民普法五年规划	时间	工作内容与实施
“一五”普法	1986—1990 年	主要普及“十法一例”（即《宪法》《刑事诉讼法》《民事诉讼法》《婚姻法》《继承法》《兵役法》《经济合同法》《民族区域自治法》及《治安管理处罚条例》等）。
“二五”普法	1991—1995 年	抓好宪法等基本法律知识普及的同时，强调了部门专业法律知识的宣传教育，重点突出了以社会主义市场经济法律法规为主要内容的多部法律法规。
“三五”普法	1996—2000 年	开展“法律下乡”“法律进万家”活动；在军民共建中开展“法律拥军”活动；在青少年法制教育中开展青少年维权岗活动……“三五”普法期间，一项项形式新颖的普法活动在全村相继展开。
“四五”普法	2001—2005 年	2001 年 12 月 4 日，迎来了第一个全国法制宣传日。全街广泛开展了以“增强宪法观念，推进依法治国”为主题的系列宣传活动。此后，每年的 12 月 4 日，全村都会举行大规模的法制宣传活动。
“五五”普法	2006—2010 年	广泛开展法律进机关、进乡村、进社区、进学校、进企业、进单位的“法律六进”活动，通过开展形式多样、群众喜闻乐见的法制宣传教育，在全社会掀起学法用法的新高潮。
“六五”普法	2011—2015 年	宣传贯彻党的十八大“全面推进依法治国”的战略决策，提出“科学立法、严格执法、公正司法、全民守法”新十六字方针。宣传十二届全国人大常委会第十一次会议表决通过将 12 月 4 日设立为“国家宪法日”的决定。
“七五”普法	2016—2020 年	加大全民普法力度，建设社会主义法治文化，树立宪法法律至上、法律面前人人平等的法治理念，持续深入开展普法工作。

村规民约

农民协会《章程》《通则》

1929年11月，蒋天树组织欧阳湾欧阳文喜，小杨湾杨秋成，傅湾傅德树、方旺、傅在炎、傅鹤林，项湾项新山等人在和丰堡庙召开三堡（和丰堡：今之阳湾、中刘；六海堡：今之百赛；龙泉庵：今之中湾、戴湾）联村农民代表大会，建立和丰乡苏维埃人民政权。同时讨论制定《和丰乡农民协会章程》，《章程》共5章20条，规定农民协会是在中国共产党领导下由农民自愿结合的群众组织。任务是团结雇农、贫农、中农及农村中一切反封建分子，遵照人民政府的政策法令，有步骤地实行反封建的社会改革，保护农民利益。组织农民生产，举办农村合作社，发展农业和副业，改善农民生活。保障农民的政治权利，提高农民的政治和文化水平，参加人民民主政权的建设工作。农民协会是农村中改革土地制度的合法执行机关。

1950年8月，何定金、谢本祥、周少堂、欧阳耀章、杨彦堂组织阳湾村群众学习贯彻政务院公布的《农民协会组织通则》。《通则》共5章20条，重申农民协会是农民自愿结合的群众组织，再一次明确农民协会是农村中改革土地制度的合法执行机关。组织体制上，乡（或相当于乡的行政村）农民协会为基层组织，乡以上组织为区农民协会、县农民协会、专区农民协会及省（行署区）农民协会，在法律上赋予了农民协会合法的地位。在土地改革运动的实践中，农民协会不仅成为团结与组织广大农民进行斗争的群众组织，而且成为土地改革队伍的主要组织形式和执行机关，实际上起到了基层政权的作用。阳湾村在《通则》统领下制定了相关规章制度。

幸福十四社《章程》

1956年2—5月，欧阳湾、小阳湾、西杨湾、谢湾、蛟洼农民代表邀请区、乡领导指导制定幸福十四社《章程》，《章程》共11章62条，涵盖总则、社员、土地和其他主要生产资料、资金、生产经营、劳动组织和劳动报酬、财务管理和收入分配、政治工作、文化福利事业、管理机构、附则等方面。合作社是劳动农民在共产党和人民政府的领导和帮助下，在自愿和互利的基础上组织起来的社会主义的集体经济组织，按照社会主义的原则，把社员私有的主要生产资料转为合作社集体所有，组织集体劳动，实行“各尽所能，按劳取酬”，不分男女老少，同工同酬。

生产队规章制度

1962年，农村形势逐渐好转，在县区驻队工作组指导下，阳湾大队党支部制定《阳湾大队生产队规章制度》，分为组织形式、规模大小、生产劳动和作息、劳动报酬、计分标准等方面。

组织形式：生产队为生产大队管辖下的独立预算单位。每位农民的身份为社员；生产队负责人设有队长、副队长，必须配备有会计、出纳、记工员，另外还有妇女队长。负责人中，队长和副队长每1—2年轮换，通常由社员推举或选举产生，其他负责人以推举为主，但比较固定，由表现较好的贫下中农担任；队长、副队长、会计、记工员和出纳每年有适当的工分补贴。社员由生产队统一调度参加农业生产劳动。

规模大小：生产队成立之初的1950年代后期，户数和辖域约为一个“甲”的规模即10户左右；由于人口的增长和家庭单位变小，到1970年，一个生产队平均约为25—30户的规模，人口从几十人到100多人不等，平均人口约100人。

劳动报酬和定额报酬：生产队在农忙时节（双抢、秋收）、特殊农业项目采取按工作量计工的制度。这种制度只针对某一生产项目，生产队不统一工作时间，可以由几人临时组成的小组、家庭或个人为具体工作单位。如开挖土方按每立方米15分，水稻的早稻插秧定为每亩40分，晚稻插秧定为每亩45分；收割环节的割麦每亩定为20分等方案，依照具体情况而定，相邻生产队之间存在差异。报酬以工分形式体现，生产队根据当年社员所获工分多少进行分配。工分标准的制定各生产队大同小异，工分报酬为两种形式，即针对普通农业劳动的标准工作日报酬和针对农忙时节或特殊劳动项目的定额报酬。具体到每个劳动者（社员）的工分档次由生产队负责人会议核定，对负责人会议的核定出现异议则通过生产队组织的社员大会审定。

计分标准：“普通劳动”指劳动强度不高，一般事务性的农业劳动。记分基准以每个标准工作日，一个男壮年劳动力为最高，多定为10—12分，有的生产队男壮年劳动力报酬定为10分，有的定为12分。以男壮年劳动力每标准工作日12分为例，列举如下：成年男性，男壮年劳动力12分；一般男性劳动力则定为9—11分。成年女性：女性壮年劳动力为7—9分；一般女性劳动力（中年家庭妇女）为6—7分。学生：指高中或以下，利用周末或寒暑假参加生产队的集体劳动，高年级男生，健壮体力好，9—11分，其他6—9分；高年级女生，健壮体力好，6—8分，其他为4—6分；儿童，3分。

党员教育规章制度

2012—2000年，阳湾村党支部学习贯彻党的十八大、十九大精神，以党的政治建设为统领，以坚定理想信念宗旨为根基，不断加强党员的学习教育管理工作，强化新时代基层党组织建设和党员队伍管理，肩负起农村改革发展的使命和担当。在街工委指导下制定党员教育规章制度。

党员教育工作的指导思想：高举中国特色社会主义伟大旗帜，以马克思列宁主义、毛泽东思想、邓小平理论、“三个代表”重要思想、科学发展观为指导，认真学习贯彻习近平总书记系列重要讲话精神和治国理政新理念、新思想、新战略，牢牢把握加强党的执政能力建设、先进性和纯洁性建设这条主线，适应建设学习型、服务型、创新型马克思主义执政党的要求，围绕协调推进“四个全面”战略布局，以增强党性、提高素质为重点，大规模开展党员教育培训，全面提高党员队伍素质能力，推动广大党员发挥先锋模范作用，为实现“两个一百年”奋斗目标、实现中华民族伟大复兴的中国梦提供坚强保证。

党员教育工作要遵循的基本原则：坚持围绕中心、服务大局；坚持服务党员、按需施教；坚持联系实际、学以致用；坚持基层为主、上下联动；坚持继承创新、注重实效。

党员教育的主要目标：提高党员思想政治素质，增强党员工作能力，发挥党员先锋模范作用。

党员教育的主要内容：马克思列宁主义、毛泽东思想、中国特色社会主义理论体系和中国梦教育，党章和党的基本知识、党史国史教育，党的路线方针政策教育和形势任务、国情教育，中国特色社会主义共同理想和共产主义远大理想教育，党的优良传统和作风、党的纪律和反腐倡廉教育，社会主义核心价值观教育，市场经济知识、法律知识、科学文化知识和业务技能教育等。村党组织要根据不同时期的形势和任务，结合不同工作、不同行业和不同岗位党员的实际情况，科学安排教育内容。

党员教育要抓好基层党组织书记培训，农村党员远程教育培训，非公有制经济组织和社会组织党员培训，新党员培训，流动党员培训，党员创业就业技能培训。

党员教育的主要措施：改进方式方法，增强党员教育培训的针对性实效性；创新载体手段，提高党员教育培训现代化水平；开发整合资源，为党员教育培训提供有力保障；加强制度建设，推进党员教育培训工作科学化。

村民自治规章制度

1987年12月，阳湾村党支部、村委会学习贯彻1987年11月24日第六届全国人民代表大会常务委员会第二十三次会议通过，1987年11月24日中华人民共和国主席令第五十九号公布，自1988年6月1日起试行的《中华人民共和国村民委员会组织法》。《村民委员会组织法》共21条，规定村民委员会是村民自我管理、自我教育、自我服务的基层群众性自治组织，办理本村的公共事务和公益事业，调解民间纠纷，协助维护社会治安，向人民政府反映村民的意见、要求和提出建议。村民委员会应当尊重集体经济组织依照法律规定独立进行经济活动的自主权，维护集体经济组织和村民、承包经营户、联户或者合伙的合法的财产权和其他合法的权利和利益。

村民委员会依照法律规定，管理本村属于村农民集体所有的土地和其他财产，教育村民合理利用自然资源，保护和改善生态环境。村民委员会应当宣传宪法、法律、法规和国家的政策，教育和推动村民履行依法应尽的义务，爱护公共财产，维护村民的合法权益，促进村和村之间的团结、互助，开展多种形式的社会主义精神文明建设活动。

1998年12月，阳湾村党支部、村委会学习贯彻第九届全国人民代表大会常务委员会第五次会议于1998年11月4日修订通过的《中华人民共和国村民委员会组织法》。2018年12月29日，阳湾村党支部、村委会学习贯彻第十三届全国人民代表大会常务委员会第七次会议通过修改的《中华人民共和国村民委员会组织法》。新修改的《村民委员会组织法》共6章41条，规定《村民委员会组织法》是为了保障农村村民实行自治，由村民群众依法办理自己的事情，发展农村基层民主，促进农村社会主义物质文明和精神文明建设。根据宪法制定的法规，阳湾村在新修改的《村民委员会组织法》统领下制定相关规章制度。

2014年，阳湾村党支部、村委会多次召开村民代表会议，讨论制定《阳湾村村规民约》，同年10月10日，经村民代表会议审议后公布。《阳湾村村规民约》涵盖培育和践行社会主义核心价值观，认真执行党的路线、方针、政策，自觉遵守国家的法律法规，增强法治观念；按照《村委会组织法》履行村民的义务；自觉参加社会主义新农村建设，积极参与村湾设施和环境的管理，爱护公共设施；积极参加有益健康的文化娱乐活动，严禁赌博、吸毒；遵纪守法，扶正压邪，增强邻里和睦，争做文明村民；严格执行《国家土地管理法》，合理利用自然资源，保护和改善生态环境，严禁乱搭乱盖；搞好村内环境卫生、防病防疫，积极灭鼠、灭蚊、灭蝇，人人讲究卫生；移风易俗、勤俭持家，喜事新办、丧事简办；遵守用电用水规则，做好安全用电，节约用水电；积极参加植树造林，爱护树木，美化环境，绿化村组等方面，既代表广大村民意志，也为群众信守。

2000—2018年，阳湾村党支部、村委会多次召开村民代表会议，成立村务监督委员会，讨论制定《村务监督委员会的主要工作职责》《村务监督委员会成员守则》《村务监督委员会议事规则》《村民监督委员会村务监督制度》《村务监督委员会工作纪律》《村级财务管理制度》《村民监督委员会财务监督制度》等村级规章制度，由村民代表会议审议公布，严格对照执行。

卫　生

民国时期，传染病、寄生虫病和地方病广泛流行，阳湾和附近村湾每年都要遭受鼠疫、霍乱、天花、伤寒、痢疾、猩红热、白喉等10种以上的急性传染病的危害，传染病的流行造成大量人员死亡。民国时期，阳湾人口的平均寿命很短。据有关资料记载，欧阳氏人口平均寿命为35—40岁，杨氏平均寿命只有34岁左右，谢氏的平均寿命只有35岁左右。民众平均寿命的短促，多半都是传染病盛行所致。

1917年，南屏垸发生鼠疫，致阳湾感染人数达数十人，不及救治而死亡的人数达十余人，欧阳湾、小阳湾、杨湾、谢湾、蛟洼紧急采取戴口罩隔离措施和服用中药，疫情得以缓解。

1932年6月，霍乱从百赛开始，自西向东在侏儒山地区迅速扩散，阳湾患病人数至数十人，不及救治而死亡的人数达十余人，欧阳勋从武汉协和医院请来传染病医生介入防治才得以好转。1935年，阳湾再次发生霍乱，因及时治疗，多数人得以挽救生命。

六海赛、小襄河、老襄河是血吸虫病疫区，本地群众常年在湖区作业接触疫水。晚清民国时期，欧阳湾、小阳湾、杨湾、谢湾、蛟洼因血吸虫病流行，几乎80%的人都患有此病，死者达数十人。

清末至民国，阳湾农民有病到侏儒山集镇滕万兴、谭人和、许月清、王太兴等中药店就医，民国后期到李福记、得才生、祝德生、贤泰、滕元兴、太和堂、益寿康、普利生、郑德兴、龄庆堂、许俊臣、保泰祥、同仁堂、李德大、李忠记、泰山堂、叶开泰分店、张仲弢、刘明智等民营中药店就医。特殊情况或请药店柜外设诊，坐堂行医。医术较高者，在家挂牌行医者到农村为群众看病。傅鹤龄、谭秉元、李远培、王汉卿、周俊庭、李鹤庭、李松、易青云、杨昌恒、萧银阶、刘定彰、郑紫元、许俊臣、彭少山、刘硕珊、李秀实等人常在阳湾救治患者。但许多病人因经济困难无法就医，到县城、省城大医院就医更是奢望，只好“小病拖，大病扛，最后一病见阎王”。

民国时期，经济发展落后，人民生活困难，社会教育水平低，科学的医疗卫生知识匮乏，致使迷信盛行。当遇到传染病流行时，人们束手无策，应对疫病多采取迷信手段，有的地方使用本地的土方子来应对，有的只好祈求神灵保佑。1917 年鼠疫流行时，阳湾农民把希望寄托在烧香、磕头、求神、拜佛的迷信活动上。地方士绅们怕疫病延及自家眷属，遂强行隔离封锁，对疫点也不积极采取科学措施进行防治。

1951—2020 年，党和政府大力发展卫生事业，十分重视人民群众身体健康，首先采取疾病入户调查及档案管理工作，摸清人民群众健康情况，建立健康档案。据统计阳湾村 1949—2020 年共开展疾病检查近 70 次，受检达 5 万余人次，其中血吸虫病检查近 30 余次，受检达 2 万人。在疾病检查基础上，省市县多次组织医疗队下乡进村为人民治病。

侏儒山医院记载阳湾村群众 1956—2020 年检查的疾病

疾病类别	疾病名称
传染病与寄生虫病	血吸虫病、流行性感冒（流感）、水痘、流行性腮腺炎、麻疹、病毒性肝炎、流行性出血热、艾滋病（AIDS）、猩红热、流行性脑脊髓膜炎（流脑）、结核性脑膜炎（结脑）、细菌性食物中毒、细菌性痢疾、伤寒、疟疾、肠蛔虫
呼吸系统疾病	上呼吸道感染、急性支气管炎、慢性支气管炎、支气管哮喘、大叶性肺炎（肺炎双球菌性肺炎）、阻塞性肺气肿、肺结核、慢性肺源性心脏病（肺心病）
心血管系统疾病	原发性高血压、风湿性关节炎、冠状动脉粥样硬化性心脏病（冠心病）
消化系统疾病	胃炎、慢性胃炎（包括浅表性、萎缩性与肥原性胃炎）、消化性溃疡（胃、十二指肠溃疡）、胃柿石症、肝硬化、溃疡性结肠炎（慢性非特异性溃疡性结肠炎）

续表

疾病类别	疾病名称
代谢性疾病	糖尿病
泌尿系统疾病	急性肾小球肾炎、慢性肾小球肾炎（慢性肾炎）、肾盂肾炎、膀胱炎及尿道炎
血液和造血系统疾病	缺铁性贫血、巨幼细胞性贫血、过敏性紫癜、特发性血小板减少性紫癜
内分泌疾病	甲状腺功能亢进症（甲亢）、单纯性甲状腺肿
神经系统疾病	脑出血、蛛网膜下腔出血、脑血栓形成、三叉神经痛、坐骨神经痛、特发性面神经麻痹
关节系统疾病	类风湿性关节炎、大骨节病
理化因素所致疾病	有机磷杀虫药中毒（农药中毒）、中暑
眼科疾病	沙眼、细菌性结膜炎（急性结膜炎）、病毒性结膜炎、春季卡他性结膜炎、麦粒肿（针眼）、角膜溃疡、虹膜睫状体炎、眼底出血、原发性青光眼（原发性闭角性青光眼）、老年性白内障
牙科疾病	鹅口疮（白色念珠菌口炎，雪口）、口疮（复发性口疮）、牙周炎、疱疹性口炎、溃疡性口龈炎
耳鼻喉科疾病	鼻出血、鼻窦炎、急慢性咽炎、扁桃体炎（乳蛾或蛾风）、喉炎、中耳炎
产科疾病	妊娠剧吐（早期妊娠中毒症）、习惯性流产、回乳
妇科疾病	滴虫性阴道炎、霉菌性阴道炎、慢性子宫颈炎、痛经、功能性子宫出血
外科疾病	创伤：损伤、烧伤、烫伤、冻伤
感染性疾病	感染疖（疮）、痈、急性淋巴管炎和急性淋巴结炎、甲沟炎、颈部淋巴结结核（瘰疬或老鼠疮）

续表

疾病类别	疾病名称
腹部疾患	急性阑尾炎、胆管蛔虫症、急性胆囊炎、胆石症
泌尿生殖系统疾病	输尿管结石、肾结石、附睾炎（非特异性附睾炎）
软组织损伤	肩关节周围炎（五十肩、冻结肩）、落枕
皮肤科疾病	鹅掌风（手癣）、足癣（脚气）、甲癣（灰指甲）、丹毒、带状疱疹（缠腰火丹、蛇串疮）、疥疮
非感染性皮肤病	寻常痤疮（米疮、青春美丽痘）、手足皲裂、荨麻疹、神经性皮炎

疾病防治

血吸虫病防治 1956年，县、区血防站在阳湾村进行查螺灭螺，防病治病，对广大居民进行血防基础知识的宣传教育。1962—1976年，为落实毛主席一定要消灭血吸虫病的指示，县、区血防站在阳湾村开展血吸虫病治疗14次，使全村500余名血吸虫病患者恢复健康。

原六海赛和军山外垸是血吸虫病流行的重疫区。县、区血防站每年春季对六海赛内的钉螺面积进行抽样调查。对查出钉螺的区域进行药物喷洒，消灭了钉螺。1975—1976年对军山外垸阳湾村低处水田进行药物喷洒灭螺，基本消灭了血吸虫病。1999年只发现患者2人，急性感染无。2008年，阳湾村继续推进血防“综合治理、分类指导、巩固防治效果”的防治方针，加大血防工作力度，不断提高防治水平和质量，完成查病40人，人群感染率为零。同年启动并实施耕牛处置，共处置耕牛85头；全面开展洲滩禁牧工作，启动了排灌涵闸阻螺设施建设，救治晚期血吸虫病患者14名。慢性血吸虫病随访和筛查全面完成。

结核病防治 1956—2020年，每年“3·24”结核病防治日，侏儒山医院都在阳湾村设置了健康教育专栏，定期更新宣传内容，主要以“结核流行广泛，控制从我做起”为主题，张贴结核病防治的宣传画，每年共发送宣传资料近千份，义诊数百人，对数十例疑似病人进行了免费检查。

艾滋病防治 1980—2000年，侏儒山医院在阳湾村开展艾滋病防治宣传教育，坚持面向一般群众，重点放在农民工及流动人口，将经常性宣传教育与重点宣传教育相结合，广泛开展多种形式的艾滋病防治宣传教育活动，推行艾滋病防治全覆盖工程，基本形成了以村卫生服务中心为基础的干预工作模式，艾滋病高危人群主动监测率100%，主要高危人群干预措施覆盖率100%，艾滋病感染者为零。

非典疫情预防控制 2003年4月，面对突如其来的非典疫情，阳湾村应急处理快速、准确、科学。共出动70人次，实施流行病学调查5人，消毒8240平方米。疫情监测网络健全，措施到位。对返乡人员监控措施得力，统计来（回）汉人员310人，在家隔离观察人数327人。同时，加强对辖区发热门诊的督促与检查。医疗机构消毒隔离，医务人员防护措施得力，从而保证了抗非典斗争的顺利进行。

手足口病疫情预防控制 2008—2011年，全国范围内发生了手足口病疫情，波及阳湾村，鉴于此疫情在婴幼儿中多发，传播速度快，涉及范围广，严重影响着患儿身体健康。侏儒山医院立即组织防疫人员深入到阳湾村幼儿园，加强儿童疫情检查，做好防控工作，并在临床中对手足口病疫情现状、特征进行分析，提出有效的预防控制措施。2009年，全村累计报告手足口病为零。通过严密监测、消毒、搜索等措施和“母婴责任制”的落实，较好地控制了疫情。

甲型H1N1流感防控 2001—2007年，全国范围内发生了甲型H1N1流感疫情，阳湾村立即对入境人员进行健康排查。2001年排查51人，对17例可疑病例进行了流行病学调查，对7名疑似病例采样送检，确诊甲型H1N1流感病人1例。对甲型H1N1流感病人的4名密切接触者进行了集中医学观察，对另外13名密切接触者进行了居家隔离观察。接种甲型H1N1流感疫苗600余人次。

精神疾病防控 2010年，区卫生局制定下发《关于加强全区重性精神疾病管理工作的通知》和《全区重性精神病排查及随访管理信息报送实施方案》，成立阳湾村重性精神疾病患者管理工作领导小组和管理小组，建立了精神卫生防控工作网络，明确了工作职责，按照文件精神展开工作。2010年，全村未发现精神病人。

麻疹防控 2012年是消除麻疹年，阳湾村贯彻落实蔡甸区制定《2012年消除麻疹防控工作方案》，加强督导检查，对全村所有单位和农户开展了5轮的巡回督导，安排村医生开展入户搜索，重点对流动儿童集居地开展搜索，并利用信息平台搜索逾期未接种疫苗的儿童，同时配合教育部门开展学校、托幼机构查验证工作，全村搜索应补种疫苗儿童30人，全部予以补种。全村共报告麻疹病例为零。

新型冠状肺炎病毒疫情防控 2020 年 1 月新型冠状肺炎病毒疫情在武汉发生后，阳湾村采取紧急防控措施，于 2020 年 1 月 20 日成立村新型冠状病毒感染的肺炎防控领导小组，建立村干部包网格的包保防控工作体系和工作机制。建立健全集中隔离观察点组织领导体系，形成横到边、纵到底的立体防控体系。至 2020 年 12 月，阳湾村未发生新型冠状肺炎病毒疫情。

妇幼保健

民国以前，阳湾村的妇幼保健一无机构，二无医生。孕妇分娩沿用旧法，接生者曰“接生婆”。有的产妇甚至自生自接，致使受感染死于产褥热，婴儿死于“破伤风”者屡见不鲜。新中国成立后，人民政府在农村逐步普及新法接生。

1954 年，侏儒区举办新法接生培训班，阳湾村培训接生人员 2 人。

1958 年，侏儒卫生院安排专人负责阳湾村妇幼保健工作。

1972 年，由侏儒卫生院妇科医生配合保健人员，对阳湾村妇女进行子宫脱垂调查，发现患病 3 人，全部进行手术治疗，效果良好。同时在阳湾村开展儿童保健检查，新生婴儿破伤风和产褥热的发病率渐趋下降。

1980 年，阳湾村妇幼保健工作对独生子女进行健康检查，重点开展对患病儿童进行喂养指导以及对视力矫正。

1981 年，侏儒卫生院对阳湾村 0—7 岁儿童进行先天性的畸形调查。

1983 年，侏儒镇卫生院配备以临床儿科医生组成的婴幼保健医生队伍，担负阳湾村婴幼保健工作。

1984 年，横龙乡卫生院对阳湾村婴幼儿死亡原因进行调查，并建立死亡报告卡片。

1985 年，横龙乡卫生院对阳湾村学前教育儿童 34 人进行全面健康检查。对 80%贫血儿童的家庭开展宣传指导喂养，产褥热已不再发生。

1986 年，横龙乡卫生院根据国家卫生部、劳动人事部、全国总工会、全国妇联《关于印发女职工保健工作暂行规定的通知》精神，加强妇科病防治工作，并正式启动阳湾村婴幼“四病”（佝偻病、营养性缺铁性贫血、小儿肺炎、腹泻）防治工作。

1995 年，侏儒医院配合蔡甸区卫生局在阳湾村开始婴幼“四病”统计报表，实行月报制，切实掌握婴幼“四病”患病情况。

2000 年，侏儒街在阳湾村落实“两癌”（宫颈癌、乳腺癌）筛查目标任务。

2017年，侏儒山街组建公卫服务团队，在阳湾村开展家庭医生签约服务，共服务群众434人。为30—65周岁未享受公费医疗和职工医疗保险的常住妇女免费筛查，提高妇女“两癌”的早诊早治率，降低死亡率，做好三级预防（婚前医学检查、产前筛查、新生儿疾病筛查）工作。共两癌筛查129人，发放叶酸片70瓶，圆满完成了14个项目的公共卫生服务工作。

2018年，侏儒山街在阳湾村开展两癌筛查妇女人数126人，65岁以上老人体检37人，妇幼保健计生服务信息统计工作基本完成目标。

爱国卫生运动

1954年9月，百年不遇的洪水退后，阳湾村大力开展消灭“四害”（老鼠、蚊子、苍蝇、蟑螂）工作，以打老鼠和治理蚊蝇滋生地为主。

1960年，阳湾大队开展爱国卫生运动。

1970年，阳湾大队重点开展灭蚊工作，消灭疟疾、脑炎、丝虫病等疾病。

1979年，阳湾大队发动群众进行除“四害”，以打老鼠和治理蚊蝇滋生地为主。

1980年，阳湾大队开展爱国卫生月活动，美化整治人居环境。组织发动辖区单位职工、在校学生及居民群众大规模开展“三灭”（灭蚊、灭蝇、灭鼠）和“四净”（室内外净、厨房洁净、被服家具净、沟渠厕所净）活动。

1981年，汉阳县卫生防疫站对阳湾大队饮食从业人员发放许可证，集体食品行业发放卫生执照。

1982年，从查处孝感地区盐业公司非法销售劣质食盐案件入手，阳湾大队把开展爱国卫生月活动与普法教育结合起来。

1996年，鉴于侏儒镇水厂管网水中存在伤寒杆菌，阳湾村及时采取措施，从饮用水卫生入手，有效控制住伤寒病流行。

1996年、1998年、1999年特大洪灾期间，侏儒镇党委和政府始终绷紧防疫工作这根弦，给阳湾村灾区送饮水消毒剂，并指导农户饮水消毒和环境消毒。

2000—2002年，阳湾村实行“周末卫生日”制度，免费给村民发放灭鼠、灭蟑药物，对群众反映的突出问题进行专项检查，督促整改。

2004—2010年，侏儒山街在阳湾村进一步加强新时期爱国卫生工作，从传统服务转向特色服务，由侏儒山街卫生院组建一个公共卫生服务签约团队，以创建卫生先进单位和文明单位为契机，组织发动村民、驻村单位开展卫生大扫除和义务劳动，大力清除蚊蝇滋生地，预防各种传染病的发生和流行。

2012—2013 年，有不法之徒将侏儒环卫所垃圾运往六海赛湖中填埋，造成环境严重污染，湖水变成了臭水，苍蝇乱飞，臭气扑鼻。村民欧阳瑞章、欧阳发章、欧阳旭东、欧阳宪林、欧阳水章、欧阳昌全、欧阳勤阶、项必强、李永红、刘昌雄等 40 余人自发组织护湖队，开展了巡湖 200 多次，散发爱国卫生宣传资料数千份，向城管执法部门投诉 50 多次，终于制止了填湖行为。

2019—2022 年新冠疫情期间，阳湾村党支部、村委会积极组织村民做好新冠病毒疫苗接种及预防工作。

阳湾村医务人员

1956—1969 年由侏儒医院下派驻村医务人员：刘植洪、刘协堂、马医生、高医生。

1969—1980 年阳湾村医务室赤脚医生：肖圣青、郑仁坊、刘甫阶、周学华。

1980—2008 年阳湾村医务室：欧阳水平。

2008—2021 年阳湾村医务室：何丽娟。

二、红色历史与教育基地

土地革命时期，阳湾村人蒋天树同徐质夫、刘可人等在团山和丰（后改为合丰）禅林古庙和六海赛古堡点燃了农民运动的烈火，阳湾村欧阳文喜、杨秋成、傅德树、傅在炎、傅鹤林、项新山等参与筹备建立苏维埃政权和农民协会、妇女协会以及儿童团等组织，先后举行工农武装三次树旗活动，用中国共产党的革命武装斗争反对国民党的反革命武装斗争，诞生了侏儒山地区最早的乡村苏维埃政权。蒋天树是侏儒山地区大革命时期中共党组织与红军、红色苏维埃的创始人之一，曾任川阳边区赤卫大队大队长，川阳边区游击大队副政委兼财经委员、大队长，湘鄂西川阳独立团副团长、团长。1931 年 6 月，红军在攻打天门皂市的一次战斗中，蒋天树不幸牺牲，年仅 27 岁。1957 年，蒋天树的遗孀杨勉荣获中华人民共和国中央人民政府主席毛泽东签发的“光荣纪念证”，上书：“查蒋天树同志，在革命斗争中光荣牺牲，丰功伟绩，永垂不朽，其家属当受社会上之尊崇。除依《中央人民政府革命军人牺牲病故褒恤暂行条例》发给恤金外，并发给此证以资纪念。”

1949—1981 年，蒋天树遗孀杨勉坚持向阳湾村青少年讲述蒋天树等革命先辈的故事，教育后人在学党史中铸魂，不忘栉风沐雨的“来时路”，了解中国共产党的历史，就是一部惊天地、泣鬼神的奋斗史。杨勉逝世后，蒋志雄继承母亲遗志，坚持宣讲父亲和无数革命先烈用坚定的信仰和血肉之躯创建新中国的故事。每年清明节，他都要到学校为师生们讲述当年红军三次树旗和革命先烈建立苏维埃政权的故事，教育人们赓续红色精神血脉，传承红色革命基因。

傅湾是侏儒山战役旧址，原新四军第五师第十五旅侦察参谋、手枪队队长傅玉和的故居所在地。2012—2020 年，由傅玉和之子傅建桥募集资金修建了侏儒山战役博物馆、铁军亭、红色广场。有关方面大力开展“追寻红色足迹，不忘来时的路”主题活动，大力弘扬天下兴亡、匹夫有责的爱国情怀，视死如归、宁死不屈的民族气节，不畏强暴、血战到底的英雄气概，百折不挠、坚忍不拔的必胜信念和伟大抗战精神。全国各地参观者纷纷前来博物馆进行参观打卡，追寻先辈足迹、重温红色岁月、传承红色基因，并参观阳湾村的村容村貌，感受美丽乡村建设的新成就。侏儒山战役博物馆、铁军亭、红色广场已共接待参观者 30 余万人次，用于建设投资和运转经费达数百万元。2000—2021 年，中共中央组织部、中华人民共和国财政部下拨专项资金修缮侏儒山战役博物馆、铁军亭、红色广场，并将村小学校舍改造成多功能政治生活体验馆，提升其服务功能。中共蔡甸区委、区政府发出通知，组织全区各部门定点支持阳湾村红色美丽村庄建设。

土地革命时期

红色苏维埃

1926 年 9 月，国共合作领导的北伐军乘木排在侏儒山登陆。次日上午 8 时，北伐军在侏儒捉马山召开军民联欢大会，蒋天树（亦名天曙、天煦，原籍百赛村，移居阳湾，侏儒山早期中共负责人）组织和丰三堡（和丰堡、六海堡、龙泉庵，今阳湾、百赛、中刘、中湾、鲍湾、戴湾）革命人士欧阳文喜、杨秋成、傅德树、傅在炎、傅鹤林、项新山、李先桓等参加军民联欢大会。当晚在和丰禅林古庙（位于阳湾团山，建于清朝，是封建统治阶级利用神权统治人民的敬神点）组织群众大会，蒋天树发表讲话，号召穷苦人民团结起来，打倒军阀，打倒贪官污吏，打倒土豪劣绅，筹备建立苏维埃政权和农民协会、妇女协会以及儿童团等革命组织。

1929 年春节，蒋天树、欧阳文喜、杨秋成、傅德树、傅在炎、傅鹤林、项新山等人协助中刘八屋岭人刘柏章（武昌中华大学毕业，曾任平汉铁路特别党部宣传科长）在和丰堡禅林古庙内召集和丰三堡约三四百人参加农民协会筹备大会。蒋天树主持大会并发表讲话。是年元宵节，蒋天树、欧阳文喜、杨秋成、傅德树、傅在炎、傅鹤林、项新山等人赴侏儒山考察汉阳县第十九区（侏儒山）区党部、区农民协会、妇女协会、赤卫队、儿童团、工会等组织，并与徐质夫、章华藻、李禹廷、刘可人、廖炳中等中共组织负责人座谈。晚上，蒋天树等与区党部、区农民协会刘可人、李发成、朱长江一起行动，取缔了原有保卫团的组织，解散了他们的武装。

同年 11 月上旬，蒋天树、刘可人、刘发廷、欧阳文喜、杨秋成、傅德树、方旺、傅在炎、傅鹤林、项新山等在和丰禅林古庙内召开和丰三堡群众大会，成立第十区党部和丰分部。11 月下旬，在区党部和丰分部指导下成立和丰乡苏维埃政府和农民协会、赤卫队、妇女协会、儿童团等组织。欧阳文喜、杨秋成、傅德树、方旺、傅在炎、傅鹤林、项新山等分别担任区分部、乡农民协会、乡赤卫队、妇女协会和儿童团的组织领导工作。

同年4月，区分部、乡农民协会组织群众修复去年被大水冲毁的南屏垸五姓口的溃口，并参加培修西湖垸、南屏垸大堤，疏浚小襄河和南屏垸内沟渠。在南屏垸设土地清丈局，清丈田亩数量，作为以后平均地权之用。蒋天树、刘可人带领和丰乡赤卫队负责本地社会治安，打击坏人坏事，查禁鸦片烟馆、赌场等，还与各乡赤卫队一起包围了马泗塞大地主徐大保、徐衡山的大宅，没收他们的浮财、粮食分给贫苦农民。

（注：以上历史资料来源于刘杰三《侏儒山地区大革命时期农民运动回忆录》）

工农武装三次树旗

第一次树旗 1927年6月，以徐质夫、蒋天树为首的侏儒山地区中共领导人组织阳湾村欧阳文喜、杨秋成、傅德树、傅在炎、傅鹤林、项新山等人参加了川阳赤卫大队筹建工作。当时，徐质夫以国民党10区党部负责人的公开身份，在侏儒、横龙、合丰三地训练农民赤卫队。同年7月，武汉国民政府的汪精卫与在南京的蒋介石遥相呼应，叛变了革命。侏儒地区的保安团死灰复燃，向红色武装进行大肆“清剿”。徐质夫、蒋天树接到上级命令，将农民赤卫队和来自川阳边区的一批农民武装集中在百仗寨六海古堡举行川阳赤卫大队成立大会。会上，徐质夫、蒋天树亲手升起了一面绣有镰刀、斧头的红旗，根据上级指示，徐质夫为赤卫大队政治指导员，蒋天树为大队长。此后，赤卫大队在百仗寨、阳湾、中刘与汉川鹰子山之间地带与敌人展开周旋，袭击了张家大嘴敌军驻地，全歼该地反动团防，并配合汉川黄一光领导的农民武装，向汉川马口一带发起进攻。1929年正月十五日夜，徐质夫、蒋天树利用永安堡玩龙灯的机会，带领阳湾村欧阳文喜、杨秋成、傅德树、傅在炎、傅鹤林、项新山等人和赤卫大队袭击了驻永安堡的清乡团，缴枪20余支，随后以迅雷不及掩耳之势，突袭驻侏儒山功德林的清乡团，缴获步枪10余支，子弹两箱。川阳边区赤卫大队数战数捷，声威大震，令敌人闻风丧胆。

第二次树旗 1930年1月，蒋天树与徐质夫、黄一光率领川阳赤卫大队袭击侏儒山保安队，获步短枪20余支，子弹甚多。同年农历正月，蒋天树与徐质夫、黄一光率部进驻百仗寨，根据湘鄂西革命根据地红军领导的指示：由侏儒山地区联合汉川南河、丁集将川阳边区赤卫队组成中国工农革命军川阳边区游击大队，在燕子山六海堡举行树旗仪式。川阳边区游击大队大队长黄一光、政治委员徐质夫，蒋天树为副政委兼财经委员，下辖三个中队，第一中队长由黄一光兼任，第二中队长岑英，第三中队长刘可人。阳湾村欧阳文喜、杨秋成、傅德树、傅在炎、傅鹤林、项新山等人参加树旗仪式。这支百余人的游击队，在1930年夏秋之际，经常游击于川、阳、沔一带，并向汉川之马口，沔阳之周邦与西流河，汉阳之永安与玉贤、索河等地袭击国民党反动武装。后由于黄一光牺牲，蒋天树接任大队长之职。

第三次树旗 1930年7月，由于湘鄂西工农红军发展的需要，川阳边区中共负责人徐质夫、蒋天树、刘可人遵照上级指示，在六海堡将川阳游击大队改编为中国工农红军湘鄂西川阳独立团。会上，湘鄂西工农红军的一位领导人为徐质夫、张西阶授予中国工农红军湘鄂西川阳独立团军旗。张西阶任团长，蒋天树任副团长，吴昌元任团政委，徐质夫任团政治部主任，刘可人为一营营长。同年秋，蒋天树任团长，刘可人为副团长兼一营营长。阳湾村欧阳文喜、杨秋成、傅德树、傅在炎、傅鹤林、项新山等人参加树旗仪式。翌日，独立团兵分三路进攻驻侏儒山铁炉嘴的保安团，缴获步枪10余支，随后赴湘鄂西革命根据地休整。国民党汉阳县长黄宝实率县保安大队趁川阳独立团离开之际，进驻侏儒山地区实行最残酷的清剿。此时，徐质夫因病回家休息不幸被捕，在侏儒山英勇就义。是年冬，川阳独立团在蒋天树、刘可人率领下，分两路攻打侏儒山，一路经百仗寨出发，沿合丰堡阳湾、蛟洼至铁炉嘴；另一路由汉川南河渡出发，沿横山、太渡抵达侏儒山，击败保安大队谢襄南一个中队，缴枪20余支，击毙中队长一名，伤多人。县保安大队、区清乡分队受创后惶惶不可终日。

（注：以上历史资料来源于刘杰三《侏儒山地区大革命时期农民运动回忆录》和张行伟《工农武装在百仗赛三次树旗》）

抗日战争时期

侏儒山战役情报中心——傅湾

阳湾村傅湾和傅家山紧邻318国道，路口有巨石，上面镌刻着由李先念之子李平手书的“侏儒山战役旧址”，前行50米处耸立着“侏儒山战役博物馆”牌楼，山南麓为侏儒山战役博物馆，馆后有原新四军第五师师长李先念的系马树和抗日英雄傅玉和墓。山顶建有铁军亭、红色广场，广场石碑上铭刻着烈士英名录和1000名参加侏儒山战役将士名录。

抗日战争时期，傅湾是中共在武汉对敌斗争的堡垒，新四军第五师发动侏儒山战役的情报中心之一。当年，侏儒山地区百位热血青年在傅玉和、傅德树、傅在炎的带领下，从这里奔赴抗日战场。1939年10月，中共汉阳县委在傅德树家中设立地下交通站。1940年2月，新四军豫鄂挺进纵队司令员李先念、政委陶铸率领第四十四团第三营和天汉支队2个连秘密来到侏儒山傅湾，第二天奇袭盘踞侏儒山的自卫军第八十二师汪步青部。1941年11月，侏儒山战役打响，傅湾群众为新四军提供伪军活动情报。1942年6月，日伪军报复式扫荡傅湾，制造了“6·16”惨案，交通站负责人傅德树、天汉支队侦察员傅在炎不幸被捕杀害，交通站工作人员方旺遭日伪军枪杀身亡，地下情报员傅鹤林在突围中遭日伪枪击左眼失明。全湾被关押拷打15人，其中共牺牲5人、伤残4人、失踪1人，房屋遭严重破坏。

侏儒山战役概况

1939年，汪步青投降日寇任中国人民自卫军第八十二师师长一职，甘当日军侵华的马前卒，将部队驻扎在豫鄂边区抗日根据地侏儒山，公然与新四军为敌。1940年2月，由李先念率领的新四军豫鄂挺进纵队奇袭侏儒山自卫军第八十二师汪步青部开始，到1941年12月7日新四军第五师第十五旅一打侏儒山，奇袭和平定国军第一师第三团。同年12月23日二打侏儒山攻占将军岭。1942年1月7日三打侏儒山，同年1月中旬进逼响水港和三羊头追剿汪步青部残余，1月20日在沔阳县歼灭驻守胡家台的日军。前后经过大小14次战斗。新四军还运用统一战线开展对敌政治工作，针对日伪之间的矛盾巧用策反战、攻心战、情报战、迷魂阵、离间计等分化瓦解敌人，全歼和平定国军第一师汪步青部5000余人，击溃和平救国军二师李太平部1000余人，毙伤日军200余人。此战为江汉平原抗战最具影响之战，对于新四军对武汉形成包围之势，保障来自江汉粮棉之区的物资供应，牵制第三次长沙会战的日军，新四军在敌后的迅速壮大，都起到了巨大的历史作用。

侏儒山战役新四军第五师参战部队名单
（1940 年 8 月—1942 年 7 月）

部队名称	主要负责人	部队名称	主要负责人
新四军第五师	师长：李先念	第十五旅	旅长：王海山、杨经曲（后）
	代理政治委员兼 政治部主任：任质斌		政治委员：周志刚 副旅长：朱立文
	参谋长：刘少卿		政治部主任：张执一
	政治部副主任：王翰		政治部副主任：杜邦宪
第十三旅	旅长：周志坚	第四十三团	团长：朱立文
	政治委员：方正平		政治委员：朱立文（兼）
	副旅长：黄霖		副团长：张卓然
	政治委员：余孝礼	第四十四团	团长：黄人杰
	参谋长：肖刚		政治委员：黄德魁
	政治处主任：周庆鸣		副团长：许大鹏
第三十八团	团长：冯仁恩		政治处主任：王建桥
	政治委员：李人林	天汉支队	政治委员：张斧
	参谋长：谭子正		
	政治处主任：徐彬		

武汉及其周围地区伪军序列
（1940 年 8 月—1942 年 7 月）

番号	主官姓名	所辖建制及兵力	活动地区	备注
汪伪军事委员会驻武汉绥靖主任公署	绥靖主任叶蓬 参谋长郭尔珍			叶蓬 1940 年 5 月抵汉就任，1942 年 7 月该公署撤销，改称武汉行营
	总司令叶蓬（兼）	辖 3 个师、教导团、特务营		1940 年编成，1942 年 11 月黄卫军残部编入

续表

番号	主官姓名	所辖建制及兵力	活动地区	备注
中国人民自卫军	总司令金龙章	辖2个师、教导团		1940年编成，1942年金龙章脱离日伪投奔新四军
和平救国军（武汉绥靖军）第十一师	师长李宝琏	辖二十一、二十二两旅1500人	信阳、应山地区	李宝琏原为国民革命军第八十四军第一八九师副师长兼第五六六旅旅长，1930年投敌
和平救国军（武汉绥靖军）第十二师	师长张启璜	辖二十三、二十四两旅约2000人	信阳、罗山地区，后调鄂中	张启璜原为国民革命军旅长，1939年投敌，1941年任伪豫鄂绥靖司令
和平救国军（武汉绥靖军）第二十九师	师长张佑之（后为邹平凡）	辖3个团2000人	鄂中	邹平凡1940年自重庆到汉口，1941年投入汪步青部
皇协军第一师	师长成渠	辖3个团2000人	鄂城梁子湖周围	亦称和平救国军，曾属伪中国人民自卫军
皇协军第二师	师长周九如	辖4个团2000人	咸宁一带	亦称和平救国军
皇协军第三师	师长刘尔顺	辖3个团2000人	嘉鱼、蒲圻、咸宁一带	亦称和平救国军
黄卫军	总司令兼军长熊剑东、副军长刘国钧、参谋长李果谌（后邹平凡）		汉阳、汉川、沔阳	1940年底—1941年初编成。熊剑东原为国民革命军淞沪游击司令，被俘投敌

续表

番号	主官姓名	所辖建制及兵力	活动地区	备注
黄卫军第一师	师长汪步青		汉阳、汉川	
黄卫军第二师	师长李太平（后邹平凡）		汉阳、汉川、沔阳	李太平原为国民政府沔阳县自卫大队长，1939年投敌
和平定国军	总司令兼军长刘国钧、参谋长赵声炎		司令部沔阳沙湖	1941 年由黄卫军分裂出来
和平定国军第一师	师长汪步青兼和平定国军副军长	辖第一团、第二团、第三团、混成团、补充团、突击队、兵工厂等，约5000人	汉阳、汉川	在 1941 年 12 月—1942 年 2 月的侏儒山战役中被新四军第五师歼灭
定国军第一师	师长李太平	辖第四团、第五团、第六团约300人	沔阳	
定国军直属第一大队	大队长潘涤非		汉阳	
定国军直属第二大队	大队长刘方		汉阳	
定国军直属第三大队	大队长赵弼		沔阳	

续表

番号	主官姓名	所辖建制及兵力	活动地区	备注
定国军直属第四大队	大队长刘光亚		沔阳	
直属学生大队	大队长石万彪		汉口	
汪伪湖北省保安司令部	司令何佩瑢（兼）			何佩瑢系伪湖北省政府主席，1941 年 6 月兼伪湖北省保安司令
各县伪保安团（自卫队）				多为伪县长兼团（队）长
鄂西保安支队	司令杨青山		应城、安陆	

和平定国军第一师汪步青部盘踞侏儒山

汪步青，沔阳县（今仙桃市）西流河镇人，黄埔军官学校五期学生，曾参加过北伐战争，当过营长，后被裁员离开部队，赋闲于武汉。1938 年，武汉沦陷，汪步青逃到郊区避难。眼见到处都是难民、散兵游勇，汪步青决定扯起抗日的大旗，组建一支武装部队，于是设法向附近的商户筹得了 3000 银元，购买了一批枪支弹药，然后在汉沔交界一带招兵买马，将一些散兵游勇和土匪武装召集在一起，在短短三个月的时间里部队发展到了 3000 人，汪步青自己也成了游击司令。汪步青起初以抗日起家，曾率领部队伏击日军游艇，打死打伤了 10 多名日本士兵。

1939 年，日军派人对汪步青进行劝降，并许以高官厚禄，最终汪步青决定投日，自此成为汉奸。1940 年夏季，汪步青接受了号称“中国人民自卫军”总司令金龙章的收编，挂起了“中国人民自卫军第八十二师”的牌子，自任师长一职，司令部设在王家山。1940 年，新四军策反自卫军秘书长杨经曲，将汪部黄人杰、袁四正两个旅共 2500 人拉到了新四军部队，汪步青部兵力锐减。

1941 年春，熊剑东、刘国钧、邹平凡成立黄卫军，汪步青任黄卫军第一师师长，把矛头对准沔阳王劲哉的一二八师。击败一二八师后，熊剑东、刘国钧两军长发生了分歧，因刘国钧是沔阳人，汪步青拥护刘国钧，反对熊剑东。熊、刘分裂后，日军又给刘国钧一个“和平定国军”的牌子，刘国钧任军长，汪步青任和平定国军副军长兼第一师师长。汪步青甘当日军侵华的马前卒，将部队驻扎在豫鄂边区抗日根据地侏儒山，公然与新四军为敌。此后，随着一大批地方武装投向汪步青，他的势力变得空前壮大，其控制的总兵力达到了惊人的10000余人，势力遍及整个汉阳县。汪步青在侏儒山驻扎了大量兵力，在当地大肆抓丁拉夫，派粮派款，搜刮民财，无恶不作。在冬至山、军山、捉马山大修工事，配合日军扫荡，大肆袭击新四军联络站，抓捕和屠杀新四军战士，罪行累累。

同年秋，新四军第五师决定争取汪步青，派出十五旅政治部主任张执一进行劝说，多次晓以民族大义促其“反正”，但他拒不悔改，坚持与人民为敌。鉴于此，新四军第五师决定拔除这一毒瘤，于1941年12月7日奇袭侏儒山和平救国军第一师汪步青部开始，到1942年2月4日歼灭驻守沔阳胡家台的日军为止，前后经过大小14次战斗，全歼和平定国军第一师汪步青部5000余人。汪步青失败后逃到了汉阳，最后被天汉游击队俘虏。新四军本着优待俘虏的政策，与汪步青达成了“互不侵犯”协议后，便将他释放。然而，汪步青被释放后便与日军取得联系，重新召回了旧部1000余人，继续在汉阳、沔阳一带为非作歹，鱼肉百姓。

抗日战争胜利后，汪步青被南京军事法庭以汉奸罪判处死刑，汪托人向康泽求情。康泽亲自出面将他改判为无期徒刑，并关押于杭州的监狱中。1949年，杭州解放前夕汪步青被释放，后逃亡台湾。

新四军统战策反杨经曲

1940年1月上旬，新四军豫鄂挺进纵队在军事上坚决打击日伪军“清乡”“扫荡”的同时，还卓有成效地在政治上分化、瓦解伪军，从日伪军营垒中秘密策反，釜底抽薪，敦促“反正”，削弱了汪步青第八十二师。

全面抗战爆发时，地下党员许保民、许大鹏父子等，与黄人杰拉起了一支号称“樊湖大队”的抗日武装，推举大革命时期的特殊党员黄人杰为负责人。

日军侵占武汉后，黄人杰听从了舅舅杨经曲的安排，拉走大部分人投靠了日本人，被编入驻汉阳的汪步青伪军第八十二师一六五旅，还当上了旅长。以顾大椿为书记的中共天汉地委，一直对这支队伍十分关注。

1940年春，顾大椿指派许大鹏等党员重新打入黄人杰部，并掌握了部分兵权，摸索着对伪军的策反工作。

正在汉阳执行任务的豫鄂挺进纵队政治部联络部部长张执一得知情况后，便对该部做了深入了解，进而获悉汪步青是伪“中国人民自卫军”总司令金龙章的下属，金龙章在赴日本观光期间，将自卫军交由秘书长杨经曲以代理总司令的名义掌控。伪一六四旅的袁四正是金龙章的嫡系部队，当时这两个旅都由杨经曲掌握着。

张执一曾专门找黄人杰深谈，做他的工作。黄人杰表态：“自己没问题，也不想死心塌地当汉奸，只是被日军赶得没地方安身，才听从了舅舅的话‘借屋躲雨’嘛！舅舅杨经曲在国民党里有靠山，凡事都由他拿大主意。”于是，新四军豫鄂挺进纵队又对杨经曲的情况作了重点调查。

杨经曲是辛亥革命时期的同盟会会员，曾先后做过国民党湖北省宜昌县警察局局长，恩施和来凤县的县长，家住武昌郊外的油坊岭。杨经曲和董必武曾是存古学堂的同学，关系不错。全面抗战爆发后，杨经曲还偷偷地到汉口去看望过董必武。

通过调查摸底，张执一赞同天汉地委准备对该部进行统战策反的做法，并开始做下一步工作的设计与部署。

5 月，张执一专程从武汉敌占区赶回部队，参加边区党委与纵队领导机关召开的军政干部大会。他介绍了天汉地委策反伪军武装的设想与进展情况。经过主要领导小范围的深入研究，同意张执一的分析，认为这是瓦解伪军、打击日军的重大斗争，必须抓紧工作，付诸实施。

张执一根据领导的指示，带领一支 12 人的精干小分队立即出发。到达汉阳后，张执一即与天汉地委见面，传达边区党委和纵队领导的决定，并就具体工作方案、步骤和可能遇到的困难及其化解的办法等，进行了认真探讨和部署。

张执一以豫鄂挺进纵队参谋长的身份，手持董必武给杨经曲的电报拜会了杨经曲。一番寒暄后，便进入伪军“反正”主题，杨经曲以“老朽无奈、家眷拖累、只求自保”等进行搪塞。针对杨经曲的思想和言论，张执一耐心地、坦诚地予以解释与开导，宣传了国内抗日战争和国际反法西斯斗争的形势，重点说明了豫鄂边区党委和新四军挺进纵队领导和团结各方爱国人士共同抗日的生动事例，并具体介绍了边区的相关政策。张执一还列举了好几个当地知名的士绅成为所在县、区的行政委员会的首脑，有的人和杨经曲也认识，并期盼杨经曲也能早日“反正”。杨经曲经过沉思，有所心动，态度起了变化，初步表示愿意投奔共产党。

张执一对杨经曲投诚后的工作安排作了补充说明，以解除杨经曲的后顾之忧。杨经曲终于下了决心，说：“好，就这样办！我立即通知人杰和四正，还有我那干儿子杨瀛一起过来，商议具体事宜。”经过小范围的密商，决定两个旅一起“反正”。

8月13日，决定“反正”的两个旅开始行动。经过一昼夜的急行军，穿越了40多里的敌占区，途经杨集、城隍港、杨叶陂等地，到达襄河南岸。地下党组织已经动员了200多条渡船，分散隐蔽在岸边芦苇荡中等候。

始料未及的是，部队在运动中突发情况，后续出发的一六四旅袁四正，趁着天黑拉走了一个团约500多人，只留下杨瀛率领的400多人的一个团，加上黄人杰的一个旅，到达指定地点渡河的，就只有1600多人了。

消息传到张执一处，他最担心的是怕一旦走漏消息，日军是不会放过这支部队，一定会穷追猛赶，还可能出现更大变数。权衡利弊后，张执一顾不得去找袁四正了，当下最紧迫的是先把大部队安抚隐蔽好，等待时机，抢渡襄河。

傍晚时分，部队悄悄启程，有序登船。襄河河面出现了成队的渡船，船工们用力摇着橹，向对岸划去。有的已上岸，有的即将到岸。

当前来追剿的日伪军赶到，为时已晚，由于一时找不到过河的船只，他们只能眼看着“反正”部队远远离去，隔河放了几声空枪。

部队很快到达刁汊湖边。天汉地委组织了300多条渔船也等在这里，专供“反正”部队通过湖面使用。

追击的日伪军又蜂拥而至，张执一动员部队里的许大鹏营长带领小股部队，在刁汊湖堤埂上向日军展开了阻击，掩护大部队快速过湖。连长张子敬等30多名战士为此光荣牺牲。最终以较小的损失，保障了“反正”部队的安全转移，走上了抗日救国的正道。

部队到达天西根据地后，受到了根据地广大军民的欢迎。纵队首长专程赶来看望大家，并召开了欢迎大会。会上宣布该部队与原纵队第四团队整编为豫鄂挺进纵队第四支队，黄人杰所属部队为第十团，杨瀛团为第十一团。杨经曲任支队长，郑绍文任政治委员，张执一为政治部主任，王海山为参谋长。纵队首长还亲自为新成立的第四支队授了队旗。

新四军豫鄂挺进纵队奇袭侏儒山“自卫军第八十二师”汪步青部

1940年2月，新四军豫鄂挺进纵队（新四军第五师的前身）把抗日游击战争烽火燃向武汉近郊，在汉阳县的侏儒山发起了打击敌伪的战斗。当时向国外报道侏儒山之战的是美国记者史沫特莱。

武汉沦陷以后，盘踞在侏儒山一带的是汪步青的“自卫军第八十二师”。汪步青甘心事敌，新四军多次晓以民族大义促其“反正”，但他拒不悔改。1940 年，纵队司令员李先念、政委陶铸率领第四团和第五团挺进到汉川县的汈汉湖上，决定给汪步青以坚决打击。中共汉阳县地方县委组织侏儒山地方武装的负责人朱长江、傅玉和搜集伪军的情报，时纵队首长通过统战工作使杨经曲“反正”，将汪部黄人杰、袁四正两个旅共 2000 人拉到了新四军部队后，汪步青部兵力锐减。驻在侏儒山的伪军只有 400 多人，士气低落，且粮食严重缺乏，伪军们每天在街上餐馆里用餐，吃了后打个白纸条记账。朱长江、傅玉和将这一消息报告给新四军，纵队首长李先念、陶铸经过研究，决定趁伪军下乡收粮之机，巧出奇兵打他个措手不及。2 月中旬的一天深夜，李先念、陶铸率领第四十四团第三营和天汉支队 2 个连秘密来到侏儒山傅湾。第二天上午，战士们扮成送粮的农民，把武器藏在粮袋里，几百号人挑着担子向侏儒山集镇走去。驻扎在捉马山上的伪军听说有很多农民送粮来了喜不自禁，连武器也没有带就蜂拥下山去接收粮食。这时，送粮的农民从粮筐里掏出武器向伪军一阵射击，100 多名伪军中弹。正在街上用早餐的 100 多名伪军也被朱长江、傅玉和领着天汉支队缴了枪。此战鄂豫挺进纵队俘虏伪军 100 余人，缴获迫击炮 2 门、轻重机枪和长短枪 70 余支（挺），胜利返回汉川县刁汉湖边的虾子沟。史沫特莱和安娥即向战士们采访这次战斗和第四十四团的成长过程，还向俘虏们了解情况。史沫特莱后来以《挺进纵队和矿工》为题向英国《曼彻斯特卫报》作了报道。此战直叩武汉西大门，震动了武汉，日寇宣布戒严三天。

新四军向伪军发起政治攻势

1940 年 4 月—1941 年 7 月，新四军第五师第十五旅特务团先从掌握的伪军家属和与伪军有亲戚关系的人员入手，让他们劝诫伪军不要继续给敌人当炮灰，赶快行动起来拖枪“反正”，并到处散发传单，宣传中国共产党的抗日主张。然后对顽固不化、罪大恶极分子实施抓捕，并召开群众大会就地实行镇压。特务团还充分利用掌握的敌伪矛盾，把伪军分化为汉阳人与沔阳人，本地人与外来人，日寇与伪军等，从中激化矛盾以达到进一步瓦解敌人的目的。

定国军名义上是一个整体，但内部派系斗争很激烈，即使师团内部矛盾也很大，溃散的外来国民党和地方实力派之间争权夺利的斗争也很激烈。汪手下有个叫何定华的团长，原系三青团汉川分团长，此人为了扩充自己的实力，收编了一些外来散兵搞了个新兵连，汪同意拨给他 2 挺机枪和 100 多条步枪。此事被另一个叫苏振东的团长探知，他派人抢先一步赶至兵工厂，抢走了这批枪支，为此双方闹得几乎火并。

特务团充分利用这一矛盾，深入新兵连分析了矛盾产生的原因，宣传中国共产党的抗日统一战线的主张，效果甚佳。新兵连的伪军纷纷请教："新四军打来了我们该怎么办才好?"特务团战士告诉他们："赶紧拖枪跑人，如当官的威逼抵抗，子弹朝天打，要活命的最好枪头栓块白布以示听候缴械。"果真，在后来的战斗中，新兵连大多伪军都照办了。

定国军第一师是汪步青利用家族和帮派关系拉起来的。汪从黄埔军校四期毕业后，在国民党部队当过下级军官，因受不了纪律约束，回沔阳当了帮派头子，结交弟兄很多。武汉沦陷后，他利用家族帮派拉起部队，不久投靠日寇当了伪军。汪步青重用的亲信大多是沔阳家乡人。汪部队的汉阳人常常受当官的沔阳人欺压，为了分化汪伪，特务团人员挨个找来汉阳人谈话，说："你们都是汉阳人，应该起来反抗那些沔阳当官的，只有'反正'过来才有出路。"

汪部有一个汉阳人甘仲文，是经常来往于日伪之间的联络官。一天，几个汉阳籍伪军簇拥着甘仲文走进一家餐馆，入席后，甘拍着胸脯保证，今后有机会一定提携兄弟们，就在他夸夸其谈的时候，一条麻袋套住了他大半个身子，吓得他当场尿湿了裤腿。几个伪军捂着嘴偷笑着溜走了。这是特务团策划的一次秘密抓捕行动。这次特务团利用几个汉阳籍伪军抓捕甘仲文，其目的是想利用日伪之间的矛盾进一步分化、瓦解敌人。经过对甘仲文一番训话之后，甘表示悔罪并同意为新四军服务。我方人员要他假汪步青名义，仿汪步青笔迹写信给国民党，然后设法演一出"蒋干盗书"的好戏，让日本人把信拿去。果然，日本人拿到这封信后暴跳如雷地叫道："汪步青的良心大大的坏。"借开会的名义把汪步青扣押了一段时期，原准备拨给他的武器装备也没了下文。

汪步青亲信的家属大都来自沔阳，这些人住在汉阳向每个村子派粮派款，甚至烧的柴草也向老百姓摊派，对于汪伪的横征暴敛，老百姓苦不堪言。特务团也利用这一矛盾，找来一些当地能说会道的妇女，挨家挨户对民众鼓动说："汪步青这群沔阳来的地痞流氓跑到我们汉阳来，帮日本鬼子搜刮我们，压迫我们，吃我们的粮，烧我们的柴，使我们的生活更加艰难，我们只有支持新四军抗日才能得到翻身。"

如此强大的政治攻势，已将汪伪陷入到了人民战争的汪洋大海之中，使得伪军从上到下，个个惶惶不安，开始有人三五成群地携械投向新四军。新四军抓住这一有利时机，拉开了消灭汪伪的序幕。

新四军第五师发动侏儒山战役

1941 年 9 月，日军从武汉周边抽调重兵，发动第二次长沙会战。鉴于武汉周边日军兵力空虚，10 月，新四军第五师根据中共中央指示精神和实际情况，决定深入武汉近郊，开辟川汉沔地区抗战新局面。

川汉沔地区位于长江、汉水交汇处的三角地带，开辟这块地区，既能直接形成对武汉的战略包围，又能建立向襄南发展的桥头堡。

日军在川汉沔地区主要依靠刘国钧任军长的定国军守备，下辖两个师和一个直属教导团，第一师汪步青部拥有三个团、一个机炮营和一个教导大队，共五千人，盘踞在汉阳侏儒山一带，并设有兵工厂，是川汉沔地区实力最强的伪军。第二师李太平部盘踞在沔阳沙湖一带。此外，还有小股伪军熊剑东、王维哲等部，皆二三百人，盘踞在汉川系马口和汉阳黄陵矶等地。

张执一深入虎穴探虎情

张执一，1911 年 5 月 5 日生，湖北汉阳奓山袁岭村屠湾人。1939 年 1 月任中共鄂西北特委委员。1939 年 10 月加入新四军豫鄂挺进支队（即新四军五师的前身），兼任国民革命军第三十三集团军司令部少将参议。1940 年 2 月任豫鄂挺进纵队政治部联络部部长，8 月任豫鄂挺进纵队第四支队政委兼政治部主任。1941 年 1 月任新四军第五师第一纵队政委兼政治部主任，后任第十五旅政治部主任。1942 年任襄河地委书记兼三军分区政委。

1940 年，张执一奉命策动伪军杨经曲部队“反正”时，曾在汉阳活动过一段时间，与当地的党组织、群众和一部分地方士绅都有过联系。

1941 年，正值中央发布《关于调查研究的决定》不久，新四军五师首长和十五旅党委决定，派旅政治部主任张执一率四十四团的三个连和一个手枪队，远涉襄河，深入敌区，全面摸清敌伪情况，以便正确选择打击对象、制订作战方案。在地方党组织的积极配合下，张执一带着十几个便衣队员几乎跑遍了汉阳敌人据点周围的所有村落，搜集了大量有关敌伪军详细部署、工事、武器配备以及敌伪之间、伪军之间种种矛盾的材料，还从伪军和统战对象那里搞到了襄南一带的军事地图和第一师发给各团在 10 天内使用的军事口令。

从大量的调查材料中得知，日寇由于兵力不足，在这一带驻军很少，主要依靠伪定国军守备。由于伪军间互相排斥，常常以种种借口在日寇面前攻击对方，加之日寇对这批非正统的伪军采用一种利用、限制的政策，故敌伪间的矛盾也很深。日寇怕伪军步杨经曲之后尘，举行“反正”；伪军则怕日寇过河拆桥，来一出“未央宫斩韩信”。因此，日伪双方各怀鬼胎，都有防备。汪步青甚至在背向武汉的一线修筑工事，以防日寇突然翻脸。

当时，汉阳一带群众中普遍谣传着这样一种说法：汪步青为了扩大伪军，准备把当地18岁到40岁的青壮年全部捉去与日寇换枪械。已经被敌伪压榨得喘不过气来的群众，听到这个谣传后更是惶惶不安。因此，汉阳的群众在反日伪的呼声中，反汪的呼声最高。针对上述情况，旅党委决定：抓住这一有利时机，依靠广大群众的支援，利用敌伪内部矛盾，首先消灭汪步青的伪一师。在军事行动之前，首先向伪军发动政治攻势，并辅以小部队游击活动。在政治瓦解工作的基础上，适时地给予军事打击。在战略上以少胜多，在战斗中以多胜少，把敌人一口一口地吃掉。

新四军对汪步青发动攻心战

1941年，新四军在采取军事行动之前，十五旅党委仍派张执一再赴汉阳，领导当地党组织，对汪步青开展群众性的政治攻势。张执一到汉阳后，通过地方士绅带信给汪步青，敦促其“反正”抗日，并向他提出，只要他能脱离日寇，不再认贼作父，助纣为虐，残害同胞，新四军可以既往不咎。然而，汪始终坚持其反动立场，一面对新四军进行敷衍，说他们是“奉蒋委员长之命曲线救国”，一面对新四军严密防范，赶修工事，准备与新四军顽抗到底。

在劝诫汪步青的同时，新四军发动了伪军家属和与伪军有亲戚关系的群众到处散发传单，宣传中国共产党的抗日主张和新四军打击敌伪的战绩，告诫伪军识时务，不给敌人当炮灰，赶紧行动起来，拖枪“反正”。由于新四军在1940年打击汪部时已树下了军威，因而宣传效果很好。裴家山里外有四层工事，由于新兵队没有抵抗，新四军没花多大力气就拿下了这个据点。与此同时，广大群众也积极行动起来，为新四军进军侏儒山作好了准备。当时这个地区的各湖港渡口的渔船渡船都编了号，随时可供新四军使用；离据点较远的村庄都组织了担架队、搬运队，随时可供调遣；侏儒山黄昏集、施家台、千湖径等地群众也不甘落后，他们不断把伪军的一举一动报告给新四军，还秘密组织了公路破坏队，准备一旦新四军正面打响，就迅速把公路挖成几十段，阻止日寇从永安堡增援。

新四军巧用情报战

1941年10月，张执一任命傅玉和为第十五旅侦察参谋，为战役打响做准备。傅玉和与汪部传令排排长朱月堂是同乡，两人私交甚好。一开始，傅玉和冒险来到汪部，谎称自己改行在汉口经营布匹，要和司令部做军需生意。在此期间，傅玉和从朱月堂处获取了排以上军官名单，并从司令部悄悄拿走日本人的军用地图。根据傅玉和提供的情报，张执一决定拿驻守在东至山的伪一师第三团开刀，并命令傅玉和设法获取伪三团的口令。敌伪口令每10天一换，藏于信封，火漆封口，由朱月堂保管。此时，傅玉和已暴露，要接近朱月堂并非易事。傅玉和得知朱月堂的母亲即将过60大寿，寿宴在横山朱湾朱月堂伯父家办，汪步青提前派了不少警卫把守。傅玉和便乔装打扮一番，于寿诞前一日登门送礼。见到傅玉和，朱月堂大吃一惊："到处都在抓你，你跑来干吗?"傅玉和苦心劝说，还保证保护朱月堂家人安全。朱月堂同意取出口令，并誊抄了一份。傅玉和获取口令，连夜渡过索子长河，返回位于夹山周湾（今索河街金龙村）的新四军驻地。

新四军奇袭伪三团

侏儒山战役是从奇袭伪三团开始打响的。随着新四军攻打侏儒山的风声越来越紧，汪步青急得像热锅上的蚂蚁，一边向日本主子呼救，一边强迫老百姓为他们日夜放哨，并规定，所有民哨一旦发现情况，白天鸣锣传信，晚上点火为号，知情不报者杀。新四军特务团利用这一点，组织老百姓夜夜点火告急，手枪队员还不时放上几枪。这样一来，一处点火各处紧跟，火光绵延几十里，闹得伪军一夜数惊不能成眠，接连闹了四五天，据点里的伪军慢慢有些麻痹了。

1941年11月17日夜，新四军五师十五旅四十四团和天汉游击支队各以两连的兵力，从汉阳索河、肖家集出发，分两路向侏儒山开拔。两支部队分别由熟悉伪军情况的特务团手枪队员带路，战士们冒着刺骨的北风，一支去南河渡打援，一支直插侏儒山东南东至山伪三团团部。

奇袭伪三团的特务团手枪队员有傅玉和、朱长江、范敏夫、胡元臣、毛老幺、项羽、周幺、冷丹池，共8人。手枪队员走在前面，快接近敌人哨所时，就假装"民哨"，并把一个战士假绑着，向敌哨兵喊：我们是民哨，抓到一个新四军探子。那哨兵前来检查，见真捆了一个人，就放行了。这时后续部队也上来了，把那哨兵和正在哨所里睡觉的几个哨兵都俘虏了。手枪队继续前进，很快就到达伪团部驻地东至山村子前的排头涧木桥，桥那边的哨兵发现部队后询问口令，大声呼叫："站住，口令！""打破！"前几天，傅玉和已经通过关系搞到了伪军10天的口令，一面回答，一面继续前进。"不准拢来，特别口令！"伪军把枪栓扳得咔咔响，似乎发生了怀疑。傅玉和依然大模大样地带着大家往桥上走，并粗声粗气地回答了特别口令："'恶劣环境'！吼叫么家伙？老子们是侯副官的人！"说话间，已快步抢到伪军面前。伪军们还不知道是怎么回事就在一支支乌黑的驳壳枪下作了俘虏。

战士们顺利过桥并控制了哨兵，直达汪步青四弟汪波扬的团部门口。手枪队迅速进入汪老四警卫班室内，室内有一盏油灯还亮着，敌人都在睡觉，他们的驳壳枪和子弹袋都整齐地挂在床头的墙上。战士们以迅雷不及掩耳的动作摘掉了枪支和弹带。这时有人醒了，惊问："你们是干什么的？"战士们高声警告："不许动！我们是新四军！"此时，室内的敌人都已惊醒，没有一个敢动的。汪老四和他的小老婆住在卫队的后面，他正巧起来小便，听到前面嘈杂声，见是手枪队在那里缴他卫队的枪，连忙返回后院翻墙跑了。新四军把他小老婆抓了。同时，部队进入伪机炮连长驻地，抓住伪连长，命令他集合全连，集体缴了械。此次战斗，俘虏汪伪第三团军需主任以下官兵100余人，缴获迫击炮2门，重机枪2挺，轻机枪3挺，驳壳枪7支，步枪100余支。新四军未费一枪一弹，无一人伤亡。

天麻麻亮的时候，新四军押着俘虏，带着战利品，乘事先准备好的船只撤出战斗。新四军走后不久，方圆数十里传信的锣鼓喧天，报警的火光闪闪，不时还夹杂着几声枪响，这是老百姓和留下警戒的特务队员在庆祝新四军的胜利。

汪步青受到新四军打击后，既惶恐不安又恼羞成怒。次日，汪纠集部下3000余伪军，配合日寇200余人，分三路向新四军驻地索河镇嵩阳乡发起进攻。为避其锋芒，新四军主力安全转移。特务团手枪队留下来观察敌人动向时，打死1名日军中队长和3名鬼子兵，一场气势汹汹的"扫荡"就此收了场。

汪步青纠集日伪军向新四军驻地进攻扑空后，恼怒之下，对当地老百姓进行报复。汪把马泗塞渡船口和余家门、易家门的老百姓40多人捆到侏儒山，毒刑拷问追查渡船人和带路人，逼问新四军踪迹，并威逼侏儒镇老百姓到刁汊湖去保汪老四的小老婆周桂香回来，否则烧毁侏儒镇大街，杀掉抓来的老百姓。为了保护老百姓生命财产安全，新四军先将伪连长叶少平教育释放，要他带信汪老四，新四军保证优待他的小老婆，条件是得先把抓来的所有老百姓立即释放。汪老四照办了。

特务团释放周桂香时，有意给她布了一个"迷魂阵"，在天黑时带她参观了新四军的兵力部署及武器装备情况。周桂香从一队队荷枪实弹的新四军战士面前经过，再从排列的机枪、小钢炮等武器中穿过，特务团然后调转武器方位，再让她穿过，几个往返之后，让周桂香滋生了这里驻有千军万马的印象。周桂香回去后对汪老四和一些军官太太绘声绘色地讲："呀，我把眼睛都看花了，两条腿的枪，三条腿的枪，碗口粗的炮，一摆就是好几里，换个地方再看，又是好几里，过往的兵马跟穿梭一样，哪里数得过来哟，我们这些豆腐兵，趁早莫惹人家。"

被俘的伪三团100余名官兵带到驻地后，经过一番教育，这些伪军除一部分要求参加新四军外，其余陆续被释放了。被释放的伪军回去后，有意无意间宣传了新四军的抗日主张和宽大政策，使新四军的政治影响在伪军中迅速扩散。同时，新四军特务队员加强了在据点周围的活动，向伪军大量散发"反正通行证"，鼓动伪军"反正"。结果，一些伪军中的副官、参谋、连长、排长等，不断率小股部队"反正"过来。有个"反正"过来的伪军班长说他们连长曾对士兵训话："今后遇到新四军，没有我的命令不准随便开枪，否则对他不客气。"汪老四的伪三团就这样被释放的俘虏瓦解了。

面对新四军如此强大的政治瓦解攻势，汪步青恨得咬牙切齿，一方面召开紧急军事会议，训斥部下务必抵制新四军的政治攻势，一方面加紧对军民实施残酷报复。

新四军二打侏儒山

新四军趁伪军士气低落、异常恐慌之机，于12月23日，向汪部发动了第二次攻击。当时的部署是：四十四团全部、四十三团三营及二营两个连、天汉支队一部，分别向侏儒山、南河渡一线进攻；四十三团一营全部及二营一个连向桐山头、永安堡一线进攻。拂晓，两路部队形成一对铁钳，迅速向伪军夹拢。四十四团一举攻占侏儒山南面的将军岭，乘胜向坝上发展，全歼伪机炮连，攻击目标基本上都已拿下，在继续扩大战果时，新四军忽然接到情报，附近日寇各据点和汉阳鬼子警备队的几百鬼子已出动，准备增援伪一师。其中奓山的一部已出檀树坳，从侧面向我攻击，企图截断四十三团一营的退路。考虑到鬼子一旦出动，其他伪军也将接踵而来，加之汉阳地形不利于久战，旅首长当即命令部队撤出战斗。副旅长朱立文组织部队掩护主力撤退，在索子长河泗水渡河时不幸中弹牺牲。

张执一巧施离间计

二打侏儒山战斗给新四军提出一个必须解决的问题：要消灭伪一师，首先得断绝周围鬼子据点的增援。要切断鬼子的增援，有一种办法，就是扩大日伪矛盾，促使日寇对伪一师的支援抱消极态度。事有凑巧，就在确定对策不久，日伪双方就把机会送上门来了。

遭新四军两次打击后，汪步青立即撤出南河渡、桐山头两据点，把主力集结于九沟至周家帮一线，伪师部移驻彭家场。侏儒山只驻一个营。汪步青唯恐新四军再发起进攻，一面在九沟一带加紧构筑工事，一面向各据点日寇求援。武汉日军特务部答应给予援助，鼓励其固守侏儒山。汉阳日管备队亦许以弹药补充。汪得到这些许诺后，为了求得喘气机会，即召集其部下秘密商议，决定假意给新四军写封信，伪称其投靠日寇系出自不得已，一旦时机成熟，将率部歼灭敌寇，再行“反正”，请求新四军给予体谅云云。

信是地方上的士绅送来的。信到的前一天，新四军已从汪步青的机要秘书（此人是争取过来的一个内线）那里，得到了汪召开秘密会议的详细内容。因此，新四军极希望汪有这样一封信来，以便利用它来有效地加深日寇对汪的怀疑。“信”有了，剩下的问题是，如何才能巧妙地把这封信送到日寇手里，使得狡猾的日寇能够毫无疑虑地很快“上钩”。

1942 年元旦，旅部突然来了两个不速之客。来人自称叫周凝学、甘仲文。他们说与张执一是同乡同学，此次路过这里，顺便来拜望一下老朋友。张执一当时不在旅部。旅部的参谋一面客气地接待了来人，一面派人去请示张主任，询问是否有这样两个同乡同学。张主任听说了，爽朗地大笑着说：“机会来了，他们是活蒋干！”为什么称来人是蒋干呢？原来自称叫周凝学、甘仲文的，过去确与张执一同过学，只是同学不同志。张执一早年就参加了革命，而这二人，起初是国民党，日寇来后，摇身一变成了汉口敌特工部的汉奸。特工部的汉奸跑到新四军的根据地来“访友”，自然是“牛魔王欲拜孙大圣”，压根就没安好心。不过，来得正是时候，因为正愁没有适当的人把汪步青的信传送给日寇，周、甘恰好充当这个送信的角色。于是，一出新“蒋干盗书”的戏在十五旅上演了。

张执一故意把那个姓周和姓甘的特务待若上宾，请他们在自己的办公室里休息，并放下手中批阅的“文件”，像对待“老友”似的和他们寒暄起来。交谈不久，警卫员进来向张主任报告，说旅首长有要事请他去一趟。张执一点点头，向“客人”表示一下歉意，匆匆把桌上的“文件”放进屉子里走了。

特务在和张执一寒暄时，早已贼眉贼眼地看见了桌上那份书写有“伪情”的卷宗。张执一一走，周凝学、甘仲文便以为时机已到，借故打发走室内的警卫员，蹑手蹑脚来到桌前，从屉子里拿出那份卷宗，翻开后第一眼就看见了汪步青的那封信。两人见信就像淘金者发现了金矿似的，不假思索地掏出照相机，慌忙把内容拍摄下来。张执一返回后，没有对这两个闯入根据地的敌特采取行动，相反地还“保护”着他们离开根据地，让他们去完成“信使”的任务。日寇见到汪步青这封信后，虽说没有像曹操那样，一怒之下斩了蔡瑁、张允，但是，原来对汪逆许下的支援，却再无下文了。还没等日寇清醒过来，十五旅就以迅雷不及掩耳之势，冒着严寒向伪一师发动了第三次攻击。

新四军三打汪步青

1942年元月7日，新四军集结四十三、四十四两个团及天汉支队全部，分两路向侏儒山、周家帮、彭家场、西流河等地猛攻。当时，伪军因得不到日寇的支援，士气更加低落，一经与新四军接触，即弃地而逃。当天清晨，四十四团顺利占领侏儒山，伪军一个营仓皇向九沟溃退，四十四团乘势猛追，一举突破汪步青在九沟一带凭河岸修筑的工事，守敌纷纷向何家帮、西流河溃退。同时，驻周家帮之伪一师一部分主力在四十三团和天汉支队的猛烈攻击下，亦溃不成军，慌忙经西流河向王家场、余家场一线撤退。当这股伪军退至西流河时，正碰上九沟的溃军也退下来了。两股伪军都想夺路逃命，竟互相火并起来。枪一响，把他们自己吓坏了，前头逃命的伪军以为新四军追来了，更加亡命地跑，后面的伪军则以为前面被新四军卡住了，想拼命挤过去。霎时间，西流河大道上，像赶群鸭似的，乱作一团。就在此刻，新四军两路追兵赶到，拦腰一砍，全歼伪军一个主力营。

次日，新四军继续向王家场、余家场出击。伪军不敢迎战，分两股向沙湖和何家场逃命。新四军尾追至沙湖附近，发现沙湖据点的日寇和刘国钧部蠢蠢欲动。为了判明情况，不打无把握之仗，新四军主动撤回西流河、何家帮一线。

第三天，日寇发现中了新四军的反间计，严令驻沙湖的日寇配合刘国钧部倾巢向新四军进犯。刘国钧亲自率领教导团及伪二师一部共千余人，随沙湖日寇二十余人分三路向西流河新四军四十三团阵地进犯。对于刘国钧的进犯，新四军采取了“杀鸡吓猴”的战术，以少数部队坚守阵地，对付两翼的伪军，正面的主力则严阵以待，专找日本鬼子打。打垮了鬼子，伪军自会不战而退。当时新四军准确地知道，沙湖镇里只有30多名日寇，就是倾巢出动，也完全“吃”得下去，这一仗是完全有把握打胜的。战斗打响后，两翼伪军在新四军重机枪的射击下，果然踏步不前。看意图是想俟正面进攻得手后再冲。正面向新四军进攻的，开始是伪军。这群伪军来势很凶，一窝蜂似的呼喊着向新四军阵地冲来，冲到距阵地约200米时，新四军轻重机枪一齐开火扫倒了一片。后面的见前面被打倒了，扭头就跑，跑势之凶，几乎把刘国钧的指挥阵地冲垮了。日寇见伪军这么无用，“武士道”精神发作了，“膏药旗”一挥，二十来个鬼子离开伪军冲来。等鬼子接近阵地，新四军一个连跃出战壕，一拥而上，与鬼子在阵地前展开了肉搏。这是新四军进入汉阳后第一次与鬼子拼刺刀。战士们杀得火起，把二十来个鬼子团团包围起来，一口气就干掉了十几个。剩下的鬼子见势不妙，想冲出包围圈逃命，战士们哪里肯放，追上去又刺倒几个。最后，剩下一个腿快的鬼子，跑回沙湖报丧去了。

鬼子被消灭了，伪军吓得乱作一团。新四军乘势全线出击，一直把伪军赶回沙湖。刘国钧在逃命时，慌得马也没敢骑，杂在伪军中拼命地跑。那双笨重的马靴却不让他跑快，为了逃命，顾不得摆“军长”的架子了，一屁股坐在泥坑边就忙着脱靴子。谁知刚刚脱下一只，新四军就追过来了，吓得跳起来拔腿就跑，就这样光着一只脚，一颠一跛地逃回了沙湖。

当时，新四军打击目标主要是汪步青。对于刘国钧部，新四军另外还派有用场，暂时不打算消灭他。因此，新四军追至沙湖附近，给了敌伪一次狠狠的打击后，再次主动把部队撤回西流河。

汪步青在新四军连续三次打击下，再也不敢回侏儒山老巢，便在汉沔交界处纠集残部，企图东山再起。此时，驻天门、潜江、沔阳一带的顽军一二八师，乘新四军打击日伪之机，把部队开到彭家场附近，欲阻止新四军向沔阳发展。而日寇在沙湖一战遭歼灭性的打击后，力图挣扎，从沔阳各据点拼凑了一部分兵力加强沙湖据点。这一来，新四军要继续追歼汪步青，就必须穿过敌、顽之间，很有可能遭到敌、顽的夹击。

新四军再使离间计

1942年1月上旬汪步青在新四军三次打击下，变成了缩头乌龟，不敢再回侏儒山老巢，盘踞在汉阳与沔阳交界地区收拾残部，企图东山再起。对此，新四军积极进行统战工作，利用伪军长刘国钧和他的第二师师长李太平与汪步青争地盘的矛盾，争取刘、李中立，以便新四军能集中兵力打击汪步青。当时汪步青部队驻守的王家场、余家场原属于刘国钧和李太平的地盘，刘国钧原来就与汪步青有争宠的矛盾，但由于汪的实力强，刘虽为军长，亦把汪无可奈何。此次新四军把汪步青打垮，正是刘国钧扩大地盘，获得日寇独宠的好机会。新四军便利用刘、汪之间这种狗咬狗的矛盾，决定再施一次“离间计”，动用秘密渠道，请沔阳县刘国钧老家的一位老先生向刘国钧进言。这位老先生是中共沔阳县委地下组织联络员，早年曾有恩于刘家，刘国钧一直对他唯命是从，老先生对刘国钧说：“汪步青要赖在湖北沔阳地区，霸占这块本属于你的地盘。”刘国钧果然中计，勃然大怒，立即下了一道命令，叫汪步青速回侏儒山防区，把汪步青残部从湖北沔阳地区赶了出去。1942 年 1 月中旬，汪步青被迫率残部近两千人向汉阳之响水港、消泗沟靠近，企图窜回侏儒山，却不知一头钻进了新四军的“口袋阵”。

新四军在响水港、三羊头歼敌

1942 年 1 月 20 日，汪步青率残部近两千人撤离沔阳县境，向汉阳县的响水港集结，准备蹿回侏儒山。新四军第十五旅第四十三团、四十四团和天汉支队逼近响水港，对汪步青部发动了第 4 次攻击。汪步青部在响水港一线早已构筑好了防御工事，对新四军的进攻造成很大不利。正在长江中游弋的日军炮舰也开始向新四军发起炮击，使双方形成隔江对峙的局面。起初，汪步青残部背靠长江，仗着有日军炮舰支援，还可以跟新四军对阵。但汪步青怕长期耗下去自己会吃亏，又耍花招诈降，然后掉头想逃回沔阳。十五旅第四十三团、四十四团和天汉支队分两路在响水港向汪步青残部发起总攻，很快将敌击溃，汪步青率 10 余人侥幸逃脱。剩下有七八百人逃到汉阳的三羊头，新四军用两个营奔袭三羊头，在追歼过程中又缴获了兵工厂的大量军用物资。此时驻黄陵矶日军企图抢占三羊头阵地，截断第四十四团归路。第四十四团先期到达三羊头，将其击退。三羊头战斗，新四军毙伤日军 20 余人，俘虏伪军 400 余人。

新四军在东江垴缴获伪军兵工厂设备

新四军四十四团两个营追歼逃敌时，在东江垴抓住了一批俘虏，其中有一个身着便衣的中年人。此人被俘后对自己的身份一句也不说，只是一再要求面见新四军“最高长官”。这是个干什么的人呢？送到团部后才知道，原来他就是汪步青兵工厂的厂长。汪的兵工厂原设在九沟，新四军第一次攻打九沟时，只缴获步枪身、机枪身四千余支，兵工厂的主要设备已经运走了。运到什么地方去了？有的说是沉到河里去了，有的说搬到沔阳去了，其说不一。旅党委十分重视这批机器，一再下令各团在战斗中注意寻找，但一直没找到。那个厂长被送到团部后顾虑很大，总是转弯抹角地打听新四军对待他这样的人会怎么处理。新四军负责人再三表明，对放下武器的俘虏，不论其在伪军中的职位高低，一律采取宽大政策，愿回家的可以就地释放。他听到这样一说，仿佛死囚听到大赦令一样，兴奋地站了起来，连连地说："是，是，贵军的宽宏大量，兄弟早有所闻，原想早日弃暗投明，归顺贵军，只恨无此机会。如今贵军已到，兄弟愿将兵工厂之器材，悉数奉上，以偿兄弟抗日之夙愿……"就这样，新四军得到了车床 11 部，铣床 2 部，刨床 2 部，钻床 1 部，马达 2 部，步枪身 2000 余条，轻重机枪身 50 余条，煤炭 2 万多斤。这批机器在当时的游击环境里，简直是无价之宝，后来在五师的兵工厂里发挥了很大作用。

新四军在三羊头俘虏伪军军乐队

在部队追击逃敌的时候，战士们发现前面有一小股伪军，背着各种从未见过的武器在逃命。战士们见那些武器金光闪亮的外表，以为是鬼子发给伪军的"新式武器"，于是加紧脚步去追。追的时候，有些心眼多的战士怕吃这种"新式武器"的亏，还特意瞄准其中的大家伙打了几枪，想逗着这些"新式武器"开火，以便摸摸它的威力。谁知那群伪军根本不还手，只是亡命地跑。战士们这下心里有底了，追得更起劲，一直追到三羊头附近，才把这些"新式武器"截住。战士们走拢去一看，这哪是什么新式武器，全是些大大小小的铜喇叭。原来把汪步青要排场的军乐队给抓了。战斗结束后，战士们好奇地围着军乐队，要他们吹个歌子听听，那些乐队队员为了讨好战士们，也真的下劲吹了个他们认为最好听的曲子——《桃花江是美人窝》。战士们也闹不清这是个什么歌，只觉得软绵绵的，听着很不舒服，于是有人要他们换个雄壮的歌子吹吹，这下可难住了，他们除了吹这类的歌子以外，再也没有别的可吹了。

新四军在千湖径阻击日军

1942 年 1 月 23 日，驻汉阳永安堡的日军 100 余人向侏儒山进犯，新四军得知消息后立即动员当地群众将索子长河上通往侏儒山的千湖径桥拆毁，并在河边停泊了藏有炸药包的木船。当日军行至千湖径时，见桥被拆毁无法渡过河去，看见河边有木船，便一起涌上船去，突然船上发生爆炸，几个日军被炸死，埋伏在岸边的 44 团 3 营和天汉支队 1 个连用机枪瞄准敌人射击，日军被击倒一片，剩下的日军扔下同伴尸体慌不择路地逃窜。

新四军在胡家台火焚日军

胡家台是位于湖北仙桃市东南的彭家场附近的一个小村庄。1942 年 2 月 2 日，为了搜捕在王家场战斗中漏网的伪军头目汪步青，新四军五师十三旅旅长周志坚、副旅长黄霖率十三旅三十七团二营、三十八团三营来到彭家场。此时已是傍晚，空中又下着小雪，周旅长便决定让大家就地宿营。部队刚驻下没多久，就跑来三个老百姓，向新四军报告说，有 100 多个日军正押着 70 多个民夫，跑到附近的胡家台村抢劫。

周旅长得知此情报，便派侦察员去探个虚实。两个小时后，侦察员回来证实了老百姓的说法，并说日军已经以村祠堂为中心驻下了。周旅长、黄副旅长根据情报随后召集各部连以上干部开会，拟定了作战计划。

吃完晚饭后，各连先后准时出发，其中作为攻打胡家台主攻部队的三十八团三营九连在晚上 9 点抵达胡家台村北，正遇上一个日军出来溜达，黑暗中一头撞到九连尖兵班班长怀里，两人都吓了一跳。这个日军反应快些，马上一溜烟跑回村里，一边叽里呱啦地乱叫，一边鸣枪示警。眼看战斗即将打响，连指导员潘友歌忙带着部队跟着这个日军冲进村里。

听到报警，村子最外头的一间屋子里马上跑出十多个日军，惊慌失措地向村内跑去，潘友歌下令战士们射击，当场打死七八个日军。趁着新四军射击的功夫，村中心祠堂里也跑出 40 多个日军，向九连杀来，他们是专门应对突发事件的应急小队。九连作为主攻部队，火力异常强大，潘友歌一挥手，连里四挺轻机枪马上开火。

在胡家台旁边有个村子叫何家台，两个村子隔河相望，负责提供火力支援的三十八团三营八连已经事先占领何家台。见九连的轻机枪打响，八连长也下令连里所有轻重火力一起开火，受此交叉火力的猛烈打击，这 40 多个日军有一半多人被当场打翻在地，剩下的十几个抱头鼠窜，狼狈地逃回祠堂内。潘友歌命战士们取下被打死日军身上的武器弹药，并把他们的遗体丢到一旁沟渠边。正在这时，又有 30 多名日军从祠堂杀出，企图发起第二次冲锋。结果这帮日军再次遭到八、九连交叉火力的射击，又被打死了一大半，幸存的部分日军被迫溜了回去，但也有 7 个日军没有跑，而是原地跪下把枪举过头顶做出缴枪的姿势。战士们马上跑上前，准备把日军的枪支都收下。孰料那 7 个日军士兵突然发起疯来，竟抢夺九连战士们手中的枪支。新四军战士们三下五除二就把这 7 个日军全部干倒。这时，祠堂里又跳出个日军，此人身材高大，头戴钢盔，一身军官制服，背上披一条披风，手里还举着个武士刀胡言乱语。潘友歌忙带着几个战士将这个日军团团围住，大家你一枪我一刀，很快就送他去了西天。事后检查，发现这个被击毙的日本军官居然是个中佐。

击毙那个中佐后，见不再有日军窜出，陆连长和三十八团三营营长杨振山以为战斗已经结束，便一边聊天，一边走向祠堂。眼见祠堂门口摆放着一挺重机枪，两个指挥员正想上去搬这挺机枪，藏在一旁的两个日军突然射出一梭子弹，把两个指挥员都打伤了。其他战士见状，忙冲上去把杨营长和陆连长抬下来。这两个日军也趁机把祠堂大门关上。

日军关门后，从祠堂里又传来嗡嗡的马达声，看来里面还有一部电台，很有可能是被困日军在向后方求援。由于正门坚固不便攻打，九连当即组织战士们搭人梯，新四军爬上屋顶向下射击，并以手榴弹给敌重大杀伤，最后用柴油浇上柴草点燃投入祠堂，一时浓烟滚滚，烈火冲天，弹药爆炸声天摇地动，日军全部葬身火海。3 日上午，沙湖日军前来增援，被新四军第 5 师第 44 团击退。4 日拂晓，汉川日军 100 余人在 3 架飞机掩护下前来解救被围残敌。新四军主动撤出战斗。此次战斗，据统计，新四军共毙伤敌中佐以下 60 余人，缴获步枪 32 支、轻机枪 2 挺、掷弹筒 1 门、手枪 1 支和子弹 1 万余发。

张执一回忆侏儒山战役

中华人民共和国成立后，张执一历任中共中央中南局常委、中南军政委员会秘书长、中央民族事务委员会副主任、第三及第五届全国政协常委、中央统战部副部长、民族委员会副主任、统战部顾问等职。张执一难忘那个战火纷飞的年代，曾多次回到家乡看望健在的新四军老战士，回忆当年襄南战斗历程，撰写侏儒山战役回忆录。

襄南（汉江以南的汉川、汉阳、沔阳等地区）扼武汉西达四川的水陆通道，从汉阳有东荆河直通沙市，又有汉宜公路经沙市到宜昌。沟渠纵横，湖泊棋布，土地肥沃，物产丰饶，是闻名全国的鱼米之乡。这里的人民具有光荣的革命传统。早在 1927 年，农民运动就在这一带蓬勃兴起。土地革命时期，这里是湘鄂西洪湖革命根据地的主要部分。

1932 年秋天，工农红军实行战略转移离开这里以后，国民党反动军队及一些恶霸地主武装还乡团卷土重来。1938 年至 1939 年间，日本侵略军又侵占襄南各县县城，将其魔爪伸向川（汉川）汉（汉阳）沔（沔阳）地区。

早在日寇侵占武汉之初，襄南地下党就曾领导当地革命人民，建立了几支小型武装，后编入新四军鄂中部队。在新四军鄂豫边区部队创建初期，遵照当时中原局书记刘少奇关于“新四军刚到鄂中，应积极活动，打击汉奸、伪军及零星日寇，以便扩大影响，巩固统一战线”的指示，就由东翼数度进入襄南，在武汉近郊的汉阳县境燃起抗日游击战争烽火。

1939 年 8 月，新四军鄂中独立游击支队成立不久，第四团团长李人林和政委雍文涛等曾率部经汈汉湖进入襄南，与汉阳县共产党员肖利三、肖文安父子创建的地方武装五中队并肩战斗，击溃了盘踞高庙的伪和平救国军九十二师熊光部队。

1940 年 2 月，新四军鄂豫边区部队已扩编为新四军豫鄂挺进纵队，纵队首长李先念、陶铸亲自率领第五团（团长蔡松荣，现改名蔡斯烈，政委杨焕民）二渡襄河，李人林、周志刚率第四团在襄河边策应，打击侏儒山一带的伪和平救国军八十二师汪步青部队。新四军攻占侏儒山集镇街道、击毙伪军营长以下官兵百余人、俘百余人后胜利北返。美国革命作家和记者史沫特莱曾随军采访写过报道，在 1943 年出版的《中国的战歌》中，以《挺进纵队和矿工》为题，记述了五团的成长。

同年 8 月，豫鄂边区党委和纵队首长派张执一持董必武给当时在汉阳一带掌握一千多伪军的杨经曲的电报，到汉阳蔡甸附近官塘角活动。在当地地方党负责人顾大椿、易家驹等配合下，争取到杨经曲、黄人杰等率伪八十二师下属的一六五旅 2000 余名官兵“反正”。这支起义部队序列名十团、十一团，与豫鄂挺进纵队第四团合编为新四军豫鄂挺进纵队第四支队，下设三个团。杨经曲为支队司令，王海山为副司令兼参谋长。郑绍文为政委，张执一为政治部主任。郑绍文不久调走，张执一则继任政委兼政治部主任。

接二连三的胜利，打击了敌伪，鼓舞了襄南人民。然而，由于那时新四军的重点是发展路东（即平汉路以东的鄂东地区），所以主力部队一直未能向襄南纵深发展。

1941 年 1 月皖南事变后，豫鄂挺进纵队整编为新四军第五师，第四支队改为五师第一纵队，杨经曲任司令。因王海山调任五师十五旅旅长，副司令兼参谋长则由张文津充任，张执一仍任纵队政委兼政治部主任。过了一段时期，第一纵队同十五旅合编，取消了第一纵队番号，杨经曲改任十五旅旅长，原旅长王海山改任副旅长，张文津任参谋长，张执一改任政治部主任，杜邦宪任政治部副主任。张执一同时受鄂豫边区党委委托，负责指导十五旅活动地区的襄西地委、天汉地委，及其所属京（京山）钟（钟祥）、天（门）京（山）潜（江）、京北（京山北部）等县委的工作。

1941年，日本帝国主义准备发动太平洋战争，执行“以战养战”的反动方针，加紧搜掠战争资源，巩固其在华占领区，突然向新四军各根据地发动进攻。敌华中派遣军派其主力第三师团和第四师团一部，配合伪军向鄂豫边区各根据地进行残酷扫荡，国民党顽固派也与之密切配合向新四军进攻挑衅。在这种严峻形势下，为牵制敌人兵力，粉碎敌伪、顽夹击，扩大新四军回旋区，五师首长和十五旅党委决定：由张执一率四十四团的三个连和一个手枪队，远涉襄河，直插武汉近郊汉阳，为新四军向襄南的川汉沔地区发展作准备。新四军在汉川、汉阳地区活动不久，即将川（汉川）阳（汉阳）工委的地方武装改编为天汉游击支队。这支部队对地方情况熟悉，对新四军帮助很大。1941年9月下旬，张执一率这支小分队回到故乡汉阳之索河和蔡甸附近之官塘角（当时蔡甸镇虽是日寇据点，但周围乡村均是新四军活动区）、长新集、奓山一带，一面扩大活动地区，开辟财源，一面对伪军开展政治攻势。根据师首长指示，第一步争取他们不坚决与新四军为敌，第二步争取他们“反正”，接受新四军整编。

当时，盘踞汉阳的伪军仍是汪步青部。汪步青自从1940年遭受新四军打击后，在日寇卵翼下，又有较大扩充，自认为羽翼已丰，换上了伪定国军第一师的招牌，拥有三个团、一个机枪营和一个教导大队，共5000余兵力，还有兵工厂自制步枪和机枪。汪步青任伪定国军副军长兼第一师师长，盘踞在沔阳的彭家场、西流河、双河口、下汊埠，汉川的南河渡以及汉阳的周家帮、侏儒山、桐山头、永安堡、三羊头、东江脑、水洪口、曲口、窑头沟、消泗沟、九沟一带，横征暴敛，鱼肉人民。新四军到汉阳不久，张执一就通过当地士绅带信，向汪步青交代中国共产党的政策，敦促其“反正”，但汪步青不仅不听劝告，反而扬言：“我有万人之众，新四军其奈我何！”事实证明，这是一个怙恶不悛的家伙，必须给予坚决打击。

张执一立即报请第五师师部批准，十五旅由王海山、周志刚、张文津等率所属四十三团全部和四十四团的另二个营（当时的四十五团在襄西、襄北一带分散坚持，无法抽出）夜渡襄河赶来增援，与在襄南活动的四十四团另一个营以及天汉游击支队一起，向伪定国军第一师发起军事进攻。

1941年11月16日，张执一命令傅玉和搞清汪部的内情。傅玉和来到横山朱湾，找到汪步青师部保管机密的朱月堂，将汪部全军10天的口令和日伪军万分之一的军用地图搞到了手。17日，张执一命傅玉和等手枪队员做向导袭击侏儒东至山的伪三团。天黑时，傅玉和与伪军对上了口令，迅速带领手枪队员占领排头涧小木桥，直取伪三团团部，俘汪波扬的小老婆及团部军需主任以下官兵100余人，缴获大量武器。

12月7日，正是日本帝国主义偷袭珍珠港的那天，四十三团、四十四团和天汉游击支队的一个大队，分两路向侏儒山、南河渡、桐山头作第二次进攻，第二天清晨调整部署，经激战后，四十四团攻占将军岭和桐山头，俘一连伪军，歼伪机枪营和步兵一百余人，四十三团以一连兵力进攻裴家山，击溃伪军新兵连。后因黄陵矶和大集场日寇在奓山会合进攻新四军侧翼，企图截断四十三团一营归路，于是四十三团主动撤出战斗。十五旅副旅长朱立文（广西人，参加过长征的老红军）为掩护张执一的安全，让一条渡船载张执一渡过索子长河，而他自己则泅水渡河不幸中弹牺牲。

12月23日，十五旅集中四十三团、四十四团和天汉游击支队全部，第三次分三路向侏儒山、周家帮进逼。此时伪军由于不断遭受新四军军事进攻和政治瓦解，士气十分低落，不堪一击。有的伪军公开喊道："汪家给了我们什么好处，何必替他卖命!"新四军一举即攻占侏儒山，伪军溃退。驻周家帮之伪司令部在新四军强攻之下，溃不成军，向汪家场、余家场一线撤退，新四军追击时歼敌一营。攻进侏儒山以后，群众高兴极了，主动帮助抬运、抢救伤员，还抬着整猪整羊，挑着鲜鱼来慰问部队。

眼看伪一师行将覆灭，沙湖伪定国军军长刘国钧及伪二师李太平部千余人，配合驻沙湖日寇，在12月25日向西流河四十三团阵地进犯。新四军隐蔽于河堤下，当敌伪进至距新四军阵地200米时，轻重机枪同时开火，并与日寇肉搏，将其全部击毙，俘伪军四百余人。被俘者除一部分自愿留下抗日外，其余都发给路费释放。获释伪军到处宣传新四军政策，规劝同伙放下武器。以后伪军每遇新四军，有的举手投降，有的不战即溃，甚至伪兵工厂厂长被俘后也主动承认自己身份，将汪步青命令埋藏的造枪设备，其中有10余部精密机床，以及步枪和机枪枪身都交了出来。

1942年1月上旬，汪步青在新四军三次打击下，变成了缩头乌龟，不敢再回侏儒山老巢，盘踞在汉沔交界地区伺机反攻。1月23日，汉阳日军100余人向侏儒山进犯，被44团3营和天汉支队1个连击退。同时，新四军利用伪军之间的矛盾，散布汪步青要夺取刘国钧地盘的假情报。刘国钧果然中计，立即让汪步青残部撤出沔阳地区，开至汉阳响水港。1月28日，新四军第十五旅第四十三团、四十四团和天汉支队逼进响水港，对汪步青部发动了第四次攻击。此役大胜，汪步青率残部侥幸逃脱，剩下的七八百人逃到汉阳的三羊头，新四军用两个营奔袭三羊头，在追歼过程中又缴获了大量军用物资。这时，东面黄陵矶的日军数十人向占领三羊头的新四军围攻，企图断了新四军的退路，但没有得逞，反被新四军击退。

1月10日，日军派援军会同定国军军长刘国钧的1000余人，向第43团阵地反扑。新四军同日本鬼子展开了肉搏战，杀死了二十几个日军，伪军吓得乱成一团，全线崩溃。军长刘国钧夹在士兵中，逃回了沙湖。这一战新四军毙伤日军20余人，俘虏伪军400余人。

1942年2月2日，新四军第5师第13旅第37、第38团各一部，在沔阳县之安家台一带宿营。当天下午，沔阳县城日军100余人，伪军500余人，向新四军发动进攻，占领了离安家台仅数里的胡家台。晚上，第37团第5连和第38团第9连正面攻击该敌，第38团第1连和重机枪连迂回至胡家台侧后堵击。敌以猛烈炮火阻击。新四军迅猛突进敌据守的祠堂，和敌人展开肉搏战，双方伤亡很大。据守民房的伪军在新四军猛攻下四处奔逃，大部分日军躲进祠堂闭门死守。新四军爬上祠堂屋顶向下射击，并以手榴弹给敌重大杀伤，最后在柴草上浇上柴油点燃投入祠堂，祠堂内日军被活活烧死。3日上午，沙湖日军前来增援，被44团击退。4日拂晓，汉川日军100余人在3架飞机掩护下前来解救被围残敌。新四军主动撤出战斗。此次战斗，毙日伪军近200人。

从1941年11月17日到1942年2月4日，新四军在侏儒山战役中共作战14次（对伪军和日寇各7次），除全歼伪定国军第一师外，还击溃伪定国军第二师千余人，击溃日寇七次增援，毙伤日寇200余人，俘伪军950余人，缴获了兵工厂全部设备和大批军用物资。最后，汪步青本人也被生擒。在襄南东部，如汉阳之侏儒山、桐山头、永安堡、消泗沟、九沟、水洪口、曲口、窑头沟、三羊头、东江脑，沔阳之西流河、周家帮、何家帮及汉川之南河渡、西江亭等大片国土，基本上为新四军控制，不仅粉碎了敌伪对解放区的军事进攻和经济封锁，还扩大了根据地。在侏儒山战役期间，新四军手枪队员几度潜入武汉市区，广泛散发传单，扩大了这次战果的政治影响，使武汉敌伪一夕数惊，不时被迫戒严。此后，新四军武工队经常出没于武汉近郊的姑嫂树、舵落口、郭茨口、十里铺等地，武汉商人为新四军转运物资时，甚至公开向敌特声明："这是四老板（指新四军）的!"敌特慑于我军声威，怕受到惩罚，只好放行。1942 年夏季，川汉沔地区抗日军民两千余人汇集在襄河岸边，舞起龙灯，踩着高跷，在对敌伪作战的凯歌声中欢度端阳节。

（改自张执一《三打侏儒山　威震江汉》等文章）

《中国军事百科全书》之侏儒山战役

1941 年冬，日本从中国战场抽调兵力增援太平洋作战，致使武汉近郊汉阳、汉川、沔阳（今仙桃市）地区日军兵力减少，伪军军心浮动。新四军第五师师长兼政治委员李先念决心集中一部兵力，歼击盘踞汉阳城西南侏儒山地区的和平定国军第一师，扩大鄂豫边区抗日根据地。12 月 7 日，第五师第十五旅第四十四团第三营，在天汉支队 2 个连的配合下，自汉川城以南索河、萧家集出发，由熟悉伪军口令的一名新四军侦察参谋引导，奔袭侏儒山南侧东至山和平定国军第一师第三团，歼其团部及特务连，俘 100 余人，缴获迫击炮 2 门、轻重机枪和长短枪 70 余支（挺）。次日上午，当位于系马口、蔡甸、大集厂的日军 200 余人来援时，第四十四团第三营和天汉支队 2 个连已乘船由湖区安全返回。随后释放了俘获的伪军官兵，使伪军第一师的军心更加动摇。

12 月 23 日，第五师又集中第十五旅第四十三团、第四十四团及天汉支队 1 个大队，由天汉湖区经杨林沟渡过襄河（汉水）。旋即以第四十三团向东攻占侏儒山东北桐山头、永安堡，歼桐山头伪军 1 个连，其余伪军退守裴家山。第四十四团和天汉支队 1 个大队向西南攻占侏儒山、将军岭和南河渡，并乘胜向坝上发展，再克东至山，歼伪军 1 个机炮营又 2 个步兵排，缴获机枪 30 余挺。

经两次打击后，伪军第一师主力退至汉阳、沔阳间何家帮、周家帮一线，师部移驻沔阳东南彭家场。其师长一面送信给新四军请求休战，一面向邻近日军据点乞援。新四军五师利用伪军师长来信进行反间工作，导致日军不给伪军第一师以积极增援。1942 年 1 月 7 日，新四军五师再向伪军第一师发起第三次攻击。第四十三团、第四十四团分别攻击周家帮、何家帮地区伪军，迫使其向沔阳城（今沔城镇）以东西流河及其附近的王家场等地溃退。第四十三团、第四十四团合兵追击，歼其 1 个营，占领西流河，缴获伪军兵工厂步枪、机枪枪身 4000 余件和大量军用物资。10 日，第四十三团在蜈蚣岭击退日军一部和伪定国军教导团以及第二师共 1000 余人由沔阳沙湖向西流河的进攻。

1 月中旬，伪军第一师由沔阳境内向汉阳响水港、消泗沟靠拢，企图重占侏儒山。第五师遂以四十三团、四十四团和天汉支队经消泗沟逼近伪第一师，发动第四次攻击。由于伪第一师背靠长江，有日军炮舰支援，不便进攻，四十三团、四十四团和天汉支队遂与伪第一师形成对峙。随后伪第一师佯称向新四军投降，所部向沔阳王家场、余家场、何家场撤退，其驻窑头沟的第一团约 700 人向三羊头窜逃。第五师即以第四十四团追至三羊头，歼其大部，并击退黄陵矶日军数十人增援。战后，在东江脑、窑头沟、三羊头缴获伪军藏匿的机床 10 台、马达 2 部等兵工设备及步枪、机枪枪身 2000 余件。

1 月 28 日，第五师集中第十三旅第三十七团、第三十八团和第十五旅第四十三团、四十四团，分两路对位于王家场、余家场、何家场地区的伪军第一师残部发起攻击，歼其 1500 余人，伪师长率数十人逃窜。2 月 2 日，第三十七团、第三十八团各一部进击鄂中沔阳县胡家台日伪军，歼其大部。3 日，又击退沙湖日军一部增援。4 日，汉川日军 100 余人，在 3 架飞机支援下前来解围，第三十七团、第三十八团撤出战斗。

侏儒山战役历时近 2 个月，新四军第五师共歼伪军 5000 余人，其中俘伪军 950 余人，毙伤日军 200 余人，控制了侏儒山及其附近地区，扩大了豫鄂边区抗日根据地，为尔后进军襄河以南地区创造了有利条件。

《侏儒山战役》

2007 年 10 月 12 日，《侏儒山战役》一书由蔡甸区委、区政府与武汉市委党史研究室、武汉市新四军历史研究室联合编辑出版。此为纪念新四军建军 70 周年蔡甸区所举行的系列活动之一。全书分为综论、当事人回忆、战役研究、历史文献、缅怀英烈、附录 6 个部分，共计 80 篇文章，21 万字。记述了 1940 年—1942 年抗日战争时期，由李先念、陈少敏、任质斌、张执一等领导的新四军第五师曾多次向盘踞蔡甸侏儒山及周边地区的日伪军发起攻击，创造了全歼伪定国军第一师 5000 余人，打死打伤日军 200 余人，击溃伪定国军第二师 1000 余人，俘虏伪军 950 余人的辉煌战绩。

侏儒山战役旧址

抗日英雄傅玉和之子傅建桥于 1994 年开始参与新四军史料研究工作，积极参加全国各地的新四军抗战纪念活动，悉心收集侏儒山抗战文史资料。

2000 年，傅建桥与夫人周琳璋合撰《侏儒山战役之情报战》等文章。

2005 年，傅建桥在省市新四军历史研究会和多位新四军老战士的支持下开始筹备修建侏儒山战役纪念馆。

2010 年，傅建桥先后将修建侏儒山战役纪念馆的方案报呈阳湾村委会、侏儒街国土资源管理所、侏儒街党工委、办事处、中共蔡甸区委、区政府、区委党史办、中共武汉市委党史研究室、武汉新四军历史研究会后得到批准。消息传开后，多位新四军老战士后人及侏儒山乡亲纷纷捐款襄助。2010—2011 年，共收到傅卓、傅金川、陈柏松、傅天助、傅伟林、傅祥、傅转桥、傅小娥、喻忠振、傅天娥、傅四娥、叶志雄、傅志平、傅志军、傅贵荣、周义明、傅可、李勇、傅感恩等人捐款近百万元。纪念馆工程造价 288 万元，由傅建桥夫妇出资 188 万元。纪念馆选址阳湾村傅家山南麓，南临 318 国道，馆区占地面积 2280 平方米，建筑面积 1080 平方米。2011 年 3 月动工兴建，2012 年 10 月竣工。

2014 年 3 月 28 日建立武汉侏儒山战役博物馆。据 2020 年 9 月国家文物局信息显示，武汉侏儒山战役博物馆现有藏品 558 件（套），开展教育活动 355 次，参观人数 10.7 万人次。

2017 年 7 月 1 日，傅建桥募集部分社会资金，投入全家所有积蓄动工建设铁军亭、红色广场和上山梯道，历时 150 天建成对社会开放。

傅建桥于 2012—2021 年主持开展侏儒山战役红色教育基地宣传活动，热情接待来自全国各地的参观者，投入活动经费 100 余万元，组织红色教育宣传活动志愿者 3000 余人（次），举办红色教育宣传活动 400 余场（次）。傅建桥义务为群众当红色教育讲解员和辅导员 1000 余次。中共武汉市委宣传部、武汉警备司令部授予武汉侏儒山战役博物馆为“市国防教育基地”。中共党史学会、全国政协文史和学习委员会、中国文物保护基金会、北京新四军研究会授予傅建桥“保护红色文物突出贡献奖”。

侏儒山战役纪念馆

侏儒山战役纪念馆于 2013 年正式开馆，馆内展出“挺进中原”“威逼武汉”

“铁军群英”“饮马长江”“威震襄南”“抗战中的傅湾”“铁血铸丰碑”7大部分，以图片形式展示了侏儒山战役的历史背景、敌我态势、进攻路线及参加侏儒山战役的新四军第五师抗战将领李先念、任质斌、刘少卿、张执一、王海山、周志刚、方正平、周志坚、黄霖、张文津、朱立文、张斧、傅玉和等人的事迹，侏儒山战役的相关史料、书籍，以及新四军胸章、臂章、绑腿、军号、军用饭盒、手电筒、罗盘和缴获的日军30式刺刀等部分珍贵战时物品。

李先念（左一）率新四军独立游击大队南下，挺进武汉外围

新四军第五师代理政治委员任质斌

新四军第五师第十五旅政治部主任张执一

新四军第五师第十五旅
政治部副主任杜邦宪

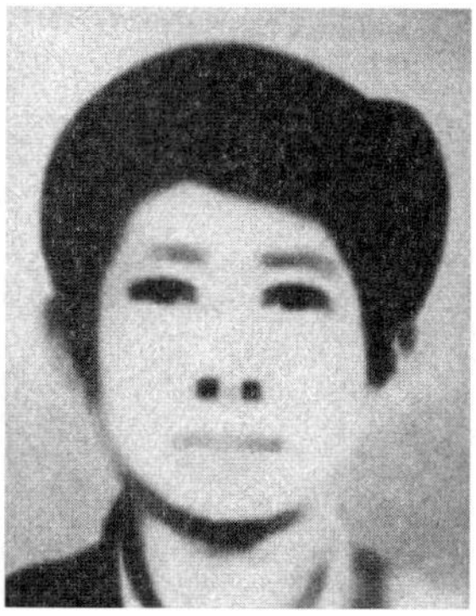

第四军第五师第十五旅
副旅长朱立文

新四军第五师第十五旅
参谋长张文津

中共豫鄂边区党委委员天汉地区
抗日十人团团长陈委山

新四军第五师第十五旅
侦察参谋傅玉和

新四军豫鄂挺进纵队雪地行军

新四军第五师某部机枪连

侏儒山战役中被俘的伪军

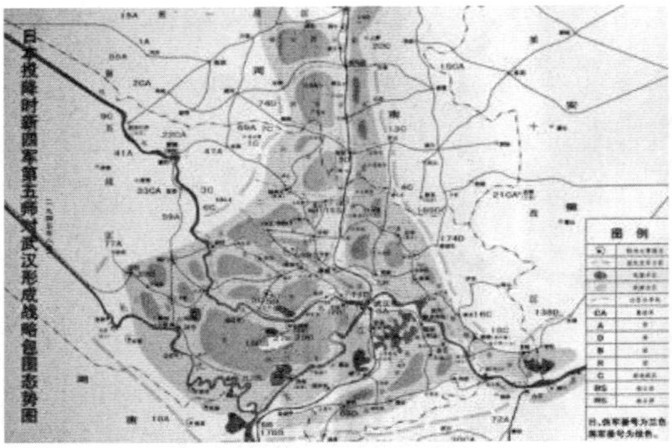

日本投降时新四军第五师对
武汉形成的战略包围态势图

新四军鄂豫挺进纵队某部
战前动员会

侏儒山战役博物馆

2014 年，经武汉市文化局、湖北省文物局、武汉市民政局正式批准，成立武汉侏儒山战役博物馆，该馆在侏儒山抗日战争纪念馆的基础上改造升级，由傅建桥任馆长。同年，中共武汉市委宣传部、武汉警备司令部授予该馆为“市国防教育基地”，中共蔡甸区委宣传部也于同年授予该馆为“区爱国主义教育基地”。

2014—2016 年，博物馆先后接待武汉地区 10 多所高校、80 多家新闻媒体、近百家企事业单位，并开展“追寻红色足迹，传承红色基因”等党建教育活动，参加者达 3 万余人（次）。

2017 年 11 月 8 日，由中国共产党史学会、全国政协文史和学习委员会、中国文物保护基金会、北京新四军研究会、新四军纪念馆、北京师范大学、北京澎博瑞鑫国际文化传媒有限公司等单位联合组成组委会分别在北京民族文化宫举办了《背负着民族的希望——纪念新四军八十周年回顾展》，在北京师范大学英东学术厅举办了《永恒的丰碑——2017北京红色文物保护活动展》，组委会授予侏儒山战役纪念馆馆长傅建桥“保护红色文物突出贡献奖”。

同年12月1日，侏儒山战役博物馆隆重举办纪念中国人民解放军建军90周年、新四军成立80周年及侏儒山战役胜利75周年。北京新四军研究会会长、中国人民对外友好协会会长陈昊苏（陈毅之子），北京新四军研究会常务副会长邓淮生（邓子恢之子），中国社科院副院长朱佳木，中国文联党组成员机关党委书记董良翚（董必武之女），中国人民解放军乔泰阳将军，工程兵学院政委刘华苏将军，武汉市委老领导何其雄，武汉市文化局，武汉新四军军部纪念馆，武汉市新四军研究会，中共蔡甸区委、区政府、区政协，蔡甸区文史与档案中心，蔡甸区委宣传部，蔡甸区博物馆，侏儒山街党工委、办事处，侏儒山街派出所，武汉商业学院，侏儒山中学，侏儒山中心小学等，与来自北京的40余位新四军老干部的后代及省内各地新四军后代、当地民众500余人聚集在一起讲述侏儒山抗战故事。

2018年，博物馆坚持免费对外开放，做到以整洁的环境、热情的接待、细致的讲解、周到的服务满足团体和个人参观需求，全年共接待了中央有关部门、部队，省、市、区相关部门领导和离退休老干部，新四军老战士、新四军后代和武汉地区机关、团体、学校、企业、社区以及来自海内外各界人士6.8万余人次。

2019年，博物馆接待了中央有关部门、部队，省、市、区相关部门领导和离退休老干部，新四军后代和武汉地区机关、团体、学校、企业、社区等各地各界人士参观、考察、调研，举办红色党建社会教育活动397次，参加者达7.6万余人次。另外，举办临展15个，通过电视台、报刊、网站的宣传报道400余次。

2000年，博物馆接待了中央有关部门、部队，省、市、区相关部门领导和离退休老干部，新四军后代，武汉地区机关、团体、学校、企业、社区等各界人士参观、考察、调研，举办红色党建教育活动153次，参加者达5600余人次。另外，举办临时展9个。

2021年3月20日，当代著名作家董宏猷一行参观侏儒山战役博物馆和阳湾村六海赛生态小镇，董宏猷向博物馆赠书并创作书法作品多件。

同年4—6月中旬，中共中央组织部、中华人民共和国财政部和蔡甸区文化和旅游局拨款修缮侏儒山战役博物馆、铁军亭及附属设施，提升服务功能。7月下旬，为庆祝建党100周年，博物馆、铁军亭及附属设施面向社会开放，至10月底，陆续接待武汉地区机关、团体、学校、企业、社区等各界人士参观、考察、调研，举办红色党建教育活动52次，共计2600余人次。

同年 11 月 14 日，纪念侏儒山战役胜利 80 周年大会在侏儒山战役博物馆隆重举行。中共蔡甸区委宣传部、蔡甸区文化和旅游局、蔡甸区史志研究中心、侏儒山街工委、办事处、蔡甸区博物馆、《阳湾村志》编辑部、阳湾村委会、武汉电视台、东风公司总部机关及新四军后代：张海生、冯洁、高进上、高实、万杭育、万东育、吴克平、吴琛、李丽芬、朱萍芳、汪忠民、汪滢浚、叶志雄、甘正芳、甘诗汉、李菊花、傅建桥、傅转桥、傅天桥、傅汉娥、傅小娥、傅天娥、傅四娥、傅江、朱光威、朱稳香、肖辉等参加会议。武汉电视台现场采访报道。

铁军亭

傅家山在侏儒山群山中出类拔萃巍然屹立，它与对面军山形成锁钥，扼守着江汉平原进入武汉的咽喉。当年新四军 6000 余名将士先后征战侏儒山，打击日本侵略者，傅家山是新四军历次进攻日伪军的前哨阵地，周边山头尚存当年战斗遗迹。傅家山南麓傅德树家是抗战中中共汉阳县地方党重要交通站和新四军战斗指挥部。沪渝高速、318 国道承东启西，犹如两条巨龙奔腾在傅家山南北两侧。登山远眺，武汉市、蔡甸区、汉川、仙桃等地尽收眼底，昔日侏儒山战役主战场历历在目。众多游览者登临傅家山，俯瞰美丽乡村，追忆往昔峥嵘岁月，缅怀革命先烈时，建议在山顶辟建红色广场、亭台及纪念碑，弘扬伟大的“铁军”精神，以史为鉴，开创未来。1998 年，傅建桥先后邀请武汉建筑学校高进仁校长、武汉园林建筑设计院黄格良副院长、华中科技大学张良皋教授、武汉东湖风景区毛小琪总工程师等专家学者在傅家山考察，为设计山顶红色广场和侏儒山战役旧址保护规划蓝图出谋划策，专家们一致主张在山顶建一纪念亭，并取名为铁军亭，得到当地广大人民群众和新四军后代广泛赞赏。后因经费问题，铁军亭延至 2017 年 7 月 1 日才开始动工。在傅转桥与傅志军和博物馆团队的大力支持下，傅建桥募集部分社会资金，投入全家所有积蓄，建设铁军亭、红色广场和上山梯道。历经 150 天艰难施工，克服了高温、材料运输等困难，于 11 月 30 日，占地 500 平方米的铁军亭和配套设施于 11 月 30 日胜利竣工，一座古色古香，重檐 12 柱四角亭，巍然屹立在傅家山山顶。

红色广场英雄谱

红色广场位于傅家山山顶，占地 500 平方米，是铁军亭的配套设施，于 2017 年 7 月 1 日动工兴建，11 月 30 日竣工，其中“侏儒山战役烈士英名录”和“1000 名新四军将士名录”花岗岩石碑，镌刻着为中国革命付出宝贵生命的21位英烈和1000名来自五湖四海的老红军、新四军和解放军将士的姓名。由于年代的久远，傅建桥及其团队经历近20年艰辛寻找，查阅了《汉阳县志》《蔡甸区志》《汉川县志》《英山县志》《石首县志》《京山县志》《沔阳县志》等百余部地方志和李先念、任质斌、朱理治、张执一、刘少卿等革命家传记，以及《铁流》《我们的父母》等相关革命历史丛书。同时，大悟鄂豫边区纪念馆、中原突围纪念馆、中国人民抗日战争纪念馆、北京新四军研究会中原五师分会、武汉新四军历史研究会、中共武汉市委党史研究室、中共蔡甸区委党史办为1000名人民功臣提供准确证明。此外，还走访了张执一、刘少卿、李人林、夏夔、樊明辅等百余位新四军老战士，进一步进行了确认。在镌刻的前辈中，有的是英勇牺牲在土地革命、抗日战争和解放战争的英烈，有的曾经是新中国的主席、部长、省委书记、军队的将领，以及各个领域、各条战线的领导者、指挥员和建设者。在21位英烈中，有从广西百色走出的新四军第五师十五旅副旅长朱立文，新四军襄南游击大队年过古稀的交通站负责人傅德树，年仅6岁的傅铁桥（他面对国民党反动派屠刀，毫无畏惧，痛骂敌军，惨遭杀害），为保守共产党的机密而壮烈牺牲的巾帼英雄张环芝等。

部分参观单位名录

2018年接待参观单位：中国社会科学院、中华人民共和国财政部湖北专员处、北京新四军研究会、北京新四军研究会五师分会、上海新四军研究会、中国人民解放军中部战区信息旅、中国农业科学院油料研究所、湖北省人大常委会、湖北省地税局、武汉市总工会、中共武汉市委政策研究室、中共武汉市委巡视组、武汉市发展和改革委员会、武汉新四军研究会、中共蔡甸区委员会、蔡甸区人民政府、蔡甸区人大常委会、政协蔡甸区委员会、中共蔡甸区委宣传部、中共蔡甸区委统战部、蔡甸区妇女联合会、蔡甸区财政局、蔡甸区农业委员会、蔡甸区教育局、蔡甸区巡察办公室、蔡甸区人民武装部、洪山区人大常委会、武汉市公安局水务分局、武汉市公安局青山分局、武汉水务集团、武汉市供销集团、武汉硚口房地产集团、东风设计院、中铁第四勘察设计院集团有限公司、武汉长江光电有限公司、中国民主促进会湖北省委宣传部、天河机场、民用航空湖北空管局、武汉大学、华中科技大学、华中师范大学、上海大学、江汉大学、长江大学、湖北经济学院、武汉体育学院、武汉商学院、湖北省农业科学院、汉阳一中、武汉经开区第二中学、蔡甸区侏儒山中学、蔡甸区大集中学、蔡甸区常福中学、蔡甸区幸福路中学、辛亥革命武昌起义纪念馆、山东聊城傅斯年纪念馆、东湖宾馆毛泽东纪念馆、武汉经开区国税局、蔡甸区侏儒山街、蔡甸区奓山街、蔡甸区大集街、蔡甸区新农街、蔡甸区蔡甸街、东西湖区吴家山街、东西湖区金银湖街、汉阳区晴川街、汉阳区四新街、汉阳区永丰街、洪山区狮子山街、洪山区关山街、硚口区汉正街、武汉经开区沌阳街、武汉经开区沌阳街绿岛社区、武汉经开区沌阳街佳泰社区、武汉经开区沌阳街枫树湾社区、武汉经开区沌阳街升官渡社区、汉阳区四新街道墨南湖畔社区、汉阳区四新街道梅林都汇社区、硚口区汉正街道利济社区、硚口区汉正街道宝庆社区、硚口区汉正街道石码社区、蔡甸区第一小学、蔡甸区侏儒山中心小学、蔡甸区永安中心小学、蔡甸区奓山中心小学、蔡甸区常福中心小学、东西湖区走马岭小学。

2019年接待参观单位：中共中央组织部、中共湖北省委组织部、中共武汉市委组织部、湖北省文化和旅游厅、武汉市文化和旅游局、中共武汉市委研究室、武汉市审计局、北京新四军研究会、武汉新四军研究会、武汉出版集团、中共蔡甸区委员会、蔡甸区人民政府、蔡甸区人大常委会、政协蔡甸区委员会、中共蔡甸区委办公室、蔡甸区人民政府办公室、中共蔡甸区委宣传部、蔡甸区老干部局、蔡甸区教育局、蔡甸区妇女联合会、蔡甸区行政审批局、中共蔡甸区委巡视组、中共新洲区委巡视组、蔡甸区档案馆、蔡甸区农业农村局、蔡甸区文学艺术联合会、武汉市公安局蔡甸区公安分局、武汉市公安局江岸区分局、蔡甸区财政局、蔡甸区红十字会、中共武汉经开区工作委员会、中共汉南区委党校、中共硚口区委政法委员会、武汉经开区财政局、武汉经开区车都控股公司、武汉经开区建设局、武汉经开区房地产管理中心、武汉市江汉区城区改造和房屋征收管理办公室、武汉经开区供销联社、武汉经开（汉南区）文化和旅游局、武汉经开区（汉南区）新闻信息办公室。

2000年接待参观单位：中共湖北省委宣传部、武汉市财政局、武汉港务局、武汉市作风巡察组、中共武汉市委巡视组、中共蔡甸区委员会、蔡甸区人民政府、政协蔡甸区委员会、中共蔡甸区委组织部、中共蔡甸区委宣传部、蔡甸区文化和旅游局、中共蔡甸区委巡视组、中共黄陂区委巡视组、武汉市公安局武昌分局、武汉市公安局监管支队、蔡甸区公安分局侏儒山派出所、中国核工业第五建设有限公司、武汉重型机床厂、中铁第四工程勘察院航遥所、武汉吉诺救援公司、东风汽车有限公司、东风运输有限公司、中交城投公司、野战国防园、江汉大学、武汉商学院、广西广播电视台、武汉电视台、蔡甸电视台、湖北日报社、楚天都市报社。

阳湾村多功能政治生活体验馆

2021年5—12月，区委组织部、侏儒山街为贯彻落实区委印发的《阳湾村建设红色美丽村庄试点重点工作要点》，利用原阳湾村小学校舍创新建设阳湾村多功能政治生活体验馆。馆内分红色革命人物事迹、乡村振兴服务两大板块，通过抓好红色覆盖，营造红色氛围，在体验馆周边及馆内醒目位置开展党的理论和政策宣传，作为村党支部开展七一建党节等活动红色阵地，又作为丰富群众精神生活的文化舞台。在重大节日为群众播放红色电影，举办红色联欢会，创办红色大讲坛，开辟红色大课堂。建强村级战斗堡垒，弘扬“支部建在连上”光荣传统，突出红色引领，加强基层组织建设，构建村党支部—党小组—党员中心户三级组织架构，形成以村党支部为领导、党小组为“神经末梢”、党员为“根系”的党建引领，建设红色美丽村庄体系，把党的领导延伸到最基层，打造区级党建示范点。坚持“三色”（红色文化、红色资源、红色故事）融合发展，发挥人才聚集效应，大力培植绿色生态，促进乡村振兴服务。

红色革命人物事迹展览

馆内陈列在土地革命和抗日战争期间，阳湾村蒋天树、欧阳文喜、杨秋成、傅德树、方旺、傅在炎、傅鹤林、项新山、李先桓、傅玉和、张环芝等人在中国共产党领导下从事革命活动的生平事迹图片，反映红色革命人物在国民党反动当局的白色恐怖和艰难困苦之中，坚持以武装的革命反对武装的反革命，坚贞不屈，前赴后继，英勇战斗，为中国人民的解放事业贡献出自己的一切。

1950年，傅湾2人参加抗美援朝战争，其中傅汉桥参加上甘岭战役并荣立战功。

在新民主主义革命和社会主义建设中，谢本祥、何定金、傅新桥、傅协成、杨圣之等主持党组织的工作，带领广大群众为改变阳湾旧面貌，创造新生活而奋斗。2021年，在中共成立100周年之际，杨圣之荣获中共中央颁发的光荣在党50周年纪念奖章，也是阳湾村唯一获此殊荣的共产党员。

美丽乡村生活体验

发展融合化，坚持党建引领，以城带乡，推动城乡资源要素融合互补、互利共赢，实施“国企联村”行动，推动城市资源向农村流动。武汉市生态集团与阳湾片区联合党委结对，通过共同开展资源开发、项目投资、劳务合作等，促进农村产业发展。

创新五个一批共建项目，将阳湾村红色美丽村庄打造为展现多功能融合与多彩历史文化之美荟萃的特色村，打造武汉近郊乡村休闲度假游的3A级景区。建设“红色教育+生态旅游”集散服务中心，实现农旅融合发展，带动村集体和农民通过资源租赁赚“租金”，合作开发赚“股金”，就近就业赚“酬金”。

实施“村社共建”行动，推动农产品向城市流通。依托村党群服务中心建设三农服务中心，统一收购、包装、销售农户农产品，实现收成变收入。

完善侏儒山抗战纪念馆设施，恢复历史遗迹。推动生态小镇、美丽乡村、农旅融合发展等建设，建成后预计每年吸引党员干部、学生、市民团体等参观不少于1000批次、5万人次。

培植绿色生态，践行绿水青山就是金山银山理念，对农居、道路、村湾环境等进行整治，保护山水资源、历史遗迹，建设成为生态型美丽乡村。让红色资源和生态环境优势转化为经济优势、发展优势，打造成武汉市革命老区贫困乡镇的示范项目，武汉近郊乡村休闲度假游的胜地，农民安居乐业的美丽家园。

发展特色产业，建设产品销售中心（电商平台）。大力发展旅游服务业，建设“红色教育+生态旅游”集散服务中心，实现农旅融合发展，带动村集体和农民通过资源开发致富。

建设稳定产业发展项目 围绕当地特色泥蒿、小西瓜、虾蟹等产品打造绿色产业田园综合体，制定可持续发展的销售渠道，2021年实现年销售收入15万元；充分发展企业优势，帮助各村盘活资源，在资金筹措上给予指导和帮助；联合其他相关国有企业，形成产销对路，采取村民入股、产业集中发展方式进一步提升居民收入和产业发展水平；将2000亩农用地流转给博茂生态农业发展有限公司，年租金103万元。经营范围：蔬菜、瓜果种植与销售；农产品初加工与销售；花卉、苗木、草坪种植与销售；预包装零食零售。解决村民就业60人。

创建高效乡村治理载体 培育高素质专业人才队伍，互相选派优秀干部挂职交流。结合人才需求和该村产业特点，联系相关专家或培训机构提供种植养殖培训，培训次数计划1次/半年，参与人数达80—100人/次。

以机制活治理，建立村规民约积分制，将村民个人政治、工作表现及文明状况与其家庭进行捆绑考评，按照积分管理考评细则及惩戒方案享受各项奖励和表彰，小积分发挥大能量，撬动乡村治理大格局。

实施“阳光财务”制度，以流水形式每月公开村级每一笔收支情况，让村干部干得清清白白，让群众看得明明白白。

落实小微权力清单制度，明确村党组织书记党建责任清单 14 条。明确村级事务小微权力清单 6 大类 30 条，明确各项事务名称、责任主体、运行流程和风险防控。

落实“四民工作法” 民事民提，民事民议，民事民决，民事民评。

落实“五议五公开” 审议程序公开（村党组织提议），提议事项公开（村民建议），办理结果公开（村民代表会议决议），实施方案公开（党员大会审议），决议结果公开（村“两委”商议）。

因村制宜制定修订村规民约，推进履约积分管理，引导村民以德治村、崇善向上。

开展“法律进乡村”活动，组织法制服务队，以群众喜闻乐见的文化，宣传普及与生产、生活密切相关的法律法规。

深化新时代文明实践中心，整合服务资源，完善功能设置，实现党务、村务、商务、医务、警务、服务等“多务合一”。

组织机构合作社 设立成员大会（成员代表大会）、理事会、监事会。成员大会是合作社最高权力机构，由理事会召集，每年不少于一次。成员大会实行一人一票的表达方式。

领导机制 实行“双向进入、交叉任职”的领导体制。符合条件的村党支部委员，按照有关规定和程序进入理事会、监事会，不得为村在职“两委”成员。村委会成员与理事会可交叉任职。理事长一般由村党支部书记兼任。

股权确认 将经营性资产以份额（股份）形式量化到本社成员，作为收益分配的依据。统筹考虑户籍关系、农村土地承包关系、对集体累计的贡献等因素，确认合作社成员及持股份额。成员持有的股份可在本社成员内部转让或由本社赎回。

经营管理 理事会应当以集体资产经营效益为中心。统筹兼顾与分配积累，促进集体资产保值增值，利用土地资源、经营性资产以发包、出租、出让、抵押、提供公共服务等多种方式开展资产运营，发展壮大集体经济。

收益分配 收益不得全额在当年分配，分配顺序为：1. 提取公积公益金，用于转增资本、弥补亏损及集体公益设施建设等的支出；2. 提取福利费，用于集体福利、文教、卫生等方面；3. 按持有本社经营资产份额（股份）分红。

乡村振兴服务站合作流程

1. 乡村振兴服务站领取并填写《农村电商产品合作意向表》。

2. 乡村振兴服务站审核提交农村电商审核通过后提交资质营业执照、生产经营许可证、产品质检报告。

3. 农村电商经营人员对产品实地调研签署产品授权和合作协议。

4. 线上推广—上线三大平台：京东中国武汉特产馆、“供销 e 家”中国特产武汉馆、武汉供销社平台。

5. 线下推广针对不同的产品定位，采取不同的营销策略，开展线下营销活动，全面推进农村产品进机关、进企业、进学校、进社区的“四进”工作。

人才聚集

开展“在外能人大走访”，吸引在外务工经商人员、退役军人、机关企事业单位人员、离退休干部等以适当方式关心回报家乡。推动招才引智成果向农业农村引领倾斜。推动城市医生、教师、科技、文化等人才定期服务乡村，实施“一村多名大学生”计划。定期开展义诊活动，开展健康宣传活动，定期进行安全知识教育，送教下乡，留守妇女实用技能培训，法律知识科普，一村多名大学生培训。实施农村实用人才“百千万”工程，常态化开展农业技能培训、创业就业培训。

关心回报家乡的能人名单

欧阳国华：蔡甸区第四、五届运动委员，投资建设阳湾六海赛生态小镇，每年资助贫困学子就学。

傅建桥：傅玉和之子，退休后返乡筹资建设侏儒山抗战纪念馆。

郑彦轩：阳湾村早期教师，1993 年引入台胞投资兴办阳湾村希望小学。

曾学军：高级农艺师，省、市“12316”热线专家。

朱文革：高级农艺师，武汉黄鹤楼英才专家，省、市“12316”热线专家，蔬菜栽培专家。

李茂年：蔡甸区首届科学技术带头人，高级农艺师，黄鹤楼英才专家，湖北省科技特派员，中国园艺学会水生蔬菜分会第二、三届理事，武汉市农学会常务理事。

邓承道：蔡甸区优秀人才，高级工程师，享受武汉市政府专项津贴，区农业专家工作室热线专家，市水产学会副理事长，省、市“12316”热线专家。

结对单位

总负责人：胡承启，武汉市生态环境投资发展集团党委书记、董事长。

具体负责人：朱俊华，武汉市生态环境投资发展集团党委副书记、董事。

日常负责人、工作队长：沈培荣，武汉市生态环境投资发展集团党委委员、副总经理，碧水集团董事长。

三、六海赛生态小镇

欧阳氏于明初在六海赛湖畔垦田种稻，山地栽桑养蚕，湖中种藕采菱，养殖鱼虾，以农为主多业并举，村域经济较为活跃，村湾建设水平不断提升，至民国时期，六海赛小镇初具雏形。

2012 年，因发生非法填占六海赛湖事件，广大村民自发组织保护母亲湖活动。

2014 年，武汉沉湖生态渔业发展有限责任公司董事长，蔡甸区第四届、第五届委员欧阳国华根据村民建议向蔡甸区人民政府城市规划行政主管部门申请六海赛生态小镇项目。

六海赛生态小镇位于侏儒山街西南区域，规划范围含阳湾村和土龙村。规划范围内人口共 542 户 2665 人，其中阳湾村 366 户 1861 人，土龙村 176 户 804 人。生态小镇项目核心用地 117.63 公顷。其中一期用地 38.9 公顷，二期用地 78.73 公顷。六海赛生态小镇项目基地东至榨坊村，南至蟹湖大街（318 国道），西至百赛村，北至沪渝高速公路。小镇距离沪渝高速公路北河出口 10 公里，永安站出口 12 公里，318 国道穿境而过，交通便利，区位优势明显。

六海赛湖

明初，六海赛湖泛水面积数千亩，落水面积 1000 多亩。沿途有 6 个小湖泊（俗称：海子）和 9 个矶头（岗岭），9 个矶头是：龙口、芦笋嘴、青龙岭、土龙、中湾、夹榜、窑嘴、代湾、三屋台。大雨滂沱之时雨水通过 9 个矶头汇集六海赛湖，恰似九条真龙腾云驾雾。人们形容为“九龙下六海”。六海赛东至土龙村、夹榜湾、官厅湾，南至军山北麓，西至小襄河、百赛村与黄菱赛相通，北至阳家山（今傅家山）、中刘东端山、阳湾清风山、团山。三面环山，六海赛湖坐落其中。水流经西南入小襄河与汉水相连。1372 年（明洪武五年）元末进士欧阳隆沂率族人由江西省吉安义历上垸（今江西省吉安市安福县竹江青乡义历上垸）迁徙至此，依山傍水而居，依地形特征定名六海赛。明、清、民国时期，六海赛湖属于欧阳湾管辖。

清代中期，六海赛泛水湖面 1800 余亩，莲藕面积 1600 余亩，每年收获莲藕 600 多万斤。民国年间，六海赛湖面逐渐缩小，1950 年土改时仅有 360 余亩，1974 年农业学大寨改为水稻田，加之 318 国道两次扩建填湖，使六海赛湖自然环境日益恶化。

村民护湖

2012 年，有不法之徒肆意将六海赛湖填平修建加油站，每天将军山采石场的渣土和侏儒环卫所垃圾运来往湖中填埋，造成环境严重污染。村民见此出面制止，多次用手机拍下了渣土车和司机的照片，并向村委会负责人反映情况，但问题仍然得不到有效解决。至 2013 年，湖中已经被填埋了两亩多地，湖水变成了臭水，四处苍蝇乱飞，臭气扑鼻。村民欧阳瑞章、欧阳发章、欧阳旭东、欧阳宪林、欧阳水章、欧阳昌全、欧阳勤阶、项必强、李永红、刘昌雄等 40 余人自发组织护湖队，坚决制止填湖行动，并将《武汉市湖泊保护条例实施细则》印制了数千份散发给群众，一些老太婆也自发参加到护湖的行动中。来侏儒山战役博物馆参观的学校师生也扯起了宣传横幅到现场开展“绿水青山就是金山银山”和“保护母亲湖”法制宣传活动。2013 年期间，护湖队开展了巡湖 200 多次，散发宣传资料数千份，向城管执法部门投诉 50 多次，终于制止了填湖行为。

六海赛生态小镇建设

2014 年 5 月，武汉沉湖生态渔业发展有限责任公司董事长欧阳国华为了保护六海赛生态多次与村两委和老党员、老干部、各姓氏代表商议，抓住中央关于支持美丽乡村建设的契机，申报六海赛生态小镇建设项目，争取将此项目纳入国家美丽乡村建设的补贴项目。欧阳国华发现有关文件提到“美丽乡村的建设是国家战略的重点，中央计划在‘十三五’期间全国建成 6000 个左右美丽乡村”，“2018 年，国家计划投入 2 亿元以上资金用于建设美丽乡村，包括省级生态农庄及田园综合体和国家级生态农庄等农业项目。其中省级生态农庄及田园综合体每年补贴 3000—6000 万元”，通过学习文件找准政策依据，他就申报六海赛生态小镇项目与村两委取得了共识，然后向街工委汇报得到领导支持。

同年 10 月，六海赛生态小镇项目由侏儒山街道办事处和武汉沉湖生态渔业发展有限责任公司共同组成责任主体，征得蔡甸区国土资源局和市区城市建设规划部门核准。

同年11月，欧阳国华聘请武汉工程设计院和相关知名规划建设公司设计阳湾村六海赛生态小镇的规划。

2015年，欧阳国华持国家批准建设项目的有关文件，向蔡甸区城市规划行政主管部门提出建设用地规划许可证定点申请；蔡甸区城市规划行政主管部门根据用地项目的性质、规模等，按照城市规划的要求，选定用地项目的具体位置和界限；根据需要，征求有关行政主管部门对用地位置和界限的具体意见；城市规划行政主管部门根据城市规划的要求向用地单位提供规划设计条件；审核用地单位提供的规划设计总图，同意提前启动项目建设，欧阳国华将个人办企业积累的8000多万元拿出来作为垫底资金用于项目启动建设。

2015年5月26日，六海赛生态公园正式破土动工，对六海赛湖数万立方的垃圾、淤泥、渣土进行整治，堆集湖心岛，岛上兴建龙吟阁、游廊等风格别致的建筑物，还原60亩景观湖，建设800米沿湖景观道路。村口主干道、涵闸桥、生态园门楼、六海苑1、2、3号楼和湖边广场、花坛、路灯、绿化同步施工。

2016年，欧阳国华不断加大施工力度，兴建一渠两路、栈道两条、蛟洼九龙堰一座、大型石礁三座、森林木屋21栋、桥梁三座、音乐喷泉一座、排灌站一座，完成场地绿化。

2017年，六海赛生态小镇初具规模。湖北电视台、武汉电视台等新闻媒体闻讯前来采访报道，将六海赛生态小镇推上了公众信息平台，引起全社会广泛关注。武汉市城建委和蔡甸区城建委负责人多次到六海赛生态小镇考察。

同年，欧阳国华代表六海赛生态小镇应邀参加由湖北省农业厅、省林业厅等多部门联合主办的“荆楚最美村镇”评选活动，共有来自武汉、咸宁、黄石、荆门、十堰、恩施等市州的近300家村镇及企业报名。经过初审、网络公众投票和组委会专家实地考察等环节，最终评选出了获奖名单，武汉市蔡甸区侏儒山街六海赛生态小镇获评“十大荆楚最美小镇”。2018年1月23日，武汉市副市长龙良文带领市农委、市国土规划局、市财政局负责人来六海赛生态小镇调研，根据政策规定对六海赛生态小镇建设给予支持。同年5月，经武汉市人民政府和蔡甸区人民政府考核，在欧阳国华出资基础上，由政府配套资金3791万元用于村民住房280栋、辅助房68栋外立面改造。

2020年，阳湾村被列为中共中央组织部、中华人民共和国财政部建设红色美丽村庄试点之一，中共湖北省委组织部、省财政厅和中共蔡甸区委、区政府亦相继发出通知，大力推动阳湾村红色美丽村庄工作试点落地实施。

规划实施

2015—2016 年项目建设

六海赛生态公园于 2015 年 5 月 26 日正式破土动工，对六海赛湖数万立方的垃圾、淤泥、渣土怎么整治？如尽数挖土拖走，不仅要消耗大量的资金，且无处堆放，很容易造成二次污染，并会严重影响工期。经过设计，挖起来的淤泥被用来填充高湖边的洼地，渣土用作堆积湖心岛，岛上兴建龙岭阁、游廊等风格别致的建筑物。还原 60 亩的景观湖，800 米沿湖景观道路各种花草树木点缀搭配，与景观湖连为一体。

同时动工的还有村口主干道扩宽工程和涵闸桥、生态园门楼。主干道由原来的 5 米扩宽至 9 米，拆除原占道房屋 3 栋，并调剂重建。生态公厕按无污染标准修建。

六海苑 1、2、3 号楼和生态园餐厅于 2015 年底动工。1 号楼 500 平方米，2 号楼 360 平方米，3 号楼 390 平方米。

湖边广场于 2016 年 11 月开工，面积 2300 平方米，花坛、路灯、绿化同步施工。

2017—2019 年项目建设

2017 年，六海赛生态小镇获评“荆楚最美村镇”。接着修建万功桥，原来小阳湾（郑湾）通往项湾的是一条田埂路，车辆无法正常行驶。原路加宽至 8 米，修钢筋混凝土桥一座，可过载重 60 吨车辆。

从蛟洼山坡至六海赛湖边开挖一条 400 米长小河，分级排灌现有农田、河渠，两边修建 800 米长柏油路和绿化带。

在蛟洼原方家塘的基础上重新扩容翻修九龙戏珠堰，面积 2200 平方米，库容近 6000 立方米，与排灌河渠相连。

修建廊道两条，沿沪蓉高速南从蛟洼至清风山。

修建音乐喷泉一座，喷泉水面 1200 平方米，开启后五光十色，水柱高达数十米，音乐悠扬动听。

在万功桥南，河渠两岸修建森林木屋 21 栋。

兴修项湾至新 318 国道六海赛东路 360 米，修建钢筋混凝土龙口桥一座，桥宽 8 米，可过载重 600 吨车辆。

修建大型石礁三座：一座“阳湾人民欢迎您”，位于阳湾村主干道口；一座“桑梓桃源”位于六海赛标志性塔旁；一座“欧阳府序”位于六海赛湖边广场。

修建西起阳湾村口，东至土龙村还湖路全长 250 米，人工仿古栏杆 250 米，大理石栏杆 650 米。

修建人工假山两座：猴山、清明山。

政府配套专项资金 3791 万元，主要用于村民住房 280 栋、辅助房 68 栋外立面改造（含门前踏步）。

室外公用面积改造工程项目：1. 六海赛标志性建筑。2. 景观廊桥。3. 村中所有道路硬化、刷黑。4. 雨水下水管道埋设。5. 方沟、围墙、路灯、监控、景观小品。6. 灯带亮化、绿化。7. 树木、花草。8. 路边彩砖、青石板道路。9. 村中休闲石桌、条椅。10. 村湾警示牌、门牌号。

四、经济产业

明清至民国时期，阳湾村以农为主多业发展，村民在小襄河以南泛区湖荒与水争地，围垸垦田。农业和莲藕种植、养蜂、食油加工、纺织、采石、炼灰、烧制砖瓦等经济产业得到发展。至1949年，全村88%以上的农户人均拥有土地3亩，人均收入达到中等收入水平，形成两头小中间大的“橄榄型”经济结构。1949—1957年，阳湾村经过土改，开展互助组、合作化工作，农业生产发展较快，经济指数居本地区前列。1958—1960年，由于“大跃进”“共产风”与“一平二调”的影响，阳湾大队农业生产遭受严重挫折。1961—1980年，集体经济发展缓慢。

中共十一届三中全会后，经济产业转变为农业与务工经商复合型。2004年取消农业税和实施财政惠农后，80%以上农户都有增收项目，主导产业项目覆盖70%以上的农户，来自主导产业的收入占农民收入的70%以上。2016—2021年，阳湾村把丰富的红色生态资源优势转化为农民致富的绿色产业优势，发展壮大村级集体经济，实现强村富民。巩固脱贫攻坚成果，确保脱贫攻坚与乡村振兴有机衔接。健全符合市场经济要求的运行新机制，探索建立更加有效、更加长效的利益联结机制，努力实现集体资产保值增值，确保农民持续受益。

中华人民共和国成立前经济产业

桑织业

自公元1372年（明洪武五年）欧阳氏从江西吉安将桑织业带到了侏儒山，在阳家山、清风山、团山等地种植桑树、养蚕，从事缫丝、织绸、刺绣。公元1566年（明嘉靖四十五年），朝廷推行“改稻为桑”，大力发展丝绸业以充盈国库，欧阳氏制作的丝绸曾行销国内外。在欧阳氏带动下，本地桑织业蓬勃兴起，至清末，桑织业逐渐消失。

桑树种植　阳湾村种植桑树已有数百年历史，栽培技术亦散见于家族史记载中。桑树对环境的适应性较强。除平原是理想的栽桑土地外，丘陵、山地、湖边、滩地以至田边、路边和房屋前后的空地等均可栽植，主要还是选择在阳家山、清风山、团山等山坡上辟建桑园。欧阳氏素有在六海赛湖边栽桑的习惯，其“桑基鱼湖，以桑养蚕、蚕粪养鱼、湖泥肥桑”，相互促进，成效尤为明显。桑园的准备工作包括土壤平整、土壤改良，修筑排灌沟渠、道路等项措施，一般在栽植前的冬季进行。

欧阳氏在山坡下筑塘堰，挑水浇灌桑园。桑树定植后，通过剪定、疏芽、摘心等技术措施，养成一定的树型，有利于多生枝条，增加桑叶产量，并便于收获和田间作业。树型根据栽植密度、肥培管理及收获方式决定，一般按树干高度有地桑（树干接近地面）、低干桑、中干桑、高干桑及乔木桑等不同种类。成片桑园多采用地桑、低干和中干型，边地、滩地以中干为主。

桑园管理主要包括土壤管理和桑树管理两方面，而施肥和翻耕是关键。阳湾种桑施肥以冬春肥为主。明清时期多施用豆粕、芝麻粕、菜籽粕，以豆粕、芝麻粕为最佳。桑园土壤易板结，通常全年进行冬、春、夏 3 次翻耕。冬耕在桑树落叶后土壤封冻前进行，宜稍深。春耕在春季发芽前进行，宜浅。夏耕在夏伐后进行。此外需视杂草生长和土壤水分情况及时进行除草和灌溉、排水等措施。

桑树管理主要措施包括疏芽，即在夏伐后疏去细弱和过密的新芽，使每株发育出一定的枝条数并分布均匀；整枝，即在桑树停止生长后剪除细弱和受病虫危害的枝条以及死拳、枯桩等，以增强树势，减少越冬病虫害；剪梢，即剪去枝条梢端，使养分集中，提高发芽率。

桑蚕养殖 明代中期，欧阳氏的蚕桑生产已经有了很大的发展。蚕是变态类昆虫，以桑叶为食料。最常见的是桑蚕，又称家蚕，是吐丝结茧的经济昆虫之一。养蚕技术主要包括浴种、暖种、收蚁、喂蚕给桑、分箔、上蔟等几个重要的技术环节。

蚕种孵化前，古人对蚕种都加以浴种处理。最初只是将蚕种放在河流中浸洗，以清除卵面的污垢。明清时代，欧阳氏蚕农改用稀的食盐水溶液，或用石灰水，或用桑枝灰、稻草灰淋汁浴种，用这些水溶液浴种，起着微弱的卵面消毒作用。欧阳氏蚕农常用两种暖种方法：一种是室内人工加温。另一种是用太阳的光热暖种。

蚕卵经过暖种后孵化成蚁蚕。为了收集蚕蚁，欧阳氏蚕农用茅草做或扫帚扫蚕蚁，后来发现“用茅草则伤蚕”，进而改用毛扫，但还存在伤蚕的问题，于是又想到了用桑叶招引的“桑收法”。后来则多用桃杖翻转敲打的办法，就是把蚕种纸翻转，用桃杖在纸背轻轻敲打，蚁蚕受震，便从蚕种纸上掉落下来，这种收蚁方法，现称打落法。

收蚁之后，便要喂蚕。喂蚕是养蚕的关键。欧阳氏蚕农发现，蚕的食欲和它的体色变化有关。给桑可根据蚕体色变化，来决定给桑的时间和分量。如蚕体色自黄而白变化的时期，正是眠起以后蚕体柔软，消化器官虚弱，食欲尚不旺盛的阶段，所以这时期应该“宜细细饲之”，这样的给桑方法符合蚕体生理要求。欧阳氏蚕农还根据蚕头部颜色的变化来判断蚕的眠起和进食。

随着蚕体的生长，需要除沙和分箔，以利于蚕体的健康。除沙和分箔往往是结合进行的。欧阳氏蚕农在桑蚕头眠后即将一张蚕箔上饲养的蚁蚕分为 2 箔，二龄盛食期分为 3 箔，三眠起身期分为 6 箔，三龄盛食期分为 12 箔，三眠起身期分为 25 箔，四龄盛食期分为 30 箔。

明清时期，欧阳湾是侏儒山蚕桑主产区。蚕农在熟蚕上蔟结茧时，蔟下用炭火加温，以使“成茧速而缫丝易”。蔟下加温，丝从蚕口中吐出即干，即所谓“出口干”，这样的丝品质亦较好，深受当时人们的好评。

家蚕经三眠或四眠之后，最后趋于老熟。同一箔的蚕往往眠起不齐，因此也很难全部同时老熟。对于老熟参差不齐的蚕，最好是先熟的蚕先上蔟，后熟的蚕后上蔟。对于不能同时老熟的蚕上蔟，当箔中发现有少量熟蚕时，便薄薄铺上一层桑叶，未熟的蚕必然食叶如常，熟蚕则不吃叶，但爬到叶面上，昂首若有所求，此时随手拣出，送上蚕蔟。以后熟蚕渐渐增多，多到拣不胜拣时，就用柳枝搁在桑叶层上，待熟蚕爬上柳枝，然后提出，把爬在柳枝上的蚕送上蚕蔟。这种方法被称为“诱蚕法”。

蚕丝纺织　蚕茧是由一根 300—900 米长的丝织成的，将蚕茧抽出蚕丝的工艺概称缫丝。缫丝是制丝过程的一个主要工序。根据产品规格要求，把若干粒煮熟茧的茧丝离解，合并制成生丝或柞蚕丝。缫丝方法很多，按缫丝时蚕茧沉浮的不同，可分为浮缫、半沉缫、沉缫三种，蚕茧的浮沉主要决定于煮茧后茧腔内吸水量的多少。欧阳氏采用原始的缫丝方法，是将蚕茧浸在热盆汤中，用手抽丝，卷绕于丝筐上。盆、筐就是原始的缫丝器具。

缫丝后再用纺车纺丝，欧阳氏纺丝工具分手摇纺车、脚踏纺车、大纺车等几种类型。手摇纺车常见由木架、锭子、绳轮和手柄 4 部分组成，另有一种锭子装在绳轮上的手摇多锭纺车。手摇纺车的主要构件：锭子、绳轮和手柄。常见的手摇纺车是锭子在左，绳轮和手柄在右，中间用绳弦传动称为卧式。另一种手摇纺车，则是把锭子安装在绳轮之上，也是用绳弦传动称为立式。卧式由一人操作，而立式需要二人同时配合操作。因卧式更适合一家一户的农村副业之用，故一直流传至今。明清时期，欧阳氏多使用通用纺车，一部纺车每天最多纺纱3斤。

将蚕丝纺成丝线后，再用织机将丝线织成绸。明嘉靖以后，欧阳氏制作的丝绸曾行销国内外。据欧阳氏家族志记载：有一妇女曾在江西吉安学习用蚕丝纺纱，用米酒、椰水、树皮和野生植物作为颜料调色染线，擅长用机杼综线、挈花、织布的纺织印染技术，使用脚踏“三绽三线”纺纱车和“踞织腰机”织布机，织出各种花纹的丝绸。手织绸的织造工艺极为复杂，从缫丝、纺丝到上机织绸有大小几十道工序，全部采用纯手工工艺。

农作物种植

明清时期，阳湾六海赛湖畔有水田200多亩，至民国末年，水田增加近400多亩，一般种植中稻，亩产300斤左右。400亩稻田，合计收获稻谷10万多斤。秋后将稻田翻耕种植大麦，亩产大麦达到200斤左右，400亩合计收获大麦8万多斤。如种豌豆，亩产豌豆达到100斤左右，400亩合计收获豌豆4万多斤。大麦、豌豆是接济春荒时的口粮，过去阳湾村有“稻谷接大麦，吃饭不用吓（害怕）”“大麦加豌豆，生活有帮助”的说法，可见当时的经济状况。至明末清初，阳湾村有人口600人左右，人均年收获稻谷300斤，大麦200斤，豌豆100斤，可基本解决口粮问题。后来随着人口的急剧增长，六海赛湖畔农田已不能满足人民生活需要，增加耕地面积迫在眉睫。

围垸造田

欧阳氏村民早期即将目光锁定在小襄河以南泛区湖荒，在那里与水争地，围垸造田。明代中期，欧阳氏根据朝廷鼓励垦荒和荒地永不征税政策，开始在南屏垸与水争地过程中逐步围垸挡水，再垦田400多亩，种植芝麻、黄豆、油菜等油料作料，供应李天和食油榨坊加工食用油。清至民国时期，是阳湾村由丘陵经济、湖泊经济向垸田经济过渡和发展的重要时期。这一时期，汉水由西向东在此汇聚，江水挟带的大量泥沙在此不断沉降聚集，在成功地区以北、小襄河以南一片水域形成一些大小不等的陆上三角洲。通过日积月累，这些陆上三角洲不断合并，形成典型的内河冲积平原。欧阳氏与各姓氏农民在长期与水争地过程中逐步发展农业生产，清朝末年在南屏垸垦田1000多亩。由于一大批佃农中农成为垦田主力军，不断与水争地，这些未定型的耕地“似田非田，似水非水。水至为壑，水退为田，每年种植，仅堪一季”。高处种芝麻、黄豆、油菜、大小麦、高粱、棉花，低洼处种水稻。为了将南屏垸所收农作物运回，阳湾村与邻村在小襄河上兴建木桥一座，便于挑担者行走，但大量农作物使用船只运输，由小襄河经六海赛运至村里。民国末年，南屏垸防洪堤修建后，阳湾村在南屏垸耕地基本上成为保收农田。至1949年，欧阳湾、小阳湾、西阳湾、谢湾、蛟洼在南屏垸有土地2488亩，一大批中等收入农户拥有土地占全村65%，地主富农和贫农拥有土地只占全村35%，形成了以中农为大多数，地主富农和贫农为少数的两头小、中间大的橄榄型经济结构。

其他产业

清至民国，阳湾从单一的种养型逐步向手工业、炼造业、经商等多方面发展。

莲藕　明末，欧阳氏在六海赛种植莲藕获得成功。清代中期，六海赛湖面近2000余亩，莲藕面积1600余亩，亩产莲藕2000斤左右，合计收获320万斤，按3∶7分成，采藕者可获224万斤，欧阳氏可获96万斤，使当地农民增加了收入，丰富了百姓菜篮子。民国年间，六海赛湖面逐渐缩小，莲藕产量在100万斤上下。

养蜂　欧阳氏于明代试养蜜蜂收获蜂蜜，教乡民用蜂蜜滋补身体。清代，村人常年养蜂达200余箱，因经营效益较好，每箱可产蜂蜜10斤，合计产蜂蜜2000余斤。除少量蜂蜜为村民食用外，大量蜂蜜销往武汉及沔阳、汉川一带。

食油加工　从明代中期开始，阳湾所收芝麻、黄豆、油菜、棉籽，与榨坊村合作炼制食用油销往四乡八岭，远及沔阳、汉川、汉口、武昌。民国时期，阳湾每年为侏儒山油榨坊提供芝麻、黄豆、油菜、棉籽约50万斤，并带动邻村产量100多万斤，极大地推动了地方食油加工业发展，成为村民增收的主要来源。

纺织　明代后期，阳湾开始在南屏垸种植棉花，至民国时期已形成大规模种植，形成种植、轧花、弹花、纺纱、织布、织袜等棉制品加工业，由手摇轧花机发展到脚踩轧花机，时全村规模以上手工业作坊达30多家，纺车200多辆，织布机60多座，参加棉制品加工业的人数达到300多人。村民将加工成的棉布棉袜大量批发给商贩销售，时肩挑贸易者络绎不绝。

采石、炼灰、烧制砖瓦 明清时期，因农村住宅兴建的需求，村民在军山采石炼制石灰，开始使用泛区芦苇烧制，后用木船到汉阳购买煤炭烧制。阳湾炼制的石灰一般只用于自己建房。建房所用砖瓦也由自己烧制，村民在秋后选好砖瓦制作场地，挖土和泥制砖瓦坯，当砖瓦坯晾干后放置窑内用芦苇或农作物秸秆烧制。这一切都是自产自给，很少有货币交换行为。

湖区经济活动

“白湖三来” 古时六海赛、南屏垸、军山外垸均为江汉白湖泛区。白湖幅员辽阔，土地肥沃，水资源丰富，野生植物茂盛，飞禽走兽成群结队，水中鱼鳖虾蟹丰盈。天上飞来的野鸭大雁，水里游来的鱼鳖虾蟹，土里长出来的芦苇和野菜，人称“白湖三来”。

“开邀” 白湖常见的有天上飞来的各种野禽，如野鸭、大雁、斑鸠等。每年秋天，飞禽在湖上铺天盖地捕食鱼虾，狩猎者创造了一种独特的猎获方式叫作“开邀”。“邀”是把飞禽邀集起来进行猎获，猎人先在湖中鱼虾饵料丰富之处筑成猎棚，棚中装置成排火铳，通过投饵引邀和在外围赶邀，将猎物邀到火铳射击范围内，待飞禽熟睡后引爆火力进行猎杀。每次开邀毙获猎物几十万只。现在，白湖已垦为农田，“开邀”成为历史。

放毫 白湖每到夏季汛期，从长江、通顺河溯流而上的鱼类在此繁衍生息，这里的水生植物和浮游生物为鱼类提供了丰富的饵料。白湖出产的鱼类口味鲜美，营养价值很高。白湖湖中有湖，汛期浩浩荡荡、横无际涯，水退后一个个湖泊自成体系。这时，渔民们便围湖放毫取鱼。“毫”是一种绳织的大网，用它挂在湖口上捕获鱼类。阳湾人在小襄河和六海赛放毫取鱼。有时鱼多，村人便在湖边铺开芦席倒上鱼，撒上盐晒。这样便于冬藏，又是制作鱼粉的原料。

砍割芦苇 芦苇分芦子、刚柴、茅柴，芦子主要用作编织芦席，刚柴可编织帘子和造纸，茅柴主要是供烧火做饭，也可造纸。每年秋天，村人便参加砍割芦苇，亦有收入。

打湖草 白湖生长大面积湖草，是农业生产的优质绿肥，每年春秋时节，阳湾农民都要去收割湖草。收割湖草的人每人持一把长柄镰刀（俗称“大镰”）砍割，大镰砍去，湖草被打割成一堆，故称“打湖草”。湖草有“青收”和“干收”两种处理办法，“青收”是将青湖草上捆直接运回去肥田，“干收”则是经过晾晒、上堆、发酵后再上捆运回去，“干收”的湖草易于运输和储藏。

拉帮船 拉帮船是过去水上运输的一种方式，帮船是将两条船并在一起装运货物，帮船比单船承载量大，且遭遇风浪不易翻沉。帮船上系一纤绳，一行数人（纤夫）弓腰蹬腿用力拉着纤绳在岸上行走，另一个人在船尾掌舵。阳湾过去拉帮船主要是运输芦苇、湖草和农作物。

中华人民共和国时期经济产业

土地改革时期

1949—1950 年，阳湾村同其他村湾一道开展了轰轰烈烈的土地改革运动，废除地主阶级封建剥削的土地所有制，“划阶级成分”。依据土地占有量、是否劳动、有无剥削这三大标准，将生活在农村中的人划分为地主、富农、中农、贫农、雇农等不同的身份：

1. 如果家里拥有较多土地，家庭成员不参加劳动，只依靠地租收入或雇佣农工（主要是雇佣长年劳作的长工和放牛娃）耕种，属于地主，家中多余土地要被没收分给其他农民，只留下自行耕种所需要的土地。地主家庭成员从此参加劳动，在贫下中农监督下改造成为自食其力的劳动者。地主属于被打倒的阶级，地主家庭的子女禁止在军队服役，禁止担任公务员等职务。

2. 如果家里拥有土地，虽然也收取地租或雇佣农工（主要是雇佣短期或临时劳作的“短工”和放牛娃），但自己和家庭成员也参加劳动，为富农，多余土地也要被没收，但不属于被打倒的阶级。如欧阳文湘一家三兄弟、三妯娌靠自己辛苦劳作而致富，每年农忙时也雇佣短期或临时劳作的“短工”近 500 人次。土改工作队将 500 个“短工”换算成 1 个半长工，将欧阳文湘划为地主成分，后土改复查改为富农。

3. 如果家里拥有土地，但基本是自给，不收取地租，属于中农。如果在农忙时也雇用临时工，要算取雇工与自己全家劳动所得的比例算“剥削量”，“剥削量”超过 20％为富裕中农或上中农，属于不被依靠的对象。低于 20％为中农，属于“团结对象”。如果家庭收入不足，尚需出外打工，为下中农，属于被依靠对象。

4. 如果家里只有很少土地，主要收入依靠打工，为贫农。

5. 如果家中没有土地，完全依靠打工为生，为雇农。贫农、雇农是中国共产党在农村的主要依靠对象。

阳湾村在土改中按全村人均土地面积分给地主土地，地主原占有土地超过全村人均土地面积部分收归政府再分配给农民。对富农土地也实行按全村人均土地面积分配，超过部分分配给农民。广大农民获得政治上和经济上的翻身，解放了农村生产力，极大地调动了农民的生产积极性，推动了农村人民政权建设。

土改时期，欧阳湾、小阳湾、西阳湾、谢湾、蛟洼南屏坑土地2488亩，村前水田372亩，合计土地面积2860亩。其中地主10户，53人，占有土地430亩；富农3户，20人，占有土地115亩；中农71户，510人，占有土地1809亩；贫农35户，165人，占有土地505亩；贫民无田6户31人。全村土地2860亩，122户，户均土地23亩。全村773人，人均土地3.7亩。按照土改政策规定，按人均土地3.7亩分配落实。另六海赛湖面360余亩，分给中刘、百赛、戴湾272亩，欧阳湾、小阳湾、西阳湾、谢湾、蛟洼共拥有88亩。同侏儒山地区其他村相比较，阳湾5个自然村拥有的土地是最多的，分别是其他村人均土地1亩、1.5亩、1.8亩的3.7倍、2.47倍、2.06倍。

欧阳湾、小阳湾、西阳湾、谢湾、蛟洼在土改划成分中，农民协会与工作队坚持政策实事求是，确保不错划一个成分。将土改划成分的标准定为：地主：以土改前3年人均土地8亩以上，家庭成员不参加劳动，雇有长工，且有部分土地出租，地主占有土地为全村总土地面积15%；富农：以土改前3年人均土地5.8亩以上，家庭成员参加劳动，无雇佣长工，少数雇佣短工，无土地出租，富农占有土地为全村总土地面积4%；中农：以土改前3年人均土地3.5亩以上，家庭成员参加劳动，少数雇佣短工，无土地出租，中农占有土地为全村总土地面积63%；贫农：以土改前3年人均土地3亩以上，家庭成员参加劳动，还间接给别人打短工，贫农占有土地为全村总土地面积18%，形成了以中农为主的“两头小、中间大”橄榄型中等经济结构。在土改分田过程中，按政策规定：地主按全村人均土地面积3.7亩，退田234亩，分给贫民118亩，分给贫农116亩。富农退田42亩，中农在原占有土地上增加人均土地面积0.2亩。

1949年阳湾村各阶级人口、土地统计表

成分	户数	人数	人均土地（亩）	占总土地面积
地主	10	53	8.1	15%
富农	3	20	5.8	4%

续表

成分	户数	人数	人均土地（亩）	占总土地面积
中农	71	510	3.5	63%
贫农	35	165	3.0	18%
贫民	6	32		
合计	122	773		

土改后阳湾村各阶级人口、土地统计表

成分	户数	人数	土地（亩）	人均土地	占总土地面积	每年上交农业税（元）
贫农	35	165	611	3.7	21%	917
贫民	6	32	118	3.7	4%	117
中农	71	510	1809	3.7	63%	2714
富农	3	20	73	3.7	3%	110
地主	10	53	196	3.7	7%	294
合计	125	780	2807			4152

1949—1951年，阳湾5个自然村湾在中国共产党和人民政府领导下，依靠广大贫下中农，实行打倒地主，进行“耕者有其田”的土地改革，实现了农民土地所有制，极大地释放出了制度潜能，解放了长期被封建制度束缚的生产力，激发了广大农民的生产积极性，农业生产得到迅速发展，农民收入大幅增加，生活极大改善。农民土地所有制从1950—1956年，实际存在时间只有6年。

1951—1953年风调雨顺，欧阳湾、小阳湾、西杨湾、谢湾、蛟洼广大农户获得了土改以来的农业丰收。村前水稻田一季中稻亩产达到500斤左右，村前水田372亩，合计收获稻谷18万斤。南屏垸皮棉亩产达到70斤左右，南屏垸棉田1000亩，合计收获皮棉7万斤。南屏垸麦子加黄豆连作，亩产麦子达到300斤左右，亩产黄豆达到300斤左右。南屏垸麦子加黄豆连作田1488亩，合计收获麦子44.64万斤，黄豆44.64万斤。

土改后的3年，欧阳湾、小阳湾、西杨湾、谢湾、蛟洼每年人均收入水稻233斤，皮棉91斤，麦子577斤，黄豆577斤。7口之家合计收入水稻1361斤，皮棉637斤，麦子4039斤，黄豆4039斤。80多户添置了粮仓，70户中农购买了耕牛，添置了牛车、水车、船只等大型农具，60多户盖了新房。仅有极少数贫雇农、贫民因生产条件、技术、劳动力与农活质量的差异，生产搞不上去，不得不将土地抛荒或转让给能力强的农户耕种，由此出现了强弱悬殊、贫富不均现象。随着农业生产的进一步发展，这种分散落后的小农经济的局限性更加凸显。以户为生产单位的分散个体经营，力量相当薄弱，积累率低。有的农户甚至连简单的再生产都难以维持，根本无法抵御农业生产过程中遭遇的各种自然灾害，不可能进行必要的农田水利基础设施建设。

互助组时期

1953年12月，谢本祥、何定金赴五公村参观农业生产互助组，看到农民在个体经济的基础上，为了解决劳力、耕畜、农具缺乏的困难，按照自愿互利原则组织起来进行劳动互助。互助组一般由几户至十几户组成，实行共同劳动、分散经营。土地、耕畜、农具等生产资料和收获的农产品，仍归私人所有，但由于换工互助，在一定程度上提高了劳动生产率，产量一般高于个体农户。由于互助组是在中国共产党领导下的互助组织，它带有半社会主义的性质。

1954年3月，阳湾5个自然村开始试办互助组，5个自然村有农户122户，成立农业互助组4个。同年6月，长江流域发生特大洪灾，侏儒山地区全部农田被淹。9月，洪灾过去后，谢本祥、何定金等组织阳湾村互助组开展灾后重建，迅速恢复生产。欧阳文湘等种田能手看到南屏垸被洪水冲击过的田块泥沙淤积约3—5寸，且土地松软肥沃，勿需翻耕即可播种，建议所有互助组集中人力、农具、畜力，种植生长期短，适应性强，历来被人们作为填闲、救灾、充荒的作物——荞麦。欧阳文湘等掌握好荞麦种植技术，指导互助组农户种植荞麦1000余亩，根据荞麦有“早播三天不结籽，迟播三天霜打死”的特点，在8月底9月初播种，用30—40摄氏度温水浸泡荞麦种子10分钟，每亩播种4公斤。然后集中耕牛和铁齿耙耙田，让荞麦种子盖上浅土，提高发芽率，促进早出苗，生长整齐。这年秋天气候暖和，下雨及时，土壤肥力充足，荞麦获得大面积高产，亩产达到120斤左右，合计收获荞麦20多万斤，不仅解决了本村人口的春荒口粮，还向傅湾、项湾等地受灾农民提供1万斤荞麦。同时，阳湾互助组又在南屏垸播种大麦、小麦、豌豆1000多亩，每个农户还种了少量萝卜、白菜等蔬菜。这种大规模集中互助协作的生产方式极大发挥了集体组织的优越性，超出了个体农业生产的范畴。为本地灾后农村经济发展，保障农民生活树立了榜样。

合作社时期

1955年3月，阳湾5个自然村在灾后夺丰收的基础上成立初级合作社3个，实行社员私有土地作价入股，统一经营；大型农具、耕畜等入社统一使用，由社付报酬，或作价入社，由社分期付款；以按劳分配为主，辅以土地分红。这种初级农业合作社是建立在生产资料私有制基础上、以土地分红为特点的半社会主义性质的农民土地所有制组织。同年冬，在初级农业合作社年终决算会后，谢本祥、何定金等根据县委会议精神同广大农户商量进一步建立土地和主要生产资料归集体所有的完全社会主义性质的高级农业生产合作社。

1956年春，欧阳湾、小阳湾、西杨湾、谢湾、蛟洼成立高级合作社，为“幸福14社”，下辖3个小队。西杨湾、谢湾为1队，欧阳湾为2队，小阳湾、蛟洼为3队。社员带着自己的“家业”，赶着“新车大牯牛”入社，谁也没有因为资产的多少、田地的优劣、劳动力和耕牛的强弱去讨价还价。农民这些入社的固定财产全部记入合作社账目为集体所有。广大农民除了手里的扁担、锄头等简单生产工具外，不拥有任何生产资料。建社初期，按照《社章》，不论哪个阶级，只要自愿申请，社委会批准，都可以入社。

雇农、贫农、下中农积累少、农具少，因而对入社而求之不得。地主、富农因为经过土地清算，且非依靠对象，也表示拥护合作社。中农、上中农虽然在土改中皮毛未损，但要单凭自己的优势独立于合作社之外来解决生产中的排灌问题、运输问题和换工问题是不可能的。有些中农、上中农一开始对入社犹豫不决，后来几经权衡利弊，最终还是加入了合作社。有少数中农开始不愿入社，后来到处求人说好话，主动赶着新车大牯牛、拖着水车和农具来入社。

幸福14社实行统一的核算体制，对小队管理实行“五统三分”：统一种植计划、统一各类收益、统一生产开支、统一实物库存、统一劳动定额；分队生产作业、分队评工记分、分队分配实物。没有平调，没有负担加码，更没有干部“揩油”，社员们挑着箩筐拿着口袋到队里分粮食、分蔬菜，会计拨着算盘珠子一个个点名报数，生产队长拿着秤一个个“秤平砣稳不亏人”。社员对自己的劳动果实看得见、摸得着、分得实，社员的积极性空前高涨。但是，幸福14社3个小队也有差别，同一个社就出现了穷队和富队，有的队缺粮，有的队余粮；有的队阶级成分比较复杂，地主、富农、富裕中农、上中农占很大比例，真正的贫下中农为数不多，但这里掌权的贫下中农常与其他阶级的人谋划种田之道，让那些会种田，善于管理的人主持农事，获得丰收；而少数个别生产队因贫下中农多，工人户多，没有种田的好把式，即使有几个好把式，人家看到那么多拖累，也没有积极性了。阶级成分好不等于农业收成好和生活好，有些人不会种地，生活难以改善，长期“瓜菜代主粮”。看到别人队里吃白米饭，他们却指责人家过上了地主生活，整天坐在田埂上怨天尤人。穷队的人把中国共产党当初领导穷人“打土豪，分田地”的那套做法拿来搞今天的农村合作化；把“富可耻，穷光荣”作为贫下中农的思维准则，精神上的贫困必然造成物质上的贫困。

合作化时期，生产方式、生产环境都相当落后，甚至在某些方面还处于原始状态，除了牲畜可以替代人力，牛车、木船可以替代肩挑背驮外，所有的生产生活，一概依赖原始作业，如耕田、耙田、耖田和牛车都需要耕牛，1 队、2 队的耕牛多而强壮就超人一步。农民割稻子用镰刀，挖土用铁锹，锄草用锄头，挑谷草头用冲担，推谷整米用利子先脱谷壳，再用石地臼冲米或石碾槽碾米，大麦、小麦则用石磨磨粉，即便有了粮食，人们都得通宵达旦劳作，方能保一餐之食。穿衣则靠“爹爹和儿子种棉、婆婆纺纱、媳妇织布、裁缝做衣服”，把棉花纺成纱、织成布，中间要经过轧棉机、手摇纺车、木制织布机、裁缝师傅缝制等手工制作去完成。

阳湾的农民在农业生产中“打青、运草、拉梆子”，天没亮就荡着船从家里出发到南边湖，把打成梱的湖草装上船运回来。几个人在岸上拉纤，一路躬着腰、蹬着腿向前迈进，到了南屏闸或军山闸，如遇闸门关闭，几个劳动力不仅要把上百担湖草从船上卸下来，挑起草翻过堤，然后将两只木船从闸外翻堤抬到闸内，再把湖草装上船，再一路躬着腰、蹬着腿来到村边。人们最怕走“轭头弯”（侏儒河疯子棚到下洪河有个 180 度的大弯），躬着腰、蹬着腿拉纤走两个多小时的弯路。就是这样的苦活累活，也从来没有人甩手不干。还有分厢割麦“甩尾巴”，比着插秧“放笼子”，冬季划仓“挑塘泥”，等等，社员之间都能以强带弱，不分彼此，相互包容。

1956—1957 年，幸福 14 社人大干，天帮忙，南屏垸内的秋季丰收为历史罕见，芝麻放在住宅较宽的社员家里，丈余口径的竹围子围至楼方，干部在上面画上只有他自己才能读懂的“密码”（俗称记号）；棉花放在无人居住的空宅内，即使没有人值班守夜，但从未发生过“撬门翻窗”；黄豆堆在稻场上像山丘，或分放在社员家里，打上“灰印”。总之，从干部到社员，人人以社为家，从来没有人怀疑“硕鼠”作怪，真诚互信“到了家”。

幸福14社从社长到小队长，除了生产管理外，都能抽空参加集体劳动，常常是白天下地，夜里点上煤油灯办公。到上面开会带上粑粑或熟苕打发中餐。社里账上从来没见过鸡、鸭、鱼、肉的发票，上级领导来检查工作，社主任带到自己家里吃饭，也从来不找社里领补助。干部以身作则，视多吃多占为耻辱，在群众中享有较高的威信。

生产队时期

1958—1961年

1958年，人民公社成立后，幸福13社（傅湾、项湾）并入幸福14社，更名为阳湾大队，设4个生产队，傅湾、项湾为第4生产队，傅新桥任阳湾大队党支部书记。贯彻执行中共中央提出的社会主义建设总路线、“大跃进”和人民公社的决定，“高举三面红旗”“跑步进入共产主义”“社产千吨钢”“亩产万斤粮”的标语口号刷满了墙壁。阳湾大队首先在生产队办集体食堂，“吃饭不要钱，按月发工资”。接着，区里把阳湾大队全部劳动力调到捉马山建高炉炼钢铁，在大放钢铁卫星的同时，又大放粮食高产卫星和“吃饭放卫星”。集体食堂允许农民山吃海喝，“弯着腰进，挺着肚子出”。阳湾大队在既无科学技术，又无任何设备条件的情况下开展大办钢铁的群众运动，每个生产队打几个小泥巴炉子，用蒲扇扇风来鼓捣炼钢铁。为了让钢水铁水流出来，人们把家里的生铁锅和生产队木犁上的生铁辟耳镵头统统收起来投进炉子里化铁水。由于大批劳动力忙着炼钢铁，阳湾大队地里的晚稻、黄豆、棉花、红薯等农产品无人采收。区里调集横龙等地大批妇女帮忙收割，公社一名干部突发奇想，将“大跃进”和“多快好省”运用到收割方式上来，采用大镰砍稻谷，砍黄豆，用铁犁犁红薯，鼓吹每个劳动力一天收10亩，一片近千亩的农产品，要100人一天收完，其结果，粮食损失殆尽。此后，每天外地成群结队的人来到阳湾大队地里捡黄豆，扯黄豆芽，挖红薯。

当时，侏儒山地区流传着“阳湾富，富阳湾。土地多，人喜欢。庄稼多，收不完。粮食棉花堆成山，新生的地主满村湾”的歌谣。这首歌谣传到公社领导那里，就被作为贯彻人民公社“一大二公”而“上纲上线”，因此“阳湾大队土地太多”“防止阳湾大队新生的地主复辟”问题被列为公社“一平二调”工作的重点。1958年9月，由县委和县文教局在阳湾大队南屏垸划出几百亩地设立县文教农场，将那些右派分子和有历史问题的教师集中在这里劳动改造。11月，县文教农场撤销。12月，合丰管理区在南屏垸开展土地“一平二调”，被群众戏称为“第二次土改”。将阳湾大队南屏垸耕地1438亩无偿划分给匡湾、土金、黄金、管岭、高灯、榨坊、中刘、百赛等大队，给阳湾大队造成了严重损失。此后，阳湾大队欧阳湾、小阳湾、西杨湾、谢湾、蛟洼3个生产队实有土地面积1422亩，人均土地面积1.8亩。被“一平二调”的1438亩地，如按亩产皮棉70斤计算，合计减少皮棉10万斤，时皮棉每斤售价2元，合计减少20万元。如按麦子、黄豆连作亩产600斤计算，合计减少麦子、黄豆86万斤。时大麦每斤售价0.12元，合计减少5.1万元。时黄豆每斤售价0.25元，合计减少11万元。合计减少麦子黄豆收入16.1万元。3个生产队773人，人均减少皮棉收入259元，人均减少麦子、黄豆收入207元，合计每年人均减少收入466元。

1959年，共产风、强迫命令风、浮夸风、瞎指挥风、官僚主义风等“五风”盛行。各级大做农业高产文章，《湖北日报》《人民日报》等新闻媒体相继报道亩产万斤粮的典型。阳湾大队因对亩产万斤粮持消极态度，大队主要负责人曾被区领导点名批判。同年春，阳湾大队4个生产队食堂都相继断粮了，由于生产队储藏黄豆较多，六海赛湖生长大量莲藕，用于维持群众生活，没有发生饿死人的事件。

1960年反对“五风”，解散集体食堂。

1961年，在中央“调整、巩固、充实、提高”的方针指引下，阳湾大队实行“三级所有，队为基础”，“以生产小队为核算单位，30年不变”的定坨子任务，增收不增购。征购粮食首先要做到“四留”（留足种子、口粮、饲料、机动粮），并号召社员在田边地角，见缝插针，种植各种小杂粮，熟荒三年不负担公粮，生荒五年不负担公粮。所收粮食，由私人储备，基本摆脱了“过分集中”和“吃大锅饭”的弊端。此时，阳湾大队大批劳动力被抽调去修建黄金水库和黄金机站，无法恢复和发展生产，集体经济薄弱，群众生活困难。同年秋，合丰公社启动苏家垸垦荒造田，阳湾大队组织男女劳动力在苏家垸垦荒造田数百亩。

1962—1980年

1962年春，阳湾大队宣传贯彻中央提出的人民公社“六十条”，划小核算单位，重申多劳多得的政策。在分配方式上实行“三个基本”（工分、出勤日、肥料）保“一个基本”（口粮），完成“三个基本”则按4∶6（4成工分粮，6成人头粮）或3∶7分配口粮。现金按工分两次预分（夏收、秋收），年终一次决算，长进短出。

1963—1965年，阳湾大队广大农民在曲折中奋起，决心在仅有的土地上打翻身仗，并学习合丰大队、百赛大队发展棉花种植的经验，在南屏垸建设棉花高产田。人发奋，天照看，连续3年获得了亩产皮棉100—120斤高产，被列为汉阳县粮食局棉花奖励粮票单位（对棉产区实行的粮票奖励政策），按每亩奖励粮票200斤，每年获奖励粮票20余万斤。同时，棉花高产也形成了高额赋税。

1966年，“文化大革命”发生，阳湾大队主要负责人被作为走资派靠边站，部分农民参加红卫军武斗活动。这个时期，阳湾大队7位小队长将群众紧密团结在一起，守好自家门，管好自家人，种好自家地，奋力夺取农业丰收，增加农民收入。7个生产队有男女主要劳动力300余人，全年合计10万个工分，每个工分年终分配平均1.2元（实物折合现金），全年合计分配12万元，一个4口之家，两个劳动力全年挣工分600个，按每个工分1.2元分配，收入720元，其中实物分配400元，借支200元，年终实收现金120元。很多家大口阔的农户年终超支，向进钱户打借条转移超支。每个农户有2分自留地，每年养一头猪和几只母鸡，母鸡下的蛋购买火柴、盐、佐料、洗衣粉等，称为“鸡屁股银行”。猪养大了卖给国家，毛猪每斤售价0.6元，一头150斤重的猪售价90元，外加40斤肉票。每个生产队预留有部分生产资金和种子、饲料、储备粮等。

1970年，阳湾大队宣传贯彻毛主席“农业学大寨”“一定要消灭血吸虫病”“抓革命，促生产”的指示。1971—1972年调动全部男女劳动力参加军山外垸堤防建设，在军山外垸增加了2000亩土地，将其中500亩改为水稻田，年产稻谷40万斤，解决了群众口粮不足的问题。

1974年，阳湾大队将六海赛湖改为水稻田，年产稻谷5万斤，后因特大暴雨，六海赛湖水稻被淹绝收。期间，阳湾大队坚持以南屏垸棉花生产为主和军山外垸水稻及旱作物为辅的农业生产布局，同时大力兴办炼灰厂、塑料制品厂等队办企业，不断巩固集体经济，增加农民收入。

由于人民公社“一大二公”的生产关系严重制约着农业生产力的发展，公社办企业和农田水利基本建设摊子越铺越大，在各生产队被无偿抽调劳动力也越来越多，生产队实际从事农业劳动生产的只剩下妇女和少数男社员，沉重的劳动压力与不合理的负担造成人与人之间的情绪对立，人民生活仍在温饱线上徘徊。1978年，中共十一届三中全会召开，农村改革悄然兴起，阳湾大队逐步探索实行以包产到户、包干到户、分田到户为主要形式的家庭联产承包责任制。1979—1980年，11个生产小队3500亩土地全部按照人口“一竿子到底”分到农户。

改革开放后

1983—1997 年

1983 年，阳湾村按照政策实行第一轮土地承包经营，村党支部、村委会沿袭了上次分田到户一竿子到底的办法，没有实行“统分结合的双层经营体制”（家庭分散经营层次，集体统一经营层次）和“三提五统”（三提即公积金、公益金和管理费，五统即农村教育事业费附加、计划生育、优抚、民兵训练、修建乡村道路等民办公助事业的款项）。

1984—1996 年期间，阳湾村的经济状况由原来的以农业为主转变为外出务工经商为主的复合型经济，大部分农民家庭收入主要来自务工经商，农业在家庭收入中的比例下降，以农业为主的家庭也逐年减少。在务工经商经济利益驱使下，阳湾村大多数青壮年男女选择外出务工经商，留在家里的老人对务农已力不从心，造成许多土地减产、入不敷出，拖欠国家农业税。村委会成了一个空架子，村两委无力应对“三提五统”，造成村主要负责人辞职。1997 年，在第二轮土地承包中，经镇党委做工作，郑彦轩任村党支部书记，个人垫付 2 万余元用于农业税和计划生育等开支。后来在镇党委指导下，借鉴其他村经验，不断完善以家庭承包经营为基础、统分结合的双层经营体制，由村委会预留部分土地用于“三提五统”。在新型双层经营体制中，有效提升农业产业化和农民组织化水平，实现农业生产经营方式的根本转变。

2000—2021 年

2000—2003 年，为稳定和发展粮食生产，保护种粮农民利益，国家实行将以往给予国有粮食企业的补贴资金改为直接补贴给种粮农民的政策。粮食直补 1 亩地 12—13 元，1 亩地再加上农资综合补贴 60 多元，合计 80 多元，采取“一折通”的方式发放到农民手里，真正做到谁种田，谁受益，确保农户的利益。对承包 100 亩土地的种粮大户，得到国家每年每亩 200 元的补贴。

2004 年，侏儒街道办事处根据有关政策规定提前免除阳湾村农业税。2005 年 12 月，十届全国人大常委会第十九次会议通过决定，自 2006 年 1 月 1 日起废止《农业税条例》。2007—2008 年，蔡甸区人民政府开展粮食补贴、家电下乡、摩托车、汽车下乡等惠农活动（2011 年，蔡甸区人民政府全面贯彻落实各项惠农政策，财政支出不断向“三农”倾斜，惠及范围日益扩大）。2009 年，阳湾村人均纯收入为 7020 元。同年，阳湾村被列入“家园建设行动计划”创建村。

2010年，阳湾村经济实力不断增强，村级债务得到化解，集体经济收入不断增加。村80%以上农户都有增收项目，主导产业项目覆盖70%以上的农户，来自主导产业的收入占农民收入的70%以上。全村有特困户、低保户共42户，人口113人。至2011年12月，村41户贫困户105人已全部脱贫。

2011年，阳湾村落实“三万活动”（万名干部进万村、挖万塘）资金100余万元，疏挖六海赛沿湖沟，将其改造成一沟一路，新建军山外垸管渠60米，50×50的U型渠300米，铺设碎石路300米。完成村湾道路3.5公里，新挖塘堰3口，新建主干渠0.36公里，清挖主干渠2500米，维修机站6座，建联户厕所56户，公厕1座，垃圾池100立方米，村湾下水道2000米，多用途场地1000平方米。对村湾内的环境整治投工投劳总投资99万余元。

2014年，阳湾村引入武汉博茂生态农业发展有限公司，流转土地2000余亩发展休闲观光农业。

2020年11月，阳湾村被中组部、财政部确定为全国首批红色美丽村庄试点村。同年11月26日，中共蔡甸区委办公室、区政府办公室制定《侏儒山街阳湾村2020年度红色美丽村庄试点实施方案》，依托红色资源优势，发展壮大村级集体经济，将红色美丽村庄建设与脱贫攻坚结合起来，积极探索“村党支部+公司+农户”的发展模式，建设侏儒山街扶贫农产品销售中心（电商平台）。大力发展旅游服务业，建设“红色教育+生态旅游”集散服务中心，实现农旅融合发展，带动村集体和农民通过资源租赁赚“租金”，合作开发赚“股金”，就近就业赚“薪金”，发展旅游赚“酬金”。实施“我在阳湾有一亩地”项目，组织市民在阳湾村订制认领田地，由阳湾村提供全程的劳务、技术、配送服务，市民随时体验插秧和鱼苗、鸭苗、蟹苗放养及水产收获的乐趣。

据统计阳湾村2021年总人口2597人，外迁843人，户籍在册居住人口1754人。初具规模私营公司14家，种养殖业承包工地经营大户（160亩以上）5户，微小经营者125户，在外务工人员670人。

欧阳氏初具规模私营公司9家，微小经营者50多户，在外务工200多人，种植承包土地经营（160—280亩）3户。

杨氏初具规模私营公司2家，微小经营者20多户，在外务工70多人。

傅氏初具规模私营公司2家，微小经营者20多户，在外务工50多人。

项氏初具规模私营公司2家，微小经营者10多户，在外务工50多人。

郑氏微小经营者16户，在外务工30余人。

蛟洼李氏种植承包户李永红承包经营土地面积220亩。

蛟洼刘氏微小经营者1户，在外务工20多人。

杨湾刘氏微小经营者10多户，在外务工20多人。

谢氏微小经营者10多户，在外务工20多人。

蒋氏有劳动能力的多以外出打工为主。

罗氏微小经营者4户，在外务工2人。

谢湾刘氏在外务工10人。

谢湾章氏外出务工8人。

谢湾聂氏在外务工2人。

谢湾闵氏外出务工4人。

谢湾余氏外出务工4人。

周氏微小经营者3户，周四桥种植承包土地220亩，在外务工10多人。

邹氏在外务工10余人。

何氏在外务工10余人。

王氏在外务工5人。

农作物种植

阳湾村历史上农作物种植一般以经济作物为主，具有一定的市场竞争力。同时，粮食作物在保证村民口粮自给自足时，也对社会稳定发挥了积极作用。

经济作物种植

芝麻 明代中、晚期，侏儒山南屏垸地区遭汉水洪泛冲击已成平原，土壤肥沃，欧阳氏选用胡麻良种，后选用出油率高、营养丰富、综合性状好、适应性强的白芝麻良种，产量均达到每亩100斤以上。欧阳氏在南屏垸种植芝麻提供给李天和榨油坊提炼食用油，芝麻出油率多为45%—63%。南屏垸地区于5月下旬—6月上旬之间进行播种，8月下旬秋汛前收获。芝麻连作，会使病害加重。据调查，芝麻连作1年，大田发病率达50%，连作2年高达80%。因此，最好与玉米、甘薯、大豆、高粱、棉花等作物实行3—4年的轮作。阳湾村有谚语，“好地难种三年麻”“洪水漫田中，芝麻接着种”。当洪水漫过后，土壤得到改善，使病害消除，芝麻可以连作了。芝麻不耐渍涝，受渍后极易被病害浸染，而且根系生长发育不良，特别是后期易被风刮倒。因此，阳湾村改平作为深沟窄厢作，使田间既能排明水，又能滤暗渍，芝麻就能正常生长。

芝麻主要病害有茎点枯病、枯萎病、立枯病、炭疽病、青枯病、病毒病，主要虫害有小地老虎、蚜虫、盲蝽象等。这些病虫害发生后，会引起芝麻生长不良或死亡，对产量和品质的影响很大，必须加强防治，特别是要及时选用对路药物将病虫害控制在始发期。古时，阳湾村民在芝麻地里撒两次生石灰粉可防止病虫害。

1964年，阳湾大队芝麻平均单产为124公斤，但也有不少年份芝麻的单产超过油菜，如1978年、1979年、1981年、1984年、1985年等年份。本地的芝麻品种有“霸王鞭”“沔阳八股杈”“786”“中芝五号”“中芝七号”“襄芝一号”等。

大豆 大豆俗称黄豆，是阳湾四大传统粮食作物之一，也是加工食用油的主要原料之一。明朝中期，欧阳氏在南屏垸种植大豆提供给李天和榨油坊提炼食用油。大豆出油率多在18%—22%之间，种植大豆主要是与芝麻地换茬。清朝至民国，南屏垸因洪水冲击使地平面逐渐抬高，后南屏垸大堤建成，欧阳湾、小阳湾、西杨湾、谢湾、蛟洼5个自然村湾2000多亩土地已安全保收。一些种田能手大面积种植大豆，大豆亩产450—500斤左右。种植大豆时忌连作，应实行轮作倒茬，因重茬连作会导致大豆的早衰。阳湾村民通过摸索大豆轮作倒茬，即种过大豆的田，第二年改种棉花，种棉花的地改种大豆。

阳湾大豆的种子依种皮颜色和粒形分为两类：黄大豆、青大豆。黄大豆是大豆种植中最广泛的品种。黄大豆最常用来榨油和做各种豆制品、酿造酱油及提取蛋白质。豆渣或磨成粗粉也常用于禽畜饲料。青大豆是种皮为青绿色的大豆，按其子叶的颜色，又可分为青皮青仁大豆和绿皮黄仁大豆两种。本地春大豆品种有“五月爆”“六月爆”“矮脚早”“五月鲜”等。夏大豆有“猴子毛”“太兴黑豆”“1138—2”“鄂豆二号”“九月寒”“八月爆”“东豆一号”等。

棉花 棉花是阳湾村主要的经济作物，同时又是在南屏垸播种面积最大的农作物之一。清代就有零星种植，但由于采用的是露地宽厢撒播方式生产，皮棉产量较低。1949年以后，逐渐改撒播为条播，便于中耕除草作业，棉花生产发展很快。1968—1978年，阳湾棉花播种面积约1000亩，单产为每亩皮棉100斤，皮棉总产达到10万斤。因受气候和病虫害的影响，棉花的单产一直不稳定。如1992年，棉花大丰收，有的农户单产皮棉每亩达到200斤，而1998年，春季低温阴雨，棉花发育不良，造成严重减产，单产皮棉每亩仅80斤，是1978年以来棉花的单产最低年和总产次低年。2000 年棉铃虫成灾，部分棉田绝收，单产皮棉每亩仅 86 斤，是 1978 年以来棉花的单产次低年和总产最低年。主要原因是气候异常和棉铃虫大发生等特殊情况。

1949 年以前，境内的棉花品种多为农家地方种，如“铁籽棉”“小洋花”等，后来逐步被“美棉”所替代。1955 年以后，推广种植“岱字棉十五号”。1964 年推广种植“鄂光棉”。20 世纪 80 年代，主要推广种植“鄂沙 28”“华棉四号”“岗棉一号”“徐棉 209”等品种。20 世纪 80 年代末，推广种植的品种有“鄂荆 92”“鄂棉 12”“荆棉一号”等。20 世纪 90 年代，推广种植的品种有“鄂抗棉系列”“鄂棉 18”“鄂棉 20”及转基因抗虫棉。

油菜　油菜是阳湾主要的油料作物，属冬播夏收作物，可与棉花、大豆连作，在冬季农业开发中占有重要地位。1949—1960 年，阳湾油菜生产规模小、水平低、管理粗放。一般种在南屏垸，在棉花或大豆冬闲地以撒播方式广种薄收。1964 年，随着油菜—大豆、油菜—棉花等二熟制的推广，油菜生产得到较快发展。1970—1978 年，油菜与棉花连作播种面积达到近千亩，是 1964 年的 100 亩的 10 倍。1979—1988 年，军山外垸油菜—大豆连作面积突破千亩。1990—2014 年，随着南屏垸—军山外垸—消泗乡万亩油菜花海旅游线建成，阳湾村推广油菜育苗移栽方式，油菜生产加速发展，播种面积增加很快。2018 年，播种面积达到 2000 多亩，成为历史之最。

1990 年以前，阳湾村油菜单产不高，以 1980 年为最低，每亩仅有 26.50 公斤。1990 年以后，由于油菜品种进一步优化，普及油菜“秋发”技术，育苗移栽面积也有所扩大，所以油菜单产明显提高，平均亩产达到 200 斤左右。1997—2000 年连续 4 年单产平均每亩超过 200 斤。1998 年单产平均每亩达到 240 斤。2000 年单产平均每亩达到 250 斤，总产为 250 吨，是历史上油菜收成最好的一年。

1970 年代以前，阳湾种植白菜型或芥菜型油菜，品种有“浠水白”“辣菜”。1971 年开始推广种植甘蓝型油菜，品种有“甘油三号”“甘油五号”“华油五号”“华油八号”等。1980 年，杂交甘蓝型油菜基本普及，先后推广应用了“胜利油菜”“363”“中油 821”“华杂二号”“华杂三号”“秦油二号”等品种。1990 年末，开始推广种植“双低”优质油菜。

花生　1992 年以前，阳湾村花生的种植不成规模。历年的播种面积在几十亩，在油料作物中所占的比重很小。集体生产期间，将花生分给农户为年节果品。花生单产较油菜、芝麻都高，最高单产的 1996 年平均每亩达到湿果 700 斤左右，晒干后300斤左右。花生主要靠人工采摘，费力费时，农户仅种植少量食用。

蔬菜 1949年前，阳湾蔬菜在农民的菜园里有零星种植，蔬菜品种主要有南瓜、冬瓜、白萝卜、胡萝卜、小白菜、茄子、黄瓜、豆角、辣椒等产品，绝大部分自给自足。1962—1966年，各生产队在南屏垸辟出10多亩地种植蔬菜，弥补农户蔬菜自给之不足。“文革”期间，农户仅有的一点自留地被作为资本主义倾向批判，蔬菜自给严重不足。1970年后，各生产队雇佣河南人在南屏垸和军山外垸种植冬瓜、南瓜、白萝卜、包菜等大路蔬菜分给农户。生产方式沿袭春播、秋播和冬播，以春播和秋播为主的蔬菜栽培制度，蔬菜供应呈现夏、冬“二旺”及春、秋“二淡”的鲜明特点。

阳湾蔬菜品种资源丰富，除地方品种外，还有引进、改良和培育的新品种。地方传统名特蔬菜有菜苔、莲藕、黄瓜、丝瓜、豇豆、韭菜等。能排开播种季节供应的骨干菜有小白菜、白萝卜、韭菜、冬瓜、丝瓜、黄瓜、豆角、辣椒等。改良和培育的新品种，番茄有武农四号、武研一号，黄瓜有小刺秋黄瓜，大白菜有武白一号、武白二号。解决“春淡”的品种有包菜（尖包如牛心、鸡心等）、杨花白菜、大白菜、莴苣、菠菜、红菜苔、西葫芦等。解决“秋淡”的品种有冬瓜、迟辣椒、迟茄子、迟番茄、丝瓜、毛豆等。

冬瓜 每年种植面积都在40亩左右，占蔬菜总播种面积的10%左右。主要品种有广东小青皮。春播冬瓜一般在3月下旬至4月上旬播种育苗，7—10月收获上市，亩产量3500—4500公斤。秋播冬瓜一般在7月播种育苗，11—12月上市，亩产量2000—3000公斤。区内冬瓜以春播为主。

萝卜 萝卜是蔬菜的骨干品种，历年播种面积在100亩左右，约占蔬菜基地播种面积的25%，萝卜可周年生产。春萝卜一般在3月中旬播种，5月上中旬收获上市，亩产量在2000公斤左右，主要品种有白玉春、春白2号、醉仙桃、双红1号等。夏萝卜一般在6—7月播种，播后40—65天上市，亩产量1500公斤左右。主要品种有短叶13、夏抗40天，早生60天、马来、亮白、美浓等。秋萝卜在8—9月播种，10—12月采收，亩产量高达5000公斤左右。秋季是萝卜栽培的主要季节，产量占全年萝卜产量的50%以上，主要品种有武杂3号、武青1号、美洲萝卜等，宜作酱菜原料。

辣椒 播种面积占蔬菜基地播种面积的5%左右。早熟辣椒一般在年前10月中下旬大棚育苗，3月上旬小拱棚栽培或4月上旬地膜栽培，4—10月连续采摘上市，亩产 2000—2500 公斤，主要品种有华椒 17 号、湘研 1 号、湘研 13 号、汴椒 1 号、赣椒 1 号等。

包菜 约占蔬菜基地总播种面积的 12%，四季均可播种栽培。春包菜 10 月中下旬育苗，翌年 4—5 月上市，亩产 4000 斤左右，品种有争春、京丰 1 号、中甘 11 号及牛（鸡）心包菜等。夏甘蓝 6 月上中旬播种育苗，9—10 月上市，亩产 3000 斤左右，品种有夏光、中甘 8 号、苏晨 1 号、雅致甘蓝、京丰 1 号、春丰等。伏包菜 3 月中旬至 5 月下旬均可播种，6 月中旬至 7 月中旬上市，亩产 4000 斤左右。秋包菜品种选用京丰 1 号、中甘 8 号、雅致等，7 月上中旬播种，10 月上旬至翌年 3 月上旬上市，亩产 7000 斤左右。

大白菜 俗你黄芽白，播种面积约占境内蔬菜基地总播种面积的 20%，以夏播、秋播为主。夏播大白菜 5 月中下旬播种育苗，8 月上市，亩产 3000 斤左右，主要品种有阳白 45 天、热抗白 45 天、农丰 1 号等早熟品种。秋播大白菜 8 月播种育苗，早、中、迟熟品种均可栽培，10—12 月均有上市，品种中早熟种有早熟 5 号、鲁白 1 号、北京小杂 56 等，中熟种有：丰抗 70、丰抗 80、鲁白 3 号、山东 4 号等，晚熟种有山东 7 号、青杂 3 号等。

粮食作物种植

阳湾的粮食作物分为主粮和杂粮，主粮包括水稻、小麦、玉米，杂粮包括大麦、土豆、红苕、蚕豆、红豆、绿豆等。还可以按照收获期分为夏收粮食和秋收粮食，冬播夏收粮食主要有大麦、小麦、蚕豆，其余均为春播或夏播、秋收的粮食。

水稻 欧阳氏自明朝迁入侏儒山地区后，在六海赛湖畔辟田种植水稻，至 1949 年，欧阳湾、小阳湾、西杨湾、谢湾、蛟洼村前水稻田有水稻田 372 亩，亩产一季中稻 500 斤左右，合计收获稻谷 18 万斤。时 5 个自然村人口 773 人，人均稻谷 233 斤，难以维持口粮。1961 年以后实行早、晚稻连作，亩产提高三分之一左右。1974 年在六海赛改水稻田 88 亩，收获稻谷 5 万斤。1973 年在军山外垸种植水稻 500 亩，亩产稻谷 700 斤左右，合计收获稻谷 35 万斤。自此以后，本地水稻种植可满足群众口粮需求。

阳湾水稻品种繁多，生物学类型复杂。按生育期长短和物候期的不同，可分为早稻、中稻和晚稻；按品种起源、演化形成的不同特征，可分为籼稻和粳稻；另外还有粘稻和糯稻之分，水稻和旱稻之别等。在本地，一般早、中稻选用籼稻品种，晚稻选用粳稻品种。1950—1960 年，粳稻曾在早、中、晚稻栽培中都有应用，如早粳稻品种有“青森五号”等，中粳稻品种有“银坊”等，晚粳稻品种有“10509”等。本地曾推广应用过的有名称的水稻品种，粗略统计有近 60 个，加上小规模试种过或一些没有正式命名的农家品种，估计水稻品种不少于 100 个。1950 年，主要是一些农家品种，如“五十早”“南湖早”“红脚早”“黄毛粘”“芒谷”等。1960 年以后，植稻规模不断扩大，品种引进改良步伐加快，曾种植过的主要品种有“南湖早”“陆才早”“早沙粳”“青森五号”“莲塘早”“先锋一号”“二九青”“矮脚南特”“湘矮早”“原丰早”“青董六号”“华矮十五号”“鄂早一号”“广陆矮四号”“竹莲矮”“海南早灿”等早稻品种；“胜利籼”“399”“珍珠矮”“4182”“691”“IR24”“IR26”等中稻品种，“保五担”“四上裕”“老来青”“8530”“桂华黄”“芝麻稻”“晚选十一号”“农垦 58”“东方红一号”“东晚一号”“鄂晚五号”“农虎六号”等晚稻品种。1976 年开始推广杂交稻，曾推广过的杂交组合有“南优二号”“南优六号”。1977 年以后，主要推广矮优、汕优组合。1985 年引进常规稻“40—1”用于再生稻生产。20 世纪 90 年代后，被“汕优 63”取代。2000 年，应用的杂交稻品种，主要有“汕优 63”“汕优 64”“威优 64”“两优培九”等早、中稻杂交组合。

玉米　玉米是旱粮作物，1949 年前就有种植。1949 年后阳湾在南屏垸有小面积种植，主要作为生猪饲料之用。1978 年军山外垸水改旱后曾大面积种植，主要收获成熟干籽粒。1990 年以后，部分农户推广鲜食玉米地膜覆盖甚至双膜覆盖栽培技术，种植鲜食玉米在市场销售。1998 年，鲜食玉米播种面积达 350 亩，在农业种植业结构调整和农业产业布局中发挥一定作用。

1966 年，阳湾大队种植常规玉米，如“白马牙”“金皇后”等。1976 年后，试种杂交玉米“晋杂 12 号”。1978 年，引进杂交玉米“豫农 704”，以后杂交玉米品种得到普及，曾推广过的品种有“鄂单一号”“鄂单二号”“西玉二号”“澄海九号”等。1990 年后，鲜食玉米主要选用紧凑型早熟玉米品种，同时引进试种各种特色玉米品种，如糯玉米“烟单五号”、甜玉米“华甜一号”等。

小麦　古时，阳湾有种植小麦以接稻谷的习惯，小麦是主要夏粮作物，且可与大豆连作，在头年大豆收获后播种，至次年夏初收获。1980—1984 年境内的播面有 1000 余亩，1985—1990 年的播面略有减少，到 1994 年减至 500 余亩，1997 年已很少种植，小麦已由主要作物变成次要作物。阳湾的小麦单产很低，一般只有 100—200 斤。1981 年持续高温干旱，爆发白粉病，使小麦“逼熟、早衰”，亩产仅有 100 斤左右，为历史之最低。亩产最高的 1986 年也仅有 300 斤左右。小麦总产量最高的1978年为30万斤，占当年夏粮总产的84%，占全年粮食总产的11.8%。小麦总产量最低的1999年仅为1.5万斤，占当年夏粮总产的4.7%，占全年粮食总产的0.2%。

1970年以前，小麦用种均为地方农家品种，如“蜈蚣刁”“泡麦”“三月黄”等。1970年后，引进“南大2419”良种。20世纪80年代，品种更新加快，先后引进推广了“河夫”“万年二号”及湖北省内良种“鄂麦六号”“华麦七号”“荆麦一号”“荆麦47”“荆麦66”及“980—16”等。

大麦　大麦是夏收杂粮作物，可为村民食用，亦可作为牲畜饲料。阳湾有种植大麦以接济春荒的习惯，当春季缺粮时，村民以大麦补充食物，并在寒冬季节用大麦给耕牛补充营养。农业集体化时期，11个生产小队每年播种大麦300多亩，每亩单产300斤左右，每个生产队产大麦1万斤左右。大麦成熟期比小麦早，有利于后茬作物生长。随着养殖业的发展，大麦的需求增加，销路较好。因此，1990年后，大麦生产又开始受到人们的关注。大麦品种有“早熟二号”“沪麦四号”“鄂大麦六号”“鄂大麦七号”及“89—01”等。

蚕豆　蚕豆是农户必种的春荒食物。1958—1960年，阳湾村将门前300多亩水稻田和南屏垸数百亩旱地种植蚕豆以度饥荒。蚕豆适应性强，可在已耕或未耕土地上点穴播种。每亩可采摘鲜食豆400斤，亦可收获干豆150斤左右。鲜食蚕豆，以豆荚肥大且籽粒明显鼓出时采收，干豆收获适期为叶片凋落，中下部豆荚变黑，干燥时一次性收获。

选用适宜本地种植的冬性强、分枝多、抗性强良种，如凤豆1号、6号、8号等适时播种。播种过早，会引起花荚脱落，且花荚期易受低温冻害。播种过迟，苗期生长发育缓慢，分枝少，后期易产生高温逼熟，且百粒重下降。本地蚕豆播种适期为“寒露”至“霜降”(10月上旬—10月下旬)。豆田注意除草松土，蚕豆是喜湿忌渍作物，应科学灌水，生长前期保持土壤湿润，以利于种子发芽出土和扎根齐苗，生长中期土壤宜干爽，以利根系深扎和多生侧根，生长后期应注意排涝防渍，防止根系早衰。

其他产业

畜牧业

耕牛　在农耕社会中，欧阳、傅、项、杨、谢、郑、刘等家族非常重视对耕牛的饲养保护。这里的耕牛除了犁地外，还要拉牛车，要把南屏垸收获的麦子、黄豆、棉梗运回来。阳湾的耕牛一般都个头较大，壮实，力气大。

1949年以前，阳湾5个自然村湾有地主10户，耕牛20头；富农3户，耕牛3头；中农71户，耕牛20头。合计耕牛43头。地主占有土地430亩，每头耕牛负担耕地21.5亩；富农占有土地115亩，每头耕牛负担耕地23亩；中农占有土地510亩，每头耕牛负担耕地25.5亩；贫农因地少养不起牛，只有借别人的牛使用。互助组、合作社期间，境内5个自然村有耕牛112头，是解放前的2.6倍。其中贫农有耕牛25头，每头耕牛负担耕地24亩；中农有耕牛71头，每头耕牛负担耕地25亩；贫民有耕牛5头，每头耕牛负担耕地23亩；富农有耕牛3头，每头耕牛负担耕地24亩；地主只有耕牛8头，每头耕牛负担耕地25亩。生产队时期，因“一平二调”减少土地1438亩，每头耕牛负担耕地只有13亩。后增加军山外垸1500亩，11个生产队合计耕地面积3500亩，有耕牛138头，每头耕牛负担耕地25亩。

历年来，阳湾耕牛是以放牧为主。饲料有野青草、红花草籽、蓝花草籽、铁绊筋等。早春和秋季在湖区放牧，冬季由于天寒水冷草枯，必须视耕牛生长情况喂些精、粗搭配的饲料，如以稻草为主，补充大麦、饼粕和少许食盐。春季，耕牛要投入大忙，为了增强牛力，也必须喂些精料，如玉米、大麦、黄豆、饼粕等。

阳湾是人畜共患血吸虫病的重疫区，因耕牛患有严重的血吸虫病，其牛粪容易污染水体，滋生丁螺，给人与环境造成危害。1986年，汉阳县采取了“以机代牛”和“处置耕牛”的措施，后加上免耕、机耕技术的推广，农民养牛耕作意愿大幅下降，不但没有影响农业生产，反而有力地改善了农村卫生状况，减少了血吸虫病的传播。几千年以来的牛耕历史从此进入了博物馆。

生猪 1519年（明正德十四年），出生于农历猪年的皇帝朱厚照因国姓和生肖的双重避讳，实施“禁猪令”，对私自养猪者最重“发极边永远充军”。朱厚照去世后，“禁猪令”废止。因家庭养猪可增加收入改善人民生活，利用家里的米糠、麦麸、泔水养猪，还可以提供粪肥，阳湾农户早有饲养生猪的习惯。1949年前，农户养猪主要是自产自销，很多家庭杀年猪腌腊肉。

1949年以后，猪肉还大部分由私营商业供应，城乡居民可以自由购买。1953年，由于产量下降，国家对生猪采取统购政策，随后在1956年又以派购形式把生猪养殖交售作为任务下达。最终从1956年起，实行“生猪屠宰一把刀”，养猪户饲养的生猪一律由国家收购，采取“购七留三”或“购六留四”（毛猪折合猪肉，

100 斤猪肉国家购 70 斤、60 斤，留给养猪户 30 斤、40 斤肉票)，猪肉实行凭证供应。1957 年，在“三面红旗”指引下，家庭养猪被作为“资本主义的尾巴”割了又割，只有人民公社和下属的合作社才有资格发展养猪。家庭养猪被禁止之后，生猪产量大幅下降。再加上出口和援外，猪肉到群众嘴里非常稀少。3 年饥荒后，到 1961 年底，阳湾农户生猪存栏为零。1962 年，阳湾农户养猪开始发展，122 户共养猪 122 头，户平养猪 1 头，卖给国家 122 头，按每头毛猪平均 180 斤计算，卖给国家毛猪 21960 斤，按每斤毛猪折合猪肉 8 两，共折合猪肉 17568 斤。其中农户按留三政策可留肉票 4392 斤。1976 年，阳湾大队 271 户共养猪 271 头，户均养猪 1 头，卖给国家 271 头，按每头毛猪平均 180 斤计算，卖给国家毛猪 48780 斤，按每斤毛猪折合猪肉 8 两，共折合猪肉 39024 斤，其中农户按留 3 政策可留肉票 11707 斤。农民拿着肉票天没亮就到食品所门前的窗口排队购肉，拥挤吵闹的事经常发生，特别是在元旦、春节、元宵节，人们站在寒风中排队买肉，吵闹不休。

1985 年，农产品统购统销制度取消，猪肉实行指导价下的议购议销。阳湾养猪户有了自主权。同年，271 户养猪 271 头，户均养猪一头。冬至屠宰 170 头腌腊肉。春节屠宰 50 头，端午节、中秋节屠宰 50 头。至 2020 年，阳湾养猪户以自产自给为主。2015 年上半年，猪瘟、猪丹毒和猪肺疫等几种流行病在本地大爆发，养猪户所养之生猪均由政府埋杀消毒处理。2018 年 8 月 3 日，发现非洲猪瘟疫情，病猪往往发病后一周内就会死亡。同年底，阳湾因建设红色美丽村庄，经村民大会讨论，为强化环境卫生，禁止农户饲养畜禽，养猪业至此终止。

鸡　养鸡是农家重要的家庭副业。1960 年以前，阳湾受鸡瘟困扰，养鸡业的发展举步维艰。1961 年以后，农户颇注重养鸡，每家都饲养 7—10 只鸡，母鸡下蛋，农户用鸡蛋与商店交换食盐、佐料、火柴、洗衣粉等，人称“鸡屁股银行”。1965 年末，阳湾大队 271 户，平均每户养鸡 10 只，存笼 2710 只。“文革”期间，农户养鸡被作为“资本主义的尾巴”割了又割，每户限定为养母鸡人均 1 只。1978 年末，存笼约 300 只左右。1980 年，农户养鸡有所发展，但都以自养自给为主，难以形成规模。2018 年，因建设红色美丽村庄，经村民大会讨论，为保持环境卫生，禁止农户饲养畜禽，很多农户放弃了养鸡。

鸭　古时，阳湾在六海赛边居住的人家有养鸭的习惯，每年将鸭雏养大后赶到湖中放养，放鸭人撑着小木船（时称“鸭划子”）守护鸭群。鸭群在湖中捕食鱼虾、田螺和虫类，并食野草，鸭群排泄物有利于莲藕生长。集体生产队时期，少数农户将鸭在陆地上喂养。1991年以后，阳湾已无农户养鸭。

水产业

鱼类 1949年前，六海赛湖为欧阳氏族产，水面360余亩，生长有以鲫鱼、白刁、黄鳝、泥鳅等大量野生水产品。鲫鱼（又名喜头）刺少、肉肥，汤汁鲜美可口，为孕妇和病愈者之滋补佳肴。黄鳝肥大，肉质软滑，为侏儒山餐馆所求购。如遇汛期，鱼类从汉水进入六海赛，退水时欧阳氏在小襄河六海赛湖口拦水放毫收获水产品甚多，各家各户吃不完的晒成干鱼收藏。也有不少人在泛区下网、下卡子、下花篮捕鱼。1949年后，因忙于农业生产，水产业逐渐消失。

莲藕 明末，欧阳氏在六海赛种植莲藕获得成功，历代以来，六海赛周边村落及山丘上腐殖物随雨水泻入湖中，使湖泥肥力提升，莲藕在泥中生长密密层层，且泥脚较浅，易于采挖，一般藕农每天可采挖200—300斤。每年初冬，阳湾村民用水车将湖水抽干，先捕取鱼类，再张贴告示，招募周边村民来此签订采挖莲藕合约。采挖时只抽取主藕，支藕留在湖中繁殖，采挖时由管湖人划定范围，用芦苇秆插上标识，按顺序推进，不许挖一块再跳过一块去挖，采挖后必须及时平整湖泥，不许留有坑坑洼洼。采藕者将莲藕挑上岸经湖主过秤按比例分成。分成比例一般为冬月四六开（湖主4成，采藕者6成），腊月以后三七开（湖主3成，采藕者7成），采藕者每天可得120—180斤主藕。清代中期，六海赛湖面1800余亩，莲藕面积600余亩，亩产莲藕4000斤左右，合计收获240万斤，按3∶7分成，采藕者可获168万斤，欧阳氏可获72万斤。莲藕极大地惠及当地农民，丰富了百姓的菜篮子。民国年间，六海赛湖面逐渐缩小，土改时仅有300余亩，分给周边村200余亩，阳湾村仅有88亩。1974年农业学大寨改为水稻田，莲藕从此绝迹。1993年，项必祥承包六海赛湖，在侏儒文化站引进杂交莲藕品种种植获得丰收。

工副业

养蜂

境内清风山、阳家山和南屏垸蜜源较为丰富，春有桑花、槐花、蚕豆花、油菜花，夏有芝麻花、棉花、黄豆花等。欧阳氏于明代试养蜜蜂收获蜂蜜，教乡民用蜂蜜滋补身体。蜂蜜是最传统的、无污染的绿色食品。欧阳文湘在民国时兼作养蜂业，常年养蜂50余箱，因经营效益较好，每箱可产蜂蜜10斤，合计产蜂蜜500余斤，后带动邻村养蜂户数户，发展养蜂500余箱。集体生产队时期，欧阳文湘为生产队养蜂50余箱，更善于查气候，找蜜源，冬季将养蜂场搬到温暖花香的地区越冬，增加养蜂收入，每年为生产队收获蜂蜜500余斤。

采石

1964年，阳湾大队在军山头开办片石（胶板石）采石场，从各小队抽调劳动力从事采石生产，开采的片石通过泛区运往外地，每吨片石上船价10元，年产片石约500吨，合计5000余元。1970年，因泛区围垦水位下降不能通航，加之军山头片石开采殆尽，阳湾大队片石场终止。

1967年，阳湾大队在军山庙湾开办石灰石（砣石）采石场，开采的石灰石主要供应大队炼灰场。

1972年，各小队相继在军山庙湾、蛟洼后山开办石灰石采石场。6队石灰石采石场在军山庙湾，3队、4队、5队、7队石灰石采石场在蛟洼后山，开采的砣石除供应大队炼灰场外，还销往沔阳、监利、潜江等地作为基建之用。

1973年，阳湾1队、2队、5队在318国道南军山开办片石场，借交通之便销往外地。1980年实行大包干以后，采石场多以个人经营为主，开采的石灰石多销往私营炼灰厂按吨付款。农民疯狂开采，恶意竞争成风，严重破坏自然生态。

石灰炼制

阳湾大队于1967年在军山庙湾开办炼灰场，从各小队抽调劳动力实行土窑炼灰，年产石灰200吨左右。时石灰每吨价格150—200元，炼灰场收入除大队部分开支，留足再生产费用外，再按劳动力出勤工分分配给各小队。1973年，阳湾大队在老318国道南的军山脚下开办炼灰场，从各小队抽调劳动力从事炼灰生产，所产石灰借交通之便销往外地，每年有3—4万元收入。1980年实行大包干以后，大队炼灰场不复存在，私营炼灰场异军突起，炼灰业收入成为一些家庭重要经济来源。

五金塑料

1977年，阳湾大队通过知识青年牵线搭桥，在824厂支持下购置了部分设备办起了五金塑料厂，解决知识青年务工，主要生产红山花电扇配件、药瓶、磁带盒等，年产值5万余元。824厂还送给阳湾大队一辆汽车，一套发电机组，使工厂在停电时能正常生产，生产的产品用汽车运往武汉对口单位销售。

农业技术推广

农业技术推广主要有水稻种植技术、棉花栽培技术、蔬菜设施栽培技术、植物保护技术、农机具使用技术等。传统农具与农业机械反映了时代发展的年轮。

水稻栽培技术推广

阳湾的水稻品种繁多，生长期长短不一，兼顾茬口安排，播种适期有所差异。早稻一般在 3 月下旬至 4 月上旬播种。早熟品种生长期不超过 105 天，7 月 15 日前成熟收割。迟熟品种生长期可达 120 天，要到 7 月底才成熟收割。中稻一般在 4 月上旬播种，早熟品种生育期为 130 天左右，8 月上旬成熟收割。熟品种生长期为 150 天左右，8 月下旬成熟收割。双季晚稻一般在 6—7 月播种，7 月底前栽秧，10 月上旬成熟收割。

水稻种植方式大致分为两类：一是水田直播，二是育秧移栽。在育秧移栽中，育秧方式有露地育秧、尼龙育秧、趸秧、温室无土育秧和盘式旱育秧，移栽方式有手插秧、机插秧和抛秧。另外，水稻再生利用也是一种植稻方式。

露地育秧

1960 年前，阳湾广泛采用露地育秧。推行尼龙育秧后，露地育秧仍应用于中稻、晚稻的育秧，其特点是成本低、简便易行，缺点是早春气温不稳、成秧率低，很难做到“三保”(保季节、保计划面积、保插秧密度)。

尼龙育秧

尼龙育秧是用塑料薄膜保温育秧。1964 年开始试验，很快得到推广普及。较之露地育秧，平均增温 5℃以上，出苗率、成秧率大幅提高，秧苗素质也优，还可适时早播，对早稻“三保”和双季稻生产的丰收起到了很大作用。

趸秧

趸秧是旱育秧的一种。作法是先取塘泥（沟泥、田泥亦可）置于一块整平的地面上，铺成 2—3 厘米厚的泥床，抹平后播稻种（催芽或不催芽均可），经常喷水，保持泥床湿润，待成秧后，用锹连泥铲起，掰成小块，进行栽插。1970 年，阳湾试验过这种技术，但因取泥劳动强度大、运秧不方便、苗床难管理等原因，没有大面积推广。

温室无土育秧

温室无土育秧的特点是不受室外气候条件影响，可在室内人工控制条件下育秧。1977年，阳湾开始建这种育秧温室，可为当地提供20%左右的早稻秧苗。1979年实行家庭联产承包责任制以后，此法随之终止。

盘式旱育秧

1992年开始试验此技术。它是“旱抛再”综合栽培技术的重要组成部分。该技术从日本引进，采用专用育秧盘，装上营养土，然后播上稻种，用类似趸秧的苗期管理方法，培育带土“塞子苗”（因盘穴上粗下细，秧苗根系局限于孔穴之内，互不串根，拔出后，秧苗根系纠缠成瓶塞子状）。这种秧苗素质好、根系发达、返青快，便于抛秧。1994年、1995年，此技术被广泛采用，推广面积分别达900亩。1996年以后，在此技术的基础上，试验无盘旱育秧技术获得成功，节省上秧盘成本，农民更乐于接受。

水稻再生利用

头季稻收割后，利用稻桩再生萌芽的稻苗，通过适当的培育管理，使其出穗，俗称“蓄秧荪”，这种技术在阳湾有悠久的历史。1985年，利用“40-1”再生稻品种试种25亩，获得成功。1986年，扩大到140亩。1987年，增加到181亩。1989年以后，利用“汕优63”杂交稻再生稻，产量有较大提高。1990年再生稻最高单产每亩达到620斤，平均单产每亩为280斤。1991年，再生稻达到267亩。以后，稳步发展。1995年、1996年连续两年突破300亩。但1997年以后，由于粮价下滑，农民增产不增收，再生稻生产逐年滑坡，到2000年，其面积不足100亩。

旱抛秧

旱抛秧是“旱抛再”综合栽培技术的重要环节。同样适合中稻、晚稻的旱育抛秧，是一项具有创新性的植稻新技术。它大幅度提高了植稻工效，比手工插秧提高工效近10倍，一般每个劳动力一天可抛秧8—10亩，而且劳动强度大大降低。

旱抛再

旱抛再即“水稻盘式旱育抛秧再生综合技术”简称。它包含三项独立的植稻技术，即旱育稀植技术、盘育抛秧技术、杂交水稻再生利用技术，具有明显的增产、节本、省工的特点。1993—1996年，阳湾曾予以大规模推广应用。1995年，应用面积达700多亩。1997年以后，随着早稻播种面积的逐步压缩，再生稻生产也步入低谷，此种技术作为一个整体不再应用，但其单项技术仍具有生命力，如旱育秧技术、抛秧技术仍为人们所采用。

水稻直播

水稻直播是直接将稻种通过人工或机械撒（点、条）播于生产大田中，免去育秧手续的一种简化植稻方法。1965 年试种 1.4 亩，获得成功，亩产达到 437.5 公斤，比当时水稻平均单产高 1 倍。1967 年试种 300 多亩，1974 年扩大到 900 多亩，平均单产均超过插秧对照田。1969—1977 年，水稻直播技术中断了 9 年。1978 年恢复试验，用机械点播试种 35 亩获得成功，只有少数试验田因除草措施不力，发生草荒而告失败。1983 年试种 60 亩均获成功，亩产达到 700—900 斤，超过当年水稻平均单产。1984 年，水稻直播进入实际应用阶段，水稻直播面积达 900 亩。1987 年仍保持 900 亩左右。水稻直播技术省种、省工、省资金、不缓苗，能增产，适合田多、劳动力少的地区，有一定的应用前景，其成功关键在于整田质量和化学除草技术的配套。

棉花栽培技术推广

1960 年以前，阳湾植棉方式简单粗放，沿袭宽厢撒播方式。棉花亩产皮棉仅 20 多斤。1960 年以后，普遍改撒播为条播，中耕、施肥更为方便。后来，经过多次沟厢改革，形成了窄厢条播的种植方式。1982 年，开始试验地膜覆盖植棉技术。1990 年，营养钵育苗移栽技术得到一定程度的应用。2000 年，阳湾植棉方式大致有 3 种，即露地棉、地膜棉、营养钵棉，并普遍实行棉花全程化调技术和宽行密株稀植技术。

棉花播植适期

棉花播种适期为 4 月中下旬，农谚有“清明早、立夏迟，谷雨植棉正当时”之说。采用地膜覆盖技术和营养钵小拱棚育苗移栽的，可适当提早播种时间，一般在 3 月下旬至 4 月初播种，可满足棉种发芽温度。由于棉花具有生长期长、可塑性强的特点，特殊情况下，在 5 月上中旬播种，也有一定产量。

棉田沟厢演变

1960—1969 年：宽厢撒播无行→等行条播、3 米厢、4 等行。

1970—1976 年、1977—1982 年、1983 年以后：3 组 6 行宽窄厢条播→2 组 4 行宽窄厢条播→宽厢、宽行、密株、稀植。

地膜覆盖植棉

1982 年，阳湾大队引进地膜覆盖植棉新技术获得成功。1982 年、1983 年，两年累计试种地膜棉 507 亩，单产均超过露地棉，且伏前桃、伏桃比例大，品质有所提高。1984—1986 年，示范推广三年累计推广地膜棉 1300 亩。1987 年，地膜棉播种面积保持 1300 亩左右，占当年全村棉花总播种面积的 100%，平均单产皮棉达 180 斤，比露地棉增产 28.1%。1992 年，全村地膜棉播种面积达到 1300 亩左右，占当年全村棉花播种面积的 100%，仍保持历史上地膜播种面积比例最高的年份。

地膜覆盖植棉的操作步骤为：整地、施底肥→播种→喷除草剂→盖膜→破膜→放苗→揭膜→常规管理（中耕、追肥等）。

营养钵育苗移栽

阳湾村营养钵育苗移栽可提早棉花播种期，缓解前茬作物占地矛盾，并可大幅度节约种子。缺点是制钵、移栽费时费工，劳动强度大，不太适合该村地多劳动力少的实际。因此，境内应用面积一直不大。1990 年，由于推广的新棉种价格较贵，营养钵育苗移栽又有一定发展。

棉花全程化调技术

阳湾村棉花栽培有两个问题必须把握好：一是棉花的群体结构，通过调整株行距，控制适宜的栽培密度；二是棉株的个体结构，主要是指株高、单株结铃数、节间长度等株型特征。株型特征受棉花品种、特性和生长环境等因素控制，解决株型的难度比较大。早期一般通过水肥管理措施来控制，但效果不理想。1970 年，矮壮素的出现，开创了应用植物生长调节剂控制棉花疯长的新途径。当时，棉花施肥水平不高，肥料结构以有机肥、农家肥为主，棉花疯长并不突出，因此应用范围很小，多用于小面积的试验田。随着植棉技术的提高和推广生长势强的新品种，加之化肥施用量的大幅增加，棉花生长失控的问题日益突出。1980 年以后，新兴调节剂助壮素（又称缩节素、壮棉素，它比矮壮素作用温和而安全）迅速被推广普及，同时，其他类型的植物调节剂也相继大量应用。到 1990 年，已形成以助壮素为主体，在苗期应用“802”促长壮苗，苗期、花期、蕾期多次反复应用助壮素稳苗，塑造理想紧凑株型，提高优质铃比例。晚秋，应用乙烯利催絮，增加霜前花率的系统化调应用体系。此种技术即为棉花全程化调技术。

蔬菜栽培技术推广

蔬菜的设施栽培又称保护地栽培，是相对传统露地栽培而言的。阳湾村蔬菜设施栽培有塑料大棚、塑料中棚、小弓棚、地膜覆盖及荫障栽培等几种。

塑料大、中棚栽培

阳湾村于1988年开始使用的是钢架大棚（宽6—8米，高1.8—2米）和竹架中棚（宽3—6米，高1—1.8米）。1997年引进水泥骨架大棚，主要用于春季早熟蔬菜（茄、果类）的育苗和春播蔬菜（如黄瓜、四季豆、早椒、番茄、西葫芦、竹叶菜、苋菜等）的栽培，也用于秋延后蔬菜的栽培。阳湾村博茂农业公司塑料大、中棚栽培比露地栽培增产30%—50%，成熟期提前25—30天，产值提高50%—110%。

塑料小弓棚栽培

在蔬菜栽培中应用较早。1960年以后，尼龙育秧技术被移植到蔬菜早春育苗上，效果十分理想。1987年以后，塑料小弓棚大面积应用于早春蔬菜栽培上。其优点是投资较小、易选材、施工简单、技术易掌握，虽然保温性能次于塑料大、中棚，成熟期迟于塑料大、中棚，但比露地栽培上市期提早15天以上，产量亦比露地栽培高，经济效益较好。1999年，境内各类塑料小弓棚蔬菜栽培面积达100余亩。

地膜覆盖栽培

1981年，阳湾大队引进了地膜覆盖栽培技术，当时主要用于棉花栽培。1987年开始在蔬菜生产中大面积推广，主要用于黄瓜、四季豆、西葫芦、辣椒、番茄、莴笋等春季早熟品种的栽培，少量用于秋季蔬菜的栽培。地膜覆盖栽培成本低、效果好，具有保湿、增温、提高肥料利用率等多重效应，一般比露地栽培提前5—15天上市，增产20%—30%。

荫障栽培

这是利用遮阳网或其他材料（如稻草、秸秆等）覆盖，创造一个荫凉环境，改善夏季强光照、高温对蔬菜生产的不利影响，提高夏季蔬菜产量和品质的一种栽培方法，主要用于夏季蔬菜的育苗、秋菜的夏播和夏菜的延后栽培。如利用遮阳网进行甘蓝类、芹菜类的覆盖育苗，出苗率、成苗率大幅度提高。夏季小白菜、芹菜、菠菜等利用遮阳网栽培，生长良好，不仅品质改善，并且可提前上市，减少病虫害的发生。利用遮阳网，还可延长番茄、辣椒的采收期，改善淡季的蔬菜供应。2000年，村内遮阳网形式的夏菜栽培面积约有120亩。

植物保护技术推广

阳湾农作物种类繁多，一年四季均有田作物为病害、虫害、草害的发生。

1990年以来，农田间作套种强度和引种范围、数量、频度不断增大，加之农产品流通范围也不断扩大，带入某些新的有害生物。因此，一些检疫性虫害时有发生，而化学农药的大量施用，导致一系列耐药性问题日益严重，这一切都为植物保护工作增加了难度。

农田除草

阳湾常见的农田杂草约有40种，其中旱地杂草有30多种，如狗尾巴草、马唐、扁秀、绊根草、香附子、苍耳、小旋花、菟丝子、铁韭菜、地锦、马齿苋、满天星、辣漂草、蛇老壳、苦瓜、双穗雀稗、丝缨草等。水田杂草有近10种，如牛毛毡、稗草、三棱草、青萍、双穗雀稗、野慈菇等。

旱地传统的除草办法是锄或中耕、手拔。一般，棉田要锄草7遍以上（俗话有“棉锄七遍白如银”之说），玉米、芝麻也要锄草3—4遍。由于地广劳力少，光靠人工锄草，难免出现草荒。水田传统的除草办法就只有脚踩手拔，由于劳动强度大、功效低，往往“前面栽后面荒，野草长得比秧壮”。

1970—1980年，开始试验使用化学除草。首先在直播水稻田中应用，后来发展到移栽的稻田和旱地。化学除草的面积逐年扩大，应用范围由水稻发展到棉花、玉米、芝麻、蔬菜等多种作物。除草剂的品种有30多种。据1989年统计，阳湾化学除草面积达2000亩，防除草效果在80%以上。

水田除草剂常用的有除草醚、杀草丹、禾大壮、丁草胺、二甲四氯等，除草效果达85%—95%。旱地除草剂种类更多，有处理土壤芽前的除草剂，如氟乐灵、地乐胺、都尔、拉索等，除草效果达90%以上。有阔叶作物生长期使用的选择性茎叶处理剂，如精稳杀得、盖草能、精禾草克、拿捕净等，防除一年生或多年生禾本科杂草，防除效率达80%—100%。也有禾本科作物生长期使用的选择性除草剂，如甲黄隆、绿麦隆等，防除大麦、小麦田间阔叶杂草，防除效果达95%以上。还有用作行间、路边、沟边或灭茬用的灭生性除草剂，如草甘膦、克芜踪、农达等。

农作物病虫害防治

阳湾的农作物病害有300多种，常见的也有30多种，如水稻的病害有纹枯病、稻瘟病、白叶枯病、胡麻叶斑病等。棉花的病害有立枯病、炭疽病、红腐病、疫病、角斑病、凋枯病、枯萎病、黄萎病、轮纹病等。麦类的病害有赤霉病、锈病、白粉病等。玉米的病害有纹枯病、大小斑病等。蔬菜的病害更多，且有逐年加重的趋势，主要有茄果类蔬菜的猝倒病、疫病、病毒病、炭疽病、灰霉病、疮痂病等，叶菜类蔬菜的轮腐病、霜霉病、菌核病等，瓜类蔬菜的枯萎病、白粉病、霜霉病、细菌性角斑病等。

农作物病害从发病机制上可分如下几类：一类属生理性病害，因作物生长环境不良造成生理机能失调所致，如水稻的胡麻叶斑病就是水稻缺钾引起的；一类是由致病真菌侵染所致的真菌性病害，大多数作物病害属于这一类；另一类是由致病细菌感染所致的细菌性病害；再有一类就是由植物病毒引起的病毒病。作物病害全年均可发生，但盛发期是每年的 11 月、12 月至翌年 1—5 月，尤以 2—5 月为危害高峰期。一般，温暖多雨的季节易发生细菌性和真菌性病害，高温干旱季节易发生病毒病害。

阳湾农田有 130 多种农作物害虫，常见的约 30 种，如水稻害虫有稻蝗、荆马、稻飞虱、二化螟、三化螟、稻纵卷叶螟、稻苞虫等，棉花害虫有棉蚜、小地老虎、蜗牛、棉红蜘蛛、盲椿象、蓟马、红铃虫、棉铃虫、斜纹夜蛾、金刚钻、棉叶蝉、造桥虫等，黄豆害虫有豆荚螟、豆天蛾等，玉米害虫有玉米螟、蚜虫等，蔬菜害虫有瓜蓟马、美洲斑潜蝇、菜青虫、小菜蛾、28 星瓢虫、黄曲条跳、菜缢管蚜、甜菜夜蛾、斜纹夜蛾、瓜蚜、蝼蛄、蛴螬、地蛆、豆野螟等。

虫害以水稻、棉花虫密度最大，危害猖獗。稻田 4 月下旬便出现虫害，7 月上旬至 9 月为高峰期。棉花 4 月下旬有地老虎危害棉苗，常致缺苗断垄，6—9 月害虫密集，9 月下旬渐衰。

对农作物病虫害，历年采取以农药防治为主，结合农业、生物、物理和机械等综合防治措施进行防治。随着引种范围的扩大，引种频度的增加，农产品流通的加剧，植物检疫工作越来越重要。1993 年，阳湾村被列入侏儒镇植物检疫站检疫管理。

农药防治

使用化学农药是防治病虫害的主要手段。1960—1970 年，水稻播种前采用石灰水浸种，赛力散、西力生拌种，防治稻瘟病。棉花一直坚持药物拌种，或用赛力散、草木灰拌种。1980 年，采用稻脚青、多菌灵拌种，防治立枯病、炭疽病。1990 年，采用种子包衣剂或直接购买包衣商品棉种，除防病害外，还能防除地下害虫，大大提高了棉苗抗病力和出苗、成苗率。

为防治病虫害，1975 年以前，阳湾多采用高毒农药，如水稻使用有机氯农药“666”粉、“223”剂，防治二化螟、三化螟、稻纵卷叶螟、稻苞虫。棉花使用有机磷农药乐果、马拉硫酸、保棉丰等，防治棉铃虫、红铃虫、造桥虫、棉蚜、红蜘蛛等。1975年以后，逐步淘汰了部分高毒高残留农药，改用低毒低残留农药，如使用杀虫脒、三氯杀螨醇、三氯杀螨砜等防除棉田虫螨。1981年，推广拟菊酯类农药，最先使用的是法国产敌杀死，对防治棉铃虫、红铃虫、地老虎、造桥虫等效果很好，但对棉螨、盲椿象无效；水稻的用药主要是杀虫双、杀虫脒。1990年以后，棉铃虫对敌杀死产生了抗性，改以有机磷农药配合菊酯类农药防治，主要用药有久效磷、80%速灭杀丁、60%敌马合剂、杀虫脒等。防治棉田红蜘蛛，使用50%久效磷、三氯杀螨醇、克螨特等。当时，国家禁止使用杀虫脒，仍以有机磷和菊酯类农药为主，并开始使用氨基甲酸酯类农药，如25%功夫、来福灵、万灵、灭扫利、高效氯氰菊酯、辛硫磷、敌敌畏，棉田也用甲基1605等高毒农药，水稻仍以杀虫双为主。

随着蔬菜基地的建立和扩大，蔬菜病虫害的防治越来越重要。蔬菜用药严禁使用高毒农药。一般以高效低毒农药和生物农药为主，有波尔多液、可杀得、甲基托布津、甲霜灵、杀毒矾、多菌灵、代森锰锌、甲基立枯灵、福美双、百菌清、速克灵、农药链霉素、植病灵、病毒A等，一般针对病情选用几种药剂，轮换用药2—3次。

运用农业栽培技术，创造适宜于农作物生长发育和有益生物生存繁殖，而不利于病虫害发生的环境条件，可以消灭、避免或减轻农作物病虫危害，达到增产目的。1984年以后，阳湾村在运用农业防治病虫害方面采取了如下措施：1.选播无病虫种子，培育无病虫壮苗。2.实行轮作换茬，合理套种间作。3.合理安排作物布局，限制病虫害的蔓延和扩散。4.精耕细作，冬抗破室灭蛹、晒田、灌水灭蛹等。5.加强肥水管理，提高作物抗生性能。6.选用抗病虫良种。7.蔬菜作物嫁接换根。8.深沟抬田，防止渍害，铲除田边杂草，破坏病虫越冬场所。

生物防治

此法是利用有益生物捕食、灭杀作物害虫，达到控制虫害的方法。村内对生物防治一向十分重视。1965—1970年，饲养、利用金小蜂防治室内、仓库内的红铃虫幼虫，防治效果达90%以上。1970年，在水稻分蘖末期纵鸭入田，捕食稻苞虫、稻纵卷叶螟、稻蝗等水稻害虫。组织农民捉放瓢虫、螳螂、蜘蛛、马蜂等生物防除棉蚜、红铃虫卵及幼虫，都取得一定的效果。1978—1980年，引进赤眼蜂防治棉铃虫，每年放蜂达1000亩次，防治效果达70%以上。1980年以后，因养蜂站距离使用地区太远，时间性又强，对预测预报要求高，且费用贵，用途单一等原因，停止了使用。1980年以后，阳湾开始使用生物农药，推广应用Bt乳剂防治蔬菜上的菜青虫、小菜蛾及玉米螟，防治效果达85%以上，但药效缓慢。1990年以后，Bt乳剂更新换代为BT毒蛋白，药效大大提高。同时开始试验应用核多角体病毒制剂。新一代生物农药阿维菌素被迅速推广开来，不仅杀虫，而且杀螨，高效低毒，用量较小，广泛应用于蔬菜作物上，药品有“虫螨立克” “阿巴丁”等。

诱杀防治

这是一种利用引诱剂或特种光源诱杀害虫成虫的方法。阳湾使用的诱杀防治方法有：1. 糖醋诱杀。1958—1982年，连年使用此法诱杀地老虎成虫。2. 杨把诱杀。1968—1983年，农民用杨树和枫树枝条，扎成伞形把，插于棉田，每日清晨用袋捕蛾，能捕杀大量棉铃虫、红铃虫成虫。3. 黑光灯诱蛾。1977—1980年普遍使用。因光源波长太大，不仅诱杀了害虫，也诱杀了一些益虫。1980年以后不再使用。4. 高压汞灯诱蛾。1994年开始引进，至1996年，村内共安装50盏，控制面积1000亩。1996年后，因线路维修困难、设备老化、损坏和更新费用不落实等原因，逐年减少，到2000年所剩无几。

农业税

明清时期，阳湾按照朝廷“垦荒田免征三年田赋，个别地区额外开垦的荒地永不收税”等一系列政策上交赋税。民国时期，田赋加征严重，民不聊生。中华人民共和国时期，农业税多次调整，棉花收入计税并以粮票奖励为辅助手段，强调处理好国家、集体、个人三者关系，粮食直补政策落实和取消农业税后使农业发展驶入快车道。

农业税概况

明朝农业税

公元1372年（明洪武五年），欧阳氏从江西吉安迁至侏儒山境内，按照朝廷“垦荒田免征三年田赋，个别地区额外开垦的荒地永不收税”等一系列政策，在六海赛湖畔和南屏垸洪泛区垦荒，还在阳家山（今傅家山）、清风山植桑养蚕。除六海赛湖畔农田征税外，南屏垸洪泛区荒地和阳家山、清风山桑田永不收税。明朝的农业税率始终保持在4%以下，明末时甚至低于2%，例如洪武初年的农业税为每亩交2—4斗稻谷，后又减少至每亩交1斗，即12斤稻谷左右。

清朝农业税

公元1649年（清顺治六年），为了鼓励农民垦荒，《清顺治朝实录》规定："无主荒田，州县官给印信执照，开垦耕种，永准为业，耕至六年之后，有司官亲察成熟田数，抚按勘实，奏请奉旨，方议征收钱粮。凡垦荒者，垦田归己所有，六年之内不征赋差徭。"欧阳氏除六海赛湖畔农田征税外，南屏垸洪泛区荒地和阳家山、清风山桑田也不收税。清朝的农业税率大约都在7%左右，即每亩交7斗稻谷。时欧阳氏有田200余亩，共纳税140余斗，也就是1600斤稻谷左右。

民国农业税

民国北洋政府成立后，田赋加征更加严重。除将清代末期田赋之外的一切附征条目，归并于正税之中，又开征新的附加税目。1912年北洋政府规定，地方征收的田赋附加税不得超过田赋正额的30%，阳湾附加税超过田赋正税，田赋附加的泛滥，使人民背上沉重的负担。南京国民政府成立至全面抗战前10年间，对农村的治理出现严重问题，主要表现：赋税繁苛，长期过度剥夺农村；防灾、治灾、救灾基础建设严重被忽视而极其薄弱，农业抵抗自然灾害能力大为降低，农村连年遍地灾荒。苛政"人祸"与自然"天灾"交织相迫，农村经济连年衰败。1925年，阳湾5个自然村湾拥有土地2800余亩，按水稻田每亩缴纳水稻4斗，旱地小麦田每亩缴纳小麦2斗8升。产棉地区折征棉花，每亩税额折征皮棉5斤。阳湾分别缴纳水稻1480斗，小麦2800市斗，皮棉7000斤。1938年，国民政府颁布《各战区粮食管理办法大纲》，开始在各地贱价征购粮食，征购价低于时价，且不全给现金，一部分价款只给粮食库券或法币储蓄券，征购办法为随赋征购，与田赋正课无异，同样限额完纳。1941年7月，国民政府明令田赋征收一律改成实物。阳湾5个自然村湾在1925年税额基础上增加了稻谷1000市斗，小麦2200市斗，皮棉5500斤。10户地主和3户富农交完税后略有盈余，71户中农所剩无几，35户贫农陷入求生无望的绝境，从而孕育和酿造了群体反抗与革命的土壤。

1951—1953年农业税

人民政府一段时间仍沿用解放区的农业税税率，规定向纳税人以粮食等农产品的实物形式征收农业税。1951—1953年农业税每亩为1.5元，稻谷每斤0.10元、小麦每斤0.11元、皮棉每斤1.35元。阳湾村全年向国家上交农业税4290元，其中贫农上交农业税合计1017元，贫民上交农业税合计155元，中农上交农业税合计2714元，富农上交农业税合计110元，地主上交农业税合计294元。贫农、贫民、中农上交农业税合计3886元，占上交农业税总数91%。

1958—1970 年农业税

1958 年 6 月 3 日，第一届全国人民代表大会常务委员会第九十六次会议通过《中华人民共和国农业税条例》。条例规定向纳税人以粮食等农产品的实物形式征收农业税。1963 年农业税每亩为 20.42 元，阳湾大队（包括项湾、傅湾）只有土地 2100 亩，至 1970 年，全年向国家上交农业税 42882 元。

1971—1996 年农业税

征收农业税的主粮数量折成金额的单位价格。农业税征收价格是根据国家确定的粮食价格标准统一规定的。1971—1976 年，稻谷每斤 0.14 元、小麦每斤 0.15 元、皮棉每斤 2 元。国家从 1978 年到 1996 年对农业税征收价格作了 8 次调整；即 1979 年、1985 年、1987 年、1988 年、1989 年、1992 年、1994 年、1996 年的调整。至 1996 年，阳湾村每年农业税和“三提五统”（三提即公积金、公益金和管理费，五统即农村教育事业费附加、计划生育、优抚、民兵训练、修建乡村道路等民办公助事业的款项）达到 17 万元。按 2100 亩计算，每亩承担税费 81 元。

农业收入税率计算

按照农业税条例的规定计算征收，并列入国家预算收入的农业税税额，亦称依率计征税额。农业税正税额是按照农业收入计算的，农业收入的计算以常年产量为标准，常年产量一般一定几年不变。有了每亩常年产量和亩数就可以得出计税农业收入，再根据税率就可以计算出纳税人的应纳税额。计算公式：农业税（正税依率计征税额）＝计税土地面积（亩数）×每亩常年产量×税率。若有减免税，计算公式则为：应征税额＝依率计征税额—减免税额。1970—1976 年，阳湾大队南屏垸建设棉花高产示范田 1000 亩，每亩产皮棉 120 斤左右，合计产皮棉 12 万斤左右，时皮棉每斤 2 元左右，合计人民币 24 万元。按 15％税率应纳税 3.6 万元。时阳湾大队有水稻田 372 亩，亩产双季稻 1000 斤左右，合计产稻谷 37.2 万斤左右，时稻谷每斤 0.14 元左右，合计人民币 5.2 万元。按 15％税率应纳税 780 元。每亩皮棉 240 元，而稻谷每亩只有 140 元，每亩皮棉收入比每亩稻谷高出 100 元。按 15％税率计算，每亩皮棉比每亩稻谷纳税高出 15 元。

棉花产区粮票补贴

1964 年，汉阳县政府为了调动境内棉农的积极性，解决皮棉纳税过高和棉农自产口粮不足的问题。由县粮食局对棉产区发行棉花奖励粮票（贸易粮）。1964—

1969 年按 800 亩产棉大队每百斤皮棉奖励粮票 100 斤，阳湾大队 1964—1969 年每年获奖励粮票 12 万斤，人均奖励粮票 120 斤。1970—1976 年按 1000 亩产棉大队每百斤皮棉奖励粮票 200 斤，阳湾大队 1970—1976 年每年获奖励粮票 24 万斤，人均奖励粮票 200 斤。

财政直补和农业税取消

1983 年，阳湾村在第一轮土地承包中未完善以家庭承包经营为基础、统分结合的双层经营体制，且未落实“三提五统”。至 1996 年，许多农户因灾情拖欠国家农业税。村委会成了一个空架子，村主要负责人辞职。1997 年，在第二轮土地承包中，村党支部在镇党委指导下，借鉴其他村经验，不断完善以家庭承包经营为基础、统分结合的双层经营体制，由村委会预留部分土地用于“三提五统”。在新型双层经营体制中，把统一经营层次中的村集体基础服务、产业化经营服务、专业合作服务和农业社会化服务加以叠加，从而切实解决小农户与大市场难以有效对接的根本问题，有效提升农业产业化和农民组织化水平，实现农业生产经营方式的根本转变。

2000—2003 年，为稳定和发展粮食生产，保护种粮农民利益，国家实行将以往给予国有粮食企业的补贴资金改为直接补贴给种粮农民的政策。粮食直补 1 亩地 12—13 元，1 亩地再加上农资综合补贴 60 多元，合计 80 多元，采取“一折通”的方式发放到农民手里，真正做到谁种田，谁受益，确保农户的利益。对承包 100 亩土地的种粮大户，得到国家每年每亩 200 元的补贴。阳湾村将军山外垸 500 亩水稻田流转由种粮大户集约化经营，获粮食直补资金 10 万元，农户获每亩租金 500 元，合计获租金 25 万元。

2004 年，侏儒街作为免征农业税改革试点，阳湾村轻装上阵，经济发展思路清晰，根据村情制定了明晰具体的经济发展计划和采取了增加农民收入的具体措施，分享政策带来的红利。2007—2008 年，区政府开展粮食补贴、家电下乡、摩托车和汽车下乡等惠农活动，阳湾村军山外垸 500 亩种粮大户 4 年共获粮食补贴资金 40 万元，村民获家电下乡、摩托车和汽车下乡补贴 10 余万元。2011 年区政府全面贯彻落实各项惠农政策，财政支出不断向“三农”倾斜，惠及范围日益扩大。同时，社会保障覆盖面进一步扩大，新型农村合作医疗参合人数 271 人，参保率百分之百全覆盖。2006 年 1 月 1 日废止《中华人民共和国农业税条例》，国家不再针对农业单独征税，一个在我国存在两千多年的古老税种宣告终结。

农业普查

1997年1月1日，阳湾村在侏儒镇政府指导下成立第一次全国农业普查领导小组，负责普查的组织和实施。2007年12月，阳湾村在侏儒街办事处指导下成立第二次全国农业普查领导小组，负责普查的组织和实施。2016年12月31日，阳湾村由侏儒山街发展和改革统计信息中心具体负责第三次全国农业普查。

第一次农业普查

组织实施

1997年1月1日，阳湾村在侏儒镇政府指导下成立第一次全国农业普查领导小组，负责普查的组织和实施。普查领导小组办公室设在村党群中心，镇经济发展和统计信息中心具体负责普查的日常组织和协调，充分发挥村民委员会的作用，广泛动员和组织社会力量积极参与并认真配合做好普查工作。全村按11个村民小组划分为两个普查区。阳湾村第一次全国农业普查分准备、宣传、清查、普查和总结5个阶段进行，共抽调普查员、普查指导员20名，采用普查员直接访问普查对象、当场询问登记的方式进行，摸清了11个村民小组（6个自然村）耕地面积、农业内部结构及农业产值情况。

普查情况

阳湾村原有在册耕地面积3310亩。1997年，有耕地面积3310亩，与1990年无增减。阳湾村以农民增收为目的，以市场为导向，深化农业改革，优化产业结构，推进农业科技现代化建设，每年投入“三提五统”资金17万元，逐步形成了水稻、棉花、蔬菜、瓜果、水产、苗木花卉等主导产业，建立了科技农业园和蔬菜种植、水产养殖“一园二大基地”。

1997年，阳湾村棉花种植大户58户，种植面积1080亩，皮棉产量75吨；共有水稻种植大户25户，种植面积500亩，水稻产量250吨；引进种养专业户10户，120人；通过土地转包，从事蔬菜生产的有20人，渔业养殖的有50人，其他种植的有50人。

阳湾村农业效益稳步上升，产品质量不断优化。科技农业、特色农业、生态农业、都市农业、旅游观光农业出现良好开端。1997年，农业产值340万元，农业收入170万元。农业产值和农业收入分别是1987年的1.35倍，1.53倍。普查工作于1997年11月底圆满完成任务。

第二次农业普查

组织实施

第二次全国农业普查于2007年底在全国开展，组织方式和工作程序与第一次相同，共抽调普查员、普查指导员20名，普查采用住户普查表、行政村普查表、农业用地普查表等普查表形式进行调查。采用普查员直接访问普查对象、当场询问登记的方式进行。阳湾村不断加大劳动力转移培训力度，免费开展职业技能培训，把用工需求和职业培训有效衔接起来，联合农业中心、水产中心、相关企业开展了水产养殖、小西瓜种植等实用技术及职业技能培训815人；建立信息畅通的劳动保障和用工输出网络，全年共为企业发布用工信息85条，登记求职和培训525人，转移413人，比上年度新增258人；鼓励全民自主创业；全年接受全民创业咨询66人次，帮助了12名创业者申请小额担保贷款；积极开发公益性岗位，重点解决弱势群体就业困难，全年共提供公益性就业岗位15个，用于帮助困难家庭群众就近就业；建立以11个村民小组为单位的农村保障工作平台，积极组织有就业需求的农民参加村劳务队和主动配合街劳动部门指导就业。

普查情况

2007年，阳湾村落实“三万”活动资金100余万元，疏挖六海赛沿湖沟，将其改造成一沟一路，新建军山外垸管渠60米，50×50的U型渠300米，铺设碎石路300米。完成村湾道路3.5公里，新挖塘堰3口，新建主干渠0.36公里，清挖主干渠2500米，维修机站6座，建联户厕所56户，公厕1座，垃圾池100立方米，村湾下水道2000米，多用途场地1000平方米。对村湾内的环境整治投工投劳总投资99万余元。大力推广农业机械，举办了微耕机现场演示会，争取上级农机补贴资金30万元，动员农户购买小型农业机械15台套，建立农机合作社2个、农机维修服务站1个，建立机耕道路37公里。农业生产条件明显改善，农业增效、农民增收效果显著。至2007年11月底，阳湾村第二次全国农业普查工作按规定要求完满结束。

第三次农业普查

组织实施

阳湾村第三次全国农业普查由侏儒山街发展和改革统计信息中心具体负责普

查的日常组织和协调。全村 11 个村民小组划分为 11 个普查区。

这次普查的标准时点为 2016 年 12 月 31 日，时期资料为 2016 年度。普查对象包括农业经营户，居住在农村有确权（承包）土地或拥有农业生产资料的户，农业经营单位、村民委员会。普查主要内容是农业生产能力及其产出、农村基础设施及其基本社会服务和农民生活条件等。农业普查采用全面调查的方法，由普查员对所有普查对象进行逐个查点和填报。全村共组织动员了普查员、普查指导员和各级普查机构的工作人员 30 余人，普查登记了 1 个村级单位（村民委员会）和 6 个自然村、11 个村民小组。2016 年，全村共有 1 个农业经营单位。在工商部门注册的农民合作社总数 28 个，其中，农业普查登记的以农业生产经营或服务为主的农民合作社 70 个。271 户农业经营户，其中，56 个规模农业经营户、215 户农户。全村共有 670 名农业生产经营人员。

普查情况

2016 年末，全村耕地面积 3510 亩，六海赛生态小镇流转 201 亩，该公司流转耕地面积 1800 亩，博茂公司共有拖拉机 2 台，耕整机 6 台，旋耕机 10 台，播种机 6 台，水稻插秧机 11 台，联合收获机 5 台，机动脱粒机 5 台。

在 56 个村级规模农业经营户地域范围内，有堆放场地的占 60%，有公路出入口的占 80%。全部的村级规模农业经营户乡级单位集中供水，全部的村级单位生活垃圾集中处理。在 11 个村民小组单位地域范围内，全部的村民小组通公路，通电，100%的小组有电子商务配送站点。全部的小组生活垃圾集中处理，100%的小组生活污水集中处理，100%的小组完成改厕工作。村级单位有小学、幼儿园、托儿所、农家书屋、公园及休闲健身广场。村级单位有卫生室和有执业（助理）医生和社会福利收养性单位。所有的农户拥有自己的住房并饮用经过净化处理的自来水，100%的农户使用水冲式卫生厕所。

土地集约化、规模化经营普查

湖北博茂有机农业有限公司普查

2016 年第三次全国农业普查期间，普查小组对湖北博茂有机农业有限公司进行了专题调查。至 2016 年末，阳湾村采取“公司+农户+市场”经营方式，引进湖北博茂有机农业有限公司，流转土地 2000 亩，建设集有机果蔬产、学、研，农业观光休闲、乡村度假旅游于一体的农旅融合型生态农业科技产业园。江汉大学入驻园区，成为公司科研合作伙伴，与公司共建校企合作基地。公司与瑞尔国际保护基金会合作共建有机农业示范基地，将“药食同源”的中华传统理念与欧盟有机标准化管理相融合，广泛利用四新技术，采用熊蜂授粉、太阳能杀虫灯、黄纸板、昆虫诱捕器等技术进行种植管理，生产的西红柿产品获得国家有机产品认证，蜂柿小番茄，冰糖心牛奶玉米，蔡甸西甜瓜为公司三大核心产品，年产 1000 吨，成为湖北省卫生厅、中铁第四勘察设计院、联投半岛酒店、江汉大学等企事业单位食堂、员工家庭餐桌直供菜品。公司依托江汉大学科研力量，常年承接多项省市区农业科技实验及技术应用项目，一直致力于低碳、可持续、可追溯的中国安全农产品（食品）品牌创建，公司积极参与劳务扶贫，被评为 2020 年武汉市扶贫产业园。

2021 年阳湾土地集约化、规模化经营普查

2021 年阳湾土地集约化、规模化经营达到 80％以上。其中博茂公司承包军山外垸 2000 亩，种植户承包土地面积：欧阳世桥 260 亩，欧阳小平 160 亩，欧阳旭东（果园）180 亩，周四桥 240 亩，李永红 220 亩。欧阳国华流转用地 430 亩（含建设用地、绿化、广场、生态园区道路）。

五、村级组织

阳湾村是中国共产党早期在侏儒山地区建立的苏维埃政权策源地，农民武装斗争和抗日战争的红色根据地之一，以蒋天树、傅玉和为代表的一批共产党人在这里留下了战斗的足迹。1949 年后，在土改、互助组、合作化、人民公社和改革开放的伟大历史进程中，党组织充分发挥了战斗堡垒作用和先锋模范带头作用。

1927 年 10 月，阳湾农民群众在中国共产党领导下参加苏维埃政权建设。1939 年参加抗日民主政权建设，抗日战争胜利后参加地方政权建设。1949—1952 年建立村、乡组织，1953—1984 年建立互助组、幸福 14 社、阳湾大队，1984—2021 年建立阳湾村村民委员会自治组织。

村级党组织

土地革命时期阳湾中共组织与活动

1924 年，阳湾村人蒋天树受五四爱国运动的洗礼，与徐质夫率先参加了共产党员龚培元倡导的教育研究会，学习宣传马列主义。是年冬，蒋天树、徐质夫回到家乡建立侏儒山地区教育研究会，在马泗塞、百仗赛组织贫苦农工举办马列主义宣传教育活动，领导开展农民运动。蒋天树组织和丰三堡（和丰堡、六海堡、龙泉庵，今阳湾、百赛、中刘、中湾、鲍湾、戴湾）革命人士在茶庵戏楼召开民众大会，宣传苏俄革命，组织儿童、工人、农民示威游行。阳湾村欧阳文喜、杨秋成，傅湾傅德树、傅在炎、傅鹤林，项湾项新山等张贴“打倒土豪劣绅”“平均地权”“禁止妇女缠足”等标语口号，并与农民赤卫队一起攻打马泗塞土豪徐大保，斗争劣绅滕心田，封闭资本家尹恒茂三房和滕太兴的大门，查封方南山等鸦片烟馆三家。

1926 年，国民党湖北省党部组织部部长聂鸿钧（共产党员兼国民党员）选派尹成章（佘门村刘尹家人，共产党员兼国民党员）为省党部特派员，回汉阳南乡发动群众，迎接北伐军。是年 7 月，尹成章回乡与徐质夫、蒋天树一起筹建侏儒山地区共产党筹备领导小组，欧阳文喜、杨秋成、傅德树、傅在炎、傅鹤林、项新山等在蒋天树领导下开展革命活动，支援北伐战争。

同年9月，蒋天树组织欧阳文喜、杨秋成、傅德树、傅在炎、傅鹤林、项新山等在和丰禅林古庙组织群众大会，筹备建立和丰乡农民协会、乡赤卫队、乡妇女协会以及儿童团等革命组织。

1928年4月，川阳县委在白色恐怖中建立了中共侏儒区委（亦称中共川阳一区区委）。1929年11月上旬，蒋天树、刘可人、刘发廷、欧阳文喜、杨秋成、傅德树、方旺、傅在炎、傅鹤林、项新山等在和丰禅林古庙内召开和丰三堡群众大会，成立第10区党部和丰分部。11月下旬，在区党部和丰分部指导下成立和丰乡苏维埃政府和乡农民协会、乡赤卫队、乡妇女协会和儿童团等组织。1930年（民国十九年），在中共川阳边区县委领导下，重新组织中共侏儒区委，蒋天树带领傅德树、傅在炎、傅鹤林、项新山等参加了中共侏儒区委的学习活动。后蒋天树、刘可人率部赴湘鄂西革命根据地，徐质夫留在本地坚持斗争，不幸被捕牺牲，党组织受到严重破坏，被迫转入地下活动。

1938年2—9月，国民政府军事委员会政治部汉阳宣传站负责人郑真如（中共党员）等人在侏儒山玉泉寺建立中共地下交通站，亦称文化站。为抗日战争筹集活动经费，接待过往的中共地下党同志，新四军鄂中独立游击支队的主要干部多数由此转送。傅德树、傅在炎、傅鹤林、项新山等在侏儒山集镇组织群众唱抗战歌曲，宣传抗日救国。

1938年10—12月，中共湖北省委组织部派梁立琳（女）到侏儒山与卢俊华共同负责，重新建立中共侏儒山支部，在茶庵庙内开办党员训练班，每期3至5人，共办9期。傅德树、傅在炎、傅鹤林、项新山等参加了党员训练班。

土改时期阳湾中共组织与活动

1949年3月汉阳县全境解放。4月成立汉阳县第四区（侏儒大区），由四区党委领导全区工作，设和丰村（联村：阳湾、中刘、百赛、中湾、戴湾、鲍湾），阳湾农民谢本祥、何定金配合区委工作并负责筹建农民协会，制定《和丰村农民协会章程》并在各自然村进行宣传，组织发动广大雇农、贫农、中农及农村中一切反封建的积极分子加入农民协会，学习贯彻《中华人民共和国土地改革法》。在谢本祥、何定金等人的组织领导下，阳湾村广大雇农、贫农、中农都加入了农民协会，遵照人民政府的政策法令，有步骤地实行反封建的社会改革，保障农民的政治权利，提高农民的政治觉悟和文化水平，引导他们参加人民民主政权的建设工作。

1950年，谢本祥负责和丰乡农会工作，配合四区党委派遣的干部和人民解放军深入阳湾村开展清匪反霸斗争，建立和巩固地方人民政权，向广大农民宣传中国共产党七届三中全会精神。

1951年，谢本祥、何定金根据四区党委指示在阳湾村开展镇压反革命分子的宣传活动。配合四区党委派遣的土改工作队开展土地改革运动，放手发动群众，划分阶级，没收地主阶级的土地及财产分配给贫下中农，实行农民土地所有制，解放农村生产力，发展农业生产。

互助组、合作社、生产队时期阳湾中共组织与活动

1952年，第四区党委从农民中发展党员积极分子，阳湾村谢本祥加入中国共产党。

1953年，谢本祥、何定金根据区党委指示考察学习五公村办农业互助组的经验，在阳湾村开始试办农业互助组3个，并开展扫除农民文盲运动，创办农民夜校，请学校老师教农民识字和算术。

1954年，长江流域发生百年来罕见的特大洪水，侏儒山地区水位全面超过历史最高纪录，阳湾村大部分农田被淹，部分低洼地方村民撤离到清风山搭棚子居住。谢本祥、何定金组织阳湾村群众投入防汛抗洪斗争，紧急开展救灾和灾后重建工作，努力恢复生产。

1955年，堵口复堤后，中共和丰支部成立，同时，宣传贯彻中共中央召开的第三次农业互助合作会议，谢本祥和何定金到五公村考察李木和办的初级农业生产合作社。同年冬，阳湾村发展3个初级合作社，第一初级合作社杨湾和谢湾、第二初级合作社欧阳湾、第三初级合作社小阳湾和蛟洼。

1956年5月，初级合作社发展成高级合作社，阳湾村改为幸福14社。项湾、傅湾为幸福13社。同年9月30日，幸福14社党支部召开群众大会宣传中国共产党第八次全国代表大会精神。谢本祥、何定金在大会上发表讲话，强调要集中力量解决农业生产不能满足人民生活需要的问题，尽快地把幸福14社的农业生产搞上去，让人民生活好起来。

1957年，幸福14社和13社在南屏垸开展棉田沟厢改革及棉田施底肥点播定株取得成功。棉花亩产大幅增长，集体经济逐步壮大起来。同年冬，区党委开始

布署以大炼钢铁为中心的“大跃进”运动。14社和13社党支部针对一些领导干部违背客观规律表现出的急躁冒进、急于求成、强迫命令的不良作风采取表面应付、思想上抵制的态度，坚持实事求是集中精力发展生产，改善人民生活。

1958年，13社并入14社，傅新樵任幸福14社党支部书记。这一年，全区高举总路线、“大跃进”、人民公社三面红旗，大搞亩产万斤粮，办大食堂，社员吃饭不要钱，按月发工资，跑步进入共产主义形成高潮。一些领导干部“官僚主义、强迫命令、瞎指挥、浮夸风、共产风”盛行，大搞“一平、二调、三收款”。“一平二调”是指在公社范围内实行贫富拉平，平均分配，县、社两级无偿调走生产队及社员个人的某些财物。“三收款”是指银行将过去发放给企业单位、农村生产队、城乡居民的贷款统统收回。14社100多名劳动力被抽调去大炼钢铁，南屏垸1000多亩成熟的黄豆和数百亩晚稻无人收割损失惨重，南屏垸1438亩土地被“一平二调”划走。

1959—1961年，粮食短缺，14社党支部及时安排各小队将大量黄豆分给农户，并组织群众在六海赛采莲藕捕鱼虾保障生活。这个时期，全社100多名劳动力被抽调去修建黄金水库和黄金机站，党支部发动一些老人到南屏垸耕地种庄稼。同时，允许群众在田头地角，荒坡荒滩上开荒种粮，增加收入。

1961年，幸福14社更名为阳湾大队，下辖7个生产小队。同年秋，合丰公社启动苏家垸垦荒造田，阳湾大队组织男女劳动力在苏家垸垦荒数百亩。

1962年春，阳湾大队党支部制订3年绿化计划，第一年在清风山植树5000余株。夏，宣传贯彻中央提出的“调整、巩固、充实、提高”的八字方针，集体经济开始恢复发展。此时，五公乡开展清理账目、清理仓库、清理财务、清理工分的“小四清”运动，一些干部遭受残酷斗争、无情打击。阳湾大队一些党员干部的积极性受到影响。同年秋冬，合丰公社修建苏家垸围堤，阳湾大队组织男女劳动力在苏家垸修建围堤长1800余米，并将开垦的数百亩土地种上了麦子。

1963年，阳湾大队党支部在全队开展学习毛主席“向雷锋同志学习”的题词，“雷锋精神在我心中”活动。同年，继续推进3年绿化计划，第二年在清风山、傅家山植树5000余株。同时，贯彻毛主席“农业学大寨”和“一定要消灭血吸虫病”的指示，学习大寨大队在国家经济困难时期，提出“不要国家救济款、救济粮、救济物资”的精神，自力更生、艰苦奋斗、依靠自己力量与穷山恶水作斗争。同年秋，阳湾大队党支部请县区血防站医生进村为广大农民群众检查治疗血吸虫病，在六海赛投放药物消灭钉螺。5月汛期，苏家垸围堤难以抵御洪水，垸内即将收割的庄稼被淹。

1964 年春，党支部继续推进 3 年绿化计划，第三年在清风山、傅家山等地全面完成植树造林任务。此时，中共侏儒区委在“小四清”运动基础上，创造性开展反对资本主义复辟斗争的“抓牛鼻子”运动，要求生产队党组织发动一些贫雇农“吐苦水”，清算所谓新生的“地主、富农”，一些勤俭持家、略有积蓄的农户被处罚没财物。

1965 年，阳湾大队党支部举办农民政治夜校，开展学习毛主席著作“老三篇”（《为人民服务》《愚公移山》《纪念白求恩》三篇文章），引导群众背诵毛主席语录，并实行政治工分，对能背诵“老三篇”的人给予工分奖励。同年，党支部一班人深刻总结极左思潮的危害性，认识到只有把农业生产搞上去，让人民生活好起来才是唯一出路，不搞极左和伤害群众的事，于是干群关系逐渐融洽，群众的生产积极性调动起来了。同时兴建六屋台机站、项湾机站、傅湾机站和蛟洼水库，改造水井 5 口。

1966 年 5 月，“文化大革命”爆发。1967—1969 年，造反派大搞破除“四旧”，横扫一切“牛鬼蛇神”。阳湾大队党支部处于瘫痪状态，一些干部和群众被抓去“戴高帽子”“挂黑牌”游斗。造反派狠批“唯生产力论”，割“资本主义的尾巴”，组织群众参加攻打汉阳县城的武斗。此后在长达数年的动乱中，阳湾大队广大共产党员和人民群众坚决抵制造反派倒行逆施，坚持“抓革命，促生产”，使农业生产仍保持良好的发展势头。

1967 年，武汉市 40 余名知识青年下放阳湾大队。共产党员和贫下中农为知识青年建房，教他们学习农活与生活技能。

1968 年，傅协成任阳湾大队党支部书记。当时因受极左思想的影响，农业学大寨的基本经验被改变为以阶级斗争和路线斗争为纲，把大寨从农业的先进典型演变成了执行“左”倾错误的典型。阳湾大队发生了取消农户的自留地和家庭副业，砍伐农民房前屋后的树木等割资本主义尾巴的行为，农民只剩下“鸡屁眼银行”去换取一点生活用品。

1970 年 7 月，杨圣之任阳湾大队党支部书记。同年 12 月，侏儒公社新的党委成立，邓南公社人王为峰任合丰公社党委书记，启动军山外垸堤防修建工程。次年 9 月，阳湾大队承建军山外垸南堤 300 多米的段面，经 5 个月的艰苦奋战圆满完成任务。

1971 年，阳湾大队党支部坚持安定团结，抓革命促生产，集体经济进一步壮大，大队办起炼灰厂、塑料厂和养蜂队。农民收入不断增长，生活明显改善。同年，阳湾大队在军山外垸新增 2000 亩土地。至 1974 年，阳湾大队党支部坚持以棉花生产为主，绝不放松粮食和多种经营，加强领导搞好大队工副业，集中精力抓好南屏垸千亩棉田高产基地建设，使皮棉产量达到了 100 斤/亩。按政策每亩皮棉奖励 200 斤粮票，一年获 20 万斤粮票奖励。农民的粮袋子、钱袋子开始鼓起来了，各家各户有了棉梗堆子和自留地。

1974 年，阳湾大队在军山外垸划出 50 亩地给 824 厂建仓库、宿舍、菜园、养鸡场、养猪场。824 厂送给阳湾大队一辆汽车和发电机组，解决了因长期停电"摸瞎"和运输方面的问题。同年，阳湾大队党支部带领群众将六海赛改为水稻田，种植水稻 88 亩，收获粮食 5 万余斤。

1975—1976 年，阳湾大队提升六屋台机站、项湾机站、傅湾机站和蛟洼水库服务功能，改造水井 5 口。整修村庄道路和南屏垸格田化道路，并参加侏儒至消泗湖区公路建设。

1976 年 9 月 9 日毛主席逝世，同年，一系列的重大事件相继发生，10 月 6 日粉碎"四人帮"，党支部组织群众传达中央文件，思想上政治上经受了严峻考验。

改革开放以后阳湾中共组织与活动

1978—1982 年，阳湾大队党支部一班人在杨圣之领导下坚持学习贯彻党的十一届三中全会精神，积极顺应历史潮流，坚持"改革开放"和"拨乱反正"，严格执行党在新时期的各项政策法规，协助上级为有"冤假错案"的人"平反"并恢复工作，"为地、富分子摘帽"，为有"海外关系"的人打通绿色通道，将一些因有家庭出身问题而受压抑的能人提拔重用。期间，大队党支部积极推行"家庭联产承包责任制"，将土地按人口分到农户，按照合同规定自主地进行生产和经营，其经营收入除按合同规定上缴一小部分给集体及缴纳国家税金外，全部归于农户。集体作为发包方除进行必要的协调管理和经营某些工副业外，主要是为农户提供生产服务。

1983 年，侏儒公社分为"一镇两乡"，乡下设村，阳湾大队改为阳湾村，隶属横龙乡。1985—1988 年，聂东平任阳湾村党支部书记，在横龙乡党委领导下开展以经济建设为中心，保持安定团结，坚持"四项基本原则"，反对"资产阶级自由化"，抓好对党员思想教育和整党等方面的学习教育活动。坚持物质文明和精神文明两手抓，充分发挥党组织战斗堡垒作用和党员先锋模范作用，坚定不移走强村富民之路，向人民群众宣传新人新风和传统美德，同时，全村征订党报党刊40余份，实现党员人手一份。积极支持一部分能人外出创业，鼓励少数人先富起来。在农业方面倡导大户承包种植，走名优特品种集约化经营之路，农田水利设施进一步完善，防汛、抗洪、抗旱、救灾等工作取得重大胜利，计划生育、殡葬改革等工作位居全乡前列。

1988—1989年，欧阳万祥任村党支部书记，1989—1991年杨艾之任村党支部书记，1991—1992年，杨圣之任村党支部书记。期间，村党支部毫不放松党员思想教育，针对社会上有的党员社会主义、共产主义信念动摇，理想模糊，纪律松弛，经不起金钱的诱惑和错误思想的侵袭，甚至出现极少数腐败分子等问题，坚持加强党的领导，坚持发挥党组织的核心作用和监督保证作用，发挥党员的先锋模范作用。

1992年9月12日，经国务院批准撤销汉阳县，设立武汉市蔡甸区，同月，区委、区政府根据省民政厅文件精神，决定撤销横龙乡、五公乡行政建制，“两乡”并入侏儒镇。同年10月，阳湾村6名党员代表参加中共侏儒镇第一次代表大会。1992—1995年，杨平轩任阳湾村党支部书记。1995年11月，阳湾村6名党员代表参加中共侏儒镇第二次代表大会。1995—1998年，欧阳瑞章任阳湾村党支部书记。1998—2000年，郑彦轩任阳湾村党支部书记。1999年11月，阳湾村6名党员代表参中共侏儒镇第三次代表大会。村党支部组织开展党的十四大、十五大精神学习宣传活动，贯彻党中央抓住机遇，加快发展的决策和战略部署。贯彻依法治国的基本方略，坚持公有制为主体、多种所有制经济共同发展，坚持按劳分配为主体、多种分配方式并存的社会主义初级阶段基本经济制度和分配制度。村党支部带领群众以邓小平理论统领大局，坚持以经济建设为中心，带领群众夺取1996年、1998年抗洪斗争胜利。同时，在全村开展“十星”文明户创建活动。2000年，境内遭遇百年一遇的特大旱灾，村党支部协助镇党委千方百计从汉川借水解决居民饮用水和农田用水困难，确保农业丰收。

2000年，侏儒镇改为侏儒街。2000—2003年，欧阳勤阶任阳湾村党支部书记。2003—2005年，欧阳万祥任阳湾村党支部书记。2005—2014年，杨社文任阳湾村党支部书记。2006年3月4日，胡锦涛总书记在参加全国政协十届四次会议民盟、民进界委员联组讨论时提出树立以“八荣八耻”为主要内容的社会主义荣辱观后，杨圣之等老党员建议村党支部将“八荣八耻”作为阳湾村公民道德建设新的标杆，推动形成良好社会风气，构建社会主义和谐社会。

2006—2011年，阳湾村党支部坚持围绕“启民智、谋民富、保民安”的工作理念，立足农业结构调整，促进农民增收；立足农业基础建设，改善生产条件；立足美丽村庄建设，提升综合服务层次；立足缓和化解矛盾，促进社会和谐稳定，团结拼搏，逆势而上，开拓进取，有力促进了村域经济的又好又快发展和社会平安和谐。村党支部全力推进基层组织基本队伍、基本阵地、基本制度、基本活动、基本保障为主要内容的基层党组织“五个基本”建设，党的组织体系、服务群众工作体系、宣传教育工作体系、民主管理体系、和谐稳定工作体系、工作保障体系、考核评价体系“七个体系”建设。村党员服务中心完善，基层组织台账档案规范健全，党员和党组织先锋模范和战斗力堡垒作用发挥突出，联系、服务、宣传、组织、致富群众到位，实现组织体系健全、基础功能增强、党员素质提高、工作机制完善、服务保障有力。村党支部以促进社会和谐稳定为切入点，加强农田水利基础设施建设，加快美丽村庄建设步伐，不断改善人居环境；积极推进创国家环保模范村庄工作和“两型”社会建设，强化村庄环境长效机制管理，深入推进大众创业、万众创新“双创”工作，“清洁家园”工程创建活动，完成村级“家园建设行动计划”创建工作基础建设，实现村湾通水泥公路；建成自来水供水工程，使长期以来困扰人们的饮水问题得以解决，全村群众都用上了清洁卫生的长江水。

2012—2013年，村党支部坚持围绕“都市农业的示范村街、城镇建设的窗口村街、经济活跃的中心村、和谐秀美的文明村”的发展目标，以党的群众路线教育实践活动为切入点，立足打造武汉西部红色农旅小镇和武汉市“菜篮子”两大发展定位，推进新农村建设和经济社会和谐稳定发展，同时侏儒山战役纪念馆动工建设。

2014年，侏儒街改为侏儒山街。在街党工委指导下，阳湾村党支部在党员和村民中积极培育和践行党的十八大提出，倡导的“富强、民主、文明、和谐，自由、平等、公正、法治，爱国、敬业、诚信、友善”24字社会主义核心价值观，对于铸牢理想信念、坚守价值追求、聚合磅礴之力具有重大意义，对巩固党员和村民团结奋斗的共同思想道德基础具有重要作用。

2015年，阳湾村党支部立足于不同阶段的不同特点，创造性地开展党的群众路线教育实践和“三严三实”专题教育活动，紧密围绕为民务实清廉的主要内容，聚焦“四风”突出问题，联系工作实际，扎扎实实完成学习教育、听取意见，查摆问题、开展批评，整改落实、建章立制三个环节的工作任务，达到了预期的目标。党员全部参加教育实践活动，参与覆盖面达100%。

同年，侏儒山战役纪念馆对外开放，红色教育活动开展得如火如荼，全国各地参观者纷至沓来。

当时曾发生党支部个别负责人纵容破坏生态，用垃圾填六海赛湖的问题，群众对此强烈不满。鉴此，欧阳国华果断出手保护六海赛湖生态资源，并经村民商议申报建设六海赛生态小镇。同时，村党支部认识到在生态文明建设体系中，作为核心内容之一的生态保育严重滞后，亟需确立“生态立村”战略，全面推进生态保育的主流化。为此，在阳湾村“两型社会”战略目标的基础上增列建设“生态健康型”社会的内容；在“节约资源”和“保护环境”方面贯彻落实“改善生态”的基本国策；在法制保障上贯彻落实“生态文明建设基本法”“生态保育法”和“湿地保护条例”“生态补偿条例”等法律法规，推进法律体系的生态化；在监管体制上由党员、村民建立生态保护、监督管理和生态治理良性循环机制。

2016年，阳湾村党支部在街党工委指导下，贯彻中共中央办公厅印发的《关于在全体党员中开展“学党章党规、学系列讲话，做合格党员”学习教育方案》，积极开展“两学一做”学习教育有针对性地解决问题，依托“三会一课”等党的组织生活制度，发挥党支部自我净化、自我提高的主动性，真正把党的思想政治建设抓在日常、严在经常；为推动全面从严治党巩固拓展党的群众路线教育实践活动和“三严三实”专题教育成果，进一步解决党员队伍在思想、作风、纪律、组织、方面存在的问题，保持党的先进性和纯洁性。

2017年，阳湾村党支部坚持立足蔡甸经济发展第三极发展定位，积极促进经济持续发展和社会和谐稳定。绩效目标奋力赶超，现代都市农业转型发展，农业抗灾体系逐步健全，红色教育活动持续开展，六海赛生态小镇建设步伐加快，城管革命进农村纵深推进，生态文明建设成效显著，农村文明指数不断提升，平安建设稳步推进，积极配合区、街综治部门，进一步健全社会管理体制、改进社会管理方式、完善社会管理手段、提高社会管理效能，努力走出一条具有阳湾特色的社会管理新路子，以整合资源、结合实际，创新方法为手段，通过“定格、定人、定责”，依托推进社会管理创新“网格化管理”工作信息平台，积极探索建立健全职责明确、管理精细、信息共享、渠道畅通、服务有效的网络体系。无邪教创建工作水平提升，促进防范处理邪教长远建设和科学发展，有效维护社会稳定。期间，由于党支部个别负责人存在严重问题，造成群众上访，个别负责人被街纪委勒令停职检查。

2018—2019年，袁胜军任阳湾村党支部书记。红色教育基地侏儒山博物馆、铁军亭和六海赛生态小镇建设更趋完善，接待全国各地参观者达10多万人次。同时，脱贫攻坚持续深化，民生事业长足发展，党的建设不断深化加强。坚持“六抓、六促”：抓产业，树品牌，促乡村全面振兴；抓统筹，出亮点，促城乡面貌改善；抓维稳，保安全，促社会和谐稳定；抓落实，补短板，促精准脱贫攻坚；抓长远，惠民生，促幸福指数提升；抓党建，正风纪，促服务效能增强。村党支部工作成绩显著，获市、区表彰。

2020—2021年，杨家斌任村党支部书记。面对突发的新冠病毒疫情，村党支部组织广大群众严密防控，无一人感染。同时，阳湾村被中组部、中华人民共和国财政部评为全国200家红色美丽村庄之一。村党支部以全面落实“三农”工作为主线，以促进农民增收致富和改善农业基础设施和村民基本生活条件为目的，以提升村党组织领导下的村民自治管理水平为目标，大力推进实施“致富门道明晰，基础设施完善，社保体系建立，社会和谐稳定”等“四到家园”行动计划，立足村情，因地制宜，以垂钓观光休闲项目为依托，强力整治村湾环境，改善村容村貌；以西湖垸瓜蒿基地为载体，发展特色农业，明晰致富门道，促进村民增收致富；将军山外垸2000亩农田流转给博茂公司改造为特色农业生产基地，将六海赛湖面改造为莲藕、垂钓观光休闲区，作为村民稳定增收的渠道。同时大力促进科技兴农，扶持科技示范户，选拔科技致富带头人，加大农技推广力度，开办科技园地，举办农业实用技术讲座，推广使用农业新技术和良种引进。实施健全生产经营经济实体，发展健全服务农业的各类协会等中介组织和专业经济实体，加强对生产经营、指导、服务等具体工作。推广农业机械使用，积极扶持农机专业户，开展农机人员培训工作。

以基础设施建设为重点，改善村民生产生活条件，按照国家政策和各行业建设管理标准，科学规划，合理布局，完成水、路、电、信息通、改造水、厕、猪圈、垃圾堆和绿化等基础设施项目建设。健全村党组织，深化党的建设区、街、村“三级联创”和“领头雁”活动。健全村民会议、村民代表会议、村民委员会和村民小组组织制度，明确职责，发挥村民自治的作用，加强干部培训，提高干部素质，按标准新建村委会办公室和村民多功能活动室和科技文化室。健全和完善村务公开和民主管理制度，提高村民依法行使民主管理的能力。抓好普法工作，加强法制宣传教育，创建民主法制示范村。以落实新型农村合作医疗，落实粮食直补、良种补贴及五保、低保、优扶政策为主体，促进社保体系建立；以加强村务公开民主管理，加强社会治安综合治理为手段，促进民风好转，社会和谐稳定。

2021 年 7 月，杨圣之获中央组织部颁发的光荣在党 50 年纪念章。

同年 9 月，村党支部召开全体党员会议，学习宣传伟大建党精神，每个党员深刻领会“坚持真理、坚守理想，践行初心、担当使命，不怕牺牲、英勇斗争，对党忠诚、不负人民”32 字建党精神是立党兴党强党的精神原点、思想基点，也应成为中国共产党人的安身之魂、立命之本，大力弘扬伟大建党精神，内化于心、外化于行。同年 10 月，阳湾村党支部召开换届选举会议，杨家斌当选村党支部书记。

阳湾村历任村（大队）党组织负责人名单

姓名	职务	任职时间
谢本祥	合丰支部、幸福 14 社支部委员	1955—1957 年
何定金	合丰支部、幸福 14 社支部委员	1955—1957 年
傅新桥	阳湾大队党支部书记	1958—1968 年
傅协成	阳湾大队党支部书记	1968—1970 年
谢本祥	阳湾大队党支部委员、副书记	1958—1985 年
杨圣之	阳湾大队、村党支部书记	1970—1985 年
聂东平	阳湾村党支部书记	1985—1988 年
欧阳万祥	阳湾村党支部书记	1988—1989 年
杨艾之	阳湾村党支部书记	1989—1991 年
杨圣之	阳湾村党支部书记	1991—1992 年
杨平轩	阳湾村党支部书记	1992—1995 年
欧阳瑞章	阳湾村党支部书记	1995—1998 年
郑彦轩	阳湾村党支部书记	1998—2000 年
欧阳勤阶	阳湾村党支部书记	2000—2003 年
欧阳万祥	阳湾村党支部书记	2003—2005 年
杨社文	阳湾村党支部书记	2005—2019 年

续表

姓名	职务	任职时间
袁胜军	阳湾村党支部书记	2019—2020 年
杨家斌	阳湾村党支部书记	2020—2021 年
聂东平	副书记	1970—1985 年
谢本祥	副书记	1985—1990 年
杨光灿	副书记	1991—1992 年
欧阳勤阶	党支部委员	2002—2005 年
项小国	党支部委员	2002—2005 年
项小国	党支部委员	2005—2008 年
杨家斌	党支部委员	2008—2011 年
杨家斌	党支部委员	2011—2014 年
方玉荣	党支部委员	2011—2014 年
杨家斌	党支部委员	2014—2018 年
方玉荣	党支部委员	2014—2018 年
杨家斌	党支部委员	2018—2020 年

村级组织与活动

清至民国，侏儒山地区村庄推行具有二元结构性质的保甲制（官民共治），同时，封建阶级不断强化“政权、族权、神权、夫权”的统治，成为束缚农民的“四条绳索”。1927 年 10 月，阳湾农民群众在中国共产党领导下参加苏维埃政权建设。1939 年参加抗日民主政权，抗日战争胜利后参加地方政权建设。1949—1952 年建立村、乡组织，1953—1984 年建立互助组、幸福 14 社、阳湾大队，1984—2021 年建立阳湾村村民委员会。

清至民国时期村级组织与活动

旧中国封建政权长期过度剥夺农村，国民政府对农民采取了残酷苛重的压榨政策，使农村受到了极大的摧残。至抗日战争时期，阳湾村防灾、治灾、救灾基础建设极其薄弱，农业抵抗自然灾害能力大为降低，农村遍地灾荒。苛政“人祸”与自然“天灾”交织相迫，农村经济连年衰败，不少农民“命悬一线”，陷入求生无望、“坐而待毙”的绝境，从而孕育和酿造了群体反抗与革命的土壤。国民党反动政权调动保安团、清乡团疯狂镇压人民革命运动，以维护其对社会的反动统治。

阳湾村在民国时期已有欧阳、杨、谢、郑、项、傅等家族，家族中建有宗祠，设有祖先牌位，编纂有族谱，制定有族规，家族中选有族长，行使民事裁夺权并可对严重触犯族规者进行惩处。在乡村宗法制度下，族长对家族的支配权力，或家长对家庭成员的支配权力越来越严苛。寡妇不能再嫁，如再嫁由族长处以“沉塘”死刑，参加红军造反者，按“连坐法”一人犯罪株连九族。

和丰禅林古庙是神权对人民进行精神统治的地方，僧道们自称能通神明，具有神所赋予的举行祭祀、超度亡灵、为人类赎罪等权力。阳湾村许多农民信奉神灵，每年定期参加祭祀活动，向庙里捐灯油费、香火钱。信徒们在这里向菩萨顶礼膜拜，深刻检讨自己的罪过，以求得神的宽恕。

“夫权”是指夫妻关系中，丈夫控制支配妻子的权利，体现了剥削阶级社会中男女在夫妻关系中的不同地位。在夫权统治下，夫妻之间是一种尊卑、主从关系。丈夫对妻子奴役和施行暴力不足为怪。

苏维埃人民政权组织与活动

1929 年 3 月，徐质夫、蒋天树、刘可人、刘柏章等在和丰禅林古庙召开会议，借鉴汉川南河渡川阳县边区苏维埃政府的经验，于 11 月下旬召开侏儒山地区苏维埃人民代表大会并建立乡苏维埃人民政权。团结广大贫苦农民打倒帝国主义，打倒军阀，打倒贪官污吏，打倒土豪劣绅，实行土地革命，使“耕者有其田”。同年 11 月，蒋天树组织欧阳文喜、杨秋成、傅德树、方旺、傅在炎、傅鹤林、项新山等人在和丰堡庙召开三堡（和丰堡：今之阳湾、中刘；六海堡：今之百赛；龙泉庵：今之中湾、戴湾）联村农民代表大会，建立和丰乡苏维埃人民政权，辖欧阳湾、小阳湾、西阳湾、谢湾、项湾、傅湾、蛟洼、百仗赛、沙咀、道士湾、中刘家、八屋岭、黄家台、戴湾、中湾、鲍湾等自然村湾，下设农民协会、妇女协会、赤卫队、儿童团等组织。同年 11—12 月，蒋天树、刘可人、刘发廷、欧阳文喜、杨秋成、傅德树、方旺、傅在炎、傅鹤林、项新山等代表和丰乡苏维埃人民政府组织群众开河筑堤，抢堵西湖垸、西子山的溃口与南屏垸五星的溃口以及培修西湖垸南屏垸大堤等。疏浚河沟，开挖南屏垸从汉川至汉阳的主河流与垸内的沟渠等，设立南屏垸、西湖垸清丈局清丈田亩数量，作为以后平均地权之用。区妇女协会主席黄梅英组织欧阳湾、小杨湾、傅湾、项湾、蛟洼等村数十名妇女在合丰禅林古庙召开妇女大会，宣传男女平等、妇女解放，鼓励妇女走向社会参加革命斗争，谴责恶婆悍夫虐待妇女行为，并抓几个恶婆挂黑牌子游行。合丰乡儿童团下分 3 个中队，协助乡农会召开动员大会，打倒土豪劣绅。儿童团还和妇女协会一起斗争反动官僚、土豪劣绅、不法商人、取缔烟馆、赌场，参与赤卫队消灭地主武装。

1930 年 1 月 25 日，川阳独立大队在和丰乡赤卫队、农民协会配合下进攻侏儒山清乡团，缴获步枪 10 余支，翌日在侏儒山集镇召开群众大会，发宣言，贴标语，给贫苦民众分配谷物柴草。是年春，川阳边区县委派萧利三督修南屏垸闸，蒋天树率刘发廷、欧阳文喜、杨秋成、傅德树、方旺、傅在炎、傅鹤林、项新山等人配合川阳独立大队执行守卫任务。和丰乡苏维埃人民政权存续时间为 1929 年 11 月—1930 年 8 月。

抗日民主政权

1939 年秋，国民党汉阳县政府迁往侏儒山，建立了集合农民、工人、小资产阶级和民族资产阶级，还包括除了汉奸、大地主大资产阶级投降派以外的一切政治力量参加的侏儒山地区统一战线抗日民主政权。傅德树、方旺、傅在炎、傅鹤林等代表和丰乡群众参加由县长陈绳武主持召开的汉阳县抗日民主代表大会，并当选为抗日民主政权代表。1942 年，新四军发动三打侏儒山战役取得决定性胜利。1943 年夏，中共汉沔工委书记彭怀堂在侏儒山建立了中心乡抗日政权。欧阳湾、小阳湾、西阳湾、谢湾、项湾、傅湾、蛟洼派出代表参加中共汉沔侏儒山中心乡抗日政权建设。1944 年 4 月，中共“汉（汉阳）、沔（沔阳）行政委员会”在汉阳县境内建立了“汉阳联乡政府”，在侏儒山设乡级抗日政权。侏儒山集镇和各村湾（家族）负责人为抗日政权组成人员，支持新四军开展敌后斗争。1944 年 4 月成立汉沔行政委员会，1946 年 1 月撤销。欧阳湾、小阳湾、西杨湾、谢湾、项湾、傅湾、蛟洼广大农民积极参加抗日民主政权活动。

抗日战争胜利后地方政权

1945 年抗战胜利后，汉阳县属第三行政督察区（随县）专员公署。废区制，实行新乡制，设侏儒乡，欧阳湾、杨湾、傅湾、项湾、蛟洼隶属侏儒乡。1948 年 2 月，中共成立川汉沔县政府，欧阳湾、小阳湾、西阳湾、谢湾、项湾、傅湾、蛟洼派出代表参加川汉沔县政治协商会议，为迎接侏儒山地区解放做好准备工作。

土地改革时期村组织与活动

1949 年 4 月成立汉阳县第四区（侏儒大区），在区委、区公所领导下，谢本祥、何定金等人在欧阳湾、小阳湾、西杨湾、谢湾、项湾、傅湾、蛟洼组织发动农民开展舞龙灯、划采莲船、踏高跷、玩蚌壳精等文艺活动，广大农民敲锣打鼓庆翻身作主人，热烈拥护中国共产党，迎接中华人民共和国成立。热烈欢迎第四区军政领导小组和区公所领导干部进驻阳湾村开展民主建政工作，改造旧政权，废除了国民党政权设立的保甲制度，建立中国共产党领导的村政组织。阳湾、中刘、百赛、戴湾、中湾为和丰村，在全区率先成立和丰村农民协会，选举谢本祥为农民协会主席，在区委指导下制定《和丰村农民协会章程》并在各自然村进行宣传，组织发动广大雇农、贫农、中农及农村中一切反封建的积极分子加入农民协会，学习贯彻《中华人民共和国土地改革法》。阳湾村在谢本祥、何定金等人的组织领导下，广大雇农、贫农、中农都加入了农民协会，并开展“吐苦水”，揭发地主恶霸的罪行。农民协会大力宣传贯彻人民政府的政策法令，有步骤地实行反封建的社会改革，保护农民利益，组织农民开展生产，改善农民生活。谢本祥、何定金、周少堂、欧阳耀章、杨彦堂组织群众兴修欧阳、谢湾和蛟洼等塘堰水库。农民协会保障农民的政治权利，提高农民的政治和文化水平，引导他们参加人民民主政权的建设工作，筹备土地改革。

1950 年，欧阳湾、小阳湾、西阳湾、谢湾、项湾、傅湾、蛟洼土地改革和乡村建政工作被列为全区试点。和丰村改为和丰乡，阳湾、中刘、百赛、戴湾、中湾为和丰乡，原和丰村农民协会改为和丰乡农民协会。土改工作队进入阳湾试点村后，坚持群众路线，首先依靠农民协会，召开斗争大会和开展诉苦教育，发动群众揭露地主阶级的罪恶，帮助贫苦农民认清地主的发家史和农民的血汗史以及解放后农民地位的变化，启发农民的阶级觉悟。在此基础上，吸收农民积极分子和各方面代表人物巩固健全农民协会，使之成为土改中有权决定没收和分配土地财产的合法执行组织，谢本祥等筹建的农民协会因工作成绩显著受到区军政领导小组和区领导的好评。农民协会协助土改工作队先后召开群众大会、贫雇农大会、农民代表大会等各种会议，宣传《土地改革法》和进行土改的正义性和必要性，逐条逐句地向农民解释《土地改革法》。同时，对小土地出租者、富农和地主等各个阶层也进行了宣传教育，通过召开各种座谈会，讲明政策，使人人遵守并拥护土改法令。

土改工作队和农民协会根据中央人民政府颁布的《关于划分农村阶级成分的决定》等有关精神，组织召开乡农民协会代表大会，开展宣传动员和部署工作，然后以自然村为单位召开农民协会会员大会和村民大会，贯彻乡农民协会精神，讨论和划分阶级成分。同年 6 月 25 日，朝鲜内战爆发，7—12 月，阳湾、傅湾发动群众参加中国人民志愿军和捐献资金支持抗美援朝运动，傅玉和之子傅汉桥、傅华桥参加中国人民志愿军入朝作战。

1951 年 9 月，土地改革运动全面铺开。土改工作队在农民协会协助下深入到欧阳湾、小阳湾、西阳湾、谢湾、蛟洼、项湾、傅湾访贫问苦，广泛发动群众，深入宣传《土地改革法》，严格依照中央人民政府颁布的政策划分农村阶级成分。时欧阳湾、小阳湾、西杨湾、谢湾、蛟洼划分地主 10 户，富农 3 户，中农 71 户，贫农 35 户，贫民无田 6 户。土改工作队在农民协会依法废除地主阶级封建剥削的土地所有制，实行农民的土地所有制，没收地主和祠堂、庙宇、族产、庙产等在农村的土地，解放农村生产力，发展农业生产。富农所有自耕和雇人耕种的土地不得侵犯，其出租的少量土地一般也予以保留。土改中团结中农，保护农民的土地及其他财产不受侵犯。所有没收和征收得来的土地和其他生产材料，除依法收归国家所有的外，统一地、公平合理地分配给无地少地的贫苦农民。对地主同样分给一份土地，使其自食其力，在劳动中改造成为新人。

在土地划成分中，农民协会与工作队坚持政策实事求是，确保不错划一个成分。

1952 年设小乡，和丰村改为和丰乡，何定金任副乡长，和丰村农民协会更名为和丰乡农民协会。

互助组、合作社、生产队时期组织与活动

1952 年，土改运动后，阳湾村因少数农民没有抵抗自然灾害的能力，个别农户甚至将土地抛荒或租给别人耕种，开始出现“两极分化”现象。村农会及时引导农民组织以自愿换工形式的互助组，采取人工、牛力互换，平等互利，劳动价值相当的生产互助，推动农业生产共同发展。1953 年，欧阳湾、小阳湾、西阳

湾、谢湾、蛟洼有农户 122 户，成立农业互助组 3 个。年底，试办初级农业合作社 2 个。

1954 年，互助组发展到 15 个，入组农户占总户数的 46%。年底，6 个自然村湾初级农业合作社发展到 4 个。至 1955 年，6 个自然村湾均成立了农业初级合作社，实行社员私有土地作价入股，统一经营；大型农具、耕畜等入社统一使用，由社付报酬，或作价入社，由社分期付款；以按劳分配为主，辅以土地分红。这种初级农业合作社是建立在生产资料私有制基础上、以土地分红为特点的半社会主义性质的农民土地所有制组织。

1956 年 5 月，初级合作社发展成高级合作社，欧阳湾、小阳湾、西阳湾、谢湾、蛟洼改为幸福 14 社，项湾、傅湾为幸福 13 社。开始在生产资料集体所有基础上建立完全社会主义性质的高级农业生产合作社，社员的土地一律入社，为合作社集体所有，取消土地分红。社员的牲畜和大农具，一律折价入社，不得私有。合作社的农副业生产，统一由社管理和经营。社员按照居住和有利于生产的原则，编为 3 个生产队，1 队西杨湾、谢湾，2 队欧阳湾，3 队小阳湾、蛟洼。农民在社、队的统一领导和安排下参加生产经营活动，按劳动的质量和数量评工计分，年终按劳动日数参加社的统一分配。至 1956 年底，阳湾高级农业合作社入社的农户为全村总农户的 87.8%。1957 年，幸福 14 社生产队仍为 4 个，占总户数的 96%。基本上完成了对农业生产资料私有制的社会主义改造，实现了高级社化。

1958 年，13 社（项湾、傅湾）并入 14 社，生产队扩大到 5 个。同年 9 月，幸福 14 社更名为阳湾大队，下辖 7 个生产小队。由上级任命谢本祥为大队长，另设副大队长 1 人，民兵连长、妇女主任、会计和出纳各 1 人。生产队和生产大队的干部全是本队成员，大队本级为独立预算单位，大队与生产队属于上下级关系，大队对生产队有管理和干预权。大队直接安排的人员实行“工分制”，而分配主要通过粮食分配来实现，由于大队自身没有粮食生产，所有人员均直接参加所在生产队的分配，生产队和大队通过村级统筹、集体提留、分摊等形式调整经济往来关系。生产大队一切事务都由党支部决定，大队长等生产队干部按照党支部分工去执行。

1958—1960 年，由于总路线、“大跃进”、人民公社化运动的严重失误，忽视了经济发展的客观规律，过分夸大了主观意志和主观努力的作用，使“高指标”“瞎指挥”“浮夸风”“共产风”等错误大肆泛滥，农业生产遭到极大破坏，集体经济比例严重失调，人民生活发生严重困难。和丰管理区在土地面积上大搞绝对平均主义“一平二调”，将阳湾大队南屏垸耕地1438亩无偿划走分给其他大队。

1961年，在“调整、巩国、充实、提高”的方针指引下，实行“三级所有，队为基础”，阳湾大队解散集体食堂，纠正浮夸风、共产风的错误，并号召社员在田边地角，见缝插针，种植各种小杂粮，熟荒三年不负担公粮，生荒五年不负担公粮。所收粮食，由私人储备，基本摆脱了“过分集中”和“吃大锅饭”的弊端。农业生产获得恢复和发展。同年秋，合丰公社启动苏家垸垦荒造田，阳湾大队组织男女劳动力参加苏家垸垦荒造田。

1962年夏，阳湾大队宣传贯彻中央提出的人民公社“六十条”，划小核算单位，重申多劳多得的政策。在分配方式上实行“三个基本”（工分、出勤日、肥料）保“一个基本”（口粮）。1963—1965年，阳湾大队坚持发展生产，改善人民生活效果明显。

1966年，“文化大革命”发生，阳湾大队主要负责人被作为走资本主义当权派予以批斗，造反派大批“唯生产力论”，刮起一股“穷过渡”和“割资本主义尾巴”的共产风，生产队按政治表现记“大寨工”，人称“大概工”。实行评底分记工，一般是男10分、女8分，男女同工不同酬。加上会议工、补助工、照顾加靠工，名目繁多，按劳分配名存实亡。分配上的不合理带来群众生产情绪低落，农业生产停滞不前。这个时期，生产小队成为村政组织的中流砥柱，阳湾大队7位小队长将群众紧密团结在一起，奋力夺取农业丰收。

1971年，阳湾大队大力宣传贯彻毛主席“农业学大寨”“一定要消灭血吸虫病”“抓革命，促生产”的指示。调动全部男女劳动力参加军山外垸堤防建设。1972—1975年，侏儒公社社办企业和农田水利基本建设摊子越铺越大，在各生产队无偿抽调劳动力也越来越多，外出人员不仅不给生产队交收入，而且还在生产队记工分参加实物和资金分配。“一大二公”的生产关系严重制约着农业生产力的发展。1976年，毛主席逝世，粉碎“四人帮”等事件相继发生，一场新的伟大变革即将到来。1978年，中共十一届三中全会召开，农村改革悄然兴起，阳湾大队逐步探索实行以包产到户、包干到户、分田到户为主要形式的家庭联产承包责任制，极大地激发了农民的劳动热情，解放了农村生产力，为解决农村的贫困问题找到了出路。到1979年，生产队体制完全瓦解，随后冲击到生产大队，新的村政组织体制呼之欲出。

村民委员会

1983年10月，阳湾大队传达中共中央、国务院联合发出《关于实行政社分开，建立乡政府的通知》，政社分设后，农村经济组织的形式和规模可以多种多样，不再自上而下强行推行某一种模式，既调整了生产关系，又改进和加强了农村政权工作。

1984年，侏儒人民公社完成了政社分开工作，建立了侏儒镇、横龙乡、五公乡。阳湾大队更名为阳湾村，隶属横龙乡。同年，横龙乡党委和民政部门指导阳湾村筹备成立村民委员会，组织学习修订颁布的《宪法》第111条关于“村民委员会是基层群众自治性组织”的规定，民政部下发的《关于开展村民自治示范活动的通知》，实行“四个民主”：民主选举、民主决策、民主管理、民主监督，“三个自我”：自我管理、自我教育、自我服务的基本社会政治制度。

1985年，阳湾村全面推进村级民主选举，把干部的选任权交给村民，由村民直接选举或罢免村委会干部。村委会由主任、副主任和委员3人组成，每届任期5年，届满应及时进行换届选举。选举实行公平、公正、公开的原则，把“思想好、作风正、有文化、有本领、真心愿意为群众办事的人”选进村委会班子，选出一个群众信赖、能够带领群众致富奔小康的村委会领导班子。

1986—1989年，阳湾村村委会全面推进村级民主决策，把重大村务的决定权交给村民。凡涉及村民利益的重要事项，如乡统筹的收缴方法，村提留的收缴和使用，享受误工补贴的人数及补贴标准，从村集体经济所得收入的使用，村办学校、村建道路等公益事业的经费筹集方案，村集体经济项目的立项、承包方案及村公益事业的建设承包方案，村民的承包方案，宅基地的使用方案等，都提请村民会议或村民代表会议讨论，按多数人的意见作出决定。同时，全面推进村级民主管理，把日常村务的参与权交给村民。依据国家的法律法规和党的方针政策，结合本地的实际情况，全体村民讨论制订村民自治章程或村规民约，把村民的权利和义务，村级各类组织之间的关系、职责、工作程序以及经济管理、社会治安、村风民俗、计划生育等方面的要求，规定得明明白白，加强村民的自我管理、自我教育、自我服务。全面推进村级民主监督，把对村干部的评议权和村务的知情权交给村民。通过村务公开、民主评议村干部和村委会定期报告工作等形式，由村民监督村中重大事务，监督村委会工作和村干部行为。民主监督的重点是村务公开，凡是村里的重大事项和村民普遍关心的问题，都应向村民公开。村委会直选产生，主要任务：制定和监督执行村规民约。协助党和政府贯彻落实国家的法律政策，组织村办经济，维护本地治安，发展公共福利，人民调解，乡村教育文化事业等。

1987 年 11 月 24 日，阳湾村委会贯彻实施《村民委员会组织法》（试行）在完成村民委员会选举的基础上，推选村民小组长，建立村级治安调解、文教卫生、社会保障 3 个工作委员会，并制订村委会成员工作责任制、村民会议、村规民约等 6 项制度。截至 1991 年 12 月，阳湾村村委会辖 11 个村民小组。

1992 年，阳湾村隶属侏儒镇，村委会换届选举每 3 年进行一次。1992 年，阳湾村进行第一次村委会换届选举。1995 年，进行第二次村委会换届选举。1999 年，进行第三次村委会换届选举，由村民直接提名村委会成员候选人，并选举村委会成员。

2000 年后，阳湾村按照《湖北省村民委员会选举办法》的规定，村民选举委员会的成员，由村民会议、村民代表会议或者各村民小组会议推选产生。

2008 年，为加强对村级两委会换届工作的组织领导，经街党工委研究决定，阳湾村成立村级两委会换届领导小组。街工委、办事处按照“提前准备、打好基础，先换支委、后换村委，顺其自然、尊重民意，分期分批、先易后难”的 16 字工作指导方针推进村级组织第七届换届工作。

2014 年，阳湾村在街党工委领导下，开始实行村党组织书记兼任村委会主任“一肩挑”，推进村“两委”班子成员双向进入、交叉任职，加大年轻干部配备力度，重视选拔女干部，村“两委”干部职数 4 人。

2018 年，阳湾村进行第十届村民委员会换届选举，选举工作分五个阶段进行：准备阶段、宣传发动阶段、选举实施阶段、建章建制阶段、验收总结阶段。选举时间延至 2019 年元月底结束。

2019—2020 年，阳湾村实施红色美丽乡村建设，以村委会为主体，以共建单位为辅助，以村志愿者、公益爱好者等社会力量参加为补充，在村建立“街道＋村＋共建单位＋社会力量”多元共治服务体系，不断聚合辖区资源，让服务优势互补，逐步形成多元化治理新格局。同时，村委会集中民智制定村务、财务公开、监督、审计等一系列规章制度。

2021 年 12 月，阳湾村完成第十一届村委会换届选举。此后，阳湾村民委员会实行每 5 年一次换届选举。

阳湾村历任村（大队）委员会有关成员名单

姓名	职务	任职时间
谢本祥	农会主席、贫协主席、大队长	1950—1968 年
何定金	农会委员、和丰乡副乡长、幸福 14 社社长	1950—1956 年
杨明之	农会、幸福 14 社委员	1950—1956 年
郑坤仿	幸福 14 社会计	1956—1957 年
刘福喜	民兵连长	1956—1957 年
谢本祥	农会主席、贫协主席	1950—1957 年
欧阳文棣	副主任	1956—1957 年
杨圣之	副主任	1956—1957 年
刘培芝	妇联主任	1956—1958 年
郑见桥	合作社、大队委员	1957—1958 年
刘安清	合作社、大队委员	1957—1958 年
刘望仙	合作社、大队委员	1957—1958 年
杨圣之	会计	1958—1970 年
项长辉	贫协主席	1958—1968 年
欧阳清章	民兵连长	1958—1968 年
刘培芝	妇联主任	1958—1968 年
张末英	妇联主任	1958—1968 年
杨文棣	大队委员	1959—1961 年
邹德雄	民兵连长	1968—1970 年
杨光灿	贫协主席	1968—1970 年
欧阳彩云	妇联主任	1968—1970 年
欧阳清章	大队长、村主任	1968—1992 年
邹德雄	副大队长	1970—1985 年

续表

姓名	职务	任职时间
欧阳传章	副大队长	1970—1985 年
刘福喜	民兵连长	1970—1985 年
杨光灿	会计	1970—1985 年
欧阳少平	治保主任	1970—1985 年
团支部书记	欧阳万坤	1970—1985 年
刘义芝	妇联主任	1970—1985 年
欧阳传章	大队委员、村主任	1970—1985 年
欧阳万坤	团支部书记	1975—1978 年
傅新明	大队、村委员	1980—1985 年
项久宽	大队、村委员	1980—1985 年
项久宏	村委员	1985—1991 年
李改成	村委员	1985—1988 年
杨艾之	村主任	1985—1988 年
刘自功	村主任	1988—1989 年
刘四先	妇联主任	1985—1990 年
杨家斌	会计	1989—1991 年
欧阳传章	村主任	1991—1992 年
朱登文	妇联主任	1991—1992 年
项友成	村委员	1991—2002 年
欧阳稳山	村委员	1991—1992 年
欧阳水章	村委员	1991—1992 年
欧阳万信	村委员	1992—1998 年
欧阳昌全	村委员	1992—1998 年
欧阳杰祥	村委员	1992—1998 年

续表

姓名	职务	任职时间
欧阳瑞章	村主任	1992—1995 年
傅小娥	妇联主任	1995—1998 年
尹小丽	妇联主任	1998—2000 年
杨家玉	村委员	1999—2002 年
杨小轩	村主任	2000—2003 年
方玉荣	妇联主任	2002—2005 年
杨社文	村主任	2002—2005 年
杨家斌	会计	2002—2005 年
方玉荣	妇联主任	2002—2005 年
方玲莉	妇联主任	2005—2008 年
欧阳荣国	村主任	2008—2011 年
方玉荣	妇联主任	2008—2011 年
刘锡平	村委员	2008—2011 年
欧阳荣国	村主任	2011—2014 年
榜样黄利霞	妇联主任	2011—2014 年
欧阳荣国	村主任、村委	2014—2020 年
刘锡平	村委员	2014—2018 年
郑良帅	村委员	2018—2020 年
黄利霞	妇联主任	2018—2020 年
方玉荣	妇联主任	2021 年

民兵武装

苏维埃赤卫队

1929 年 11 月上旬，蒋天树组织欧阳湾欧阳文喜，小杨湾杨秋成，傅湾傅德树、方旺、傅在炎、傅鹤林，项湾项新山等人在和丰堡庙召开三堡（和丰堡：今阳湾、中刘；六海堡：今百赛；龙泉庵：今中湾、戴湾）联村农民代表大会，建立和丰乡苏维埃人民政权，辖欧阳湾、杨湾、谢湾、傅湾、项湾、蛟洼、百赛，沙咀、道士湾、中刘家、八屋岭、黄家台、戴湾、中湾、鲍湾等自然村湾，并成立农民赤卫队等组织。同年 9—12 月，赤卫队参加和丰乡苏维埃人民政府组织的开河筑堤，抢堵西湖垸、西子山的溃口与南屏垸五星的溃口以及培修西湖垸南屏垸大堤等工程。疏浚河沟，开挖南屏垸从汉川至汉阳的主河流与垸内的沟渠等，协助乡农会召开动员大会，打倒土豪劣绅。儿童团还和妇女协会一起斗争反动官僚、土豪劣绅、不法商人、取缔烟馆、赌场，消灭地主武装。

1930 年 1 月 25 日，和丰乡赤卫队配合川阳独立大队进攻侏儒山清乡团，缴获步枪 10 余支，翌日在侏儒山集镇召开群众大会，发宣言，贴标语，给贫苦民众分配谷物、柴草。是年春，川阳边区县委派萧利三督修南屏垸闸，蒋天树率赤卫队配合川阳独立大队执行守卫任务。在工农武装三次树旗中，和丰乡赤卫队员参加了树旗仪式。

土改时期阳湾民兵连

1949 年冬开始，阳湾谢本祥、何定金在区委和人民解放军代表指导下，首先组织 10 多位苦大仇深的贫雇农成立了民兵连，还配有枪支，主要任务是抓捕不法地主恶霸和坏分子。

1950 年，谢本祥、何定金带领民兵连配合区党委派遣的干部和人民解放军深入阳湾村开展清匪反霸的斗争，建立和巩固地方人民政权，向广大农民宣传中国共产党七届三中全会精神和《中华人民共和国土地改革法》。1950 年，谢本祥、何定金带领民兵连配合军代表和农会召开对地主恶霸和坏分子的斗争大会。随同土改工作队深入农户访贫问苦，逐步把群众发动起来，建立以贫雇农为核心的农民协会。作为土改时的地方武装，为广大贫雇农撑腰壮胆，开展对地主阶级面对面的斗争，揭露他们的罪恶，打垮他们的威风，并将其中罪大恶极的分子和破坏土改的分子押送到区里去审查。在斗争胜利的基础上，民兵连配合工作队和农民协会没收地主的土地和财产，分配给无地、少地的农民，并在分配完成后进行复查，由人民政府颁发土地证。民兵连在村里站岗放哨，提防敌特搞破坏活动。同年 6 月 25 日朝鲜内战爆发，7—12 月，谢本祥、何定金带领民兵连发动阳湾村群众参加中国人民志愿军和捐献资金支持抗美援朝运动。

人民公社时期阳湾大队民兵组织与活动

1958—1984 年，阳湾大队民兵连先后由刘福喜、邹德雄、欧阳清章任民兵连长，主要职责：认真学习贯彻党的路线、方针、政策和区、公社人民武装部关于民兵预备役工作的指示，同指（教）导员一起定期召开民兵工作会议，研究落实措施，带领民兵完成上级赋予的各项任务，抓好民兵连建设；负责民兵连组织建设，具体落实民兵连组织整顿，搞好预备役登记，统计工作；协助指（教）导员对民兵进行政治审查，落实民兵政治教育；负责完成上级赋予的民兵军事训练任务；负责兵役登记和征兵工作；组织和带领民兵参加战备值勤，维护社会治安，保护国家、集体和人民群众利益。积极开展“全民皆兵、以劳养武、富民强兵”活动；随时准备战时负责带领民兵参军参战，支援前线，保卫后方，并在党支部领导下对地富反坏右分子实行人民民主专政。

改革开放以后阳湾村民兵组织与活动

1985—2000 年，阳湾村民兵连工作由党支部、村委会指定一人负责，业务上先后隶属横龙乡、侏儒镇、侏儒街、侏儒山街人民武装部。根据《中华人民共和国兵役法》组织符合条件的青年应征入伍。2018—2000 年，郑良帅负责阳湾村民兵连工作，在全村开展“民兵是不脱产的群众武装组织，是中国人民解放军的助手和后备力量”的宣传；组织民兵参加社会主义现代化建设；执行战备勤务，参加防卫作战，抵抗侵略，保卫祖国等宣传演训活动；为现役部队补充兵员，协助维护社会秩序，开展平安巡查，整治禁毒，参加抢险救灾，同时负责阳湾村退役军人事务工作。

妇联

苏维埃妇女协会

1929 年 11 月上旬，在和丰堡庙召开三堡联村农民代表大会，建立和丰乡苏维埃人民政府妇女协会，区妇女协会主席黄梅英组织欧阳湾、小杨湾、傅湾、项湾、蛟洼等村数十名妇女在合丰堡庙召开妇女大会，宣传男女平等、妇女解放，鼓励妇女走向社会参加革命斗争，谴责恶婆悍夫虐待妇女行为，并抓恶婆挂黑牌子游行。妇女协会还与乡农会、赤卫队一起斗争反动官僚、土豪劣绅、不法商人、取缔烟馆、赌场，参与赤卫队消灭地主武装。1929 年 11 月 25 日，川阳独立大队在和丰乡赤卫队、农民协会配合下进攻侏儒山清乡团，缴获步枪 10 余支，翌日在侏儒山集镇召开群众大会，妇女协会组织妇女发传单，贴标语，给贫苦民众分配谷物柴草，给川阳独立大队做棉鞋 100 双。

土改时期阳湾妇女协会

土改时期，党和政府采取思想教育，动员欧阳湾、杨湾、谢湾、傅湾、项湾、蛟洼广大劳动妇女参加轰轰烈烈的土地改革运动，摧毁了乡村里数千年来的封建势力，不仅让广大劳动妇女获得了土地和生产工具，而且大大地提高了她们的阶级觉悟和政治积极性。广大妇女在土地改革运动的各种反封建斗争中，在生产战线上都能挺身而出无所畏惧。妇女在斗争地主时，以血泪仇诉苦起了带头作用。她们在村里参加农会丈量田亩分田地，还将地主的浮财登记造册。区委和工作队在阳湾发动妇女群众积极参加土地改革、生产与民主运动，有意识地注意逐渐解决妇女本身的各种问题（如强迫包办婚姻以及限制妇女参加社会活动自由的一些封建陋习），废除压迫与束缚妇女的封建制度，以及宗法社会遗留下来的对妇女的旧规矩、旧道德、旧思想，建立起新规矩、新道德、新思想，彻底消灭封建制度的残余。在支援抗美援朝战争中，欧阳湾、杨湾有几位妇女把私自攒下的金银首饰捐献给国家购买飞机大炮。妇女们听说朝鲜天寒地冻，便组织起来缝制了100多双棉靴寄给志愿军。

人民公社时期阳湾大队妇联组织与活动

1958—1984年，阳湾大队妇联先后由刘培芝、张末英、欧阳彩云、刘义芝、刘四先任主任。在人民公社化运动中，阳湾大队妇联学习宣传全国人大常委会制定的一系列惠及妇女的法律、政策和法规，宣传贯彻毛主席“妇女能顶半边天”的指示，妇女在集体生产中充当主力军，在兴修水利，垦荒造田，建设阳湾棉花示范基地，为国家经济发展作出了重大贡献，为妇女解放提供了保障和支持，妇女在政治思想、社会生活、生产劳动以及健康等方面的权利得到了发展。为进一步提高妇女素质，阳湾大队妇联组织广大妇女积极参加扫盲运动，参与文化知识学习。在妇女健康问题上，针对妇女特征，在劳动方面强调妇女“五期（孕期、产期、哺乳期、经期、病期）”的保护，设立托儿所、幼儿所，解决妇女参加社会生产和教养孩子的矛盾，减轻妇女负担。在生理方面，与侏儒卫生院建立就诊联系，做好妇科常规检查和定期跟踪调查。阳湾大队妇联还在全大队开展好媳妇、好妻子、好母亲评选活动。每年三八妇女节，阳湾大队都要召开大会，表彰一批三八红旗手和妇女先进工作者。每年都有3—5位妇女代表出席区、公社表彰大会。

阳湾村妇联组织与活动

改革开放后，阳湾村广大妇女成为土地承包，务工经商的主要角色。1983—

1992年，阳湾村隶属横龙乡，刘义芝、刘四先任村妇联主任。全村涌现出一大批“创业女能人”“经济女强人”。村妇联从定期组织女性职业技能培训到带动村里妇女转型增收，还依托农村女致富带头人和巾帼创业示范基地，启动实施帮扶贫困母亲脱贫“1+10行动”，通过组织女致富带头人为贫困妇女送资金、送种苗、送生产资料、送技术、送信息等，带动贫困妇女发展生产，早日脱贫。活动启动以来，全村共有5个巾帼创业示范基地和7名女致富带头人参与了该项行动，带动约20名妇女特别是贫困妇女创业就业。村妇联还引导这些成功的女致富带头人和女能手，根据市场需求，实现农业技术改造，从而推进高质量兴农，示范带领妇女发展致富。

1992年，横龙乡并入侏儒镇，1993—2000年，朱登文、傅小娥、尹小丽先后任村妇联主任，团结、动员妇女投身改革开放，参与经济建设，促进社会发展。教育、引导广大妇女，增强自尊、自信、自立、自强精神，全面提高素质，促进妇女人才成长。代表妇女参加社会协商对话，参与民主管理、民主监督，参与有关妇女儿童法律、法规、条例的学习宣传，维护妇女儿童合法权益，为妇女儿童服务。加强与社会各界的联系，推动社会各界为妇女儿童办实事、办好事。“五好”家庭、“双文明”大力组织开展“五好”家庭、“双文明”、“三八”红旗手评选活动。全村评选“五好”家庭45户、“双文明”40户、“三八”红旗手55人。进一步调整充实村妇代会组织，参加妇代会成员共86人。

2000年，侏儒镇改为侏儒街。2001—2007年，方玉荣、方玲莉、黄利霞先后任阳湾村妇联主任，在完善村级文化阵地的基础上大力开展妇女干部培训工作，以会代训，对《妇女权益保障法》《婚姻法》等与妇女生活密切相关的基本法律法规知识进行宣传，提高妇女综合素质。全村创建“五好文明家庭”46户。2008—2009年，创建“五好文明家庭”40户，特色家庭2户。同时，积极组织“巾帼科技致富带头人”、妇女专业大户、致富女能手、女企业家与贫困妇女拉手结对，帮助她们脱贫致富，全村拉手结对达8户，其中7户脱贫。创建区级示范家长学校和区级“巾帼示范村”，新建村家长学校。2011—2013年，参加街妇联组织各类培训13期，培训内容主要涉及都市农业发展模式、种植、养殖、农业病虫防治技术等。

2014—2015年，黄利霞任阳湾村妇联主任，参加街妇联开展的“红色龙乡蒲公英行动——爱心飘满人间，关爱留守儿童”特色项目活动。依托村“妇女之家”和“留守儿童服务站”为阵地，搭建关爱平台。邀请华中农业大学志愿者暑假支教留守儿童；组织留守儿童参观侏儒山抗战纪馆接受爱国主义教育；开展心理、法律、健康知识讲座；在留守儿童较多的合丰小学开展“点亮微心愿、六一圆梦行”活动；配合区卫计委、区建设局“爱心妈妈”到阳湾村开展拉手结对活动，进村入户慰问留守儿童。

2016年开展“一双巧手托起一个家庭——巾帼巧娘助力精准扶贫”特色项目活动。加强村民责任心和感恩教育，积极宣传“自己的家园自己建”的脱贫理念，鼓励率先致富的村民回乡投资创业，助推当地特色产业发展，带动贫困村民共同致富。实施“扶贫先扶智”工程，先后聘请区、镇农业技术骨干为群众上技术培训课，组织妇女参加街举办的油橄榄、核桃等种养殖培训18期，培训妇女200余人。

2017年开展“建好妇女之家，助推妇联组织区域化建设”，坚持“党建带妇建，妇建服务党建”活动，通过实施基层妇联组织“五联五强”工作机制（组织联建强属性、人员联管强队伍、阵地联用强功能、活动联办强服务、成效联评强履职），基本建立党建带妇建的领导体制和依靠妇女群众推进工作的运行机制。

2018—2021年，深入开展巾帼志愿服务活动，建立了巾帼文体志愿服务队、巾帼学雷锋志愿服务队、巾帼红十字应急救护志愿服务队等4支巾帼志愿服务队。队员60人，共开展活动30余次。以促进未成年人健康成长为基石，组建了关爱未成年人志愿服务队，开展未成年人宣传教育活动共4次。以六一儿童节为契机，在六海赛生态小镇留守儿童服务站，开展了爱心妈妈关爱留守儿童活动，为13名留守儿童送了经典诵读书籍和体育用具；联系有关企业，为23名困境儿童捐赠了学习用品和零食。启动阳湾村“家风工程”暨最美家庭创建活动。举办阳湾村“最美家风”分享会、“家训”“家规”评议会，群众踊跃展示自己家庭的文明家风、幸福家貌、感人故事，自荐、互推、互评，树立“五美农家”家庭典型。全村“妇女之家”以知书、达礼、新能力、隔代教育等为内容，共开展“家教公益大讲堂”20场。

共青团

阳湾村共青团的前身是苏维埃人民政府组织的儿童团。1970—1992年，阳湾村从本地青年中安排一人负责共青团工作，业务上接受区（公社）、“一镇两乡”、侏儒镇共青团组织指导。1992—2000年因大批青年外出，村共青团未安排专职负责人，共青团工作由村党支部、村委会统筹协调。

苏维埃儿童团

1929年11月，阳湾村有一批14—16岁贫苦出生的少年儿童参加了侏儒山地区苏维埃人民政府儿童团。在蒋天树、欧阳文喜、杨秋成、傅德树、傅在炎、傅鹤林、项新山等人指导下学习文化，学习政治和进行操练。儿童团的标志是系一条红领带；团礼是五指并拢，举至平额；口号是："准备着，打倒帝国主义！""准备着，打倒军阀！""准备着，做全世界的小主人！"儿童团针对当时抽大烟和赌博的歪风邪气开展革命行动，他们在赤卫队的配合下，冲进烟馆赌场，把那些赌徒和大烟鬼揪出来挂上黑牌游街示众。儿童团充分发动群众，在苏区全面禁烟，并成立了相应的执行机构，在苏区存续的数年时间里，基本阻止了鸦片和赌博对本地老百姓的危害。儿童团员们还积极响应党的号召，宣传扩大红军，开展"拥军优属"活动，形式活泼多样。他们组织了扇子队，在红军队伍休息时，给红军战士送水打扇。儿童团组织的"少共星期六"义务劳动，主要是帮助红军家属做些力所能及的劳动。同时，在保卫苏区的战斗中，儿童团组织中还涌现了许多英勇献身的少年英雄。后来，儿童团团员成为赤卫队的中坚力量。

阳湾村（大队）共青团组织与活动

1950—1969年，阳湾村成立新民主主义青年团组织，1957年，中国新民主主义青年团改称中国共产主义青年团。"文化大革命"发生后，团组织活动一度停止。1970年恢复团组织活动。1975—1977年，欧阳万坤任阳湾大队团支部书记，组织团员和青年开展向雷锋同志学习活动，向青年进行"四有"教育，做好事600余件。1977年恢复高考，欧阳万坤考上大学外出读书。

1978—1984年，阳湾大队未专设团支部书记，共青团工作由大队党支部、村委会统筹协调。

1985—2017年，阳湾村共青团工作由村党支部、村委会统筹协调，以开展学雷锋志愿服务为抓手，组织团员和青年学习践行雷锋精神，发挥示范带动作用，积极投身学雷锋志愿服务活动中。以"三关爱"为主要内容，广泛开展关爱空巢老人、关爱留守儿童、关爱农民工、关爱残疾人等多种形式的学雷锋志愿服务活动。通过志愿服务传递人与人之间的关爱，促进和谐社会建设。利用广播、宣传单等形式对村民开展"四倡五治"宣传教育，针对交通车辆乱抛杂物等不文明行为，发挥志愿者作用，引导村民群众自觉遵守交通秩序，爱护生活环境。以"学雷锋精神，树窗口形象"为主题，评选"新时代雷锋""身边的雷锋"，围绕创造优美环境、优良秩序、优质服务，大力开展体现红色美丽村庄特色的志愿服务。

充分发挥基层文化积极分子，文化志愿者队伍的作用，开展基层公共文化建设和群众文化活动，丰富村民文化生活。

2018—2020年，郑良帅兼阳湾村共青团工作，坚持“党建带团建、团建促党建”的工作模式，开展基层团组织建设和服务青年工作，以“两学一做”学习教育为契机，有计划地深入学习习近平总书记系列讲话精神，并结合学习贯彻党的十八大、十九大精神和中央群团工作会议精神，做到团员带头学、党组织帮助学、个人主动学，在全村形成了良好的学习氛围，青年干部和团务工作者政治理论素养得到了较大提高，政治觉悟进一步增强。

知识青年集体户

1968年12月22日，阳湾大队广播站播出《人民日报》在一篇报道的编者按语中引述毛泽东的指示：“知识青年到农村去，接受贫下中农的再教育，很有必要。要说服城里干部和其他人，把自己初中、高中、大学毕业的子女，送到乡下去，来一个动员。各地农村的同志应当欢迎他们去。”指示发表后，阳湾大队主要负责人到公社开了几次会，要求不折不扣地落实毛主席的指示，迎接即将到来的知识青年下乡高潮。同年12月28日，武汉市区1966届、1967届20名初高中毕业生来到了阳湾大队。次年，1968届10名知识青年接踵而至，上山下乡成为城镇中学毕业生的主要去向，侏儒公社成立专门机构，预算列支专款，并召开专题会议，统筹解决有关问题。阳湾大队接受集体下放知识青年27人，投亲21人，共计48人。知识青年“插队落户”参加劳动。

阳湾大队党支部在加强对下乡知识青年进行再教育的过程中，发动和依靠贫下中农从政治思想、生产技术、生活管理等方面关心知识青年，在7个生产小队组成了7个集体户，为他们建设集体宿舍、厨房，教他们如何挑水、弄烧柴、做饭，带领他们下地，手把手教他们干农活。党支部还定期举办贫下中农再教育工作学习班，结合各个时期的中心工作，针对知识青年的思想状况，学习马列主义和毛泽东思想，研究再教育工作中的问题，总结交流教育知识青年的经验，表扬好人好事。大队党支部书记杨圣之以身作则，经常深入各生产小队了解知识青年的思想、学习、劳动和生活状况，做耐心细致的思想政治工作，帮助解决实际问题。各生产小队的贫下中农经常给知识青年讲村史、家史，忆苦思甜。

生产队一般不安排知识青年参加抗洪抢险及边远地区、血吸虫疫区劳动，雷雨天也不外出。他们一年回城休息100天左右，在生产队休息60天左右，约参加

200 天劳动，8 个工分/天，1600 个工分/年。按工分分配口粮、油料、蔬菜、柴草等生活物资，自食其力，年终参加生产队分红，略有结余。有点小病在大队医务室治疗，许多知青与赤脚医生交往，除做好自身健康外，还帮助别人普及卫生知识，改变农民的不卫生习惯。

1975 年，阳湾大队在军山外垸划出了 50 亩土地给武汉 824 厂（简称“七机部”），为知青做宿舍、仓库和养鸡场、养猪场、饲料基地。知青们在那里从每一件事做起，掌握了生产技能和生活本领。在知青推动下，824 厂赠送给阳湾大队一辆汽车和一套发电机组，解决大队交通和用电的困难。同时还帮助大队建起了塑料厂，塑料厂的工人和采购员、销售员都由知青担任，有的知青还当上了汽车司机和发电机的操作工。知青们充分发挥自己的文艺特长，教社员们学毛主席语录和“老三篇”，教唱毛主席语录歌曲。每到晚上，知青们便在稻场上与当地青年一起为群众表演革命现代京剧《红灯记》《沙家浜》等片段和歌曲舞蹈，受到群众欢迎。大队党支部因势利导组织毛泽东思想文艺宣传队，知青们白天下地务农，夜晚为群众演出。他们还帮助生产队办政治夜校，为贫下中农开展扫除文盲活动，最重要的一个活动是在田头地角给群众读报，批判修正主义、资本主义，在意识形态领域里实行无产阶级对资产阶级全面专政，反正报纸上怎么写，他们就怎么念。

1974 年，国家开始允许知识青年以招工、招生、考试、病退、顶职、独生子女等各种各样的名义逐步返回城市。1978 年 10 月，全国知识青年上山下乡工作会议决定停止上山下乡运动，并妥善安置知青的回城和就业问题。1979 年后，阳湾大队全部知青陆续返回了城市。

六、民俗风情

阳湾村具有越文化、楚文化及侏儒山乡土文化相互交融的特点，是人们从历史沿袭在社会生活中逐渐形成而巩固下来的，具有稳定的社会风俗和行为习俗，并且已同民族情绪和社会心理密切结合，成为人们自觉或不自觉的行为准则。文化的价值功能和治理功效无不表现在村民物质文明与精神文明方面，既独具特色又丰富多彩。随着时代的进步，有些习俗已成为历史记忆。

村民生活

自明洪武五年欧阳氏移民至侏儒山六海赛湖畔定居以来，以欧阳隆沂为代表的开明乡绅十分注重村庄治理能力和治理水平，推行家族抱团发展，族产共享，抑制豪强，勤俭持家，和谐相处的治村方略。1949 年以前，村内地主和贫农一直为少数，中农为大多数，形成了中间大两头小橄榄型的中产阶级结构，贫富差距不大，人民生活较为稳定。1949—1984 年，农业生产集体化走过了一段艰难曲折的发展道路。改革开放以来，由于不断落实惠农政策与免除农业税，“公司＋农户＋市场”运营有效，大力推进红色美丽村庄建设，人民生活水平步入小康。

收入概况

民国时期收入

民国早期市场上流通的主要货币是银元。1916 年，1 块银元可以买 30 斤大米，当时 1 块银元的购买力，大约相当于今天的 90 元人民币。1918 年，欧阳湾、小阳湾、西杨湾、谢湾、蛟洼农民在正常年景下家庭收入与其他村湾比较是较高的，当时一亩水稻田只能产稻谷 300 斤左右，加工成大米 180 斤，可以值 6 块银元。1920—1949 年，5 个自然村水田 372 亩，每年可产水稻 11 万斤，值银元 2232 块。南屏垸土地 2488 亩，为棉花黄豆换茬种植面积，其中 1200 亩棉田按亩产皮棉 50 斤计算，时 1 斤皮棉市场价抵 10 斤大米，50 斤皮棉可卖 17 块银元。1200 亩棉田产皮棉 6 万斤，可值银元 2 万块。另 1200 亩黄豆按亩产黄豆 200 斤计算，时1斤黄豆市场价抵1斤大米，200斤黄豆可卖6.6块银元，1200亩黄豆田产黄豆24万斤，可值银元8千块。如遇丰年，5个自然村水稻、棉花、黄豆等农作物可获3.3万块银元，每亩平均可获10块银元。

“橄榄型”经济结构

1936年、1937年、1938年、1939年、1941年、1942年、1943年七年间风调雨顺，阳湾中农群体不断壮大，收入颇有积蓄，不仅可以留足生产资料发展再生产，还可以将收入用作造新房或买耕牛，置办牛车、水车等大型农具，送孩子读书。形成了两头小中间大的橄榄型经济结构现象。当时，由于时局动荡，兵荒马乱，农民偶尔碰上的几年好收成，刨去农资、耕牛与人工等成本后，纯收入仅占60%。如遇水旱灾害，中农可以维持正常生活水平，贫农和雇农则以杂粮、莲藕、野菜度日，而少数地主富农衣食无忧。以欧阳氏为代表的乡绅严格制止地主富农向贫困户发放高利粮，规定“以工代赈”和“借一还一”原则，不使贫富差距放大。

1945—1948年，阳湾5个自然村人口773人，地主的收入占5个自然村收入的15%，富农的收入占4%，中农的收入占63%，贫农的收入占18%。从阶级比例来看：5个自然村122户，地主10户，占总户数8%；富农3户，占总户数2.4%；中农71户，占总户数58%；贫农35户，占总户数28%；贫民6户，占总户数5%。地主富农虽然只有13户，但收入指数却占全村收入的19%，而占总户数58%的中农，其收入指数却占全村收入的63%，形成了拥有全村63%以上的橄榄型中等经济结构。以阳湾一个7口之家中农为例，拥有棉田10亩，皮棉收入170块大洋；拥有黄豆田10亩，黄豆收入70块大洋；拥有水稻田10亩，水稻收入60块大洋，合计全年收入300块大洋左右。

1951—1957年收入

1951年，阳湾实行土地改革，将地主富农的土地分给贫下中农，实现耕者有其田，农业生产得到发展，农民生活开始稳定。1952年，成立农业互助组，1953年成立初级农业合作社，人民收入增长很快，90%以上农民家庭收入均达到解放前中等农户收入水平。1954年虽然遭受特大洪水，由于有人民政府及时组织生产救灾，广大群众生活得到保障。灾后，阳湾互助组在南屏垸抢种荞麦1000多亩获得丰收，不仅满足了自己生活需要，还救济了邻村群众。

1955年成立高级农业合作社幸福14社，将农民的土地和农业生产资料集中在一起，农民按劳动出勤日计工分，农业收成按劳动工分进行分配。其间，南屏垸土地 2488 亩，为棉花黄豆换茬种植面积，其中 1200 亩棉田产皮棉 8 万斤左右，皮棉收入 10 万元人民币左右。另 1200 亩麦子+黄豆连作，收获麦子 30 万斤，麦子收入 5 万元人民币左右；收获黄豆 30 万斤，黄豆收入 6 万元人民币左右，南屏垸全年收入 21 万元人民币左右。5 个自然村 800 人，仅南屏垸人均收入 263 元。门口水稻田 370 亩，收获稻谷 20 万斤左右，人均稻谷 250 斤，解决了人民基本口粮。同时，老弱病残和鳏寡孤独均得到供养。

1955—1957 年，侏儒区大多数农业合作社人均收入在 100 元左右徘徊，而幸福 14 社人均收入则是其他合作社的 2 倍多，这种差距曾引起社会的广泛关注。

1958—1976 年收入

1958 年搞“大跃进”，刮“共产风”，全民大炼钢铁，农村大搞“一平二调”。在人民公社范围内把贫富拉平，搞平均分配，对生产队的生产资料、劳动力、产品以及其他财产无代价地上调。生产队吃大食堂，“跑步进入共产主义社会”。阳湾大队南屏垸 2000 多亩黄豆棉花已经丰收在望亟待收获，这时，区里将全部劳动力调去大炼钢铁，黄豆、棉花无人采收，造成大量损失。棉花只采收了 3 万多斤，是正常年景的 30%；黄豆只采收了 9 万多斤，是正常年景的 28%；400 多亩晚稻无人收割烂在田里发芽。这一年，阳湾大队人年均收入水平断崖式下跌，地区生产总值仅 8 万多元，人均生产总值 100 元左右，人均每月口粮不到 10 斤原粮，各种生活物资极度匮乏，集体收入不成比例，生产队难以完成账目编制。

1959 年，阳湾大队欧阳湾、小阳湾、西杨湾、谢湾、蛟洼 3 个生产队南屏垸耕地 1438 亩被“一平二调”划走。人均减少收入 162 元，人均收入比 1955 年、1956 年和 1957 年分别减少 45%左右。

1960—1961 年，由于共产风、强迫命令风、浮夸风、瞎指挥风、官僚主义风等“五风”给人民生活造成严重困难，阳湾大队农民还被抽调去修建黄金水库和黄金机站，无法恢复和发展生产，集体经济薄弱，群众生活困难。

1962 年，阳湾大队在“两少”（口粮田少和南屏垸土地少）的困局中突围，社员口粮不足，经济作物收入锐减，年终决算算不出好成绩。

1963—1965 年，阳湾大队决心在仅有的土地上打翻身仗，在南屏垸建设棉花高产田。连续 3 年获得了亩产皮棉 100—120 斤高产，被列为汉阳县粮食局棉花奖励粮票单位（对棉产区实行的粮票奖励政策），按每亩产百斤皮棉奖励粮票 200 斤，每年获奖励粮票 20 余万斤。解决了社员口粮不足问题，生产队年终决算每个工分达到了 1—1.2 元。

1966年，“文化大革命”动乱严重影响阳湾大队，11位小队长将群众紧密团结在一起，奋力夺取农业丰收，增加农民收入。11个生产队有男女主要劳动力300余人，全年合计10万个工分，每个工分年终分配平均1.2元（实物折合现金），全年合计分配12万元。

1971—1972年，阳湾大队调动全部男女劳动力参加军山外垸堤防建设，在军山外垸增加了2000土地，其间，阳湾大队坚持以南屏垸棉花生产为主和军山外垸水稻及旱作物为辅的农业生产布局，同时大力兴办炼灰厂、塑料制品厂等队办企业，不断巩固集体经济，增加农民收入。1974年，11个生产队年终决算每个工分1.2元左右（如7口之家工分1000个，收入1200元，年终分配口粮支出300元，副食品及柴草200元，日常借支500元，年终进钱200元），1976年，70%的农户家里没有存款，靠“鸡屁眼银行”（几只老母鸡下蛋）购买生活物品等。

1966—1976年阳湾大队与其他生产队农村家庭收入情况对比表

队名	7口之家工分及收入	支出口粮	副食品及柴草	日常借支	年终分配
合丰大队	1000工分=1500元	3000斤=300元	200元	500元	+500
百赛大队	1000工分=1500元	3000斤=300元	200元	500元	+500
薛山大队	1000工分=1500元	3000斤=300元	200元	500元	+500
胜洪大队	1000工分=1200元	3000斤=300元	200元	500元	+200
杨岭大队	1000工分=1200元	3000斤=300元	200元	500元	+200
管岭四队	1000工分=1200元	3000斤=300元	200元	500元	+200
横山四队	1000工分=1500元	3000斤=300元	200元	500元	+500
周门一队	1000工分=1500元	3000斤=300元	200元	500元	+500
中湾	1000工分=1500元	3000斤=300元	200元	500元	+500
土龙	1000工分=1500元	3000斤=300元	200元	500元	+500
阳湾大队	1000工分=1200元	3000斤=300元	200元	500元	+200

1966—1976 年阳湾大队年终分配情况表

7 口之家工分及收入	支出口粮	副食品及柴草	日常借支	年终分配
0.8 元×1000 工分=800 元	3000 斤=300 元	200 元	500 元	—200 元
0.9 元×1000 工分=900 元	3000 斤=300 元	200 元	500 元	—100 元
1 元×1000 工分=1000 元	3000 斤=300 元	200 元	500 元	平
1.1 元×1000 工分=1100 元	3000 斤=300 元	200 元	500 元	+100 元
1.2 元×1000 工分=1200 元	3000 斤=300 元	200 元	500 元	+200 元
1.3 元×1000 工分=1300 元	3000 斤=300 元	200 元	500 元	+300 元
1.4 元×1000 工分=1400 元	3000 斤=300 元	200 元	500 元	+400 元

1983—2003 年收入

1983 年 10 月，侏儒公社改为侏儒镇、横龙乡、五公乡，阳湾大队更名为阳湾村，隶属横龙乡。

1984—1999 年期间，阳湾村的经济状况由原来的以农业为主转变为外出务工经商为主复合型经济结构，大部分农民家庭收入主要来自务工经商，农业在家庭收入中的比例下降。以农业与务工经商经济收入来比较：1990 年，阳湾村人口 1400 人，全村土地面积 3500 亩（原阳湾 5 个自然村南屏垸 1050 亩、村前水田 372 亩、傅湾项湾 290 亩、军山外垸 2000 亩，全村土地面积 3712 亩），人均土地 2.5 亩，每亩产稻谷 700—800 斤，时每斤稻谷售价 0.35 元，每亩以产稻谷 750 斤计算，每亩稻谷收入 263 元，除去农业税、种子、农药、肥料、人工等开支，稻谷收入为负数，造成谷贱伤农。一个 4 口之家占有土地 10 亩，收获稻谷 7000 斤左右，须投入农业税、种子、农药、肥料、人工等开支 2630 元。如果 4 口之家中有两人外出务工经商，两人最低可挣收入 5000—6000 元。阳湾村当时在侏儒镇铸电织布厂、横龙塑料厂、市场摆摊设点、从事运输及采石炼灰者为数甚多，个人年收入 2000 元至数千元不等。如傅天桥、杨济之等工商大户年收入 10 万至数十万元不等。在务工经商经济利益驱使下，阳湾村大多数青壮年男女选择外出务工经商，留在家里的老人对务农已力不从心，造成许多土地减产、入不敷出，拖欠国家农业税。

2000—2003 年，国家实行将以往给予国有粮食企业的补贴资金改为直接补贴给种粮农民的政策。财政给阳湾村农民粮食直补 1 亩地 12—13 元，1 亩地再加上农资综合补贴 60 多元，合计 80 多元，采取“一折通”的方式发放到农民手里。对承包 100 亩土地的种粮大户，得到国家每年每亩 200 元的补贴。

2006—2020 年收入

2004 年，阳湾村提前免除农业税。

2005—2006 年，国家针对三农问题实施“一免三补”政策：“一免”指减免农业税，“三补”包括直接补贴、良种补贴、农机购置补贴。“一免三补”政策在减轻农民负担、增加农民收入、保证国家粮食安全等方面具有重要意义。

2007—2009 年，蔡甸区政府全面贯彻落实各项惠农政策，财政支出不断向“三农”倾斜，惠及范围日益扩大，外出务工经商人员收入可观。2009 年，全村人均可支配收入达到 7098 元。同年，列入“家园建设行动计划”创建村。

2010—2019 年，阳湾村 80%以上农户都有增收项目，主导产业项目覆盖 70%以上的农户，来自主导产业的收入占农民收入的 70%以上。2010 年，村民人均可支配收入达到 8016 元。全村有特困户、低保户共 42 户，人口 113 人。至 2015 年 12 月，村 41 户贫困户 105 人已全部脱贫。2015 年，全村人均可支配收入达到 16329 元。2016 年达到 16876 元，2017 年达到 17583 元，2018 年达到 19502 元，2019 年达到 20120 元。

2020 年，全村辖 7 个自然村湾 11 个村民小组，户数 366 户，人口 1684 人，从业人员 775 人，其中：非农就业人数 506 人，常用耕地 3712 亩，其中水田 372 亩，农村常住居民人均可支配收入达到 20810 元。

阳湾村 1957—2020 年常住居民人均可支配收入统计表

年份	人均纯收入/元	比上年增减/元
1957	72	
1980	120	比 1957 年增长 48 元
1984	551	比 1980 年增长 431 元
1987	772	比 1984 年增长 221 元
1988	795	比上年增长 23 元
1989	832	比上年增长 39 元
1990	886	比上年增长 39 元
1991	743	比上年减少 43 元

续表

年份	人均纯收入/元	比上年增减/元
1992	872	比上年增长 129 元
1993	1008	比上年增长 136 元
1996	2285	比上年增长 1277 元
1997	2760	比上年增长 475 元
1998	3056	比上年增长 294 元
1999	3027	比上年增长 29 元
2000	3224	比上年增长 1197 元
2001	2980	比上年减少 244 元
2002	3171	比上年增长 381 元
2003	3368	比上年增长 197 元
2004	3571	比上年增长 203 元
2005	4016	比上年增长 445 元
2006	4599	比上年增长 583 元
2008	6147	比上年增长 1548 元
2009	7098	比上年增长 951 元
2010	8016	比上年增长 918 元
2011	9149	比上年增长 1133 元
2012	10869	比上年增长 1720 元
2013	12398	比上年增长 1529 元
2014	14849	比上年增长 2451 元
2015	16329	比上年增长 1480 元
2016	16876	比上年增长 548 元
2017	17583	比上年增长 707 元
2018	19502	比上年增长 1919 元
2019	20120	比上年增长 618 元
2020	20810	比上年增长 690 元

住房

欧阳氏于明初迁居六海赛，初始以泥土垒墙，茅草盖房，后与各姓氏族众在稻田碾土坯砖筑墙，继而烧制青砖布瓦，采购杉木建房，肯堂肯构，生生不息。至民国，约有带天井的房屋20余栋，青砖布瓦排栅房50余栋，土砖布瓦房40余栋，合计房屋110余栋。1955—1973年，村民将老房子拆分建房。1974—1978年兴建了一些“箍窑砖”水泥现浇平顶房、楼房。此后，外出务工经商人员到城市购买商品房。2016—2019年，欧阳国华投资兴建六海赛生态小镇。2020年，中共蔡甸区委、区政府根据中共中央组织部、财政部印发《关于开展推动红色村组织振兴建设红色美丽村庄试点工作的通知》以及省委组织部、市委组织部相关工作要求，在阳湾村开展红色美丽村庄试点建设。

民国时期住房

天井连厅房 即天井与厅堂、卧室、厨房连在一起的房子。民国时期，欧阳湾、小阳湾、西杨湾、谢湾、蛟洼5个自然村湾有三个天井4厅8房的房屋1栋，两个天井3厅6房的房屋8栋，一个天井2厅4房的房屋6栋。这些带天井的老房子为先人遗留下来的。墙体用青砖砌就，屋顶铺设杉木檩子檐桷，上盖布瓦，屋内设置杉木排栅，用木板镶嵌鼓皮，内部的装饰，雕花格窗，飞鸟走兽，古色古香。门夹都用整块的条石，门前有石鼓，斗拱飞檐，墙垛瓦当，古朴典雅，蔚为壮观。以欧阳氏为代表的家族营造大家庭文化氛围，祖孙几代人住在一起，在一起种地，一个锅里吃饭，家产和资金由老祖宗执掌，兄弟妯娌三代人不分家，共同操持生产生活方面的事。有的一栋房子住30—60人，至老祖宗去世后才分家，分家后仍住在一起，图个亲热，相互照顾，典型的集体大家庭结构。有的哥们几个，由于智力、体力与本性不同，经济状况也有差别。有的人买田置产家道殷实，有的人不善经营陷入贫困。因此，住在这种大房子里的人有地主、中农，也有贫农。

排栅青砖布瓦房 4房1厅1厨，有的还在房侧建有牛舍、猪圈和茅厕，门前有打场、堆基（打粮食和晾晒、堆积农作物的专用场地）。这种房子约占全村房屋的60%，适宜于生产生活所用，均为中农所有。居住者有从老房子里分家后另起炉灶创业建房的，有从外地迁入者，经多年创业后从搭棚子，建土砖房，一步一步发展而来的。

土砖瓦房 这是利用六海赛湖边稻田青沟泥和白散土碾挖的土坯砖建房。建房者待稻子收割后，把谷茬子割干净，视田里干到一定程度，用牛拉着石磙碾压，然后划线、踩锹切线，翻挖而成。做一幢80平方米的土砖房需要两亩地约6000块土砖。土砖无须烧制，晒干就能使用。用土砖砌墙，屋顶上架设木头檩子、檐桷、铺盖青布瓦。有的土砖房可保存几十年。土砖瓦房一般为入迁户或贫困人家所建。

农业集体化时期住房

排棚砖瓦房 集体生产队时期因经济条件限制，住房一般沿袭旧有条件，因人口增长，后人将先祖所遗之大屋拆分建成小屋，经济条件好点的人家建红砖青瓦或红砖红瓦平房，一般为红砖四墙两排棚、六墙红砖瓦房。条件差点的人家则建土砖四墙两排棚、六墙土砖瓦房。

“箍窑砖”“炭巴”建房 1972年以后，阳湾大队引入河南人烧“箍窑砖”。“箍”是在平地上用制成的土坯砖块筑成一座圆形窑，外面用铁丝打“箍”，里面依层铺上煤炭渣，然后点火烧炼。箍窑砖比土坯砖坚实，能耐风雨剥蚀。将箍窑砖砌墙后，屋顶用钢筋水泥现浇成平顶房。这种房屋的最大好处是房顶可以乘凉与晾晒粮食。

炭巴房是1972年以后利用大队炼灰厂产生的废料（炭巴、窑脚灰）建房，大队小学与少数村民的房子就是利用这种废料筑墙。炭巴墙内外用石灰粉刷，坚固美观适用，曾风行一时。

改革开放以后住房

楼房 1980—2018年，阳湾村建房多以水泥预制结构的两间二层楼房为主，少数为三层楼房，室内配套有卫生间，墙面贴瓷砖，地面铺地板，沙发等家具摆设讲究。室内配套有卫生间，有线电视、宽带齐全，干净、整洁、美观，凸现房主人身份，适合居家、待客和工作之用。

进城购房 1990—2020年阳湾村大部分年轻人相继进入城市务工、经商，并购房定居。退休的机关单位干部大多数亦在蔡甸城关购房养老。大批学生升学毕业后在城市购房。有的连同父母及兄弟姐妹也带到城市购房居住，农村空置房增多，很多村湾只剩下了留守老人，原有住房大多数已破旧不堪。据2021年统计，全村在城市购房496套，其中欧阳氏181套、杨氏48套、傅氏85套、项氏38套、郑氏32套、李氏8套、刘氏27套、谢氏2套、罗氏12套、周氏16套、祝氏17套、邹氏4套、何氏6套、刘氏4套、余氏2套。

红色美丽村庄住房 2018—2020年，阳湾村依托新四军侏儒山战役发生地的红色资源优势，旗帜鲜明地发展红色文化和红色旅游，建设新农村示范区、主题文化保护区、生态休闲度假区、红色文化主题教育区、农产品采摘示范区、主题文化体验区及新农村特色体验区 7 大板块。农村环境大为改善，农民住房成为美丽景观，旅游参观者络绎不绝。

服饰

民国时期，本地穿戴与发式古板土气。1949 年至改革开放前的服装很单调，以实用为主。改革开放后，老百姓服饰多样化的春天随之到来。

民国时期穿戴与发式、服装变化

民国时期，男女老少皆织布（土布、俗称婆婆纺）。冬天长袍，夏天短褂，头戴瓜皮帽（富家子弟戴礼帽），足穿布鞋，热冷四季衣着皆为粗棉大布。农村妇女，无论男女老少均为大襟式样，圆领，右衽，通常为短装。男式短衣为对襟，前胸钉着布扣，前摆下方各有一个口袋，左上方有一个小口袋。民国时兴洋布衣（机织布），学生和青年着中山服或童子装，一般农民仍着旧时便装。下装裤腰宽大，折叠系于腰间，男女皆无区别。儿童着破裆裤。

农民穿戴　每逢雨天，农民一般身穿蓑衣，头戴斗笠，足穿木屐或油鞋，劳动时穿草鞋，冬天下湖挖藕捕鱼穿长统油靴，长途用肩挑运输，冰雪载途亦是赤脚草鞋或袜草鞋。后来出现油纸伞、油布伞、洋布伞和雨鞋（民间称套鞋）。

发式变化　发式变化因时因人而异。男子于民国元年剪辫以后，一般剃光头。后受西洋影响，商贾和学生始蓄短发，中老年男性多剪为“平头”“泰山头”。再后来受外商影响，青年人留长发、蓄短须者不乏其人。女式发型，变化很大。少女过去通常留长发，或扎成两股盘于头上，俗称“罐粑子”，或编一长辫子用头绳相扎，拽于背后。新婚后，将长发盘于后脑勺称“三圈头”。一般妇女，蓄短辫子，用发卡扎于脑后，俗称“鸦雀尾巴”。中老年妇女，常把头发挽成圆粑状，用簪子扎于后脑勺，名叫“粑粑头”。

农业集体化时期服装

这个时期，生产力低下，人们生活物资匮乏，全社会崇尚艰苦奋斗，人们服装很单调，以实用为主，多是绿、蓝、黑、灰的单调色。放眼望去，当时统一的灰色中山装和蓝色解放装，简直一片“灰色的世界”“蓝色的海洋”。还有老辈人挂在嘴边的“爹爹种、婆婆纺、媳妇织、裁缝师傅做的土布衣裳”，“新三年，旧三年，缝缝补补又三年”，“大哥穿了二哥穿，二哥穿了小弟穿，衣服裤子全补丁”。

改革开放前少有成品的衣服卖，用布票买布做衣服，所以颜色单一，款式千篇一律。最令人羡慕的就是穿上一身绿军装了，当时，城市知识青年到农村插队落户，他们戴的军帽，穿的军装，激起农村青年对军装的追求。即使是色彩单一的年代，人们的爱美之心也是挡不住的。后来，日本产的尿素袋子是一种白色的化学纤维，被称作“尼龙”，有人把这种袋子染黑做裤子，而且很结实。于是，很多机关干部不约而同地悄悄穿起了这种不用布票而且很便宜的尿素袋子裤。

改革开放以来的服装

1978 年，随着改革开放的春风吹来，老百姓服装的春天也随之到来。“绿蓝黑灰”的帷幕落下，一种被称为“料子”的化纤纺织品“的确良”风靡城乡。“的确良”是一种合成纤维纺织物，面料光滑，不易起皱，多用来制作衬衫和连衣裙。对于习惯了粗布、棉布的人们来说，不能不说是一次巨大的冲击。“的确良”衬衫就是洋气、时髦的代名词。

1979 年，武汉汉正街市场引进法国时装设计师皮卡·尔丹的法国时装秀，琳琅满目的服装遍布大街小巷，阳湾村在侏儒镇的服装经营者抢抓机遇，购入大批新式服装投放市场，被一些年轻男女抢购一空。一时间，人间的颜色变了，服装美开始引领时代潮流。

本地在 80 年代放映的一批影视剧作《街上流行红裙子》《庐山恋》，给新一代年轻人带来了新的时尚与审美。一夜之间，戴太阳镜、留长头发、穿喇叭裤成为爆款，火遍阳湾村。穿花裙子、蝙蝠衫、运动服、羊毛衫、喇叭裤、健美裤……各式各样衣服都在村里出现了，这个时代可以说是一个放飞自我的年代。那时候的流行语：“不管多大官，都穿夹克衫；莫笑老年妇，都穿健美裤。”

随着进一步深化改革开放，阳湾村群众的生活向小康过渡，物质生活条件不断改善，思想观念更为开放。巴黎、米兰、纽约等时尚之都的信息不断传入，人们的服装也在急速变化，追求个性是这一时期尤为突出的特点。紧身衫、吊带裙、T 恤衫、迷你裙、单双排西服和高跟鞋、松紧鞋、运动鞋等款式丰富多彩、层出不穷。

2001 年上海 APEC 峰会上，20 位各国领导人统一身穿大红色或宝蓝色中式对襟唐装集体亮相，这一情景通过电视瞬间传遍全球，唐装迅速走俏全球，也为阳湾村群众所效仿。2008 年北京奥运会，青花瓷、祥云、刺绣等大量中国元素应用到奥运服装上，迅速影响到阳湾村，很多年轻人和老人也穿起了唐装。2010—2021 年，一万多元一件的貂皮大衣和价格昂贵的皮草类服装也成为村民的时尚。

饮食

阳湾村民在长期的生产生活实践中创造、总结，流传下来许许多多令人齿颊生香的食物，凝聚了丰富而独特的经验和情感，承载了乡土文化深刻的历史记忆。

传统食物："主食""下饭菜""打牙祭"

主食　稻米为本地传统主食，相沿久远。干者为饭，稀者为粥。旧时一般家庭，中、晚正餐干稀搭配（稀，即为粥，用米汤煮锅巴而成，俗称"锅巴粥"）；早餐多为稀，有稀饭、面条、汤饭（剩饭、剩菜加水煮而成）等。

"下饭菜"　旧时不称吃菜，而谓"咽菜"，即界定菜的功能就是下饭所用，"下饭菜"有褒义和贬义，褒义为好吃、可用；而贬义则是筷子一夹，任意取舍，想吃就吃，不想吃就扔掉，故民间称受欺凌者为"下饭菜"。

"打牙祭"　以前阳湾村民生活节俭，在吃的方面，以粗茶淡饭为主，偶尔添点鱼肉，谓之"打牙祭"，即祭祀牙齿也！原指每逢月初、月中吃一顿有荤菜的饭，后来泛指偶尔吃一顿丰盛的饭。这个词语随着改革开放奔小康的进程已经被人民遗忘 。

菜粑粑

野菜粑粑　提起野菜粑粑，年纪稍大的人便会勾起解放前的苦难与灾害时期"过粮关"的回忆。那年头农业生产落后粮食稀缺，人们吃了上餐愁下餐，"半年瓜菜半年粮，野菜粑粑当主粮"。当时的农民家庭都在围绕着野菜粑粑做文章，人们出工、下地、跑外垸，布袋子里装上几个野菜粑粑，中午休息时坐在田埂上大快朵颐。当时谁也不会想到，时隔几十年后，昔日的野菜粑粑竟成了今日餐桌上的佳肴，许多游子回故乡，吃饭时就点名要野菜粑粑。

饭锅野菜粑粑　先将野菜（在藜蒿叶、荠菜、苜心菜、萝卜菜秧中任选一种）洗净、切碎、焯水滤干，再将米粉炒熟后化成浆与野菜加盐拌和，不宜太稀也不能太干。在土灶的大铁锅里倒适量的水，放一陶制炊皮（铁制的也行），再把煮半熟的饭倒在炊皮上，土灶里升大火烧起来，待锅里冒出热气后，再把野菜粑粑一个一个贴在铁锅上，盖上锅盖蒸 15 分钟，缓 10 分钟揭开锅盖即可。"饭锅野菜粑粑"与米饭一道蒸熟，不但节省了做饭的时间和燃料，而且"饭锅野菜粑粑"有一面锅巴，非常可口。这种做法在餐馆里看不到，只有在乡下有土灶的农户才能做到。

蒸野菜粑粑 先将野菜（藜蒿叶、荠菜、苜心菜、萝卜菜秧任选一种）洗净、切碎、淖水滤干，再将米粉炒熟后化成浆与焯过水的野菜加盐拌和，不宜太稀也不能太干。再将蒸笼或蒸锅备好，锅里放适量的水，然后将做好的野菜粑粑一个个摆放在蒸笼或蒸锅里大火蒸熟即可。这种野菜粑粑两面柔软，野菜香气浓郁，入口柔和，很适合老人和小孩食用，也便于储存和携带。有的人家一次做很多存放着，客人来了拿出来加热便可上桌。

干炕野菜粑粑 先将野菜（在藜蒿叶、荠菜、苜心菜、萝卜菜秧中任选一种）洗净、切碎、焯水滤干，再将米粉炒熟后化成浆与焯过水的野菜加盐拌和，不宜太稀也不能太干。选一平锅，在锅里浇点油，生火烧热，再把捏好的一个个米粑（不宜太厚）放在锅里文火干炕，待一面炕成锅巴时再翻炕另一面，这样把两面都炕好了就熄火起锅，这种野菜粑粑两面都有锅巴，吃起来焦、脆、香，很适合年轻人的口味，但不宜存放，放长了时间锅巴会变软，加热后就会失去焦香味。

藜蒿叶粑粑 藜蒿具有清凉、平抑肝火、预防牙病、喉痛和便秘等功效。藜蒿因含有侧柏莲酮芳香油而具有独特风味。它对降血压、降血脂、缓解心血管疾病均有较好的食疗作用，是一种典型的保健蔬菜。藜蒿有利膈、开胃、行水、解毒，可治胃气虚弱、纳呆、浮肿等病症，民间常用来治疗急性传染性肝炎。藜蒿叶和米粉调合做成粑粑香气扑鼻味道更佳。将采回来的新鲜藜蒿叶洗净，用热水焯一下然后过凉水，去除苦味；将焯好的藜蒿叶加盐拌和备用；接下来将藜蒿叶加入米粉和面粉的混合物中和成面团（面粉和米粉比例 3∶2，也可用熟米粉拌和），然后盖上湿布稍微醒一下；将醒好的面团揉成直径 5—7 厘米的小饼子，厚约 1 厘米。如果想吃些花样，也可在小饼中加入自己喜欢的馅料，如豆沙等；放在平锅中小火慢煎，待藜蒿叶粑粑由绿渐渐变黄，中间鼓起就可以出锅了，也可以放在蒸笼或蒸锅里蒸熟。

荠菜粑粑 俗话说：“三月的荠菜赛灵丹。”荠菜历来是药食同源的佳蔬，荠菜性味甘平，具有和脾、利水、止血、明目的功效。常吃荠菜可利肝气，能够明目，吃荠菜对脾气暴躁、血压增高的高血压患者有好处，有凉血止血的作用。荠菜能增加人的食欲，消化积食瘀滞。荠菜所含营养素平衡，并含丰富的维生素 C 和胡萝卜素。春吃荠菜有助于增强机体免疫功能，降低血压、健胃消食。荠菜粑粑的制作方法：荠菜摘洗干净，切碎，在开水中焯一下，捞出过凉水，挤干水分备用；将米粉炒熟蘸水调成糊状，然后倒入荠菜，加少许盐拌和，一直把荠菜和米粉揉得粘和在一块，然后将做好的荠菜粑粑一个个摆放在蒸笼或蒸锅里大火蒸熟（也可干炕、蒸、煎）。

苜心菜粑粑 苜蓿，俗称苜心菜、金花菜，是一种多年生开花植物。其中最著名的是作为牧草的紫花苜蓿，盛产于汉阳南乡外垸一带，营养价值很高，具有清脾胃、利大小肠、下膀胱结石的功效。苜蓿含有最丰富的维他命 K，成分之高，在一切蔬菜之上。其他如维他命 C、B 也相当丰富。苜蓿炒食味佳，也可与大米一起煮粥、蒸饭。苜心菜粑粑制作与荠菜粑粑制作程序相同，而味道却不一样。

月半团子 本地每年正月半传统美食，将大米粉炒热加水揉和，内包胡萝卜、藕、豆干、肉丁馅料，做成圆形，上蒸笼蒸熟即食，可存放与携带食用。

农家小菜焖饭

“小菜焖饭” 这是老辈人在艰难与忙碌中创造的。那时候过粮关，大米稀缺，“半年瓜菜半年粮，莲藕南瓜当主粮”。人们为了填饱肚子，只有把小菜拿来与少量大米做焖饭吃，如豆角、莲藕、芋头、南瓜、红薯就是最好的焖饭食材。吃小菜焖饭看起来穷苦，其实吃得很香。阳湾小菜焖饭的做法是把一种小菜在锅里炒个半熟，上面倒上现饭，也可把半熟的米饭倒在上面盖上锅盖蒸一会，待锅里的小菜和米饭蒸熟了后揭开锅盖用锅铲将饭菜拌和，使小菜的香味与米饭揉和在一起，既好吃又简单，省去了单独弄菜的那道程序，厨者与食者皆大欢喜。

豆角焖饭 又叫做豇豆焖饭。豇豆是夏天盛产的蔬菜，别名豆角、长角豆、带豆、裙带豆，属豇豆种中能形成长形豆荚的一年生缠绕草本植物。常见有白豆角、青豆角、紫豆角。在选购豆角时，一般以豆条粗细均匀、色泽鲜艳、透明有光泽、籽粒饱满的为佳，而有裂口、皮皱的、条过细无籽、表皮有虫痕的豆角则不宜购买。豆角含有各种维生素和矿物质，营养丰富，是蔬菜中的上品。豆角焖饭是一道美味的菜肴，它的特点是味道鲜美，老一点的豆角焖饭更佳。豆角洗净加油翻炒，再放盐和佐料炒一下，放入适量的水，将米饭盖在上面，盖上锅盖蒸上大气后缓一会揭开锅盖，再将米饭与豆角混合即可食用。

莲藕焖饭 将莲藕下锅焖熟，加适量的水，再将米饭盖在上面，盖上锅盖蒸上大气后缓一会揭开锅盖，再将米饭与莲藕混合。这道莲藕焖饭，食材虽然简单，但营养更胜一筹，人称莲藕焖饭为小菜焖饭中的极品。还有人把家里剩下的藕汤和现饭一起焖，味道尤佳。

芋头焖饭 芋头中富含蛋白质、钙、磷、铁、钾、镁、钠、胡萝卜素、烟酸、维生素C、B族维生素、皂角甙等多种成分，所含的矿物质中，氟的含量较高，具有洁齿防龋、保护牙齿的作用。芋头含有一种黏液蛋白，被人体吸收后能产生免疫球蛋白，或称抗体球蛋白，可提高机体的抵抗力。故中医认为芋艿能解毒，对人体的痈肿毒痛包括癌毒有抑制消解作用，可用来防治肿瘤及淋巴结核等病症。先将芋头在锅里焖个半熟，加适量的水，再将米饭盖在上面，盖上锅盖蒸上大气后缓一会揭开锅盖，再将米饭与芋头混合，过一会儿可以食用，芋头焖饭也是小菜焖饭中的极品，味道好，有营养。

南瓜、红薯焖饭 做法与豆角焖饭、莲藕焖饭、芋头焖饭大致相同，好吃也有营养。

其他食物

喝汤 本地居民讲究喝汤，有“吃肉不如喝汤”之说。平时改善生活和款待客人，都以喝汤为贵。汤的种类很多，有鸡汤、猪排骨汤、鸭汤，以至蹄花、肚肺肠汤、牛肉汤、甲鱼汤及喜头鱼、财鱼、黄骨鱼汤等。汤里兼用条粉、莲藕、糯米、萝卜、海带、葫芦、莴苣等，置于大沙铫内，以文火煨烂，其中以鸡汤、甲鱼汤、排骨汤为最佳。每逢年节，贵客上门，必餉以鸡汤。也有人作兴喝甜汤，如银耳汤、莲子汤等。

家制干、咸菜 此菜能调剂余缺，又经济实惠，自古以来本地居民家家必备，农村集体生产时期成为农民的主要菜肴。每年冬至开始，家家腌制烘鱼腊肉，暑天则晒豆酱、麦酱、霉腐乳。收获季节吃不完的萝卜、春菜、雪里蕻、豆角、扁豆、菜瓜、黄瓜、辣椒、洋姜、白菜等等，有的制成腌菜，有的浸泡成泡菜，有的放置于酱缸里制成酱菜，有的晒成干菜，品种繁多，长年不断。

“三蒸”：蒸肉、蒸鱼、蒸时令小菜 厨师将生菜拌上米粉和佐料放入竹制小笼内，试其火候蒸熟后，再取出添加熟油、调味品即可食用。蒸菜鲜嫩可口，不抵牙不打口，吃起来口感舒适，容易消化，最受中老年人和小孩喜欢。村里红白喜事则用竹制大蒸笼蒸菜，一次可上10桌的“三蒸”。蒸肉有蒸牛肉、蒸猪肉、蒸排骨、蒸肉丸、蒸蹄花、蒸猪肚等。蒸鱼有蒸鳝鱼、蒸泥鳅、蒸鲶鱼、蒸黄骨鱼、蒸喜头、蒸青鱼、蒸草鱼、蒸财鱼等，其中以蒸鳝鱼最为出名。蒸小菜更是丰富多彩，凡是小菜，均可蒸食。有名的有蒸苋菜、蒸茼蒿、蒸豆角、蒸豆子、蒸萝卜丝、蒸芋头、蒸藕、蒸藕菱角米、蒸茭笋、蒸豆腐圆子等。

蒸鳝鱼 为蒸菜之最，鳝鱼肉嫩味鲜，营养价值甚高，经常食用鳝鱼肉有补脑健身的功效。侏儒山厨师做蒸鳝鱼极为讲究，一般食材均取自于白湖野生黄鳝。鳝鱼在白湖无污染的水土里生长，活力强，营养价值更高。厨师在宰杀时保留血迹和鱼骨，再用大米粉将鳝鱼整条拌和，此谓“盘条”，放入蒸笼里蒸熟，保存了百分之百的营养成分，鱼肉有挺劲。当客人需要时再将长条切成两寸长的片，拌上姜蒜末、盐、胡椒、酱料等，装入扣碗，放在蒸笼里再蒸，然后取出扣在盘子里，淋上热猪油和米醋，那一股热腾腾、香喷喷的气味让你满口生津。

粉蒸莲藕 这是食客普遍看好的美食。选上优质汤藕，以野藕为佳。切成条状，先拌盐腌制十分钟使其入味，再拌之热猪油，最后用米粉拌和，用蒸笼或不锈钢蒸锅大火蒸熟。莲藕清热凉血、健脾开胃，富含铁、钙等微量元素，其植物蛋白质、维生素及淀粉含量也很丰富，有明显的补益气血，增强人体免疫力的作用。粉蒸莲藕入口粉软，既可当菜又可代替主食，在餐桌上是不错的选择。如果将莲藕与肉一起粉蒸食用，使植物蛋白和动物蛋白得到了有机结合，能更好地补充人体所需营养。

野菜

藜蒿 原产于本地湖区一带，清香可口。清炒藜蒿、藜蒿炒腊肉为餐桌上的佳肴。从1990年代开始，本地农户种植藜蒿销往市场，收入颇丰。

蒿笋 一种生长在本地荒湖野沟中的蒿草，每年早春三、四月拔节，人们将其节采来，剥其叶皮，现出洁白鲜嫩的笋心。此物为水生无污染野菜，可清炒、爆炒肉丝，与鲜鱼一同煮汤，黄骨鱼蒿笋汤最为可口。蒿笋季节性强，且产量极少，只有少数农民采摘后拿到市场上来卖，故求食者不易。

荷塘佳肴

排骨藕汤 本地美食一绝，驰名中外，为广大食客青睐。人们喜欢拿藕和肉骨头煨汤，文火煨到肉烂脱骨，藕块吃起来口感粉糯又不失清脆，也可用腊肉骨头和腊鸭煨汤。排骨藕汤是接待贵客的必备菜之一，此菜鲜香味美，营养丰富，开胃益血，有补气补钙的功效。关于藕的选择要选“煨汤藕”，以“野藕”最佳。好藕口味比较“面”，吃起来酥软绵甜，口感非常好。

藕带 本地湖区盛产藕带，古时称藕鞭、藕丝菜、银苗菜，又称藕心菜、藕梢、藕带、藕苗。藕带是莲的幼嫩根状茎，由根状茎顶端的一个节间和顶芽组成。

藕带与莲藕为同源器官，条件适宜时，藕带膨大后就成了藕。目前，市场上销售食用的藕带，主要有两个来源，即子莲和藕莲，以子莲为主。本地栽培子莲时，一般一次定植，连续种植三年。从第二年开始，由于田间植株过密，采收藕带，实际上起到疏苗的作用。所以，子莲藕带是子莲栽培中的副产品。另外，也有部分农户利用莲藕（藕莲）采收藕带。莲藕的藕带与子莲藕带相比较，更加粗壮、脆嫩，炒、拌、煎、蒸、炸、熘、生吃皆可，既可作主料，又可作配料，荤素皆宜。最为有名的是清炒藕带和酸辣藕带这两道菜，成菜的藕带细脆无筋，清香浓郁，嫩、雅、朴、鲜、香、辣、爽。利用藕带加工泡菜，如酸辣藕带、糖醋藕带等，也极受消费者欢迎。

莲子 莲子为本地莲藕的副产品，湖塘莲蓬，采摘后可生吃，晒干后为干莲子，去壳取莲米食用。古今丰盛的宴席上，无不备有莲馔，而“莲子汤”则是最后的压席菜，颇有“无莲不成席”之势。莲子除作为珍贵的滋补食品外，还是一付妙药。在中医处方上，莲子通常称为莲肉、湘莲肉。古人说，吃莲子能返老还童、长生不老。关于其在养心安神、健脑益智、消除疲劳等方面的药用价值，历代医药典籍多有记载。

菱角 菱角是本地著名特产之一，菱角有青色、红色和紫色，皮脆肉美，算是佳果，亦可作为粮食充饥。一般都以蒸煮后食之，或晒干后剁成细粒，熬粥食之亦可。菱角是一种水生植物，又称“菱角儿”，其果肉可食，嫩茎可作菜蔬，具有尖锐双角，俗称菱角。生长在湖里，菱角藤长绿叶子，叶子形状为菱形，茎为紫红色，开鲜艳的黄色小花。菱是一年生草本水生植物，又称“水中落花生”，有补脾益气、抗癌、减肥、利尿、通乳、止消渴、解酒毒、治疗皮肤病的功效作用。菱角的食用方法有很多，生食以皮脆肉嫩的嫩菱为好，熟食以肉质洁白的老菱为佳，食法上煮、炖、烧、煨等都可，像炒嫩菱、菱角炖排骨、菱角炒肉片、菱角煨鸡及菱角烧豆腐等，均是风味独特的佳肴。

鸡头梗子 鸡头梗子是本地区的一道家常菜。其名又叫芡实，是一种水生植物，生活在浅水的塘灞、沟渠、河流、湖泊之中。鸡头梗子，说的是它的茎，是老百姓一种形象的称呼。芡实根植于污泥中，茎圆柱形，长刺，直立水中，类似荷杆，头上顶有着像荷叶一样漂浮在水面的盾圆叶。成熟时有的顶着果实，头微露，像鸡头，老百姓又称之为鸡头菠萝。鸡头梗子春季从泥底冒出，在水中疯长，从根部分蘖出来的鸡头梗子一根、二根、三根……像一个个披着铠甲坚守岗位的将军，顶着大小不同的紫色团叶，令人望而生畏。到了盛夏，它长得格外粗壮，至初秋，鸡头梗子长出的茎逐渐成熟，为丰盛的夏秋又增添一道菜。而这时的湖乡人，或划着腰子盆，或直接下水去用镰刀把它从底部拦腰割断，割下一抱抱的鸡头梗子，拖上岸来。鸡头梗子上岸后，荆棘满地，看似怕人，人们撕掉它带刺的皮，露出粉红的圆滚滚、水润润的梗子来。现在，农民不但自己吃鸡头梗子，还拿到市场去卖。把鸡头梗子买回来，洗净后摊在太阳下稍微照一照，再把它切成短条用盐腌一会儿，让里面的一些水分再排出一些，这样爆炒出来的鸡头梗香甜、生脆、可口。如果在炒时加入红辣椒和其他佐料，色香味俱全，口感更佳。鸡头梗含铁、钾、钙、硒等多种元素，能健脾、涩精、祛热，现在变成城市餐桌上的上等蔬菜。野生的鸡头梗子毕竟有限，现在人们已开始大面积种植。

藕圆、藕夹　藕圆制作时先将莲藕洗净，去掉结巴，用细蜜蜂洞的藕擦或用食品搅拌机制成藕沫和藕浆，再加入适量生粉、生姜、蒜白、胡椒、味精等佐料，搅拌成藕泥，用手捏成圆形，然后放入烧开的油锅内炸，熟后用网勺起锅，趁热蘸上辣汁油或豆瓣酱即可食用。上述为素藕圆，若想带点荤，可在藕泥中加入适量的肉沫和鱼沫，味道更加柔软香酥。旧时人家多炸此圆过年，以图吉利。储存后的藕圆，食用时需上蒸笼蒸熟，浇勾芡上桌。藕夹即在两片藕里夹肉，外糊以面浆，放进油锅里炸得酥黄亮眼，是冬季待客上好的食物。

财鱼焖藕　将鲜藕和财鱼洗净，剁成块，放在锅里焖熟。这道菜操作简单，味道鲜美，从民国时期流传至今，后经许多厨师进行研究和改进，在保持本味的基础上，不断创新，增加配料，使食客更加喜爱。

腊鸭焖藕　腊鸭切块、洗净，姜切片，小葱洗净切末备用。烧一锅水，水开后，将腊鸭放入，汆烫片刻，捞起放入砂锅，加入姜片、温水（水量宜稍多一些），腊鸭味咸，勿加盐，盖盖儿煮开。汤开后，转中小火炖煮一个半小时，熬到汤色发白，腊鸭出香。将藕切去藕节，去皮切成滚刀块，放入砂锅一起熬煮，一个小时后，即可关火。喝前加入白胡椒粉和小葱末，即可食用。

圆子

肉圆　以肥瘦兼有的猪肉为主料，制作时，先将猪肉切成粗细较匀的肉丁，再用刀逐步剁细。为了不至于腻刀，时而要添加一点水分。现在制作时只要将猪肉用绞肉机绞碎即可。接下来是加一定数量的“鱼红”（净鱼肉沫），再加鸡蛋、胡椒、味精、生粉、葱姜和精盐等佐料，用力搅拌，直至肉沫起芡发粘伸缩有劲，就用手捏成团状，然后可炸、可汆、可蒸。由于后续制作工艺有别，风味又各不相同。炸者，叫生炸圆子，又称海圆，其做法是：等油锅内的豆油烧至七八成干时，将生圆一个个放入，时而用锅铲翻动，炸成黄紫色，就用网勺起锅沥干，可放置较长时间。需食用时，先装碗上蒸笼用大火蒸，待松苞后取出，翻扣入盘，再浇上猪油、蒜白、酱油、生粉、黄花、黑木耳、红萝卜等佐料烧好的勾芡。比圆色香味俱全，十分诱人。每逢过年过节或红白喜事置办酒席，肉圆子是少不了的一件主菜，不管你吃不吃肉圆子，它必定要上桌的，就是团团圆圆的意思。肉圆子早在清朝民国时期就饮誉本地，现在成为聩赠佳品。

鱼圆　也可称鱼氽。原料以5斤以上的草鱼、青鱼为佳。制作时先将鱼从背部剖开，取下鱼肉后，用刀剁成肉泥，接着加入蛋白、味精、葱白、姜汁、熟猪油、白胡椒等佐料。然后混入盆中，用手反复搅拌，直至粘茨为止。待锅内水温达到60摄氏度左右时，将原料用手挤或用汤匙舀起形成圆形，氽入水中，用文火慢慢熬熟。食用时，盛入汤碗，撒上葱花上桌。储藏时，用清水封存。此圆色白如玉，形同珍珠，食时咬开内如海绵蜂洞，不但鲜嫩爽口，而且营养丰富。

蓑衣圆子　因圆子外面裹有一层糯米，状似蓑衣，故称蓑衣圆子。此圆子晶莹透亮，也叫珍珠圆子。蓑衣圆子里面有莲藕作馅，外皮是糯米，糯米的口感软绵适中，正好吸收了肉馅的油腻，荤素搭配。蒸熟的圆子放在荷叶上，吃起来更有一股淡淡的荷叶香味。

糍粑鱼　制作时以鱼肉为主料，经过腌渍、晾干后煎烧而成的。糍粑鱼口味咸辣、香气扑鼻，有“闻则臭，吃则香”之说。佐饭能增量，佐酒可转换口味，本地人食用糍粑鱼已是一种嗜好。

笋衣　这是一道传统的家常菜，主要制作食材是笋衣、肉丝、木耳、大蒜、芹菜，通过中火炒制而成，风味独特。

麻辣小龙虾　小龙虾原名克氏螯虾，产于北美洲，二战期间，从日本传入我国，20世纪50年代开始传入潜江、仙桃一带，后在本地有养殖。由于麻辣小龙虾的特殊风味，许多务工经商者对麻辣小龙虾情有独钟。

火锅　火锅一般是指以锅为器具，以热源烧锅，以水或汤烧开来涮煮食物的烹调方式，同时亦可指这种烹调方式所用的锅具。由四川、重庆引入，现在本地普及开来，其特色为边煮边吃，或是锅本身具有保温效果，吃的时候食物仍热气腾腾，汤菜合一。火锅现吃现烫，辣咸鲜，油而不腻，暴汗淋漓，酣畅之极，解郁除湿，适于山川之气候，今发展为鸳鸯锅，麻辣清淡各别，各取所需，老少咸宜，为冬之佳品。典型的火锅食材包括各种肉类、鱼类、禽类、海鲜类、蔬菜类、豆制品类、菌菇类、蛋类制品、粉丝等，将其放入煮开的清水或特制的高汤锅底烫熟后食用。有些吃法还会蘸上调味料一起食用。

虾酢粉坨 在各类家制咸菜中，尤以虾酢最有特色：入冬，将小米虾洗净，用重盐加少许生姜、酒和茴香，放在罐内密封；开春以后，每次取一匙，拌熟米粉，用水调和，加油在锅内搅熟，然后盛于碗内，撒上葱花即食，味极鲜美。

交通

阳湾滨湖临河通江，旧时，船只是人们通行与运输的主要工具。人们日常在劳作或上街时一般是步行。改革开放后多以驾车代步。

乘船 明初，欧阳氏先祖乘船由长江进入通顺河，再由小襄河进入六海赛。明中期改稻种桑后，本地织造的丝绸亦用船只运送到汉口等地销售。明末清初，本地已有大小木船20余艘，村人驾船在汉阳鹦鹉洲购买木材兴建宅第。清至民国，本地农民常于早春驾船去湖区打青草，将两只船连在一起可数倍装载青草，谓之“帮船”。南屏垸垦为农田后，村民用“帮船”将农作物运回打场收藏。

农业集体化时期，阳湾各生产队有船只20余艘，主要用于去湖区打青草沤肥和军山外垸防汛抗洪之用。后汉沙公路兴建，六海赛水路逐渐淤塞，乘船成为历史。

步行 早年，本地群众外出从事生产与生活一般均徒步出行。如去蔡甸城关办事，鸡叫三遍后起身，行至九真山翻越陈福岭，再走20多里路才到蔡甸，办了事再急忙往回走，天黑时才到家。去汉阳、汉口、武昌，先要步行至玉贤镇松林咀搭船，至马沧湖上坡，然后去汉口则步行至汉江边搭船过江，去武昌则步行至长江边搭船过江。

长途步行和外垸劳作 农业集体化时期，人们挑着行李和工具步行远征府河、长江干堤、汉川新沟船闸、汉川沉湖农场等水利工地。在南屏垸和军山外垸劳作，人们不仅步行早出晚归，还要挑一担秧或肥料送到地里去，收工后挑着一担柴草赶回。就是风雨天气，人们也要出行劳动。

运输工具

木船 指木制的船，通常用橹、桨等驾驶。欧阳氏于明朝初年由江西吉安乘木船经长江迁徙到六海赛。由于阳湾连接江河湖泊，村民外出和生产均离不开船只，在南屏垸农作物收获季节，村民大量使用船只作为运输工具。农业集体化时期，每个生产队都有两条木船作为打青草和防汛抗洪之用。

牛车 民国时期，阳湾有牛车20多辆，此车4个大木轮，由一条壮牛拉着行走，每车可装载麦、豆、棉梗之类约30捆，可顶7—8人肩挑。土改后，阳湾70余户中农每户一辆牛车，公社时期亦有牛车30余辆。改革开放后，手扶拖拉机代替了牛车。

板车 板车出现于1970年，由胶轮和木架组成，可装载数百斤货物，由1—2人拉着行走，板车比牛车方便，可在村湾至集镇运输物资。

自行车 又称脚踏车或单车，通常是二轮的小型陆上车辆。人骑上车后，以脚踩踏板为动力，可以作为环保的交通工具用来代步、出行。1972年，区委给阳湾大队支部书记发一辆自行车票，大队书记骑着自行车出行，而其他干部和群众仍然步行。翌年，区委给大队长和民兵连长安排了自行车票。到了1973年，阳湾村有10多个农民在外面找关系买回了自行车，他们驮着老婆到外垸出工。至1980年，自行车供应放开，阳湾村兴起了自行车热，妇女们都骑着自行车出工，公路上出现了自行车长队。

手扶拖拉机 一种小型拖拉机，以柴油机为动力，结构简单，功率较小，由驾驶员扶着扶手架控制操纵机构、牵引或驱动配套农具进行作业，同时也可以载人出行，其小巧灵活且动力强劲的特点很受农民的欢迎。1973年，阳湾大队11个生产队购置了手扶拖拉机，从此，社员们可搭乘手扶拖拉机出行了。

公交 1970年，汉沙公路建成，侏儒山的公交开通，阳湾群众去蔡甸、汉阳和仙桃等地从此可以乘公交车出行了。至2021年，汉宜、宜黄、沪蓉高速从傅家山、清风山、团山北麓通过，318国道沿六海赛湖横贯东西。武汉经开区288公交、蔡甸区277公交、成功256公交、洪北214公交、消泗224公交、石山堡222公交均直达阳湾村。

车辆

村民购车 2000年，阳湾村除老年人家庭外，驾驶人员数量只占总人口数量的2%；2005年开车人数量占总人口数量的5%；2006—2011年辖区开车人数占总人口数量的8%；至2019年10月，外出和在村机动车保有量130辆（包括农用汽车和小车），辖区开车人数量140人，占辖区总人口数量10%。其中，年轻人和工作人员多以小车代步，部分经济条件较好的家庭，夫妻、子女各拥有一部车，有的私营企业主购车档次越来越高，比较常见的豪华车有：奔驰S级、宝马7系、奥迪A8、雷克萨斯LS、捷豹XJ等等。而超级豪华车系列，价格应该在12万英镑以上，也就是在10万—20万美元以上，换算成人民币，都是几十万、百万以上的车。

阳湾村家用小汽车统计

2021年统计全村共有家用小汽车371辆，其中欧阳氏119辆，杨氏76辆，傅氏68辆，项氏28辆，郑氏17辆，王氏1辆，李氏8辆，刘氏19辆，谢氏2辆，罗氏10辆，周氏12辆，祝氏8辆，邹氏5辆，何氏6辆，聂氏1辆，余氏1辆。

村内居民除少数人全资购车外，大多数人采用贷款购车。这是银行为缺资金的购车人发放的信用购车贷款，一般公职人员都选择贷款购车，每月向银行支付还款。汽车总价格一般不超过家庭一年收入的1.5倍，使用成本每月不超过月收入的1/4，如果家庭年收入为10万，买个15万以内的车，每月各项费用不超过2000元，具体的情况还看家庭的消费习惯来决定。

礼　　仪

阳湾的礼仪习俗是越文化与楚文化相互交融的一种文化现象，其中以生命文化、忠孝文化、家庭伦理文化作为支撑，以维系家族的繁衍发展。阳湾的礼仪习俗厚重且悠久，主要表现在行礼和送礼方面，而行礼和送礼主要是生礼、婚礼、葬礼和祭祀礼，被认为是人生四大礼仪。后各姓氏相继迁入，四大礼仪逐渐形成统一规范。

生辰

出生礼是人生的开端礼。明清时期，出生礼的仪式一般在出生的第三天举行，俗称“三朝”，以艾叶和草药煎水，为婴儿洗浴，是古风“三朝洗儿”的承袭。是日，家人将煮熟的红鸡蛋分送给左邻右舍，亲戚朋友乃至婴儿父母双方，报告孩子平安降生之喜。婴儿的外祖母家送来“粥米”（糯米、红糖、鸡蛋、十全果等礼品）祝贺外孙出生。至亲好友亦携礼上门贺喜，礼品则多为母鸡、鸡蛋、油面、红糖之类。除“三朝”外，还要给新生儿举行“满月”“百日”仪式。旧时在村内，新生儿满月，外祖母家送来摇窝、全新衣被。这天，要举行剃头仪式（亦有满百日才剃胎发的），胎发多收藏起来或用丝络包好挂在床头。剃头后，举行喜宴，招待亲朋。“百日”，亲友多赠长命百岁锁（锁上铸有“长命百岁”四字）或“万年箍”，挂在孩子胸前或套在孩子项上，以期孩子长命百岁。“周岁”，是人生的第一个生日，俗称“长尾巴”，意味以牲畜视之，好养一些。旧时，孩子过周岁要举行“抓周”仪式，以预测孩子的未来。这天，将孩子打扮成绅士模样，神龛上设香案，堂屋中间的簸箕里摆上文具、玩具、糕点、钱币，农村还特地摆上毛笔和牧鞭。前来贺喜的亲友，围观簸箕中的婴儿在诸多物品中抓取什么，是为“抓周”。据孩子所抓物品，预测孩子的未来。诸如，抓到毛笔，则为读书人；抓到牧鞭，则为放牛娃；抓到玩具，则为游手好闲、不务正业。这一习俗，到民国后期，仅因袭而已。成年人的经历反复证明“抓周”并不灵验，故不论孩子抓什么，家人都可不必在意，不因之或喜或忧。1949 年以后，“抓周”旧俗仍在部分家庭延续，但已由传统的迷信逐渐演变成亲友团聚的娱乐形式了。

从周岁开始人生第一个生日后，随着生命的延续，每年都有一个生日。一般不每年过生日。小孩成年以前，大体只过两次生日，一次是 3 岁，一次是 10 岁。老年人 50 岁开始做整寿，即逢十做寿。讲究男进女满或男虚女实，即男逢九、女逢十做整寿。成年以后的男女，父母一般不为他们操办生日事，多是同伴们在外相互庆贺；成家以后，则夫妻共贺。旧时，家境好的人家，尤其是书香门第和官宦之家，儿孙给高年老人做整寿甚为隆重，所谓“礼仪出于富足”。儿孙们备丰厚的寿礼，亲友携礼上门。届时，设香案，放鞭炮，贴寿联（通用联语为“福如东海，寿比南山”或“福如东海长流水，寿比南山不老松”），抑或鸣金奏乐，晚辈们给穿着一新的寿星拜寿。仪式毕，摆寿宴大宴宾朋。寿星坐上席，子孙、宾朋频频举杯祝寿星老“越老越仙健”，净找老人爱听的吉祥话说，让老人高兴。有的人家还请来戏班唱戏（谓之“堂会”），连演三天，甚为风光。寿星则从这一做寿的全过程中得到宽慰。

1949 年后，人民政府提倡除旧俗、树新风。人们努力学习，勤奋工作，积极进取，加之政治运动连年，人们生活之余，很少有人用心于个人或家庭成员的生日小事。有的家庭从不过生日；有的家庭过生日一般也只限于一家老小，生日当天，给当事人买点纪念品或改善一下伙食，以示庆贺，绝不向外张扬。进入改革开放年代后，人们生活水平提高，加上独生子女多，过生日的风气渐浓。独生子女几乎年年都过生日，以 3 岁、10 岁为大庆。一般过生日，父母及祖辈送贺礼或食品，还有给“红包”的。另外，生日蛋糕是必需订做的，上面做上祝辞或吉庆语，以寄托长辈的厚望。3 岁生日是孩子稍稍懂事的第一个生日，10 岁生日是孩子人生道路上的第一个 10 年庆，故需大庆。

弱冠之年在古代指的是男子 20 岁的时候行冠礼，就是将头发盘起来，戴上帽子，过了弱冠之年，男子就正式成年了。男子举行弱冠礼，父母、祖辈除给孩子贺礼外，还要宴请亲友，亲友携礼赴宴。50 岁以上的老人是否过生日及如何过生日，视家风、子女家境及孝顺程度而定。但 60 岁以上的大寿，诸如 70 岁、80 岁乃至 90 岁，身处异乡的子女一般是要携家带口回家拜寿的。

婚俗

婚礼是人生四大礼仪中自身唯一能感受到的大礼，故作为“终身大事”看待。旧时，本地从婚姻发端至完婚的全过程要经历 6 个阶段，即提亲、问生庚八字、发八字、行聘礼、请期及亲迎，这是通用式婚礼习俗。

提亲 即男方家长托媒人到女方家中说媒提亲。旧婚姻中，恪守“父母之命，媒妁之言”，媒人是一桩婚姻的起始人，女方家长觉得门当户对同意议婚后，男方家长则携带礼品到女方家求婚。如果对方接受了礼品（纳采），婚姻即可进入下一道程序。

问生庚八字 （古历年、月、日、时辰八个字）：求婚之后托媒人去女方询问许婚女子姓名及生庚八字，然后请先生（通晓此礼仪的读书人）写庚书（亦称“庚帖”）。庚书上要写清拟婚配的男女双方姓名及生庚八字。庚书写好后，再请阴阳先生占卜吉凶，或请算命先生根据历书推算二人八字相克还是相合。如相克，则为这桩婚姻蒙上阴影，双方父母担心难白头偕老。若想成就这桩婚姻，则须请阴阳先生做“解”，改克为合，包括男女五行（金木水火土）中缺什么，就在改名字时在名字中补什么，即在名字中有含金、木、水、火、土的字。如二人八字相合，即可直截进入下一道程序。这个过程，称之“合婚”，颇具迷信色彩。

发八字 俗称“过帖”“庚书”，亦称“庚帖”，是把问名后占卜合婚的结果送达女方。发八字是旧式婚姻程序中的一个重要环节，双方都要宴请亲友，既为谢媒，又为向亲友宣布孩子已订婚，名花有主，避免麻烦。送庚帖时，除庚帖外，还要携带礼品，视家境而定，穷家小户，一般送些礼香、礼烛、礼饼，一个大红包袱提去；富户人家还要送首饰、绸缎等，用礼盒抬去。订亲之后，逢三大节（春节、端阳、中秋）男方家长必须给女方送礼，表示对儿子这桩婚姻的承认和重视，礼品无定规。

行聘礼 俗称“送彩礼”。行聘礼无固定仪式，择吉日由男方向女方馈赠礼金或礼品，数额多少不拘，以双方家长认为合适为宜。在婚俗传承中，这时即进入婚礼的繁缛状态，即结婚的前奏。

请期 俗称“定日子”。这阶段的主要内容是择好吉日后通知女方，如女方不认可，亦可由女方择定。双方达成一致后，则可作为婚期定下来。随后，女方准备嫁妆，男方准备迎亲。

铺床 男方在布置新房时，要请儿女双全的妇女为新人铺床，意在新娘以后儿女成行。铺床时，床角塞藏红枣、花生、桂圆之类吉祥果，谓之“早生贵子”。邻妇、来宾祈子者趋前争抢。抢到枣子，可早生贵子；抢到花生，则男孩女孩花着生；抢到桂圆，则早生贵子之梦可圆。

梳妆 女子出嫁日，先卧床静待迎亲花轿临门，听见喇叭、鞭炮声，知花轿已临门，始起身梳洗更衣、整容、妆扮，发式始由少女型改为少妇型。酒席款待迎亲队伍之后，乃新娘上轿起程之时。此时，新娘伙伴以未梳理好为由设阻故意拖延时间，迫使迎亲队伍中的“知客”三请四催，锣声、喇叭声、鞭炮声不断“催妆”。新娘的姐妹、嫂子、婶娘们故意设卡，致迎亲“知客”说尽好话方始放行。旧俗中还有迎亲时新郎不随迎亲队伍前往；新娘上轿时要头顶“盖头”；迎亲队伍返程不走来时路；新娘下轿脚不落地，踩布袋前行，布袋轮番“接力”，寓“传宗接代”之意；临门时要跨火盆；拜堂后入洞房新郎揭盖头等。

亲迎 俗称“迎亲”“接新姑娘”，是成婚的最后一道程序。旧时，迎亲场面甚为壮观，迎亲队伍数十人乃至百余人。彩旗、高照为先导，后依次为喇叭队、鸣金队、花轿、嫁妆、礼盒，一路吹吹打打好不热闹。新娘下轿后，举行拜堂仪式，后送入洞房。

拜堂行礼 迎亲过程中的最后一道程序。在司仪主持下，新郎、新娘一拜天地，二拜高堂，最后夫妻互拜。拜堂礼成后，婚礼的全过程完毕，随后是新郎、新娘至酒席间向尊长、来宾敬酒，接受尊长、亲友的祝福及青春伙伴们的戏谑。行礼是本地新婚礼仪中最为隆重的一幕，在新婚当晚举行。亲邻围观，甚为热闹。行礼要请礼师、乐队，礼师一般称先生，多为邻里或亲友中通晓此道的读书人。主礼师称大赞，副礼师称亚赞。行礼在堂屋（行礼时称“华堂”）举行。华堂布置充满喜气。神龛上设香案、贴对联，前后门框上贴喜联，门前及华堂里挂红灯，谓之“红灯高照”，寓“吉星高照”，新房门框上贴喜联。门上、柱上乃至有些器具上皆贴大红双喜字。神龛正前方摆一方桌，桌上燃着香火、红烛，摆有供果之类。华堂里鼓乐大作，新郎与新娘面对神龛站立，主礼师呼：“乐止。一拜天地，三拜祖先，三拜父母，跪，叩首、再叩首、三叩首，平身。”新郎、新娘在蒲团上三跪九叩礼毕，主礼师呼“礼毕”，“送新人入洞房”。旧时一般人家行礼二次。新妇进门前一天举行“告祖礼”，成亲当日举行“彩堂礼”。富户人家则于婚后第二天同一时间继续进行“谢宾礼”。连续三日行礼，谓之“行大礼”。行完礼或行完大礼后，前来贺喜的亲友方可告辞返程。民国期间，风气渐开，新风旧俗并行，但多数人家仍依旧俗。

撒洞房 新人拜堂后入洞房途中，有人向新人头上撒花粉（红绿等彩纸剪成的碎末），边撒边呼，一呼百应。呼声单句末字为“哟”，应者末字也为“哟”；双句末字为“呀”，应者末字也为“呀”。在呼应声中，众人簇拥着新人进入洞房。

闹洞房 婚宴散席后，新人回洞房，亲朋好友随新人入洞房与新郎、新娘戏谑取乐，谓之“闹洞房”。闹洞房讲究不分长幼亲疏，谓之曰“三天无老少”，“越闹越发”，但真正闹洞房的还是亲友中的青年男女。有些会闹的，闹得文明、风趣、谑而不虐，既给大家带来欢乐，也不失礼仪，不逾规矩。有些不会闹的，刚从席间退下，半醉半醒，借酒装疯，不掌握分寸，有时除了给新人不愉快外，亦使在场的人感到难堪。

回门 新婚第三天，新娘偕新郎回娘家拜望父母，叫“回门”。

殡葬

阳湾村民对于殡葬一事永远保持着心里的重视和敬畏：“百善孝为先”“国之大事，在祀与戎”。老人去世称“仙逝”“驾鹤西归”“驾鹤仙游”。村民常把鹤作为长寿的象征，鹤作为一种吉祥的灵鸟，更是与神仙相伴，“驾鹤成仙”是对于死的婉转说法。年轻者去世则称“惨逝”，丧葬从简。

古时，阳湾丧葬礼仪较繁，亦未形成固定模式。综合村民料理丧事情况，大致有如下程序：移床、送终、停尸。病人弥留间，即从卧房床上移至堂屋中央两条长凳支起的门板上，头朝右，右首为大门。为的是不让死在床上，死在床上谓之“压床厅”，视为不吉利。此时，子女、亲属必须守候在旁，直至病人断气，谓之“送终”。如果临断气时，身旁无亲人守候，无人为之送终，被视为人生一大缺憾。断气后，要为死者修理须发，修剪指甲，擦身，然后换上寿衣、鞋袜，肢体裸露部分用白纸或白布遮盖。给死者口中含物，名曰“含殓”，是古“含玉”习俗的延续。头旁置一盏点燃的灯，为亡灵指引魂归西天路。在停尸期间，要有人日夜守灵，严防猫狗接近尸体。传说猫狗接近后，死人会还阳，并直立行走，抱人人死，抱树树亡，谓之“炸尸”。此时，还要将死者临死时所用铺盖、垫席焚化，家贫者则只烧垫席。

服丧 俗称“戴孝”，是子女、亲属为死者致哀的传统习俗。老人死后，丧家从此进入居丧期。用白麻布缝制孝服、孝帽，按亲疏、远近穿戴，谓之“戴孝”，俗称“披麻戴孝”。戴孝分轻重，重孝从头至脚穿戴，轻孝只戴孝帽，或腰间扎一条孝带。

报丧、吊丧 人死后，子女、亲属或请邻里到亲友处通报死讯，谓之“报丧”。亲友则随即备好礼金及奠物前往吊丧，同辈或长辈称“吊丧”，晚辈则称“吊孝”，奠物多为香、纸、蜡烛、鞭炮之类，或挽联、挽轴等，故亦称前往吊丧为“送轴”。现在，闻噩耗后，死者或子女单位领导、同事多要登门看望，谓之“致哀”，奠物则为现金、花圈。家中亦设灵堂，墙上挂死者遗像，遗像上披黑纱，四周悬挂亲友所送挽幛、挽联。花圈则置于室外。通宵守灵者，多是谈家常，或玩牌打发时间。

设灵 丧家在神龛一侧设灵堂，中立一木牌，木牌正中书“×××之灵位”，右上书“故××大人”，左下书立牌者与死者关系及名字。灵堂上设香案，灵堂前地上置蒲垫（跪拜用）。孝男着孝服守灵（无子嗣者则其他晚辈亲属守灵），吊丧的宾客至时，孝子在灵前陪拜，哭丧。哭丧内容多为赞颂死者恩德，或诉说死者一生遭遇，或表达对死者的怀念之情。

超度亡魂 死者一般要在家停放三日。若死者子女、至亲身在外地，三日未归、未到，还要延长停放时间。这期间，名门望族或殷实人家须置办酒宴，亲友坐席后，孝子孝孙要身着孝服向亲友跪拜敬酒。古时还请道士做道场以超度亡魂，迷信认为，人死后进入阴曹地府会经历十磨九难，需做道场为之“解结”，帮他“过关”，从而顺利魂归天府。

入殓 即将尸体移入棺内。“死三日而后殓”乃古俗，陈陈相因。亦有子女、至亲均已奔丧到家而不到三日就入殓的，或先入殓，待亲人到齐后再盖棺。入殓前，在棺材内底部铺石灰、灯草等防潮物，再铺垫褥，褥上多绣“西方接引”等字。抬尸入棺，必先脚后头，尸体置于棺内仰面平卧，并给死者左手持一烧饼，右手握一短棍，传阴间有“恶狗村”，无此二物恐难通行。盖棺前，还要放入随葬品，或钱币，或死者生前最珍爱物品。入殓后，棺木移于堂屋正中，头朝神龛，脚向大门，头前燃灯照旧，亦有摆供果、置素食，免死者做饿鬼。停棺期间，仍需有人昼夜守护。现在实行火化，只用冰棺入殓了。

出殡 俗称“出葬”。过去出殡前设香案，亲属及吊丧亲友中的同辈和晚辈，一一在棺前跪拜，以示与死者最后告别。长辈则颔首告别。礼毕，“杠夫”（请来抬棺者）将棺移至室外，搁置在两条长凳上。送葬亲友到齐后，燃鞭、击鼓、鸣金、奏乐，在鞭炮鼓乐声中起棺上路。孝子持幡在前，送葬者拥棺随后，一列长队在鞭炮鼓乐声中前行，甚是热闹，沿途抛撒纸钱，谓之“买路钱”。至墓地，由一个较有名望的识字人用米在已挖好的墓穴正中画一个太极圈，一端写上“富贵”，一端写上“双全”。然后将棺木置入墓穴中填土造坟（形成凸出地面的半圆形土堆）。然后在坟前燃香、烧纸钱、放鞭，孝子女跪拜后，则葬礼毕。送葬者一同返丧户吃酒宴，谓之“吃泡饭”。散席后，整个葬礼过程结束。现在实行火化，只将骨灰盒置入墓穴中。

居丧 葬礼结束后，丧家继续服丧，一般为49天。这期间仍为居丧期。全家素衣素食，男不理发，女不着花，不施粉黛。用餐时，先由孝男或孝女给亡人敬酒供饭。桌上摆一碗饭，筷子平置碗口正中，酒洒于地。然后家人用餐。安葬后第三天，孝男要提着香纸钱、鞭炮、供果到坟前祭拜，谓之“复三”（亦曰“复山”）。以后，逢“七”（死后第七天为“头七”，依次为“二七”“三七”，直至“七七”）黄昏，死者子女或其他眷属要至墓地祭奠：摆供品、焚香、烧纸钱、放鞭、跪拜。从“头七”到满七，殷实人家还要举行“报七”的仪式。至“七七”那天祭奠完毕后，即可“除服”，恢复平常生活。现在很多孝男孝女因工作压力大，故居丧从简。

除服 古时，丧户守制期很长，一般重礼仪的人家为三年。此间，不应试，不出仕，在职亦须离职守孝，不论婚嫁，还要恪守居丧期的许多讲究和死者生前立下的许多规矩，曰“三年无改于父之道，可谓孝矣”。1949年后，政府提倡破旧俗，树新风，传统葬礼中诸多习俗逐渐破除，葬礼日趋简化。戴孝不再穿孝服，以臂戴黑纱代之。

1960年开始，武汉市人民政府积极推行火葬，改革土葬，破除旧的丧葬习俗，节俭办丧事。1976年，本地实行火葬。人死后，即用冰棺入殓，有的则干脆将尸体运至殡仪馆冷藏，丧户家中也设灵堂，接待前来致哀的亲友。在殡仪馆停尸三日期间，丧户家中也守灵，灯火通明，通宵达旦。有条件的人家租殡仪馆礼堂，举行约15分钟至半小时的遗体告别仪式。礼堂正中挂死者遗像，周围摆花圈，与会者臂戴黑纱或胸别小白纸花，哀乐起，全体默哀，向遗像鞠躬，致悼词，向遗体告别。追悼会结束后，将尸体火化，孝子女携骨灰盒与亲友一道去墓地安葬，亦有将骨灰盒暂时寄存殡仪馆另行择日安葬的。葬礼期间，丧家一连三天设宴招待亲友，给致哀者每人礼品以示答谢。

祭祀

阳湾村人有慎终追远的传统，过节总不会忘记祭拜先人，欧阳氏定居六海赛后，奉行古越祭祀礼，以端午节为祭祖的节日，这一天全族男女老少聚集在一起为祖先扫墓，祭祀礼仪包括上香、读祝文、奉献饭羹、奉茶、献帛、献酒、献馔盒、献胙肉、献嘏辞（福辞）、焚祝文、辞神叩拜等。族中年长者在焚帛烧钱纸时，主祭要在神前献上一杯酒，然后由礼生送至焚帛处，将酒酹在上面，酹时将酒滴成一“心”字，以示祭者献上钱帛之虔诚。在祭祀过程的重要环节，还几次鸣锣击鼓或弦乐伴奏，为祭礼增添热烈气氛。祭礼结束后，将猪肉、鸡、鸭、鱼等祭品分给参祭代表。也有将祭品用于宴请参祭人员，只给少数的行祭人员与乡绅、长老等发点祭品，最后全族设宴聚餐。在历史发展中，欧阳氏已经入乡随俗，将端午节祭祖改为了清明节祭祖，祭祀礼仪也大为简化，但在祭祖日全族设宴聚餐这一习俗仍延续至今。

除夕祭祖

阳湾村人主要的祭祀则是在家中进行，时间多是在除夕晚饭前后，民间称之为“接老祖宗回家过年”。因为传说死者的魂灵不能在白天行动，所以要等天黑以后进行。先将香炉、香筒、烛台（俗称五供）或者木香碟，摆放在客厅神龛上，将平时放在“祖宗匣”里的族谱“谱单”（世系表）请出打开摆在神龛上，有的人家因不是长房、主枝没有谱单，则按照谱书的记载把自己各代直系祖先的“名讳”写在一张长纸条上张挂，俗称“祖宗条子”或“谱条子”，也有的是摆放木牌位，摆放好后开始上香，全家大小依次磕头行礼。所摆的供品一般是面食和水果之类。许多人家专门为除夕祭祖蒸白面馒头，每个馒头上面点一个红色的圆点，每两个平面相合摞在一起为一组，一般是三至五组，各盛放在白色瓷盘当中。殷实人家则在神龛上摆放“三牲”（猪头、鸡、鲤鱼），这些供品一直摆到正月初五，而且从初一到初五每天早晚两次在祖先神位（谱单）前上香，直到初五晚上，才经行礼后把“老祖宗”送走，即将谱单或牌位收归原处。还有一些地区在除夕晚上为去世不久的祖父母或父母举行一些祭奠仪式。比较有特点的是将其生前穿过的衣服叠好摆在炕上，然后晚辈们跪下磕头，嘴里还要说“×××（对长辈的称呼）回家来过年吧”。烧纸时嘴里还要“叨咕”一些寄托思念和请求保佑的话语，而且相信祖先们一定会听到，给家里人带来幸福和安康。

清明祭祖

清明祭祖扫墓是因为冬去春来，草木萌生，人们到先人的坟墓，会亲自察看坟墓是否因雨季来临而塌陷，或被狐兔穿穴打洞。在祭扫时，给坟墓铲除杂草，添加新土，供上祭品，燃香奠酒，焚烧纸钱及举行简单的祭祀仪式以表示对祖先的怀念。清明祭祖扫墓，是汉族敦亲睦族、行孝报德的具体表现，清明节因此也成为阳湾村人的重要节日之一。不少在外的人都有清明回乡扫墓的习惯，以示不忘先人，不忘故土的爱乡之情。清明祭祖除扫墓外，还有祠堂祭，称为“庙祭”。“庙祭”是全族老少男丁在族中年长者带领下到祠堂祭祖，在祖先神位前焚香烧纸，主祭诵读祭祖文，后裔行跪拜礼，最后敲锣打鼓，奏乐，燃放鞭炮。

清朝至民国时期，侏儒山地区一些大家族会在这一天召集族人，举着姓氏旗帜，乡绅与为官者骑马坐轿列队经过其他村湾去扫墓，大显族威，以至酿成宗族械斗。阳湾村几个家族对祭祖活动非常低调，从未与邻村发生过矛盾。

中元祭祖

阳湾村人在中元节祭祖，也称为“七月半”祭祖。那时盛夏已经过去，秋凉刚刚开始。民间相信祖先也会在此时返家探望子孙，故需祭祖。中元节一般在农历的七月七日至七月十五日。民间要进行一系列的祭祖活动，以此来缅怀先人，甚至还表达出了对孤魂野鬼的一种同情，更是老祖宗灵魂不灭观念的一种表达。

阳湾村过去中元节的风俗很多，一些家庭都要置办酒席祭祀祖先，将少数饭菜和钱纸灰集中起来，然后宴请族人。为了照顾好一些没有回来的祖先魂灵，人们趁夜晚在路边用石灰粉画一个圆圈，将钱纸灰倒在圆圈内，再焚烧一些香烟钱纸，边烧纸钱边喊祖先快来拿钱，烧完纸钱后再将一些吃食撒到四周，此谓“泼水饭”，供无主孤魂享用。身处异乡的人们不必在家里置办酒席祭祀祖先，只是夜晚在路边用石灰粉画一个圆圈，面对祖先坟墓的方向焚烧一些香烟钱纸，然后作揖行礼，口中叨念对祖先感恩戴德的话。

岁时节令

春节

农历正月初一日，即农历新年，旧称“过年”。民国开始，采用公元纪年，一年中即出现两个“新年”，民间称公历新年为“阳历年”，农历新年为“阴历年”。

1949年后，农历新年改为“春节”，是中华民族传统节日中最令人重视和喜庆的节日。人不分贵贱贫富，无论忙闲，在外地务工经商的人都要赶回家过年。春节贯穿着两个过程，即年前的“忙年”，年后“玩年”，长达近两个月。

忙年 指年前为过年置办年货而忙碌。办年货包括腌制鱼肉：每年冬至日开始腌鱼腌肉以备过年食用，此俗相沿久远，主要是腌货便于储存。除腌鱼肉外，还有腌鸡、鸭、鹅或动物内脏的。方法是将鱼肉等置于陶瓷缸中，均匀撒上食盐、花椒之类，然后用砖、石等重物压紧，隔一两天，翻动一次，使之均匀进盐。一周之后起缸晾晒至水干肉紧即成。腌鱼腌肉亦称之为腊鱼腊肉，统称之“腊货”或“腊味”，是百姓喜爱的传统节令食品。年货还有许多，诸如打豆腐、打糍粑、晒阴米、炒米泡、做糖果及置办年饭菜等。“忙年”除了办年货外，就是搞卫生，包括掸扬尘，清洗家具、餐具，洗晒衣被等。

贴春联、购买香纸、蜡烛、鞭炮、门神等 除夕贴春联必不可少，春联用大红纸，象征红红火火，联语均为喜庆祥泰之类。年前有“白喜事”的家庭，对联用纸则按年序分为白、黄二色，联语均为寄托哀思之类。至第4年，方可恢复用红纸写春联。春联和祭联除采用通用联外，家中有读书人的则自撰。此外，还在家里的厨房、粮囤、鸡笼、猪圈、牛栏上贴吉祥语，如厨房门贴“五味调和”，粮囤上贴“五谷丰登”，鸡笼上贴“鸡鸭成群”，猪圈、牛栏贴“六畜兴旺”，老人的房门上倒贴“福”字，有小孩的房门上贴“童言无忌”，正对大门的别家墙上则贴“对我生财”。

香纸蜡烛为设香案敬祖宗所用。过去一般家庭都备有神龛，神龛上正中立“天地国亲师”牌位，右侧写“东厨司命”，左侧写“历代祖宗”。中堂两边贴红纸黑字对联，常用联为“祖德宗功流芳远，子孝孙贤世泽长”或“忠厚传家远，诗书济世长”。春秋时代越王勾践是欧阳氏先祖，故欧阳氏常用横联有卧薪尝胆、知耻后勇、发愤图强等。逢年过节，人们则在神龛前设香案，设香案大体有这样几次：腊月二十三至二十四黄昏，在灶前设香案送灶神。年饭夜在神龛前设香案，燃灯、点烛、焚香、击磬、烧纸、放鞭，户主携子孙给“天地国亲师”位行三跪九叩礼。礼毕，开始吃年饭。从此，神龛上的灯火常明香烟缥渺。正月初一凌晨，户主携子孙在当年黄历所规定的时辰和方位设香案，跪拜天地，称“出行”。正月初一、初二、初三早晚，户主各在神龛前“烧香”一次，程序是击磬、烧纸、放鞭、跪拜，这几天灯、烛、香一直燃烧着。初一日烧早香时，子孙跪拜给长辈拜年，呼称谓，说祝辞。初三日烧晚香俗称“送年”。送年后至夜半即可吹灯熄烛，表示年已过完了。大户人家的香火则一直持续到过完“月半”(即元宵节)。

添置衣帽鞋袜 旧时有“小伢望过年”之说，小孩过年除有好吃、好玩的外，还可以“穿新衣，戴新帽”。富户人家过年，全家老少衣着全部更新，讲究“新年新气象”。穷家小户，只要有可能，也为孩子买一件新衣或一顶新帽。有的则是用眼泪和裤腰带挤出一点钱，为小孩过年买个欢喜，大多数人家是把旧衣服改一下，老子穿了的儿子穿，老大穿了老二穿，老二穿了老三穿。改革开放以后，人们手里的钱多了起来，到市场上看到喜欢的衣服就买，换下来的旧衣服多是扔掉或捐赠支援老少边穷地区。

玩年 从正月初一至正月十五主要是玩，因为要做的事都在年前做了。玩，主要有如下几个方面：

拜年也有讲究，一般正月初一拜父族，即自家长辈和族人，村内一般拜邻居；正月初二拜母族外祖父母家，外祖父母不在的则拜舅父母家，讲究“舅爷为大”；正月初三拜岳族，即岳父母；正月初四拜姑姨，即姑父母、姨父母，也可拜出嫁的姐妹以及其他亲戚；初五、初六拜朋友；初七以后拜年者见面即说“对不起，拜个迟年”。说“拜迟年”而不能说“拜晚年”，因“晚年”谐“挽联”，是为大忌。春节期间，村里组织划采莲船、舞龙、唱戏为群众拜年。

改革开放后，寄贺年片、发短信、打电话拜年渐成时尚，不仅节省时间和精力，也扩大了拜年的范围，许多家庭从大年三十夜至初一来往电话不断，但双方尊长、至爱亲朋、良师益友，还是要登门面拜。初一至初三，不管天气是好是坏，全村都是身着盛装、提着礼品走亲访友的人流。拜年也是一种休闲娱乐活动，人们多讲究“玩”好。亲友之间，几家人聚到一起，大人小孩，男男女女，各取所好：看电视、看影碟、听音乐、打扑克、下棋、打麻将、玩计算机；谈形势，叙家常，论社会发展，议家庭变化；设计眼前，谋划未来；天南地北，海阔天空；不少人在拜年时拉关系、找工作、抓商机。随着人们的腰包鼓起来，晚辈给长辈拜年多赠以红包，有条件的长辈给孙辈也以红包发压岁钱。

2014—2020 年，在春节“长假”“黄金周”期间，春节旅游兴起，本地许多家庭不再热衷于拜年和亲友团聚，而是全家人外出旅游过年。

其他传统节日

元宵节 农历正月十五日为元宵节，亦称“上元节”。因是新一年的第一个月圆日，古称“上元”；是夜，即为“元宵”。昔日，本地人称“过月半”，且有“年小月半大”之说。元宵节的传统习俗有二：一是玩灯，小孩玩花灯，旧称“灯笼”；大人玩龙灯，家家门前挂彩灯；二是吃元宵（汤圆）。1980年开始，元宵节特别热闹，节前几日，人们都上街买花灯，有纸扎的、塑料扎的、布扎的、丝尼龙扎的、化纤扎的各种手提小花灯。除基本型圆形外，十二属相是花灯造型的主题：龙年为龙，兔年为兔，鸡年为鸡，色彩不拘。

清明节 农历二十四节气之一。农历无定日，约在二月底三月初，公历一般在4月5—6日，是中华民族传统祭祖的日子，即在清明节当天或前后一两天到已故先辈坟上焚香烧纸，以志哀思。1949年以后，一度误把这一习俗当作封建迷信给破除了。少先队、共青团组织则在清明节前后组织青年学生祭扫烈士墓，以进行革命传统教育。改革开放以后，扫墓风起，清明前后一周内，村庄内外到处都是扫墓的人，墓地香烟缭绕，鞭炮声惊天动地。过去扫墓一般用香纸、蜡烛、鞭炮、供果之类，即在墓前摆供果、烧香、燃烛、烧纸、放鞭、跪拜。更有人独出心裁，纸制一些现代化的家用品，诸如电视机、电冰箱之类，意在让逝去的亲人能与活着的人同享现代文明。扫墓一般是全家人同去，上行下效，致使这一传统民俗得以延续。

端午节 又称端阳节，时为农历五月初五日。本地有称五月初五日为“小端阳”，五月十五日为“大端阳”或“端阳”的。龙舟竞渡是端午节的传统习俗，俗称“划龙船”或“赛龙舟”，缘于“端午竞渡，吊屈原之溺水”，端午节期间的传统节令食品是粽子、咸蛋，后有芝麻糕、绿豆糕。早年，本地有人在端午期间“取菖蒲浸酒”，“捕蛇、蝎、蟾蜍取汁，备治肿毒”，“取荆条拂帐，以驱蚊蚤”等传统习俗。现在，传承下来的有插艾蒿菖蒲、做香囊、喝雄黄酒等。端午节前两三天，菜市场上到处可见卖艾蒿的，菖蒲夹杂其间，主妇们买两三把回家，置于门前以驱邪防疫。艾蒿干枯以后，有经验的老妇一般不抛弃而是保存起来，传艾蒿煎水洗澡可疗皮肤疾患。有些老奶奶、老家家（外祖母）在端午节期间精心为年幼的孙辈缝制形态各异的、精美的小香囊挂在孩子的胸前。有的在幼童的额上点上雄黄，大人喝雄黄酒时，有的也让孩子们呡一小口，以避邪消灾。有些少妇，用红色丝线精心编织个红色小网袋，里面装上熟咸蛋，挂在孩子们胸前，给节日增添喜庆气氛。

六月六 相传“农历六月六晒红绿”之俗起源于唐代。唐代高僧玄奘从西天（印度）取佛经回国，过海时，经文被海水浸湿，于六月初六将经文取出晒干，后此日变成吉利的日子。家家户户都于此日在大门前曝晒衣服，以后此举成俗。古时，本地旧俗是晾晒，百姓晒衣被，老人晒寿衣，官家晒官服，藏书画者晒书画，僧尼则晒经书，谓之“晒伏”。传承下来的是百姓晒寒衣。俗云：“吃了端午粽，才把棉衣送。”这时，端午渐远，黄梅已过，气温日升，是收藏寒衣的时候了。曝晒以后，便于收藏。

乞巧节 又名“七夕”，时为农历七月初七日。旧时妇女于此夜祭拜织女星，以乞手巧。古书云“七夕牛女渡河，家家穿乞巧之针”，故名。传每年七月七日夜（七夕），饱受银河阻隔之苦的牛郎织女夫妻渡银河相会。在欲渡无舟、相会无望的情况下，乌鹊（传为乌鸦）聚飞银河架桥（俗称“架鹊桥”），助其实现一年一相逢，称之“鹊桥会”。正当牛郎织女鹊桥相会之际，天帝下令烧毁鹊桥。故每年七夕之后，乌鸦头上留有烧痕。以前，每逢七月七日夜，本地的少女、少妇有相约去树下偷听牛郎织女说私房话以为趣的习俗。

中元节 俗称“七月半”“鬼节”，时为农历七月十五日。旧时，本地各家各户在神龛前设香案，烧纸钱，跪拜祭祖。亦有将纸钱、金箔等装入大信封似的厚纸袋里，袋上书写先祖姓名，然后焚烧，称之“烧包袱”。大多数人家如此，故有“中元包袱万家同”之谓。中元节期间，还有办“盂兰会”的旧俗，多由善堂延请僧众举办。设台道旁，燃灯点烛，击鼓鸣金，放炮奏乐，焚香烧纸，以周济孤魂野鬼。现在，有关“七月半”的旧俗依然存在，这期间，只是从黄昏至晚 12 时前，一家老少，在房前屋后烧纸钱、冥币。烧纸时，面对逝者遗骨所在方向，主祭者口念“请列祖列宗保佑子孙平安吉祥”之类的祷语。有些先祖葬于外地者，清明难以扫墓，后人便在此期间烧纸以志哀思。燃烧前，就地用白粉笔或白石灰画个圆圈，纸在圆圈中间燃烧，据说是以防孤魂野鬼掠去，此种形式的祭祖，在村民中几成定式。

中秋节 农历八月十五日乃秋季之中，故称中秋。旧时有拜月、赏月、月下泛舟、猜灯谜、摸秋、送瓜、吃月饼等习俗。“拜月”，乃妇女活动。入夜，在庭院设案拜月，供置月饼、石榴、糖果等，供品宜圆，数宜双，寓“团圆”“好事成双”意。“摸秋”习俗为妇女婚后不孕，姑嫂于中秋月夜到菜园摸瓜菜，是为“摸秋”，谓“摸到南瓜兆生男，摸到葫芦兆生女”。亦有园主将瓜送亲友中盼生育者，取“瓜瓞绵绵”之意，谓之“送瓜”。旧时还有一种独有的民俗，即中秋月夜玩荷叶灯。把一张荷叶连柄摘下，在荷叶中心连柄处穿一小孔，插上一支点燃的蜡烛，即为荷叶灯。皓月当空，银光泻地，手提荷叶灯的孩子们，兴高采烈地结伴穿行。是日，独立生活的子女们，都要携家带口，提着礼品回家看望父母，共吃团圆饭，入夜则吃月饼赏月。

重阳节　农历九月初九日为重阳节。传统的习俗是登高，所谓“重九登高，效桓景之避灾”。是日举家或邀友结伴上山，并在山间野炊，以防病避灾。后逐渐演变成一种登山野游活动，名曰“秋游”。重阳时节，秋高气爽，令人赏心悦目。1987年12月19日，省六届人大常委会第三十次会议通过重阳节为敬老日。此后是日，村里开展一些敬老活动。

寒婆婆过江　农历十月十六日，俗称“寒婆婆过江”的日子。人们以这一天天气好坏预测来春是否有“倒春寒”。一般认为，如这一天气候恶劣，风雨大作，寒婆婆无法过江去拾到烧柴，来春即无“倒春寒”；若天气晴暖，寒婆婆能过江拾到烧柴，来春则有“倒春寒”。过去，本地群众在这一天有购买煤炭和囤积烧柴的习惯。

冬至　农历二十四节气之一，农历无定日，多数年份在冬月（十一月），阳历多为12月21日、22日或23日。节届冬至，气温日寒，开始进入“数九”寒天，村民从是日开始腌制鱼肉（俗称腊鱼、腊肉），改革开放以后，虽然人们生活水平不断提高，饮食习惯也多有改变，但冬至腌制腊鱼、腊肉的习俗却保留下来。

腊八节　农历腊月（十二月）初八日为“腊八节”。民间俗称“腊月八”。原为佛教节日，相传释迦牟尼是日成佛，故寺庙必于此日以大米、红豆、杏仁、花生、黄米、栗子、红枣和糖等八种食品合在一起熬粥（称“腊八粥”）供佛，以表庆贺。选料不一定是这八种，但主粮和配料最好凑成八样。民间还有做“腊八豆”的习俗。男婚女嫁择吉日多选这一天。

小年　农历腊月二十四日称“小年”，也有称腊月二十三日为“小年”的。小年亦称“过小年”。旧俗是送灶神，或称送灶王爷。是日黄昏，在灶前设香案，摆供品，供品有米糖一块或糖稀子一杯，传说米糖是专门用来粘灶王爷嘴巴的，让他上天去说不出话来。人们在跪拜时，口中念念有词，词曰：“司命菩萨上天，大事化小，小事化了。”或请灶王爷“上天言好事，下地降吉祥”。也有说腊月二十三日送灶神，二十四日过小年的。现在，过小年、送灶神的习俗已不存，只有小年的称谓和日期仍在流传。

除夕　农历腊月三十日称“除日”，夜为“除夕”。除日，是农历一年中最后的日子，俗称“大年三十”。这一日，传统习俗中有两件事：一是吃年饭，二是除夕守岁。吃年饭前，洒扫庭除，清除家中垃圾，水缸挑满水（因新年三天不扫地，不挑水是传统习俗），贴好对联，然后，全家人换上整洁衣服或穿上新衣，烧香祭祖，放鞭炮，称之为“辞旧迎新”。祭祖毕，全家人围坐吃年饭，年饭是一年中最丰盛的一餐，吃罢年饭后进入除夕。除夕的旧俗是守岁，一家人围坐在火坛（有的是烧树蔸）旁嗑瓜子、吃年果、叙家常或娱乐，通宵达旦。除夕通宵不睡，世称“守岁”，实为“守财”。多数人家是年轻人外出与伙伴们同乐，老人在家守岁，亦有主妇在家独守的。现在，全家人一道坐在电视机旁，观看中央电视台春节联欢晚会。

除传统节日外，另有新的重大节日：元旦、三八妇女节、五一国际劳动节、五四青年节、六一儿童节、七一建党节、八一建军节、9 月 10 日教师节、10 月 1 日国庆节等均为法定节假日。

土语方言

阳湾村方言、词汇、谚语，绝大多数与侏儒山各村相同，与蔡甸区（原汉阳县）及武汉地区只是在读音上略有区别，而与邻近的汉川、仙桃在某些词汇释义上稍有差异。随着普通话的推广，一些使用范围狭小的方言词汇被逐步淘汰。本志选录的土语方言大致按词义分类排列。每条以方言词标目，再注出通行的同义词语，选录标准有三：①录常用的词语，不收专业的术语。②录有本乡本土特色的词语、谚语。③收意义单纯、范围确定的词语、谚语，以便与通行词语比较；具体事物名称较多，抽象名词、动词、形容词等较少。

称呼类

老爹爹、老婆婆——曾祖父、曾祖母，现在也称姥爷、姥太。

爹爹、婆婆——祖父、祖母，现在也称爷爷、奶奶。

爸爸、爹——父亲。

妈妈、姆妈、娘——母亲。

伯爹爹——伯祖父、伯爷爷。

叔爹爹——叔祖父、叔爷爷。

伯婆——伯祖母、伯奶奶。

叔婆——叔祖母、叔奶奶。

伯伯、大伯——伯父、大伯父——二伯父——幺伯父。

伯妈、伯娘——伯母。

小爹、幺叔、幺幺——父亲最小的弟弟。

大叔——大叔父、大娘。

二叔——二叔父、二娘。

娘娘、婶娘、新娘——叔母。

大哥、二哥、哥哥——诸兄。

兄弟——弟弟。

姊妹——姐妹或兄弟姐妹。

弟媳、弟妹——弟之妻。

姑姑——大姑、二姑，父亲的姐姐和妹妹。

幺姑、小姑、幺幺——父亲最小的妹妹。

姑伯、姑妈、姑母——出嫁的父之姐妹。

姑兜子、姑爹爹——未出嫁的祖父之姐妹

姑婆、姑太——出嫁的祖父之姐妹。

姑爹、姑父、姑爷——父亲姐妹之丈夫。

姐夫哥、哥哥——姐之丈夫。

家公爹爹——外祖父。

家家、家婆——外祖母。

舅伯、舅爷，大舅、二舅、舅舅——母亲之诸兄弟。

舅娘、舅妈——舅父之妻。

姨爹、姨父——母之姐夫、妹夫。

表兄、表弟、老表——舅、姑、姨之子。

表姐、表妹——舅、姑、姨之女。

亲爷、丈人——岳父。

亲娘、丈母娘——岳母。

舅兄、舅哥、舅弟、舅佬、揪辫子——妻之兄弟。

舅母娘——妻之兄弟的爱人、背称妻之嫂或弟妹，面称与妻同称嫂或弟妹。

先生、老板、当家的——妻对人称夫。

堂客、老婆、内人——夫对人称妻。

爹爹、婆婆、老伴——老人夫妇对人互称。

姨夫、襟弟、连襟——背称妻之姐夫或妹夫，面称兄弟。

姨娘——妻之姊妹。

老先生、老师傅——对男性老人的尊称。

上人——长辈。

下人——晚辈。

相公——旧社会对年轻男子的尊称；现转为贬义，指只讲吃穿而好逸恶劳的人，亦称“公子哥”。

伢——小男孩。

千金、酒坛子、姑娘伢——女孩。

毛毛、毛头——婴儿。

男将——成年男人。

女将——成年女人。

叫花子——乞丐。

稀客——很少来的人。

村内旧时对直系小辈的传统称呼是用一“吾”字，如吾儿、吾孙等。

对亲属，在长辈前加一“尊”字，如尊伯、尊祖等。

在晚辈前加一“贤”字，如贤侄、贤婿等。

有姻亲关系者加一“姻”字，如姻伯、姻翁、姻兄等。

有世谊关系者加一“世”字，如世伯、世兄等；一般冠一“仁”字，如仁兄、仁伯等。

直系长辈及外祖父对小辈自称不必加谦辞，祖即称祖，父即称父。自我谦称则加一“愚”字，如愚叔、愚舅、愚兄、愚弟、愚侄等。

系统通称：即一般系统、职业系统、职务系统、亲属系统等。

一般系统：适用于任何人。一是以姓加老、小等缀作通称，如“老赵”“小李”等，这种称谓十分普遍，这要看称呼者和被称呼者的年龄而定。

另一种是直接以名字称呼，这在熟人之间使用率高。

“同志”是新中国成立以后村内通行的一般称谓，带有一定的政治色彩。这种称呼体现了一种人与人之间的平等关系。有时根据年龄大小而称为“老同志”“小同志”，包含了某种尊敬、亲切的色彩，但在特定时期，人们以“同志”来区别敌友，从而影响了它作为通称的普及性。

“先生”“太太”“小姐”“女士”等称谓，从前村内较为流行，后来，这些称谓的使用范围大大缩小。如“先生”用于外事场合，或者用于称呼那些知识渊博的老知识分子。“太太”是从其丈夫的角度称呼的，以后很少用，“女士”也如此。

对未婚的妇女称“小姐”。改革开放以后，男称“先生”，女称“小姐”或“女士”已经逐渐流行起来。

根据职业而设定的称谓，带有一定的尊重对方的职业和劳动的意思，一般用于较为正式的交际环境中，比如“老师傅”“老师”“大夫”等。另外还有一些职业称谓，如，司机、售票员、邮递员、服务员、护士、民警、解放军、保安等，在现实生活中人们使用称呼时，一般要在后面加上“同志”。

职务称谓一般用于较为正式的交际场合，如在行政机关里有部长、局长、科长、主任、区长、书记等称谓；在企业、公司里有董事长、总经理、经理、主任等称谓；对于从事教育工作的人有校长、教授、副教授、讲师、助教、老师等称谓。

尊称是指用亲属称谓称呼非亲属成员，带有尊重色彩的称谓。如果双方年龄相差不远，就可以尊称对方“大哥”“大姐”“嫂子”或“弟弟”“妹妹”“兄弟”等。对年长者一般称为“大爷”“大娘”“爷爷”“奶奶”“大妈”“大叔”“大婶”“大伯”“伯母”“叔叔”“阿姨”“老大爷”等。也有在一些称谓前加上特定的词表示尊称的，如“您的父亲”“您的母亲”“您的哥哥”“您的儿子”“您的女儿”“您的嫂子”等分别尊称为“令尊”“令堂”“令兄”“令郎”“令嫒”“令嫂”；“你的妻子”称“尊夫人”；有时把“老”字加在姓氏后边，如“杨老”“郑老”“欧阳老”等，以表示对老年人的尊称。

谦称是带有谦逊色彩的称谓。在古时交际场合中，谦称自己为“在下”“小人”等，妇女谦称自己为“奴”“奴家”“婢”“妾”等。还可以在一些普通名词前边加上“家、拙、贱、舍、寒、敝、小”等词语，例如“家父”“家严”是指其父，“家母”“家慈”是指其母，“敝内”“贱内”“内人”等是指其妻。“犬子”是指其子，“小女”是指其女。此外还有“家兄”“家嫂”“敝姓”“敝乡”“舍下”“寒舍”“拙著”等谦称。在现实生活中，这些称谓基本不用，仅存在于旧时往来书信和古典戏曲的道白及唱词之中。

谚语 · 气象类

一九二九，不能伸手；三九四九，凌破地臼；五九六九，沿河看柳；七九八九，犁耙修就；九九加一九，耕牛遍地走。

二、四、八月乱穿衣。

三月三，九月九，无事莫从江边走。

四月八，冻死鸭。
五月吃了盐蛋、粽，才把寒衣送。
六月初一动一流，七十二个暴（雨）到立秋。
七月初一落一沟，毛毛细雨滴到秋。
八月冷，九月温，十月有个小阳春。
八月初一难得雨，九月初一难得晴。
八月初一雁门开，鸿雁南飞带霜来。
重阳无雨看三十，三十无雨一冬干。
东虹日头，西虹雨，南虹大水，北虹灾。
早看东南，晚看西北。
立秋一日，水冷三分。
清明要明，谷雨要雨，立夏要下（雨）。
有雨四方亮，无雨顶头光。
久晴西风雨，久雨西风晴。
上怕初三雨，下怕十六阴；初三没有初四灵，一月只有几天晴。
今天不住点，明天晒破脸。
西黑不过午。
一黑一亮，大雨三丈。
蛇过道，大雨到。
蚂蚁搬家，大雨要下。
日晕而风，月晕而雨。
月亮长了毛，屋檐沟里下鱼壕。
顺风雨拉纤，斗风雨射箭。
乌云接日，不落今日落明日（雨）。
七阴八下九不晴，十月晒得颈子疼。
早晨地上雾，尽管洗衣裤。
天上起了鱼鳞斑，地上晒谷不用翻。
昨晚天盖云，今日布鞋行。
久雨大雾晴。
虹高日头低，大雨流成溪；虹低日头高，大河无水挑。
天黄有雾，人黄有病。

太阳颜色黄，明日大风狂。

早上放霞，等水烧茶；晚上放霞，干死蛤蟆。

春东风，雨咚咚；夏东风，一场空。

五月南洋号大水，六月南洋干死鬼。

热在三伏，冷在三九，不冷不热是春秋。

霜厚准晴天，雪多兆丰年。

云行东，车马通；云行南，雨潺潺；云行西、雨凄凄；云行北，雨冒得。

太阳当顶现，还有三天变。

月亮长毛，大水淹桥。

三日星星闪，三日天要变。

星星眨眼，大雨不远。

朝霞不出门，晚霞行千里。

有雨天边亮，无雨顶上光。

雷打头顶，有雨不狠；雷打天边，大雨连天。

雪关门（指黄昏时下雪），三尺深；雨夹雪，半个月。

疮疱痒，腰背酸，三天之内雨翻船。

痱子痒，大雨响。

老人腰痛腿酸，有雨不过三（天）。

鸡进笼早，明天天气好。

群鸡上树主地震。

雁过天晴，鸦叫雨淋。

猪衔草，风雪到。

狗打喷嚏要下雨。

蜻蜓飞屋檐，有雨在眼前。

蜘蛛张网晴，蜘蛛收网雨。

蚊子叮人紧，有雨不用问。

蚂蚁搬家，大雨必下。

蜈蚣出巡，大雨倾盆。

蚓蛇出洞，有雨有风。

鱼浮头，鳅翻肚，人窒息，雨声吼。

乌龟晒壳，大雨淹人脚。

大水蛤蟆叫，来日晴天兆。
墙根冒汗，雷雨闪电。
菜罐起水泡，马上风雨到。
水缸潮，大雨嚎。
盐罐水汪汪，屋上水淌淌。
炊烟往下埋，不久即雨来。
烟不出屋，必有大雨。
灶灰成块，大雨来得快。
立春天气晴，当年好收成。
雨水不雨，夏季干苦。
雷打惊蛰前，高山好种田。
雷打惊蛰后，湖田成大路。
春分有雨病人稀，处处棉花豆麦宜。
清明断雪，谷雨断霜。
立夏要下（下雨），小满要满（下大雨），小满不满，无水洗碗。
芒种现青天，夏至雨绵绵。
夏至满塘谷满仓。
小暑有雨，望雨得雨。
大暑无雨，干死地主。
立秋有雨样样收，立秋无雨一半丢（指秋旱）。
白露天晴，稻米白如银。
寒露有霜，明年谷遭殃。
霜降不降，无霜可降。
霜降雨，雨绵绵。
立冬晴，一冬晴。
立冬雨，一冬雨。
小雪见青天，有雨在年边。
小雪不见雪，大雪雪满天。
冬至一日晴，来年两均匀（丰年）。
小寒、大寒、滴水成团。
大寒不寒，来年完蛋。

谚语·农事类

春雨贵如油，多了也发愁。

春打六九头，吃喝不用愁；春打六九末，低田无收割。

过了惊蛰节，耕地不能歇。

立春后断霜，插柳正相当。

开春杀一虫，强于秋后杀百虫。

春雷一响，油菜猛长。

麦到春分昼夜忙。

你忙我不忙，迟早一路黄。

芒种忙打苞，夏至放谷刁（穗）。

伏天锄破皮，要抵秋天耕几犁。

六月炎天莫歇阴，锄头底下出黄金。

麦怕胎里风，谷怕老来雨。

六月落连阴，遍地出黄金。

谷雨前，好种棉；呵口气，麦下地。

春旱不算旱，秋旱减一半。

栽树无巧，深挖实掏。

穷人不受富人哄，楝树开花泡谷种。

立夏不下（雨），犁耙高挂；立夏无雨，退田还主。

雷打惊蛰前，高山好种田；雷打惊蛰后，低田种绿豆。

麦怕三月寒，棉怕八月阴。

谷怕午时风，人怕老来穷。

寒露不低头，割回喂老牛。

立了秋，不罢休。

人哄地皮，地哄肚皮。

庄稼一枝花，全靠肥当家。

白花变红花，四十五天捡棉花。

春插日，秋插时。

稗扯三道无杂草，棉锄八道如白银。

三分种，七分管，只种不管打破碗。

麦黄不收，有粮也丢。
要得菜籽收，除非沟里摸泥鳅。
芝麻是个怪，又怕雨渍又怕晒。
小麦发了黄，绣女也下床。
南瓜不打丫，光长藤子不结瓜。
八成熟，十成收；十成熟，二成丢。
肥多苗壮，奶多儿胖。
深栽茄子浅栽葱。
棉花不打顶，光杆上屋顶。
夏至不挖蒜，蒜在地里烂。
早耕有三好，烂泥、杀虫、又死草。
一块田，九支沟，别人无收我有收。
栽秧要抢先，割谷要抢天（晴）。
别人烤火我修塘，别人车水我乘凉。
干锄棉花湿锄麻，雾露小雨锄芝麻。
庄稼行里不用问，除了人力就是粪。
养猪没巧，窝干食饱。
芝麻锄得嫩，犹如上道粪。
捕蛾一个，增产一箩。
间苗要早，定苗要小。
棉花不打叉，光长柴火架。
芋头怕痒，越摸越长。
田头搞三光，害虫无处藏。
头伏芝麻二伏粟，三伏里头种绿豆。
霜降种麦，不用问得。
春打六九头，种田不用愁。
夏至种芝麻，当头一朵花。
二月半，葫芦南瓜都下畈。
清明浸谷种，谷雨下齐秧。
谷雨前，好种棉；谷雨后，好种豆。
头伏芝麻二伏豆。

处暑荞麦白露菜。

芋头上脚要壅深，白菜移栽密打沟。

宁栽隔夜苗，不栽露水苗。

油菜栽心，白菜栽根。

豌豆能肥田，只能种一年。

芝麻黄豆田，来年换种棉。

若要玉米大，不要叶打架。

黄土耕三寸，等于上遍粪。

庄稼要好，犁深肥饱。

寒露豌豆霜降麦，立冬牛歇人不歇，积肥修塘带补缺。

冬耕深，出黄金。

深耕细耙，杂草不发。

田地成年摸，不愁没吃喝。

谚语·生活类

早起三光，晚起三慌。

人有三餐不饿，衣有三件不破。

秧好一半谷，妻好一半福。

种错田地一年穷，讨错老婆一生穷。

只与人家比种田，莫与人家比过年。

人多好种田，人少好过年。

笑破不笑补。

不笑补，不笑破，只笑日子不会过。

男子不可百日无姜，女子不可百日无糖。

贫不丢猪，富不丢书。

不想出汗，莫想吃饭。

小生意怕歇，大生意怕贴。

饭前一口汤，省得开药方。

黄瓜上了街，药铺不打开。

萝卜上了街，药铺无买卖。

晚上洗脚，强似吃药。

吃饭防噎，走路防踢。
不看盆中粥，只看脸上肉。
晴带雨伞，饱带饥粮。
好打架的狗子落不到好皮。
补漏趁天晴，读书趁年轻。
逢俏不赶，逢滞不丢。
居街坊，和邻舍。
远亲不如近邻，近邻不如隔壁。
听人劝，得一半。
好狗不咬鸡，好汉不打妻。
良药苦口利于病，忠言逆耳利如行。
吃不穷，穿不穷，划算不来一生穷。
相骂无好言，打架无好拳。
邻居合得好，只当捡个宝。
要想事办好，必须问三老。
行要好伴，住要好邻。
男懒女懒，家垮人散，男勤女勤，财运来临。

歇后语

芝麻开花——节节高。
矮子爬楼梯——步步高升。
矮子吃甘蔗上楼梯——步步高来节节甜。
八仙过海——各显神通。
壑口里洗澡——冲（充）人。
门缝里看人——把人看扁了。
坛子里捉乌龟——手到擒拿。
刷子掉毛——光板眼。
快刀切豆腐——两面光。
荷叶包钉子——头头想出头。
头顶碓臼玩狮子——费力不讨好。
黄连树下弹琴——苦中作乐。

牛皮灯笼——不见亮。

棉条打鼓——不响（想）。

裁缝的肩膀——有限（线）。

对镜子作揖——自己恭维自己。

小葱拌豆腐——一清二白。

十五个吊桶打水——七上八下。

初九的前两夜——乌七八黑。

肉包子打狗——有去无回。

麻雀掉到粗糠里——空欢喜。

母鸡在斜坡上产卵——滚蛋。

老鼠爬秤钩——自称自。

兔子的尾巴——长不了。

黄鼠狼给鸡拜年——没安好心。

乌龟吃萤火虫——心里是亮的。

猴子坐天下——毛手毛脚。

猪八戒照镜子——里外不是人。

初一拜年——尽是好话。

跛子拜年——以歪就歪。

哑巴吃黄连——有苦说不出。

瞎子点灯——白费蜡。

瞎子射箭——不照靶。

瞎子吃汤圆——心中有数。

后颈窝里的毛——摸得着看不见。

头上长疱、脚板流脓——坏透了。

水中捞月——一场空。

水里按葫芦——此起彼伏。

巷子里赶母猪——直去直来。

叫化子走夜路——假忙。

戏里的姑娘——有主的。

背锄头进庙门——挖神。

卖玻璃碰上卖镜子的——（心里）都是亮的。

乌龟吃大麦——糟蹋粮食。
猴子戴帽——假充人。
虾子过河——牵须（谦虚）。
蚂蚁搬家——全体出动（洞）。
驴子倒在阴沟里——乱弹（谈）。
老鼠掉进面缸里——糊嘴。
乌龟吃萤火虫——心里明白。
棺材里伸手——死也要钱。
狗子坐轿子——不识抬举。
婆婆的书包——老样子（纸）。
老虎拉车——谁赶（敢）
叫花子打响鞭——穷快活。
荷叶包鳝鱼——开溜。
三百钱买个猪娃——全靠一张嘴。
阎王出告示——鬼话连篇。
起风不下雨——干吹。
太平洋的警察——管得宽。
脱了裤子打屁——多此一举。
瘌痢跟月亮走——沾光。
瘌痢头上的虱子——明摆着。
泥菩萨过江——自身难保。
刷子掉了毛——光板眼。
纸糊的灯笼——一戳就穿。
火车装菩萨——运（润）神。
三十斤的鳊鱼——不要窄看了。
门缝里看人——把人看扁了。
朝怀里作揖——自己恭维自己。
两手提篮——左难（篮）右难（篮）。
灯草的拐棍——作不得主（拄）。
炉子靠水缸——你热我不热。
剃头担子——一头热。

豆腐掉进灰垱里——吹吹不掉、打打不得。

黄泥巴掉进裤裆里——不是死（屎）也是死（屎）。

藕塘里挂灯笼——遭活孽（照荷叶）。

新姑娘吃红蛋——头一回。

腌菜炒腊肉——有言（盐）在先。

芦席滚到垫子上——高了一篾片。

强盗卖簸箕——遮身。

强盗看皮影子——混场。

半夜里闪电——姨娘（一亮）。

叉鸡佬坐茶馆——假正经。

荷叶包钉子——个个想出头。

腋窝里长疱——差（叉）倒。

姑娘拜结娘——冇得话说。

老鼠钻风箱——两头受气。

茅厕里荡桨——翘屎（死）。

马卵鼓（鹅卵石）落到茅厕里——又硬又臭。

狗子长角——装羊（佯）。

茅厕开铺——离屎（死）不远。

高射炮打蚊子——大材小用。

癞蛤蟆打呵欠——好大的口气。

瞎子看戏——听音。

飞机上挂水瓶——高水平。

麻子打呵欠——全面动员。

麻子照镜子——个人观点。

和尚打伞——无法无天。

跛子的屁股——（俏）翘得很。

山东驴子充马叫——南腔北调。

茶壶里装汤圆——有货倒不出。

瞎子磨刀——快了。

九十老翁学武术——上气不接下气。

哈巴狗戴铃铛——快活畜生。

骆驼看天——眼高。
头顶上点灯——高照。
伏天晒太阳——热乎。
头绳穿铜钱——心连心。
癞痢头上生疮——坏透顶。
耗子啃钱——嘴硬。
井底雕花——深刻。
麦杆子吹火——小气。
黄连洗澡——浑身苦。
正月看大戏——热闹。
二月穿单衣——为时过早。
三月里扇扇子——满面春风。
四月里梅子——有点青（亲）
五月里石榴——越开越红。
六月里梨子——有点酸。
七月里荷花——一时鲜。
八月里柿子——越长越红。
九月里甘蔗——甜到心头。
十月里桑叶——谁睬（采）你。
十一月办年货——准备过早。
冰天里萝卜——动（冻）了心。

日常用语

不服周——不服气。
胎倒——拖延不办理。
莫耳——别理、不理。
该应——命中注定。
撩撇——容易、简单。
找高了——找遍了。
恶奢的——狠狠的。
走了着——工作失误。
欠你——惦记、想念。

背时——运气不好。

见绊、见鬼——遇上不顺心事。

跑红——得势。

有慢——送行时表示招待不周。

有偏——吃饭时遇人说的客气话。

圆范——把事情办圆满。

拉禅——骄傲、吹牛。

乌里乌气——蛮干、胡来。

富态——指人长得胖。

啰链、滴多——说话啰嗦、重复。

无章打野——注意力不集中。

劳慰你——还物或托人办事的谢辞。

下猪娃——酒醉呕吐。

不日猫——不行。

呼人——哄骗人。

惶魂鬼——做事不踏实不考虑后果。

嘎巴子、半吊子、二百五——指有点傻气、不通情理的人。

皮筲箕——特别吝啬的人。

吊颈鬼——爱戏弄人的人。

飞天——不稳重、喜欢乱跑的人，也指你跑不了。

扯谎架子——好撒谎的人。

狐狸精——卖俏媚人的女子。

俏皮、刮气——衣着阔气排场，打扮得很漂亮。

鹿头鹿脑——粗野、鲁莽，也指好忘事的人。

屁里屁气——指小气人，也指不与人随和的人。

叫鸡公——鸡公，也指易冲动爱说话或爱出头露面称雄的人。

洋苕——指人很傻。

嚼牙巴骨——喋喋不休，也指说长道短。

狡嘴——强辩，不承认错误。

揣砣子、祝砣子——行贿。

哈巴狗——比喻摇尾乞怜的人。

诈倒裹——硬充好汉。

贩桃子——私奔、出走。

传说

采莲船的由来

从前，小襄河上有座桥年久失修，没有人肯施舍些钱财物资修桥。一日，小襄河上面来了一只采莲的船，船舱有位貌若天仙的年轻女子。同船的艄婆说："列位君子！我们是由南海来的，我这女儿尚未许配人家，她一心要寻找与她有缘之人，今日特来相会，恭请各位公子、阔少爷，不惜金银，投递我的女儿，若有人投中其身者，即为如意郎君；投不中者，金银概不退回，休怪！"说罢，将船移近南岸，一字摆开，女子站在船舱，待这班公子少爷投递金银。大家争先恐后投金银，一时热闹非凡。接连几日，采莲船天天在此等人投钱。到了第七日，采莲船来到河心，年轻美貌女子开口言道："吾乃南海观音菩萨，得知小襄河上桥被洪水冲垮，行人不便，故施此计，筹备资金，这几天所获金银，以资建桥。"当时欧阳湾有几个人在场，回去便仿制此船，不久，采莲船在欧阳湾流传开来。

九龙下六海

公元 1372 年（明洪武五年）的一天，江西省吉安义历上垸欧阳氏家族的欧阳隆沂正在为江西填湖广的事犯愁，移民可是关系到后世的千秋基业，万一找不到好地方怎么办？湖广这么大的地方，到哪里去找呢？正在这时，家人禀报有友人来访，来人原是陈友谅部下一名同乡姓陈的先锋官。自鄱阳湖大战陈友谅被朱元璋打败后，陈死里逃生来到吉安义历上垸，得到欧阳隆沂帮助才活了下来。陈是湖北省沔阳县人，也是为了江西填湖广的事来拜访欧阳隆沂的，他说湖北汉阳境内有个九矶头地区，是一个移民定居的好地方。

欧阳隆沂立即把二侄欧阳宣鸾、欧阳宣凤叫来与陈见面，听他介绍湖北汉阳境内九矶头地区的情况。九矶头其中有个军山矶头，元至正十一年（1351 年）农民起义军领袖孟海马、布王三率兵转战于汉水流域，在军山矶头驻军。那里还有个小九矶头，有山有水，可称形胜之地。九矶头地区水上交通方便，乘船从长江进入东荆河再进入军山边小襄河，如遇东南风，可一帆风顺直达目的地。

欧阳氏对陈先锋官所言深信不疑，立即着手准备船只。陈多年没有回故乡了，这次正好当他们的向导。出发那天突然刮起了东南风，欧阳氏的船队高扬风帆一路向西北方向前进，几天时间就来到了军山矶头。欧阳隆沂一行站在军山向北眺望，只见群山拥抱着一片湖泊，沿湖泊东、南、北方向分别有九个土岗岭延伸到湖边，形似九条龙，欧阳隆沂见此，即跪倒在地对天作揖，感谢上天恩赐欧阳氏“九龙下六海”之宝地。

欧阳隆沂是元末至正年间朝廷科举进士，精通天文地理。他将眼前这一片湖泊命名六海赛湖（“赛”原为“塞”，指边界上险要地方），将六海赛湖以北山丘命名为阳家山、清风山、团山。“六海”（六个小湖泊）分别是：中湾、官厅湾、北榜湾交会处，阳家山与土龙交会处，龙口与芦笋嘴结合部，军山临六海赛湖的雷坑凹，芦笋嘴欧阳湾三星台之间，窑嘴至窑沟处。“九矶头”分别是中湾矶头、北榜矶头、土龙矶头、龙口矶头、芦笋嘴矶头、三星台青龙岭矶头、窑嘴矶头、六屋台矶头、戴湾矶头。从此，欧阳氏就在这片山水灵秀之地定居下来，生生不息。

艺　文

蒋天树、张执一为阳湾村和侏儒山战役留下了不朽的诗篇。阳湾村各姓氏十分珍惜家族的历史，尊崇祖先的美德善行，并以此作为创业兴村的精神文脉代代传承。阳湾村民谣和传说由村民口口相传至今，反映了村民的生活情调，表达了人们热爱劳动，赞美生活，对幸福、爱情、理想的追求。

诗

六海古堡避暑即景偶成（蒋天树）

一

执斧斫柯唱高腔，偶来禅寺临风窗。
蝉声上下山门寺，树色清明佛殿旁。
紫燕高飞集六海，黄龙潜跃横三江。
开轩方见莲池沼，倚枕漫听河水长。

二

绿竹心虚细若鼓，碧梧枝老直敲梆。
好听丹凤鸣鸾嘴，却把青丝系马桩。
酒酌樽中心欲折，诗得纸上笔如杠。
当年成道为衣子，胡不复来忆旧邦。

和萧君梅村（雨中登山遥望）（蒋天树）

山头瀑布声潺潺，南北峰崖破醉颜。
清流直通云梦外，闲花空落天台山。
孤帆斜挂乘风去，野鸟倦飞载食还。
目眺荒村烟火急，江湖满地在胸间。

三战侏儒山（张执一）

一

麦浪催风土气香，南山月照马蹄忙。
人流野径缘何急，远袭倭军过故乡。

二

小丑跳梁汉沔间，认倭作父霸侏山。
乡人野里群魔相，半是汉奸半蒋顽。

三

莫道襄南夜雨淋，长途跋涉路难行。
军前传令催行速，打响枪声待日明。

四

三战侏儒敌胆寒，孑遗含泪话辛酸。
湖山到处创痕在，血债追还莫让干。

五

襄南捷报似花飞，寇宿龟营夜被围。
江城城乡人震动，伪军反正日来归。

六

江南襄北话神威，奇袭倭营得胜归。
汉沔乡邻情义切，劳军美酒鳜鱼肥。

民谣

勾践夫人歌谣

君为王，我为后，结发相从期白头。
君为奴，我为婢，人间反复叹分离。

我虽为婢不离家，君去沦为阶下囚。
此后死生未可测，而今离别在斯须。
君谓妾身且勿悲，忍辱含垢乃良图。
自怜人间儿女情，此时能不掩面泣。
只见庭前连理枝，春暖冬寒历荣枯。
与君若有重荣日，当作大树参天立。

楚霸王项羽歌谣

秦始皇，何强梁。开吾户，据吾床，饮吾酒，唾吾浆，飧吾食，以为粮。张吾弓，射东墙，杀死楚人千百万，只剩三户山洞藏。项羽本是三户后，气壮可以盖长江。力大可以拔泰山，如今起兵打秦皇。立吾户，还吾床，酿吾酒，饮吾浆，足吾食，丰吾粮。张吾弓，射天狼。点大火，烧阿房，要你秦朝一命亡，在下就是楚霸王。

杨家将歌谣

说古人来道古人，要唱杨家父子兵。
杨家坐在哪一寨？哪个跟他是家门？
祖代公公叫哪个？父代公公叫何人？
三代公公名和姓？不是无名却有名，
哪个生了杨继业？继业生下哪几人？
你把此歌解与我，当堂拜你为先生。
说古人来道古人，要唱杨家父子兵。
杨家坐在天波府，大堂山上是家门。
祖代公公杨高望，父代公公杨救贫。
三代公公名杨浚，要说无名却有名。
杨浚生下杨继业，继业就是令公身。
令公生下七个子，八郎原是抱来的。
此来就是杨家事，你看似假还是真？
杨家八虎闯幽州，打得地暗天也昏。
大哥长枪来刺死，二郎短剑自分身。

三郎马踏入泥浆，四郎失困在番营。
五郎怕死当和尚，六郎三关把身藏。
只有七郎死得苦，七十二箭穿心肠。
残兵败将回家转，报与佘老太君听。
歌师傅来不用忙，二人骑马上战场。
兵对兵来将对将，不准哪个来帮忙。
若是哪个找帮手，追得鸡飞狗跳墙。
星星怎能比月亮，乌鸦怎能比凤凰。
黄牛怎能比狮子，灯光怎能比太阳。
今夜孝堂把歌唱，目的不是比短长。
赢者不能得官做，输者不会割鼻梁。
若是哪个不听劝，一把捏你出蛋黄。
不是沙路不坏鞋，不是角色不上台。
不会栽葱不卖蒜，不会唱歌我不来。
虽然我的才学浅，敢与老兄讲文才。
一人一首唱起走，霜打梅花对雪开。
仁兄唱歌莫荒唐，说话不可太猖狂。
鲤鱼怕的拦河网，野猪还要怕豺狼。
人怕出名猪怕壮，差账又怕割衣裳。
臭虫怕的是开水，霜雪怕的是太阳。
苍蝇怕的敌敌畏，鸡瞎眼又怕不见亮。
今夜孝堂把歌唱，赞的都是杨家将。

飞硪号子【两块板（慢速）】

（领）同志们呃站一堆呀嗳嘿哟，
（合）哟、哟、哟喂哟嗬嗨。
（领）拉起绳子把硪飞呀嗳嘿哟，
（合）哟、哟喂喂子哟嗬嗨。
（领）共产党呃好领导呀嗳嘿哟，
（合）哟、哟、哟喂哟嗬嗨。
（领）修水利呃为人民嗳嘿哟，

（合）哟、哟喂喂子哟嗬嗨。
（领）蛟洼里呃修水库呀嗳嘿哟，
（合）哟、哟、哟喂哟嗬嗨。
（领）有水源呃保丰收呀嗳嘿哟，
（合）哟、哟喂喂子哟嗬嗨。

彩莲船调

（领）彩莲船呀么，（合）哟、哟！
（领）两头翘呀么，（合）呀嗬嗨！
（领）拜望军属呀，（合）哟喂子哟！
（领）步步高呀么，（合）划着！
（合）拜望军属呀哟喂子哟，步步高呀么，划着！
（领）东方红呀么，（合）哟、哟！
（领）太阳升呀，（合）呀嗬嗨！
（领）中国出了个呀，（合）呀喂子哟！
（领）毛泽东呀么，（合）划着！
（合）中国出了个呀喂子哟！毛泽东呀么，划着！
（领）毛主席呀么，（合）哟、哟！
（领）为人民呀么，（合）呀嗬嗨！
（领）他是人民的呀，（合）呀喂子哟！
（领）大救星呀么，（合）划着！
（合）他是人民的呀喂子哟！大救星呀么，划着！
（领）共产党呀么，（合）哟、哟！
（领）像太阳呀么，（合）呀嗬嗨！
（领）照到哪里呀，（合）呀喂子哟！
（领）哪里亮呀么，（合）划着！
（合）照到哪里呀喂子哟！哪里亮呀么，划着！

车水锣鼓

锣鼓一打哟笑颜开！咚锵咚咚锵！
水车一转哟劲头来！锵锵咚咚锵！

河水上坡哟哗哗流！咚锵咚咚锵！
满田秧苗哟绿油油！锵锵咚咚锵！
不怕大旱哟一百天！咚锵咚咚锵！
人定胜天哟有决心！锵锵咚咚锵！
誓夺丰收哟奏凯歌！咚锵咚咚锵！
稻谷一片哟金灿灿！锵锵咚咚锵！
咚锵咚咚锵！锵锵咚咚锵！

请七姐

正月正，百草青，请七姐，拜年成。
一拜风调雨又顺，二拜五谷庆丰登。
三拜爹娘福寿增，四拜哥嫂家道兴。
请求七姐下凡尘，人间为你闹花灯。
花灯玩得梭罗转，给你金梭和银梭。
去也梭来也梭，梭得七姐笑呵呵，
去也要来也要，要得七姐骑白马。
一根针，二两线，把的七姐做针线。
一杯茶，两块糕，把的七姐做夜宵。
来得早，红缎袄，来得迟，穿蓑衣。
大门来，绣花鞋，后门来，破草鞋。
七姐要来趁早来，不要三更半夜来。
三更半夜露水大，打湿了七姐绣花鞋。

采莲蓬

夕阳斜，晚风扬，六海赛湖中莲蓬香。
荷叶绿，湖水清，姐妹乘船到湖心。
满湖荷叶满湖伞，绿伞下面好躲荫。
莲蓬仙子站伞边，向着姐妹点头笑。
我撑篙，你划桨，快与仙子去拥抱。
姐也乐，妹也忙，采得莲蓬放船舱。
莲蓬甜，莲蓬香，拿回家去敬爹娘。

爹娘笑着走出门，捧着莲蓬敬湖神。
湖神在湖中偷着乐，这些百姓有良心。
给他雨，给他晴，风调雨顺好年成。

纳鞋底

春风送暖到山乡，大树底下好乘凉。
妹给情哥纳鞋底，眼泪随着针线淌。
二流子托媒把亲提，小女子家好着急。
月儿圆，星星亮，飞针走线纳鞋底。
情哥来了吓一跳，针扎手指泪水滴。
小妹流泪不为疼，只因给哥拿主意。
远走高飞去逃婚，乘着今夜好月光。
妹劝情哥莫慌张，性急讨不到好婆娘。
鞋底纳好上鞋帮，我上鞋帮哥备粮。
妹跟情哥连夜走，投奔红军打豺狼。
太阳一出闪金光，妹纳鞋底哥扛枪。
妹做布鞋战士穿，消灭敌人回家乡。
哥穿新鞋喜洋洋，洞房花烛配成双。

大月亮　二月亮

大月亮，二月亮，哥哥起来学木匠。
妈妈起来扎鞋底，嫂嫂起来蒸糯米。
娃娃闻到糯米香，打起锣鼓接姑娘。
姑娘高，要剪刀，姑娘矮，要螃蟹。
螃蟹上了坡，姑娘还在湖里摸。
螃蟹上了坎，姑娘还在湖里喊。
螃蟹爬进屋，姑娘还在湖里哭。
螃蟹爬进锅，姑娘在锅边笑呵呵。
螃蟹上了桌，你吃蟹黄我吃脚。

月亮哥

月亮哥，跟我走，走到南山卖巴篓。
巴篓差，卖糍粑，琵琶软，卖锅铲。
锅铲抛，打把刀，刀又快，好切菜。
菜又苦，过端午，菜又甜，过新年。
过了年，好种田，田不好，收稻草。
稻草长，好糊墙，墙亮堂，作新房。
新房香，接新娘，新娘生个胖儿郎。

张打铁，李打铁

张打铁，李打铁，打把剪子送姐姐，
姐姐留我歇，我不歇，我要回去割大麦。
大麦黄，小麦黄，我要回去嫁姑娘。
姑娘矮，嫁螃蟹。螃蟹八只脚，嫁蚌壳。
蚌壳偎了泥，嫁螺丝。螺丝弯弯鬏，嫁叔叔。
叔叔耳朵聋，嫁裁缝。裁缝手脚慢，嫁花雁。
花雁好啄人，嫁老人。老人会捉虱，一天捉几百。

梳头

正月里梅花开出门见喜，梳一个一帆风顺大利大吉。
二月里迎春花开娇滴滴，梳一个二龙戏珠上天梯。
三月里桃花红锦绣大地，梳一个三请诸葛三作揖。
四月里牡丹喜迎富贵来，梳一个走好运四季发财。
五月里喜看石榴红，梳一个五子登科人中龙。
六月里莲花开并蒂，梳一个六六大顺年年有余。
七月里海棠花开映红旗，梳一个七星高照庆七夕。
八月里桂花香飘万里，梳一个八仙过海显神奇
九月里菊花盛开宏图大启，梳一个九九重阳福寿双期。
十月里霜叶更比花朵艳丽，梳一个十全十美好夫妻。

撒洞房词

一进新房，双凤朝阳；恭喜新姐，贺喜新郎。
满门热闹，兰桂腾芳；燕尔新婚，喜报吉祥。
诸位师长，听撒洞房。
一撒荣华富贵，二撒金玉满堂，
三撒三元及第，四撒四海名扬，
五撒五子拜相，六撒六合同春，
七撒七窍玲珑，八撒八斗高才，
九撒九九长寿，十撒十美十全。
新娘美貌赛天仙，月里嫦娥下九天；
今日洞房花烛夜，明朝金榜早题名。

新娘

月儿弯弯照新房，十家新房九家荒。
新郎打工去城市，留下新娘守空床。
新娘新娘在家忙，家里家外挑大梁。
下田学开农用车，回家又养猪和羊。
汗水湿了新衣裳，日头晒黑俏面庞。
新郎新郎怎么样，莫忘家中苦新娘。
在外莫与人争强，更莫贪恋野花香。
只愿平安早回转，夫妻一起奔小康。

陋习　禁忌　流弊

陋习

抱童养媳　旧社会，女方愁嫁男方愁娶者（也有女方家贫难养者），双方商定从小将女孩给对方抱去抚养。男女成人，不声张地选择吉日“圆房”（结婚）。大多数童养媳缺衣少食、受尽虐待，有的被折磨夭亡。

坐堂招夫　旧社会，死了丈夫的寡妇另婚，要求男方上门办酒席，宴请双方亲友为证，就此成为夫妻关系。男在女家撑持门户。

上门女婿 旧社会，有女无子之家为了顶立门户，男上女家结为夫妻。男方改为女姓，三代“回宗”（即孙儿恢复男方原姓）。

抢亲 在旧社会，单身汉找不着配偶，相中了寡妇，说媒不成，于是在夜间由族人等寻至女家，强行将寡妇抢来成亲，女从者始结为夫妻。有的是单身汉与寡妇有意相爱，由于娘、婆二家阻拦，只有通过抢亲的手段才能结为夫妻。在寡妇未入男家前，必须到庙宇内祭奠前夫，换去旧日所穿的衣裳，名曰“脱白”。1949年后实行新婚姻法，抢亲被禁止。

纳妾 又称娶妾，亦称填房，村内古代一夫一妻多妾制或纳妾制多为富贵男性所为。新社会实行一夫一妻制，纳妾被禁止。

守节终身 特指妇女在丈夫死后不再嫁或未婚夫死后终身不嫁。古时本地区贞烈牌坊到处可见，而“守节”者一旦改嫁，就会招致家族严惩。新中国实行婚姻自主，“守节”已过时。

“一子双祧” “祧”意指承继为后嗣，“一子双祧”是一子兼“祧”两房。俗称两房合一子。在旧社会，兄弟两家只生有一子，两家各为其娶一妻，为了两家都能传宗接代。此风俗在1949年后被禁止。

转房 兄弟有一去世者，其兄或弟无妻，嫂或弟媳再嫁与弟或兄为妻。

亲上开亲 即近亲结婚，又叫老亲开新亲。有的随姑嫁，有的姨娘开亲。也有“回门亲”的（男方的姐、妹与女方的兄、弟成婚）。近亲婚配对后代不利。

路边烧钱纸 旧时，阳湾居民患病喜求神拜佛，求拜的形式就是烧钱纸，而且多到路边。每逢7月中元节，人们在路边用石灰粉画一个圈给先人烧钱纸和撒一些酒水饭食表示祭奠，常见村头路边片片灰堆，风刮人踏，造成环境污染。

路上倒药渣 阳湾居民有将吃过的中药渣倒在路上的习俗，源于药王从药渣中发现犯味药而救治病者的故事。此陋习造成环境污染。

安照妖镜 阳湾房屋大门楣上有安玻璃镜的习俗，这种玻璃镜称为“照妖镜”，认为可以化解邪祟。

求雨 旧时，阳湾有求雨习俗，每逢大旱之年，便由主持人负责做一条龙，以长木板支龙骨，用麻布、棉花、泥巴塑龙形，身涂绿色，肚皮涂白，选吉日良辰聚众在寺庙前焚香祷告。仪式完成后，把“龙”丢入河中。也有将寺庙中菩萨神像抬出来游行求雨，谓菩萨被曝晒后会上天向玉帝求雨。或将狗绑在木架上抬着求雨，此谓“天狗食日”。新中国大兴水利建设，求雨习俗被废除。

缠足 缠足是清朝统治者残害妇女的一种陋习，清朝时妇女普遍缠足。女孩从三四岁起，经试缠、试紧、紧缠、裹弓，待2年后脚拇指下垂，四趾压入掌底，脚背隆直时结束。以第二、三段最为痛苦，常因趾折、皮烂、鸡眼等无法站立和入睡。缠足后的女孩得到“美女”条件和嫁人资格，但行路难，天天洗缠脚布的麻烦则伴终生。辛亥革命后缠足之风禁止。

剃发易衣服 清朝统治者强行命令其统治下的汉族和其他的少数民族男子，必须改掉以前明朝时期的发型，换成满族的长辫发式，以及穿着满族衣服。辛亥革命后此陋习禁止。

禁忌

年节忌 旧时阳湾除夕禁忌较多。除夕不能打扫卫生，不能泼污水，不能倒垃圾，不能丢弃废物等。也禁恶声谩语、哭闹，忌说死、破、烂、鬼等不吉利的字，忌打破碗、盏等。除夕睡通宵，谓一年睡不醒。春节打灶门，谓对灶王不恭。忌说“完了”“没了”“坏了”。正月初一忌针线，谓一年不得闲。腊月二十四不能动剪刀，据说这天老鼠嫁姑娘，你若动了剪刀，老鼠以后咬破你的衣裳。

生活忌 忌筷子长短不齐，有“三长两短”之嫌，故不吉。忌筷子横置在碗上或插饭上，因均为祭祀方式；忌筷子分放两边，谓“快分开”；忌还药罐，谓还病于人；忌戴孝进门，谓送孝于人；忌单日娶亲，谓“走单”；忌迎亲往返同走一条路，谓走“回头路”，因寡妇再嫁称“回头”；忌迎亲时在路上碰到送葬的，谓“会死”；忌送葬时在路上碰到送葬的，谓“死到一起了”；忌婚姻双方属相相克；忌在身上补衣服，谓“身上连，万人嫌”；忌镜子正对床，怕成“镜中人”；忌两人分吃一梨，怕“分离”；忌孕妇进刚上梁的新屋，谓不洁净。以及忌五月盖屋，谓“使人头秃”；忌过道正对院门，谓人鬼同路；忌桑木上房（作椽子或檩子），桑音“丧”，不吉。忌院前栽桑，不吉。忌后院栽柳，柳为墓树，不结籽，主无嗣等。

送礼忌 送礼讲“宜”“忌”，亲友家有喜庆事，送礼不能送钟，因“钟”“终”同音，是为大忌；平日礼尚往来，不能送伞，因“伞”与“散”同音，视为不吉利。

流弊

宗族械斗 侏儒山地区多以一族聚居一村。邻村之间或因土地族产发生纠纷，或因口角引起矛盾，小则诉讼不断，大则聚众械斗，为了宗族利益，虽伤亡惨重，亦在所不惜，历史上许多小型的宗族诉讼与械斗不胜枚举。但欧阳氏弘扬越王勾践忍辱负重精神，倡导与人为善，多家族和睦相处，与邻村亦以礼相待，遇事忍让为先，使矛盾得以化解。“文革”期间，阳湾大队与中刘大队因纠纷组织械斗，在红卫军以武力威慑下，械斗被平息。1994 年，阳湾村个别村民持枪闯入邻村鸣枪滋事，引起群众上街游行造成恶劣影响。

恃强凌弱与斗殴　侏儒山人性格彪悍，对外讲宗族，对内讲房头，房头里面讲拳头。有的村一些大姓欺负小姓，宗族中大房头欺负小房头，房头中一家有几个儿子的欺负独子户和纯女户的事经常发生。故农村中有生儿防人欺负之说，也有将女儿特意嫁给多子家庭的，还有让儿子学习武艺后自卫和保护家人的。阳湾历史上各家族都立有族规，几个家族在一起订立村规民约，严禁恃强凌弱与斗殴，对恃强凌弱与斗殴者予以训诫和处罚。

酗酒　阳湾有“无酒不成席”，“酒逢知己饮”的习气。多数酗酒者相互劝酒，不醉不休，造成醉酒误事。

赌博　赌博从旧时沿袭至今，多为押宝、推牌九、打麻将等，惯赌者往往倾家荡产，甚至有因赌博卖妻女的。阳湾历史上大多数中农艰苦创业，珍惜劳动成果，不参与赌博。1958—1970 年，以朱本才为首的合丰公社党委严厉惩治赌博行为，阳湾大队被公认为无赌博大队。1980 年以后，村里男女老少时兴打麻将。1990—2020 年，少数经商户打大牌赌博盛行，公安部门虽不断抓赌，却屡禁不止。

吸毒　从民国初年至解放前夕，侏儒山吸鸦片者较多，终日沉醉于吞云吐雾之中，每天花去银元一至二块，日长月久，家财耗尽，身体衰弱，精神萎靡不振。阳湾历史上大多数人将精力集中于农事，各家族十分重视劝农和劝学，使奢靡者难以立足。至 1949 年起，人民政府即大力宣传鸦片的危害，并对吸毒者进行登记严戒，因之绝迹。改革开放后，有人将白粉、麻果等毒品贩卖到农村，引诱青少年犯罪，阳湾村两委制定禁毒公约，并协助公安部门侦缉处理涉毒案件。

七、人物

阳湾建村649年，7个自然湾，21个姓氏人才辈出。欧阳隆沂是欧阳氏杰出的始迁祖，蒋天树、欧阳文喜、杨秋成、傅德树、方旺、傅在炎、傅鹤林、项新山、李先桓、张环芝、傅铁桥等为革命献出了自己的宝贵生命。抗日英雄傅玉和与一千名新四军将士与日伪浴血奋战，夺取了侏儒山战役的伟大胜利。台胞欧阳一为家乡捐建希望工程和图书馆，傅建桥创建红色教育基地，欧阳国华创建六海赛生态小镇。阳湾的灵山秀水孕育了众多优秀共产党员、文明乡贤、种田能手、革命干部和各行各业先进人物。

人物传

欧阳隆沂（1340—1418），元顺帝至正二十二年（1362年）进士。六海赛阳湾村欧阳氏始迁祖，以进士之身从事乡村教育第一人。公元1372年（明洪武五年）欧阳隆沂率族人由江西省吉安市安福县竹江青乡义历上坑，迁湖北省汉阳府汉阳县和丰堡六海赛，将阳家山、清风山、团山南麓至六海赛湖北岸，规划为欧阳湾，族众依山临湖而居。公元1372年（明洪武五年）至公元1374年（明洪武七年），欧阳隆沂根据朝廷荒地免税三年和生荒永不征税的政策将阳家山、清风山、团山南麓至六海赛湖畔土地及六海赛湖水面纳入欧阳氏家族管理范围，并报汉阳府备案，由此奠定了阳湾村根基。

欧阳隆沂经历元朝灭亡，深知“均贫富等贵贱”乃兴邦安民之要义，于1375—1386年在族中坚持开展劝业、劝学和助弱活动，带领族众采阳家山、清风山、团山之竹木为檩，茅草为瓦，以黄土干打垒建房，使族众居有其所。通过劝导族人兴办垦荒、种桑、养蚕、缫丝织绸，种植水稻、蔬菜，饲养家畜家禽发展经济。利用朝廷惠农政令，申请汉阳府免费发给移民耕牛和种子，大大激发了农民的生产积极性，使耕者有其田，生活有保障，给社会创造了一个安定的局面。

欧阳隆沂以元末进士身份兴办族学，教育子弟读圣贤书，弘扬“卧薪尝胆”的越文化精神，培养具有家国大义使命担当的优秀人才。倡导乡绅治村，老人治家，强化家族治理能力，并采取抑制豪强缓解土地兼并重要措施，推行耕牛种子农具借用，劳动力互换，以强带弱，树立勤劳兴农榜样，不断提高村湾治理能力和治理水平，促使大多数农户不断扩大生产规模，为形成中等经济为主的农村社会结构做出了有益探索。1418 年（永乐十六年），欧阳隆沂因病逝世，享年 78 岁。

欧阳鼎臣（1860—1931），阳湾村人，清末秀才。兴办六海赛书院，主持私塾教学，为农民劝学，为贫困学子提供免费教学。主张乡绅与为官者为乡亲效命，极力维护村庄安全村民平安，倡导欧阳氏与各家族和睦相处共生共荣。家族之间如有矛盾，即亲自出面调解，将矛盾化解在萌芽状态。战争年代，他教导儿子欧阳勋保村护民，使阳湾免遭涂炭。善于营造大家庭氛围，鼓励祖孙几代人不分家，在一起讲家族史、村民创业史，传承文脉。

傅德树（1869—1942），阳湾村傅湾人，参加了侏儒山战役的情报收集工作。新四军主力部队撤离襄南后，他和傅在炎将收集的日伪军情报送达天汉根据地，于返回侏儒山傅湾的次日遭日伪军突袭，不幸被捕，残暴的伪军营长王鼎对他施以重刑，逼他说出新四军和傅玉和的行踪。傅德树高声怒骂，伪军恼羞成怒，将他与傅在炎同时杀害于侏儒山蟹子湖边。

方旺（1872—1942），女，阳湾村傅湾人，1939 年中共汉阳县委在其家中设立交通站，此后成为重要工作人员之一，担任放哨、后勤接待等工作。1942 年 6 月 16 日，日伪军扫荡傅湾时，因保护丈夫傅德树遭敌军杀害。

欧阳勋（1886—1951），字尚卿，阳湾村人。其父鼎臣设塾乡里，幼年时随父读书。及长，考入湖北陆军讲武堂，后转入保定陆军军官学校第四期，与傅作义同桌。辛亥革命时，参加学生军。保定军校毕业后，历任排、连、营长等职。1928 年在桂系胡宗铎、陶钧部任团长，驻防武昌南湖。不久调湖南岳麓山任中央陆军军官学校长沙分校教官。曾任湖北省六县（川、汉、沔、天、潜、监）“清乡剿匪”司令，不到一月辞职。时国民政府保安大队几次欲进阳湾村清剿红军和共产党人，欧阳勋以其威名保村护民，使阳湾村免于涂炭。西安事变后，桂系李宗仁、白崇禧等首先响应张学良、杨虎城所提出的联共抗日的主张，欧阳勋在武汉报刊发文表示支持，致遭蒋介石的通缉，由此避居汉口法租界，后又逃至广西。1938—1945 年，在中央军官政治学校南宁分校任少将高级教官兼地形学主任教官，后任教导处处长。1945 年调重庆任军训部高参兼办公室主任。日本投降后，回南京任军官考核委员会主任委员和国防部中将高参。由于对蒋介石的专横、独裁政治不满，于 1946 年 10 月退役，定居武汉。武汉解放前夕，白崇禧曾两次派人邀欧阳勋离开大陆，均被他拒绝。1949 年，欧阳勋患膝关节炎，行走不便，闭门谢客。1951 年 5 月在镇反运动中被镇压。

蒋天树（1904—1931），又名天煦、天曙，由百仗赛迁阳湾，革命烈士。1926 年冬，蒋天树与刘可人、章华藻、李禹廷、廖炳中等人在侏儒山合丰堡成立了汉阳县第十区党部第五分部，蒋天树负责党部工作。1927 年春，经徐质夫介绍加入了中国共产党，在侏儒山地区积极开展党的政治工作，与刘可人、李发成、朱长江等一起编练农民自卫军，为川、阳边区开展秋收起义奠定了武装斗争基础。1927 年，蒋天树协助徐质夫在百仗寨燕子山六海堡举行川阳边区赤卫大队树旗仪式，任大队长。七一五反革命政变后，大革命失败，在白色恐怖笼罩下，蒋天树亡命广西南宁从事地下活动。1929 年夏，蒋天树潜回阳湾，秘密发动群众组织武装暴动，并组织创建合丰乡苏维埃人民政权。1930 年农历正月 25 日夜，蒋天树和黄一光、徐质夫、刘可人率川阳游击队袭击侏儒山保安队，获步、短枪 20 余支，子弹甚多。1930 年正月，根据中共川阳临时县委的指示，川阳边区游击大队在燕子山六海堡举行树旗仪式，蒋天树为副政委兼财经委员，后任大队长。在 1930 年夏秋之际，这支游击队经常游击于川、阳、沔边境，并辗转于汉川之马口，沔阳之周邦与西流河，汉阳之永安与玉贤、索河等地袭击国民党反动武装，夺取枪支弹药武装自己，战斗力不断增强，后发展到拥有数百人枪。同年秋，由于湘鄂西工农红军发展的需要，徐质夫遵照上级指示，在六海堡将川阳边区游击大队改编为湘鄂西川阳独立团。张西阶任团长，蒋天树任副团长（后任团长）。1930 年冬，川阳独立团在洪湖瞿家湾稍事整训后即编入红二军团第四师十二团，蒋天树仍担任团长。1931 年 6 月，红军在攻打天门皂市的一次战斗中，蒋天树不幸牺牲，年仅 27 岁。1957 年，蒋天树的遗孀杨勉荣获毛泽东签发的"光荣纪念证"。

傅在炎（1912—1942），阳湾村傅湾人。1941 年参加新四军襄南游击大队任情报员，参加了侏儒山战役。1942 年夏，侏儒山傅湾遭日伪军突袭包围，他在突围中身中数弹不幸被捕，日伪军对其用尽酷刑，后被杀害于侏儒山蟹子湖边。

傅玉和（1913—1974），阳湾村傅湾人。曾任新四军第五师第四团侦察员、侦察参谋，第五师第十五旅旅部手枪队长、四十三团三营营长，第十五旅襄南指挥部一支队队长，江汉军区一团司令部侦察参谋，（汉）川汉（阳）沔（阳）指挥部参谋长，江汉军区三分区敌工队长。1936 年，与汉阳县中共地下党领导人肖利山、朱长江相识，出色完成一些情报工作。1938 年日寇侵占武汉后，地下党派他潜入汪步青部任副官。之后汪步青投日，傅与之斗争，成为汪步青和伪和平定国军军长刘国钧抓捕的对象，傅闻讯迂回到索河新四军五师老四团驻地，当了侦察员。此后，他仍然以看望老朋友和做生意的名义，冒着生命危险一次次进入汪伪司令部，并通过好友朱月堂的关系，获得了汪部的兵力布防、武器装备等重要军事情报。经过几次战斗的考验，张执一将他调任十五旅手枪队长，执行重要侦察和战斗任务。1941 年 11 月 16 日，张执一命令傅玉和搞清汪部的内情，他来到横山朱湾，找到汪步青师部保管机密的朱月堂，将汪部全军 10 天的口令和日伪军万分之一的军用地图搞到了手。17 日，张执一命傅玉和等手枪队员做向导袭击侏儒东至山的伪三团。天黑时，傅玉和与伪军对上了口令，迅速带领手枪队员占领排头涧小木桥，直取伪三团团部，俘汪波扬的小老婆及团部军需主任以下官兵 100 余人，缴获大量武器。同年 12 月 23 日，五师第二次向侏儒山发起进攻。傅玉和带领手枪队员随王海山旅长攻克了侏儒山伪一师的核心阵地——军山及侏儒山外围的几座山头，消灭了伪军的机炮营和其他伪军数百人。1942 年 12 月底，十五旅集中四十三、四十四团及天汉支队，第三次向伪军汪步青部发起进攻，傅玉和率领一个加强连，迂回绕过侏儒山敌军阵线，深入伪一师近 20 里的九沟地区，突出奇兵，占领了伪一师兵工厂和后勤补给基地，缴获了兵工厂的全部设备和物资，截断了伪一师在侏儒山至沔阳西流河老巢的主要通道。此时，日军纠集仙桃、沙湖、汉川日军和伪定国军第二师李太平部，妄图挽救伪一师。傅玉和与部分主力部队一道在西流河地区与日伪军展开激战。除伪师长汪步青带部分人逃脱外，其余伪一师残部被全歼，从仙桃赶往支援的日军 200 余人被十三旅团团围困在胡家台地区的一座祠堂内。傅玉和奉命带领一部赶往胡家台配合兄弟旅，当即采取火攻，把煤油浇在稻草上，先从门口点火，再到四周点火，顿时祠堂内弹药爆炸，火光冲天，100 多名日军葬身火海。至此，侏儒山战役全部结束，共歼灭伪定国军第一师 5000 多人，第二师 1000 余人，毙伤日军 200 余人。

此后，组织安排傅玉和负责税收工作，为五师的发展壮大筹集了大量经费和物资。在解放战争中，傅玉和随军转战湘、鄂、豫、皖地区。1949 年 5 月 17 日，他与战士们将红旗插上汉阳城头。

欧阳文湘（1913—1998），阳湾村人，8 岁即从欧阳鼎臣读私塾，对《六言杂字》、“农历二十四节气”颇有兴趣。14 岁学习务农，对水稻、棉花、油料作物种植与耕牛饲养、养蜂等活路专心致志，身体力行，精益求精。及成年后，兄弟妯娌 6 人种的庄稼连年获得丰收，产量居本地之首。欧阳文湘经常向村民传授农业生产技术，每遇贫困村民缺乏耕牛农具种子，他都慷慨施以援手。抗日战争时期，他瞄准商机经营获得巨利，在南屏垸购田80亩，并将其中一部分让给贫困村民耕种。欧阳文湘营造大家庭和睦氛围，4代26人不分家，孝悌忠信，传为美谈。土改时，欧阳文湘一家因田多被划为地主，后土改复查改为富农。农业集体生产队期间，欧阳文湘给生产队养蜂，善于赶花期，蜂蜜产量很高，还积极给生产队建言献策，指导水稻、棉花生产和耕牛饲养，深得贫下中农信任。1998年因病逝世，享年85岁。

张环芝（1914—1946），女，阳湾村傅湾人，傅玉和之妻。1941年参加新四军，后加入中国共产党。历任汉沔工委交通员，交通站站长，天汉兵工厂指导员、采购员等职。在抗日战争中多次冒着生命危险前往敌区为新四军五师部队筹集枪支弹药，护送五师过往人员，采购药品和军需物资。1946年7月，张环芝参加中原突围，带着6岁的幼子傅铁桥随部队突破封锁线，后又奉上级命令重返天汉兵工厂，查看隐藏的军工厂设备，不幸被捕。面对敌人威逼利诱、严刑拷打，她坚贞不屈，严守秘密，最后被敌人活埋于汉川汈汉湖畔，牺牲时年仅32岁。其子傅铁桥亦惨遭杀害。

谢本祥（生卒年不详），阳湾村杨湾人，1950—1952年任合丰乡农民协会主任，1956—1957年任幸福14社贫协主席，1958—1968年任阳湾大队大队长，1970—1985年任阳湾大队党支部副书记兼贫协主席，1985—1990年任阳湾大队党支部副书记。

1950年，谢本祥配合四区党委派遣的干部和人民解放军深入阳湾村开展清匪反霸的斗争，建立和巩固地方人民政权。向广大农民宣传中国共产党七届三中全会精神和《中华人民共和国土地改革法》。同年6月25日朝鲜战争爆发，谢本祥发动阳湾村群众参加中国人民志愿军和捐献资金支持抗美援朝运动。1951年，谢本祥根据四区党委指示在阳湾村开展镇压反革命分子的宣传活动。配合四区党委派遣的土改工作队开展土地改革运动，放手发动群众，划分阶级，没收地主阶级的土地及财产分配给贫下中农，实行新的土地所有制，解放农村生产力，发展农业生产。1953年，谢本祥根据区党委指示考察学习五公村办农业互助组的经验，在阳湾村开始试办农业互助组3个，并开展扫除农民文盲运动。1954年，谢本祥组织群众与百年来罕见的特大洪水作斗争，紧急开展救灾和灾后重建，恢复生产。1955—1990年，谢本祥一直担任初级合作社、高级合作社、幸福14社、阳湾大队、阳湾村领导工作。

傅新樵（1934—2006），阳湾村傅湾人。1940年参加抗日战争，在日伪军突袭傅湾时被抓去殴打，逼其说出新四军情报，他英勇不屈，后经乡亲营救幸得生还。1946 年 7 月，傅新樵随中原军区第一纵队第一旅参加中原突围战斗，在宜昌、长阳掩护了多位战士。1958 年，幸福 13 社并入 14 社，傅新樵任幸福 14 社党支部书记。当时，一些领导干部“官僚主义、强迫命令、瞎指挥、浮夸风、共产风盛行”，傅新樵对此采取应付态度，对阳湾大队南屏垸 1438 亩土地被“一平二调”划走一事有苦难言。

1959—1961 年粮食短缺，傅新樵与党支部一班人组织群众在六海赛、黄菱赛采莲藕、捕鱼虾渡过了难关。同时，允许群众在田头地角、荒坡荒滩上开荒种粮，增加收入。1961—1962 年，傅新樵组织阳湾大队男女劳动力在苏家垸垦荒数百亩，修建苏家垸围堤长 1800 余米。1963 年秋，傅新樵请县区血防站医生进村为广大农民群众检查治疗血吸虫病，在六海赛投放药物消灭钉螺。

项时运（1944—2005）阳湾村项湾人。中共党员，大专文化。1960—2004 年先后任武汉市硚口区奶牛场兽医，武汉市牛奶公司党委办公室秘书，武汉市牛奶公司政工科副科长，武汉市牛奶公司副经理，武汉市农牧业局组宣处副处长，武汉市农牧业局副局长，武汉市畜牧水产局副局长兼党委副书记、代局长、局长兼党委书记，武汉市人大常委会农业委员会副主任。任武汉市畜牧水产局局长期间，积极为市委、市政府当好参谋，坚持依法治牧、渔，实行规范化管理，在生产上以建设生态畜牧养殖小区和渔业基地为重点，不断调整畜牧水产结构，优化产业布局，增强科技含量，突出规模效益，使武汉市规模养殖比重上升 50%以上，畜产品加工龙头企业和水产基地建设得到迅速发展。在畜牧水产招商引资上先后引进泰国正大、中国香港新世界、福建惠尔康等知名大财团数亿元，项目 20 多项。项时运在武汉畜牧战线耕耘 40 余年，因积劳成疾医治无效，于 2005 年逝世，终年 61 岁。

人物表

姓名	生平年代	简历
欧阳文喜	1905—1933	阳湾村人，曾任川阳县苏维埃侏儒区第二乡土改委员，1933 年初因同志之间的思想分歧和领导的牺牲而遭到上级的怀疑被误杀，后被追认为因公牺牲。

续表

姓名	生平年代	简历
杨秋成	1907—1933	阳湾村人，曾任川阳县苏维埃侏儒区第二乡土改委员，1933年初因同志之间的思想分歧和领导的牺牲而遭到上级的怀疑被误杀，后被追认为因公牺牲。
项新山	生年不详	阳湾村人，曾任川阳县苏维埃侏儒区第二乡土改委员，1933年初因同志之间的思想分歧和领导的牺牲而遭到上级的怀疑被误杀，后被追认为因公牺牲。
欧阳炽章	1913—1970	阳湾村人，国民政府中央陆军军官学校第15期毕业。1947年在济南任少校营长。
李先桓，字还山	1922—2000	阳湾村蛟洼人，1941年参加新四军天汉支队，任战士、侦查员、班长，参加了侏儒山战役。1943年日寇扫荡天汉根据地，在掩护被服厂转移时，与日军作战壮烈牺牲。
欧阳锦章	1922—2000	阳湾村人，解放前夕去台湾，任台北地方法院院长。
何定金	1923—2009	阳湾村人。1952年任和丰乡副乡长。1956年任幸福14社社长。
傅楚杰	1927—1991	阳湾村傅湾人。1941年参加新四军襄南游击大队，参加了侏儒山战役。曾任汉沔支队通讯员。1946年，在中原突围后加入了中国人民解放军，任某部骑兵班长，后参加淮海战役、渡江战役。在解放成都的战斗中负伤。
祝光松	1929—1975	阳湾村项湾人。原籍孝感闵集，"德生中药堂"继承人。精通中成药的制作。1932年迁项湾，以治疗疟疾闻名。
欧阳青	1933—2009	阳湾村人。曾任武汉大学法学院教授兼国际经济法教研室主任、研究生导师，民革武汉大学支部主任委员。著有《国际经济法与国际投资法》等书。1985年出席中国、美国、加拿大三国学者关于国际贸易与投资法律问题学术讨论会并提交学术论文。
傅协成	1934—2006	阳湾村傅湾人，革命烈士傅在炎之子，中共党员。1968—1970年任阳湾大队党支部书记。

续表

姓名	生平年代	简历
杨圣之	1935 年生	阳湾村杨湾人，中共党员。1951—1993 年历任贫协小组长、民兵队长，联力炼灰厂出纳员、幸福 14 社会计、阳湾大队会计、大队长、大队（村）党支部书记。2021 年获中央组织部颁发的光荣在党 50 年纪念章。
杨艾之	1940—2000	阳湾村杨湾人，1989—1991 年阳湾村党支部书记。
欧阳万俊	1941 年生	阳湾村人，中共党员。教授、高级工程师，中国地矿专家。1962—1997 年历任四川省地质局技术员、工程师、113 地质队总工程师，入选中国地学会探矿专家名录，2009 年获四川省地矿局优秀共产党员称号、四川省地矿局老有所为突出者称号。
项久琳	1946 年生	阳湾村项湾人，中共党员。1970 年毕业于华中农业学院，1983 年任武汉市汉阳县畜牧局副局长，1995 年任武汉市蔡甸区畜牧业局党组书记，2000 年调任武汉市蔡甸区农业局调研员。
欧阳勋章	1947 年生	阳湾村人，中共党员。1971—1993 年历任河南省军区新乡军分区政治部组织干事，武汉军区政治部党委秘书、军区组织处副处长，武汉军区机关党委副书记，解放军总后勤部组织处处长，总后勤部办公室主任，1988 年授上校军衔。
欧阳一	1948 年生	阳湾村人，1949 年随父去台湾，任台湾产物保险公司台南分公司副总经理。改革开放后多次回乡探亲，号召多位台胞捐资修建阳湾小学新教学楼、图书馆，并设立了十余万元助学金，支持家乡教育事业发展。

续表

姓名	生平年代	简历
郑彦轩	1948 年生	阳湾村郑湾人，中共党员。中专师资学历。1966—2004 年先后任阳湾三队会计，阳湾小学教导处主任，戴湾小学校长，阳湾小学校长，合丰小学党支部书记，阳湾村党支部书记，榨坊小学党支部书记。
聂东平	1949 年生	阳湾村人，中共党员。1985—1988 年任阳湾村党支部书记。
欧阳万祥	1950 年生	阳湾村人，中共党员。1988—1989 年任阳湾村党支部书记。
傅华轩	1951 年生	阳湾村傅湾人，中共党员。湖北省委党校党政干部在职教育，获法学本科文凭。1970 年参加中国人民解放军。1985 年从部队转业至湖北省委机关工作。任中共湖北省纪律委员会副厅级纪检员、湖北省监察厅副厅级监察专员。
欧阳瑞章	1951 年生	阳湾村人。中共党员。1982—2021 年历任村塑料制品厂厂长、村委会主任、村党支部书记、六海赛生态小镇工程项目部经理。
欧阳勤阶	1953 年生	阳湾村人。中共党员，2000—2003 年任阳湾村党支部书记。
傅天桥	1956 年生	阳湾村傅湾人。湖北富强建设发展有限公司董事长，参与王家墩商务区、谭鑫培地铁站、月湖桥改造、武汉四环线、火神山医院、汤逊湖污水处理厂、侏儒街自来水厂等项目的建设。
杨光斌	1958 年生	阳湾村杨湾人，中共党员。1978—2018 年在湖北省疾病预防控制中心工作。任湖北疾控中心验查部主任。
杨平轩	1958 年生	阳湾村杨湾人，中共党员。1992—1995 年任阳湾村党支部书记。

续表

姓名	生平年代	简历
杨焕堂	1959 年生	阳湾村杨湾人，中共党员。历任武汉市农业学校教师，武汉市农业学校校长办公室主任、人事科长、党委办公室主任、纪委书记，武汉市奶业管理办公室主任、党委书记，武汉市重大动物疫病防控中心党委书记，《中国奶业》杂志编委。
周学龙	1963 年生	阳湾村人，中共党员。1980—2018 年先后担任中国宝武集团第一安全督导组副组长，武钢绿化公司机械队助理工程师、团委书记、办公室主任，武钢企业发展公司工会副主席、经营处设备技术科科长，中日合资武汉天宝厨具设备有限公司总经理，武钢后勤集团公司经营管理处处长，武钢城市服务集团副总经理、总法律顾问，中国宝武集团第一安全督导组副组长。
傅志平	1965 年生	阳湾村傅湾人，中共党员。在职研究生。1983—2018 年先后任江岸公安分局派出所副所长、所长、刑侦大队长，武汉市公安局刑事侦查处九大队大队长，巡逻民警处处长，硚口公安分局局长，青山（钢城）公安分局党委书记、局长，中共武汉市青山区委常委，青山（钢城）公安分局党委书记、局长，中共武汉市武昌区委常委，武昌公安分局党委书记、局长。
项四新	1966 年生	阳湾村项湾人，1990 年成立武汉市新城动力工程成套有限公司。2004 年在参山成立武汉菲弗尔新材料有限公司。
欧阳万超	1969 年生	阳湾村人，1992—2020 年先后任武汉长江电源厂助理工程师、广东东莞易达集团 VTE 机械开发部工程师、深圳泽冠电子有限公司高级工程师。
欧阳成林	1970 年生	阳湾村人。2018 年任深圳市汇信成科技有限公司总经理。2020 年任深圳市汇信电子有限公司总经理。

续表

姓名	生平年代	简历
杨晓强	1972 年生	阳湾村杨湾人，中共党员。2005 年武汉大学获法学硕士，2010 年武汉大学国际法学博士，2015 年美国天普大学访问学者。主编《法律与社会》等中英文教材多部，主持或参与“中央高校专项科研项目”及“国家移民局科研项目”等。现任武汉大学外语学院副教授，主讲“大学英语”及“法律与社会”等英语课程。
欧阳高波	1975 年生	阳湾村人，大学硕士研究生学历。1996—2019 年先后成立佛山准测电子有限公司，深圳市准测科技有限公司，致力于仪器的研发、生产和代理销售。
杨元德	1982 年生	阳湾村杨湾人，中共党员。2000 年考入武汉大学测绘学院，2004 年保送硕士研究生，2010 年获博士学位。同年从事博士后工作，2012 年 12 月评为武汉大学副教授。主要从事卫星遥感、无人机、CNSS 和重力观测手段，开展冰盖冰川物质平衡、湖泊监测等方面的研究工作。主持参与多项自然科学基金、国家重点科技项目等科研项目。先后参加中国第 25、27、29 和 35 次南极科学考察和第五次北极黄河站考察，进行 CNSS 和绝对重力等方面的观测。多次被评为南极考察优秀队员。
项勇刚	1983 年生	阳湾村项湾人，2001—2020 年先后获华中农业大学应用化学、理学学士，厦门大学有机化学硕士学位，德国马堡大学有机化学博士学位。华中农业大学理学院化学系副研究员，清华大学访问学者，华中农业大学理学院化学系教授、博士研究生导师。主持国家自然科学基金项目 1 项，国家自然科学基金青年科学基金项目 1 项，曾获批准校企合作项目 2 项和“3551”光谷人才计划项目等。2019 年获研究生指导教师“教书育人奖”，武汉市东湖高新区第 10 批“3551”光谷人才计划—“创新人才”等荣誉称号。

侏儒山战役新四军将士名录（1000 名）

丁冬放	丁尔元	丁尔顺	丁先国	丁宇清	丁酉成
丁建阳	丁南屏	丁致才	丁鸿	于丁	于行前
万流一	万青	万新号	习东光	马焰	马文卿
马兆祥	马沂	马学林	王定烈	王曦	王诚汉
王才贵	王大才	王之铎	王之铮	王开先	王友常
王长福	王凤安	王世宁	王石泉	王甲斌	王发元
王匡	王吉宽	王达	王先声	王舟	王克祥
王怀恩	王坤	王英	王奇才	王明义	王泽民
王泽清	王绍南	王春扬	王珍德	王贵保	王贵高
王炳长	王屏	王海山	王培德	王银斋	王超付
王景瑞	王阑西	王瑞华	王锡珍	王群	王翰
王燎荧	尤恒全	水世闾	牛书涵	牛洛桂	毛汉庭
仓孝和	文敏生	文华	文济洲	文祥	文锐
方正平	方正	方历	方中立	方田古	孔照年
孔国富	邓久	邓云	邓以发	邓伦刚	邓启群
邓树生	邓德圣	邓德春	甘学标	甘迈	艾凤清
石永超	石结幺	龙世华	龙乐运	卢先觉	卢华云
卢全国	卢福廷	叶果	叶平	叶志忠	田木二
田水凡	田水发	田文兴	田文清	田东	田必升
田庄	田承斌	史维汉	史可全	史兆坤	史兆贵
代理甫	代胜仁	白相国	冯仁恩	冯钧	冯屏
宁淮	朱理治	朱立文	朱少杰	朱长江	朱月堂
朱书芹	朱汇堂	朱旭东	朱冰	朱军	朱国学
朱昌甲	朱侯杰	朱晖	朱朝宏	乔子祥	乔华堂

乔明志	仲平	任质斌	任宁芬	任泉生	华光
向云英	全庆光	危拱之	刘少卿	刘子久	刘子厚
刘夫	刘仁贵	刘文贵	刘文煊	刘火廷	刘火林
刘正元	刘正洪	刘可人	刘东	刘占泽	刘占美
刘芝爽	刘西	刘西尧	刘守先	刘岚山	刘秀山
刘伯珍	刘国辉	刘放	刘学元	刘学成	刘春庭
刘振斌	刘真	刘海	刘彬	刘得寿	刘景运
刘嗣坤	刘锡恩	刘新山	刘福武	刘毓兰	刘震东
刘德仁	刘德喜	刘醒亚	齐勇	齐光	江永兴
江志成	江勇为	汤正义	汤道凯	安琳生	安天纵
安光荫	祁志高	许子威	许金彪	许力以	许大鹏
许良夫	许明道	许金官	许树庭	许继光	阮浩棠
孙维理	孙石	孙廷甫	孙萍	严文生	严正
严旭高	严述贤	严荣	严家安	严雄武	苏菲
苏韦	苏平	苏明	杜威	杜利	李先念
李人林	李守宪	李昌	李八斤	李才荣	李大庆
李之琛	李天海	李元明	李云程	李木娃	李少平
李水狗	李月亭	李凤荣	李斗金	李正冠	李世福
李邦山	李光全	李先兵	李先恒	李先桓	李先根
李安德	李进秀	李远东	李克桂	李轩	李吟谱
李秀亨	李迎希	李怀庆	李良能	李坤之	李国民
李国举	李国超	李知本	李秉范	李宗毓	李定成
李实	李绍东	李春声	李春富	李垠	李荣祥
李荣榜	李树诚	李品清	李保山	李炳发	李炳南
李祖环	李振华	李凌	李海安	李梅	李章金
李清福	李维国	李维高	李瑛	李朝山	李腊狗

李湘亭	李静	李嘉陵	李蔺田	李德纯	李颜
李耀	杨显东	杨万林	杨子谦	杨文忠	杨火星
杨世业	杨艾荪	杨平	杨协	杨光远	杨守正
杨安平	杨启富	杨林贵	杨国祥	杨空丽	杨经曲
杨柄	杨敏毅	杨新	杨震东	杨燕山	肖利三
肖友明	肖仁	肖文安	肖汉杰	肖尧阶	肖光绪
肖远久	肖花子	肖秀楷	肖伯阶	肖玲	肖荣昌
肖顺和	肖健	肖继何	肖菊	肖毓福	肖鹤
肖懋之	吴云鹏	吴之理	吴文凤	吴引生	吴玉阶
吴光治	吴志刚	吴芷英	吴钊统	吴宏山	吴坤
吴若岩	吴林焕	吴诚忠	吴显清	吴祖贻	吴振挺
吴皓	吴道英	邱可兴	邱旭云	何耀榜	何三保
何天亮	何丙银	何冰	何奇伟	何忠道	何祖胜
何根毅	何维忠	余潜	余汉桥	余显斋	谷风
狄文蔚	邹立人	邹敏	冷丹池	闵兰俊	闵学胜
汪长香	汪乃煌	汪中二	汪中祥	汪文瀚	汪进先
汪志平	汪卓明	汪明德	汪诚	汪钦文	汪根发
汪辉山	汪新才	沈文	沈文倩	沈甸之	沈德纯
宋世荣	宋炳二	张执一	张树才	张斧	张环芝
张广水	张开科	张仁	张孔修	张正光	张正旭
张世彤	张四伢	张付云	张付典	张汉华	张永华
张尧舜	张华	张灯旭	张运宝	张孝年	张志付
张秀华	张体学	张明傅	张和生	张育英	张相臣
张品清	张重复	张保三	张保安	张俊才	张洪财
张济舟	张海龙	张海涛	张祥廷	张鸿卿	张文炎
张翼	陆梅林	陈少敏	陈右铭	陈士俊	陈大么

陈山	陈义生	陈友元	陈长苟	陈六佴	陈文成
陈世雄	陈丙舟	陈外欧	陈伟	陈庆凤	陈守一
陈苏波	陈连生	陈秀山	陈作兵	陈彤深	陈国贵
陈国强	陈明	陈明山	陈初	陈选云	陈顺兴
陈保德	陈觉	陈家声	陈康白	陈章其	陈景文
陈富安	陈骥	武尽法	武联合	范精秋	范文成
范正仁	范兆林	范惠	范德儒	林大发	林友先
林扬	林英	林荷先	林彬	欧子成	欧子桂
欧阳树强	欧阳清	欧阳辉	易鹏	易新民	罗厚福
罗孟刚	罗通	罗太红	罗叔平	罗恺	罗家育
罗群	金大福	金可元	金忠藩	金家保	周志坚
周志刚	周村	周万发	周子凤	周天富	周玉中
周达夫	周光耀	周全义	周志方	周志钧	周辛
周松	周国富	周泽武	周治哲	周建中	周振刚
周根发	周望喜	周超	周道	周法堂	庞俊
郑位三	郑绍文	郑少武	郑安国	郑安贵	郑坤祥
郑明祥	郑超	屈元发	屈廷明	屈志强	屈葶
孟昭毅	赵长河	赵辛初	赵三儿	赵大银	赵凤明
赵世坤	赵生贵	赵汉成	赵传述	赵明发	赵治发
赵春普	赵贵珍	赵海荣	赵家斌	荆朝阳	胡志学
胡昌春	胡大根	胡子轩	胡子贵	胡年生	胡冰
胡齐贵	胡关明	胡志江	胡含	胡金	胡学思
胡旋	胡喜生	胡耀堂	柳长水	钟伟	钟华
钟毓	段秀发	侯政	须浩风	施炳生	姜涛
姜宗礼	洪士杰	祝庆江	胥治中	贺炳炎	贺盛桂
贺鹏	秦光亮	秦登宏	敖国发	敖善清	袁一冰

袁仕华	袁立廷	袁宏照	袁杰	袁爱芬	袁露
聂菊荪	聂仁泽	聂洪国	聂洪钧	莱真	桂斯茂
栗在山	栗秀真	栗栖	栗野	贾克功	贾春阳
夏农苔	夏世厚	夏应风	夏菲	夏夔	原野
顾大椿	顾文华	晏鸣鳌	钱瑛	钱江	钱鹄卿
徐质夫	徐文榜	徐子荣	徐天国	徐月卿	徐关清
徐声文	徐声枝	徐步清	徐国贤	徐国洪	徐明哲
徐绍裘	徐垠	徐觉非	徐家望	徐彬	徐敏
徐绳武	徐斌	徐德	高树颐	高友洪	高礼第
高良成	高非	高瑢	郭予义	郭启良	郭纶
郭林祥	郭非	郭景贤	郭富安	唐发祥	唐旭中
唐亥	唐运祥	唐松儿	唐家栋	海啸	涂阳中
陶铸	陶建民	黄霖	黄人杰	黄小狗	黄元富
黄永贵	黄民伟	黄吉祥	黄宇齐	黄克	黄怀运
黄征德	黄金礼	黄相炳	黄屏	黄善述	黄德魁
曹大启	戚涛	常士林	常志义	崔必清	崔运英
崔金彪	康苇军	章仁山	梁士奎	彭怀堂	彭文生
彭年生	彭应相	彭其光	彭忠	彭涛	彭鸿章
彭超	董凤鸣	董兰芳	董时忠	董学海	蒋天曙
韩达	辜梅清	喻星之	喻真	喻萍	程坦
程中元	程先田	程传清	程志让	程里	程若
程振中	程超明	程德才	傅传作	傅奎清	傅玉和
傅忠海	傅继忠	傅梦如	傅文杰	傅庞如	傅德树
傅德银	傅在炎	傅楚杰	傅士云	傅大么	傅大兴
傅大炳	傅万忠	傅广文	傅义河	傅子成	傅子胜
傅开金	傅开显	傅元气	傅元生	傅元兴	傅元旺

傅云清	傅木荣	傅五才	傅友义	傅友贞	傅友钢
傅中才	傅长生	傅长安	傅文涛	傅文强	傅丑桂
傅丑善	傅书文	傅书应	傅玉礼	傅玉银	傅正东
傅正英	傅世义	傅世运	傅世琪	傅世鑫	傅本江
傅本金	傅本美	傅本海	傅丙贵	傅平新	傅东田
傅占臣	傅尔会	傅立本	傅立生	傅立德	傅汉章
傅永林	傅永明	傅永亭	傅发竹	傅邦顶	傅邦喜
傅西贞	傅西金	傅在清	傅成见	傅成贵	傅光明
傅光银	傅光德	傅廷栋	傅传香	傅传容	傅传道
傅仲信	傅向清	傅行标	傅全善	傅兆蓉	傅守典
傅如海	傅红树	傅远林	傅运江	傅运虎	傅志才
傅志田	傅志连	傅志道	傅志瑞	傅克诚	傅甫成
傅甫斌	傅连志	傅呈谦	傅岗成	傅佑恩	傅位山
傅宏道	傅良驹	傅环章	傅坤章	傅直卿	傅林生
傅枚校	傅松林	傅国太	傅昌华	傅明仁	傅明发
傅明孝	傅明怀	傅明恩	傅忠仁	傅金山	傅金海
傅金德	傅单林	傅宝林	傅定军	傅细毛	傅绍炎
傅帮全	傅荣才	傅荣山	傅南书	傅柏堂	傅砚福
傅贵林	傅思和	傅保林	傅保春	傅俊波	傅美章
傅炳章	傅振华	傅烈山	傅烈成	傅烈英	傅家甫
傅家忠	傅继元	傅培银	傅菱	傅乾坤	傅银山
傅银尔	傅银留	傅康鉴	傅章满	傅清山	傅维洲
傅朝党	傅朝瑞	傅敦福	傅曾山	傅瑞章	傅新合
傅新荣	傅新觉	傅福伦	傅殿香	傅殿魁	傅德山
傅德汉	傅德寿	傅德财	傅德茂	傅德春	傅德洪
傅德祥	傅德盛	傅德照	焦点	舒赛	舒铁民

鲁明健	鲁云章	鲁风	鲁东荣	鲁直	童世光
曾志	曾成英	曾言	曾金全	曾洪生	曾祥发
曾毅	谢木发	谢中烽	谢庆福	谢兴安	谢环珍
谢国太	谢国祥	谢学枝	谢培根	谢银贵	谢潘成
鄢启圣	靳鲁雨	蒲云	蒲芸湘	詹希勤	詹昌普
解耕畴	解梦新	廉杰	雍文涛	蔡斯烈	蔡坚
蔡承祖	廖汉生	漆先庭	谭秉武	谭建林	熊作芳
熊大奎	熊元福	熊成培	熊旭明	熊贵山	熊振佴
熊景钊	缪纶	樊明辅	樊作楷	黎东汉	黎东海
黎光	黎华堂	黎钊	黎映霖	黎选凤	潘友谔
潘世征	潘信林	潘流	潘琪	潘德表	薛国恒
薛留柱	霍震	戴光君	魏国运	戴彩富	魏克成
魏克周	魏贵关	魏景昌	魏群		

大学生名录

姓名	毕业时间	学校名称及学历	工作单位及职位
欧阳强国		湖北省委党校	现任武汉市蔡甸经济开发区投资集团有限公司副经理
项远操		武汉理工大学	
刘国祥		武汉水利学院	襄阳市水文站退休
李定国		湖北商业高等专科学校（专科）	离休
李永戎（女）		德国柏林工业大学（博士）	退休
李永忠		首钢工学院（本科）	首钢设计院
欧阳青	1953 届	武汉大学	武汉大学退休教授

续表

姓名	毕业时间	学校名称及学历	工作单位及职位
欧阳万俊	1962 届	武汉地质大学（现为中国地质大学）	四川省地质局 113 地质队高级工程师 中国地学会探矿工程专家
欧阳瑾章	1963 届	湖北教育学院（现为湖北大学）本科	湖北大学教授退休
杨光早	1964 届	华中工学院（本科）	武汉水务局高级工程师
项久林	1970 届	华中农业学院	1983 年任武汉市蔡甸区畜牧业局副局长 1995 年任武汉市蔡甸区畜牧业局党组书记 2000 年调任武汉市蔡甸区农业局调研员
刘国利	1978 届	湖北林业大学（专科）	武汉市硚口人大常委会副主任
	1986 届	华中农业大学（本科）	
欧阳万坤	1978 届	河南理工大学在职研究生	湖北省经信委主任
周学龙	1980 届	湖北公路工程学校（筑路机械专业）	现任中国宝武集团第一安全督导组副组长
	1992 届	华中理工大学（机械电子工程专业）（专科）	
傅培安	1980 届	武汉师范学院（专科）	武汉经开区二中
刘国胜	1982 届	江汉大学（本科）	自由职业
杨光亮	1982 届	成都陆军学校（本科）	武钢商业公司办公室主任
	1997 届	管理干部学院	
杨光虎	1982 届	上海交通大学（研究生）	武汉铁路局电务处处长
杨家祥	1982 届	华中农业大学（本科）	武汉经开区农村农业科科长

续表

姓名	毕业时间	学校名称及学历	工作单位及职位
李小娥（女）	1984 届	武汉大学（本科）	蔡甸卫生局副局长
杨家柱	1984 届	华中科技大学（本科）	武汉科凌冷暖设备工程公司总经理
项立新	1985 届	湖北大学（本科）	广州实验学校教师
欧阳万高	1986 届	上海生物制品学校（专科）	武汉生物制品研究所
欧阳万兰（女）	1986 届	湖北省卫生职工医学院（本科）	蔡甸区人民医院
胡小军（女）	1986 届	同济医科大学（本科）	海南芬森医疗器械有限公司董事长
傅江	1986 届	武汉粮食学校（专科）	获医师资格证
	1992 届	武汉市医师进修学院（本科）	
欧阳勋章	1987 届	武汉大学（法学本科）	部队退休
罗水甫	1987 届	武汉广播电视大学（本科）	蔡甸农村农业局
欧阳万益（女）	1988 届	湖北经济学院	武汉汇冠科技有限公司
欧阳万霞（女）	1988 届	江汉大学（本科）	侏儒供销社会计
欧阳万超	1988 届	华中理工大学（本科）	东莞市铭生模具厂
			东莞市黑麦电子有限公司
傅曼宁（女）	1989 届	湖北经济学院	武汉市文旅局
欧阳红斌	1990 届	湖北职业学院（专科）	玉笋山陵园主任
傅楚明	1990 届	华中师范学院（本科）	武汉经开区二中退休
欧阳万兵	1991 届	华工汉口分院（专科）	自由职业
欧阳又民	1991 届	湖北农学院（本科）	蔡甸区粮食局退休
欧阳万茂	1991 届	武汉广播电视大学（本科）	蔡甸区农业局能源办
欧阳建军	1991 届	江汉大学（本科）	蔡甸区园林局建设管理科科长

续表

姓名	毕业时间	学校名称及学历	工作单位及职位
罗国和	1991 届	华中农业大学（硕士）	正大集团中方产权代表、董事
何炳安	1991 届	湖北大学（本科）	蔡甸区实验高中校长退休
欧阳世勇	1992 届	湖北大学（本科）	侏儒山中学教师
欧阳三合	1993 届	湖北大学（本科）	武昌南湖中学教师
祝望胜	1993 届	江汉大学（本科）	蔡甸中医院外科主任
杨秀芬（女）	1993 届	湖北大学（本科）	汉口铁中教师
欧阳四波	1994 届	江西师范大学（本科）	现任深圳第一中学校长（副处级）
	1998 届	香港教育大学（研究生）	
杨三玉	1994 届	江汉大学（本科）	东风万兴公司
欧阳万昌	1995 届	华中师范大学（本科）	1998 年入职武汉大学后勤集团
			2013 年 4 月担任印度尼西亚海伦贸易公司总经理
傅彦斌	1995 届	武汉市人民警察学院（本科）	武汉市公安局经开分局治安大队教导员
欧阳万森	1996 届	华中师范大学（本科）	武汉经开区一中教师
欧阳世军	1996 届	中国地质大学（武汉）（本科）	侏儒山中学教师
许赛荣（女）	1996 届	江汉大学（本科）	美的集团财务部
杨雨娟（女）	1996 届	中南财经政法大学财经学院（专科）	汉阳家乐福主管
杨飞	1996 届	武汉商学院（本科）	自由职业

续表

姓名	毕业时间	学校名称及学历	工作单位及职位
许秀春（女）	1998届	深圳广播电视大学（专科）	佛山市顺德区京美仪器有限公司财务经理
欧阳华波	1998届	湖北工业建筑学院（专科）	湖北永大吉利汽车销售有限公司
欧阳万庆	1998届	湖北大学（专科）	自由职业
欧阳世武	1998届	湖北工业大学（本科）	自由职业
杨元波	1998届	湖北工业大学（本科）	武汉邮政公司硚口分公司科长
杨家浩	1998届	湖北广播电视大学（专科）	合丰小学教师
杨利霞（女）	1998届	华中师范大学（本科）	中国电信蔡甸分公司总监
李莉（女）	1999届	华中师范大学（本科）	武汉邮政汉阳分公司经理
杨小燕（女）	1999届	中国人民大学（本科）	自由职业
项远军	1999届	武汉大学土木与建筑工程学院	高级工程师、一级结构工程师 现任中国市政工程中南设计研究总院设计师
项远伟	1999届	湖南涉外经济学院	长沙质量检测中心
项振杰	1999届	武汉大学成教学院	蔡甸区索河街办事处主任
杨元德	2000届	武汉大学（测绘博士）	武汉大学副教授
欧阳璐	2000届	江汉大学（本科）	昕诺飞（中国）投资有限公司销售经理
隗露（女）	2000届	江汉大学（本科）	湖北西麦克展览有限公司业务经理
欧阳利芬（女）	2000届	湖北中医药大学（本科）	武汉工程学院医学部副主任

续表

姓名	毕业时间	学校名称及学历	工作单位及职位
项文杰	2000 届	武汉理工大学	武汉易华餐饮管理有限公司运营总监
欧阳红（女）	2001 届	湖北医学院（本科）	省人民医院检验科
傅艳（女）	2001 届	湖北经济学院（本科）	湖北成套招标公司
罗国宏	2001 届	湖北大学（本科）	蔡甸区幸福路中学教导主任
祝月详	2001 届	湖北大学（本科）	侏儒山街政务中心主任
杨元茂	2001 届	江汉大学（本科）	中铁大桥局安全部部长
杨西璇（女）	2001 届	华中科技大学（硕士）	移民加拿大蒙特利尔
刘进进	2001 届	江汉大学（本科）	武汉庭瑞集团员工
周贤丰	2001 届	黄冈师范学院（本科）	蔡甸区汉阳一中英语教师
何爱芬（女）	2001 届	湖北广播电视大学（本科）	蔡甸一小政教处主任
欧阳金芬（女）	2002 届	孝感学院（本科）	武汉市联通路桥工程有限公司
欧阳昌红	2002 届	湖北广播电视大学（专科）	现任中国农业银行蔡甸支行永安营业部
项艳（女）	2002 届	华中科技大学（本科）	中工武大设计公司
项志坚	2002 届	武汉大学	高级工程师
			北京锐安科技有限公司
项志强	2002 届	湖北工业大学（本科）	现任武汉铁路局工程师
项璐	2002 届	江汉大学（本科）	自由职业
刘荣敏	2002 届	华中科技大学（本科）	深圳市大族机床厂生产运营总监
欧阳雄波	2003 届	武汉理工大学（专科）	武汉世纪宏宇办公环境工程有限公司总经理
欧阳万涛	2003 届	武汉船舶学院（专科）	广东京东方公司业务经理

续表

姓名	毕业时间	学校名称及学历	工作单位及职位
罗艳虹（女）	2003 届	澳洲新南威尔大学（硕士）	香港华鑫集团财务总监
杨元浪	2003 届	武汉理工大学（本科）	东风风神汽车有限公司高级工程师
周作斌	2003 届	武汉科技大学（本科）	武汉公安局轨道交通管理分局
傅卓（女）	2004 届	武汉大学遥感学院（本科）	国家环保部
	2007 届	北京交通大学（硕士）	
	2010 届	北京师范大学（博士）	
傅可（女）	2004 届	武汉商学院（本科）	武汉密青工贸有限公司总经理
刘强	2004 届	德国萨克森州安哈儿特克藤工业大学	
傅豪	2004 届	武汉纺织大学（本科）	蔡甸区生态集团
项重重	2004 届	湖北省生物科技学院	深圳市新天基通讯有限公司
项曼（女）	2004 届	汉口学院（本科）	自由职业
项明明	2004 届	武汉科技大学（本科）	湖北大禹有限公司
何慧芬（女）	2004 届	黄冈师范学院（本科）	上海中美合资公司高管
刘荣会（女）	2004 届	武汉船舶技术学院	广州国际贸易
刘蹇	2004 届	湖北工业大学（本科）	武建集团项目经理
洪丹（女）	2005 届	辽宁大学（专科）	武汉普瑞奇机电设备有限公司财务经理
欧阳昌凯	2005 届	华中农业大学（本科）	个体商户
汪丽（女）	2005 届	华中农业大学（本科）	湖北省潜江市市场监督管理局

续表

姓名	毕业时间	学校名称及学历	工作单位及职位
欧阳世龙	2005 届	武汉大学（本科）	深圳市金证科技股份有限公司销售总监
傅婷（女）	2005 届	长江职业学院（本科）	自由职业
罗国军	2005 届	湖北大学（本科）	太平洋保险公司汉阳中支经理
杨元竹	2005 届	华中师范大学（本科）	华中子瑞利汽车照明有限公司 SOA 主管
周三虎	2005 届	武汉软件工程学院	电脑专业营销商
项恒云（女）	2005 届	华中科技大学文华学院（本科）	宜都市水利和湖泊局财务科长
项金武	2005 届	国防科技大学（研究生）	现役少校军官 2014 年荣立三等功一次
汤蕾（女）	2006 届	江南大学（硕士）	广东欧珀移动通信有限公司人力资源部经理
张文静（女）	2006 届	湖北美术学院（本科）	武汉市退伍军人事务管理局
傅念（女）	2006 届	湖北师范学院（本科）	自由职业
傅磊	2006 届	法国里昂美院（硕士）	中央电视台
祝浩	2006 届	九江职业技术学院（专科）	广东怀远集团
杨元为	2006 届	武汉大学（博士）	长江大学讲师
刘辉	2006 届	湖北工业大学（专科）	泸工集团
项勇刚	2006 届	华中农业大学（本科）	华中农业大学教授、博士生导师
	2009 届	厦门大学（研究生）	
	2013 届	德国马尔堡大学（博士）	
项晶晶（女）	2006 届	中央广播电视学院	武汉农村商业银行
项懿	2006 届	华中科技大学（本科）	湖北药商通药有限公司

续表

姓名	毕业时间	学校名称及学历	工作单位及职位
项坤	2006 届	武汉大学成教学院	蔡甸区土地局纪检科长
欧阳欢	2007 届	江汉大学（本科）	自由职业
沈婷（女）	2007 届	中山大学（研究生）	广州中山大学孙逸仙纪念医院医师
欧阳一杰	2007 届	湖北工业学院（本科）	武汉中原电器公司车间主任
傅鹏	2007 届	武汉大学（本科）	万博仪器仪表有限公司
傅多（女）	2007 届	武汉工程大学（专科）	永安派出所辅警
孙青（女）	2007 届	江汉大学（本科）	中国银行武汉硚口宝丰支行
祝中意	2007 届	湖北中医学院（本科）	武汉协和江北医院医师
祝中华	2007 届	海南航空学校	昆明航空公司机长
杨甜（女）	2007 届	华中科技大学（专科）	自由职业
扬帆	2007 届	海军大连舰艇学院（本科）	现役海军少校
冯竹君（女）	2007 届	华中科技大学（本科）	武汉泛海集团公司
谢欢（女）	2007 届	武汉生物工程学院（本科）	自由职业
李永红	2007 届	武钢职工大学（专科）	武钢人事部
项力	2007 届	武汉航海学院（本科）	中海公司
项振刚	2007 届	武汉大学成教学院	蔡甸区合盛监理公司助工
何振刚	2007 届	武汉广播电视大学（专科）	上海市建地铁集团监理员
邹静（女）	2007 届	孝感学院（本科）	浙江金华方正集团
吴小林（女）	2007 届	湘潭大学（本科）	深圳市大族超人公司财务总监
刘荣富	2007 届	湖北师范学院	深圳土地规划局

续表

姓名	毕业时间	学校名称及学历	工作单位及职位
欧阳世嘉	2008 届	华中科技大学（本科）	广州东风日产乘用车公司工程师
	2012 届	上海交通大学（研究生）	
欧阳昌虎	2008 届	江汉大学（本科）	长城汽车有限公司工程师
欧阳世恒	2008 届	武汉工业职业技术学院（专科）	现任广州越秀怡城武汉分公司工程部
傅超	2008 届	澳大利亚悉尼科技大学（本科）	
杨顶	2008 届	武汉纺织大学（专科）	自由职业
项威	2008 届	汉口学院（本科）	武汉软通科技有限公司
项斯（女）	2008 届	武汉商学院（本科）	武汉科道宠物有限公司
项琼（女）	2008 届	武汉职业技术学院（专科）	武汉柏悦万豪景观设计有限公司
项甜甜（女）	2008 届	长江职业学院（专科）	自由职业
刘学兵	2008 届	江汉大学	法企英瑞特公司
刘雅（女）	2008 届	江汉大学	中国移动武汉分公司
欧阳丽（女）	2009 届	湖北工业大学（本科）	SEW 传动设备（武汉）有限公司会计
欧阳昌鑫	2009 届	黄冈师范学院（本科）	现任巨人教育讲师
	2013 届	扬州大学（研究生）	
傅恒（女）	2009 届	华中科技大学（本科）	自由职业
傅博	2009 届	武汉大学（本科）	武汉市天然气公司
罗航	2009 届	武汉船舶学院（专科）	启东中远工程有限公司
杨元波	2009 届	华中科技大学（硕士）	郎新数据科技有限公司
刘民	2009 届	武汉体育学院（本科）	武汉大桥公司

续表

姓名	毕业时间	学校名称及学历	工作单位及职位
郑良丰	2009 届	长江大学	中建三局
张新（女）	2009 届	武汉理工大学（研究生）	现任国家专利审查局武汉中心专利审查员
项硕	2009 届	武汉工业大学（本科）	深圳市新天基通讯有限公司
项斌	2009 届	湖北工业学院（专科）	武汉药业公司
邹仁高	2009 届	河北工程大学（本科）	现任碧桂园集团湖北公司工程主管
刘荣贵（女）	2009 届	江汉大学（本科）	武汉电池厂经理
欧阳世昀	2010 届	中央广播电视大学（本科）	武汉科诚检测中心
欧阳磊	2010 届	孝感学院（本科）	武汉地铁集团
欧阳世鹏	2010 届	华中师范大学（专科）	长沙伯思电子厂
欧阳红才	2010 届	武汉大学（本科）	蔡甸区土地规划局科员
欧阳雅婷（女）	2010 届	江汉大学（本科）	武汉运率联大有限公司
欧阳世会	2010 届	仙桃市职业技术学院（临床医学专科）	蔡甸区济和医院医师
	2020 届	武汉科技大学（临床医学本科）	
刘溪（女）	2010 届	澳大利亚悉尼科技大学（本科）	
杨晓强	2010 届	武汉大学（国际法学博士）	武汉大学外语学院副教授
杨晶（女）	2010 届	武汉轻工大学（本科）	湖北合富辉煌房地产顾问有限公司
刘超	2010 届	江汉大学（本科）	武汉地铁集团
项茜（女）	2010 届	首都体育学院	武汉市警予中学教师

续表

姓名	毕业时间	学校名称及学历	工作单位及职位
欧阳薇（女）	2011届	华中科技大学（本科）	中国铁路武汉分公司
		英国卡里夫大学金融硕士	
欧阳萌（女）	2011届	武汉理工大学（本科）	武汉云讯捷光公司工程师
欧阳静（女）	2011届	武汉商学院（本科）	江岸区后湖政务中心办公员
欧阳红雨（女）	2011届	湖北工业大学（本科）	汉正街品牌大楼饰品批发
傅欣（女）	2011届	中国地质大学（武汉）（本科）	光大银行武汉分行
刘珺（女）	2011届	武汉纺织大学（本科）	湖北富强建设发展有限公司
罗国超	2011届	湖北科技学院（本科）	东原地产武汉公司
罗标	2011届	湖北轻工业学院（专科）	自由职业
祝茜（女）	2011届	中国广播电视大学	武汉斯曼艺术学院跃进校区校长
杨蕊（女）	2011届	十堰汽车工业大学（专科）	自由职业
杨文进	2011届	武汉大学电气工程学院（专科）	武汉楚星光纤应用技术有限公司
杨广	2011届	江西工业职业技术学院（本科）	自由职业
杨天赐	2011届	湖北工业大学	上海特土拉公司
项聪	2011届	中央广播电视大学（专科）	中建一局北京分公司
刘丹丹（女）	2011届	江汉大学	湖北省人民医院
欧阳高波	2012届	华南理工大学（硕士）	佛山准测电公司总经理
欧阳世康	2012届	武汉纺织大学（本科）	腾讯科技（北京）有限公司
	2014届	北京邮电大学（硕士）	
欧阳昌龙	2012届	华中师范大学汉口学院（本科）	经开区计算机软件开发有限公司

续表

姓名	毕业时间	学校名称及学历	工作单位及职位
欧阳西	2012 届	武汉商学院（本科）	自由职业
欧阳雅新（女）	2012 届	湖北交通职业学院（专科）	武汉新普惠科技有限公司
祝成晶	2012 届	武汉铁道学院（专科）	武汉地铁集团技术员
杨秀情（女）	2012 届	华中师范大学（本科）	三棵树涂料股份有限公司
杨元泉	2012 届	中国传媒大学（本科）	武汉 GYK 卡丁车俱乐部
杨光署	2012 届	中央广播电视大学（专科）	武汉劳二轻工学院
杨哲	2012 届	武汉轻工大学（本科）	广州汇智通信技术有限公司
刘必杰	2012 届	江汉大学（本科）	大塘妇联科武汉有限公司
项羽	2012 届	江汉大学（本科）	武汉壹玖玖贰装饰工程有限公司总经理
项翔	2012 届	武汉职业技术学院（专科）	武汉科迪智能环境有限公司
项远佳	2012 届	中国地质大学（本科）	东风（本田）汽车有限公司
项四（女）	2012 届	武汉东湖学院（本科）	湖北太古可口可乐饮料有限公司
欧阳珍（女）	2013 届	华师武汉传媒学院	武汉电视台
欧阳祖含	2013 届	江汉大学（本科）	自由职业
欧阳世一	2013 届	湖北交通职业技术学院（专科）	自由职业
杨文奇	2013 届	武汉大学电气工程学院（专科）	自由职业
杨军（女）	2013 届	武汉理工大学（研究生）	自由职业
杨瑶瑶（女）	2013 届	武昌工学院（本科）	中铁建电气化南方工程有限公司工程师

续表

姓名	毕业时间	学校名称及学历	工作单位及职位
杨思瑾（女）	2013 届	澳门科技大学（本科）	上海电竞开发公司二程师
刘源	2013 届	江汉大学	深圳广告公司
周哲人	2013 届	美国德州农工大学（研究生）	现任科大讯飞上海公司智能汽车运营总监
项诚	2013 届	武汉理工大学（本科）	现任中建科工集团有限公司马来西亚 KLCC 项目部综合办公室主任
	2015 届	香港浸会大学（研究生）	
项盈盈（女）	2013 届	中南财经政法大学（本科）	顺丰科技有限公司
欧阳超波	2014 届	四川大学（硕士）	深圳市艾特网能技术有限公司开发部总监
欧阳一	2014 届	湖北理工学院（本科）	郎天药业（湖北）有限公司
欧阳祖达	2014 届	荆州职业技术学院（专科）	北京志诚泰和信息技术有限公司
欧阳世群	2014 届	华中农业大学（本科）	中建三局一公司中南公司机关物质设备业务主办
杨烨（女）	2014 届	华中农业大学（硕士）	东西湖走马岭小学教师
刘思余（女）	2014 届	北京航空航天大学（本科）	天河机场
刘莎莎（女）	2014 届	湖北交通职业学院（专科）	湖北路桥公司
周昌杰	2014 届	武汉轻工大学（本科）	自由职业
邹仁冲	2014 届	湖北科技学院（本科）	浙江杭州图讯信息科技有限公司
欧阳迪	2015 届	武汉科技大学（本科）	万科集团武汉分公司
欧阳世宏	2015 届	上海交通大学（博士）	华为高级工程师

续表

姓名	毕业时间	学校名称及学历	工作单位及职位
欧阳松	2015 届	武昌工学院（专科）	福州融桥物业管理有限公司职工
欧阳祖一	2015 届	湖北工业大学（本科）	武汉名杰模塑有限公司工程师
欧阳祖腾	2015 届	武汉科技大学（本科）	武汉农商银行
欧阳世卓	2015 届	黄冈师范学院（本科）	广州佛山电脑集团
欧阳冰清（女）	2015 届	湖北中医药大学（研究生）	在读
杨婵（女）	2015 届	中南财经政法大学（本科）	中建三局
郑思亮	2015 届	武汉理工大学	品牌代理商
项文泉	2015 届	武汉广播电视大学	蔡甸区科学技术协会
项昭	2015 届	湖北大学（本科）	武汉虹信科技发展有限责任公司
刘远洲	2015 届	武汉理工大学（本科）	现任武汉卓尔建筑设计有限公司工程师
欧阳世壮	2016 届	湖北工业大学工程技术学院（本科）	北京字节跳动科技有限公司
	2018 届	武汉理工大学（硕士）	
欧阳世谦	2016 届	中南民族大学（本科）	北京沃东天骏信息技术有限公司武汉分公司
欧阳蕾（女）	2016 届	武汉生物工程学院（本科）	武汉生物制品研究所
欧阳祖琛	2016 届	武汉科技大学（研究生、硕士）	比亚迪汽车工业有限公司高级研发工程师
欧阳昌豪	2016 届	武汉工程科技学院（专科）	现任蔡甸区信访局办公员
欧阳植	2016 届	武汉东湖学院	自由职业
欧阳玮怡（女）	2016 届	湖北工业大学	现任武汉交广传媒有限公司平面设计师

续表

姓名	毕业时间	学校名称及学历	工作单位及职位
欧阳帆	2016届	武汉工程大学（专科）	自由职业
欧阳荻（女）	2016届	美国芝加哥大学	香港高盛集团经济师
罗天	2016届	英国曼彻斯特大学（本科）	英孚教育主管
杨雅新（女）	2016届	湖北大学（本科）	自由职业
刘雨（女）	2016届	陕西师范大学（本科）	蔡甸五中教师
项奇	2016届	中南财经政法大学（本科）	中建一局北京分公司
刘襄宜（女）	2016届	华中农业大学	襄阳水文站
欧阳世钰	2017届	汉口学院（本科）	永安街道办事处公务员
欧阳世攀	2017届	华中科技大学（本科）	中兴通信公司
欧阳世成	2017届	湖北生物科技职业学院（专科）	武汉安洁利科技有限公司设计部
杨园（女）	2017届	武汉大学（硕士）	蔡甸区纪委
谢恒	2017届	湖北警官学院（专科）	现就职于武汉经开区医药公司销售部
杨琛	2017届	武昌工业大学（本科）	汉港大厦TOP推理社
欧阳红星	2018届	国家开放大学（本科）	蔡甸区城管局副调研员
欧阳谢锋	2018届	四川城市学院（专科）	成都忠信物业有限公司项目部主管
欧阳震华	2018届	四川航空技术学院（专科）	泸州龙云机场
欧阳啸	2019届	英国普茨茅斯大学（本科）	现任中国人寿银行武汉分公司会计员
项梦玲（女）	2019届	湖北中医药大学（本科）	蔡甸妇幼保健医院
欧阳柳（女）	2020届	浙江工商大学	武汉祥游云网络公司
欧阳玥	2020届	美国加州大学（本科）	上海安客诚信息有限公司
杨亚威	2020届	武汉体育学院（硕士）	武汉文理学院招办

续表

姓名	入学时间	学校名称及学历	
项晨妍	2017 年	云南大学（本科）	在读
欧阳康	2017 年	武汉工程大学（专科）（本科）	在读
欧阳威	2017 年	湖北中医药大学（本科）	在读
欧阳鸥（女）	2017 年	中国人民解放军陆军勤务学院（硕士）	在读
郑思颖	2017 年	江汉大学（本科）	在读
欧阳亮	2018 年	武汉理工大学（本科）	在读
杨职	2018 年	武昌工学院（本科）	在读
安建才（女）	2018 年	北京理工大学（研究生）	在读
刘梓伦	2018 年	武汉船舶技术学院（本科）	在读
聂伟	2018 年	华中师范大学（本科）	在读
项运澳	2018 年	湖北文理学院（本科）	就读
欧阳瑞琪	2019 年	武汉轻工学院（本科）	在读
杨宜君（女）	2019 年	华中农业大学（硕士）	在读
杨翰明	2019 年	美国宾州大学（本科）	在读
李敏宁	2019 年	湖北大学（本科）	在读
李尔昊	2019 年	美国乔治华盛顿大学（研究生）	在读
郑思举	2019 年	武汉大学（本科）	在读
项远渴	2019 年	武汉体育学院（本科）	在读
欧阳宇航	2020 年	武汉理工大学（本科）	在读
欧阳世严	2020 年	华中科技大学（研究生）	在读
欧阳祖招	2020 年	江汉大学（本科）	在读
欧阳昊天	2020 年	澳大利亚昆士兰科技大学（本科）	在读
欧阳芳玲（女）	2020 年	武汉城市职业学院（专科）	在读
傅可歆（女）	2020 年	英国南安普大学（研究生）	在读

续表

姓名	入学时间	学校名称及学历	
项朵朵（女）	2020 年	长江大学外语学院	在读
欧阳昌傲	2021 年	武汉理工大学（本科）	就读
傅康	2021 年	浙江大学（研究生）	在读
杨佳怡（女）	2021 年	天津城建大学（本科）	在读
王玉玉（女）	2021 年	武汉商学院（本科）	在读

八、大事记

1372 年（明洪武五年）

欧阳隆沂率二侄宣鸾，宣凤由江西吉安义历上垸（今江西吉安市安福县竹江青乡义历上垸）迁湖北省汉阳县和丰堡六海赛（今武汉市蔡甸区侏儒山街道阳湾村）始建村。

1374 年（明洪武七年）

欧阳隆沂根据朝廷荒地免税三年和生荒永不征税的政策将阳家山、清风山、团山南麓至六海赛湖畔土地及水面纳入欧阳氏家族管理范围，并报汉阳府备案。

1375 年（明洪武八年）

欧阳氏将阳家山、清风山、团山麓平缓地和六海赛湖畔高地垦为水稻田。欧阳隆沂利用朝廷惠农政策，申请汉阳府免费发给移民耕牛和种子。

1422 年（明永乐二十年）

欧阳氏在小襄河泛区垦田千亩种植芝麻，供应榨坊村李天和榨油坊制作食油。

1423 年（明永乐二十一年）

欧阳氏以土砖、竹木、茅草搭建教室，采阳家山树木做课桌凳兴建族学。族中功名人士查访学龄儿童，劝其上学。

1601 年（明万历二十八年）

兴建欧阳氏宗祠，供奉祖先神主，开展祭祀活动。

1602 年（明万历三十年）

谢氏一支由港嘴村迁居六海赛团山南麓定居称谢湾。

1607 年（明万历三十五年）

傅伯贞由土东村土茧山迁入蛟洼。

1622 年（明天启二年）

苏氏一支于由太渡迁入谢湾。

1624 年（明天启三年）

欧阳氏在泛区划定柴山草场 3000 余亩，作为绿肥、烧柴生产基地和牧场之用。

1626 年（明天启五年）

欧阳氏宣鸾、宣凤后裔 200 余口由六海赛（今阳湾村）龙口（今傅湾）、芦笋嘴（今项湾）转迁湖南沅陵。

1707 年（清康熙四十五年）

傅临友迁至阳家山南麓龙口，改名傅湾。

1740 年（清乾隆四年）

项金彩由汉川县南河渡沥山坡迁入六海赛芦笋嘴，改名项湾。

1793 年（清乾隆五十八年）

杨成仪由神堂迁入六海赛西阳湾（今杨湾）。

1796 年（清嘉庆元年）

李显善由夹榜湾迁入蛟洼。

1824 年（清道光四年）

刘克安由中刘迁六海赛西阳湾（今杨湾）。

1862 年（清同治元年）

何本善由仙桃市西流河何家口迁谢湾。

1864 年（清同治三年）

刘选兴由中刘八屋岭迁入蛟洼。

1875 年（清光绪元年）

章齐安由土金郭家垸迁入谢湾。

刘德发、刘德纪、刘德发由太渡村鲁家岭迁入谢湾。

1876 年（清光绪二年）

郑正华由铁炉西头郑湾迁入六海赛小阳湾（今郑湾）。

1911 年（清宣统三年）

10 月 10 日 欧阳勋参加辛亥革命武昌首义。同年回乡组织群众开展“除恶税、废漏规、免积欠”等减轻人民负担的宣传活动，宣传“剪辫发、禁迷信”等移风易俗的法令。

1915 年

蒋正标率三子蒋天树、蒋天熏、蒋天熹由百仗赛迁入欧阳湾。

1926 年

9 月 蒋天树组织和丰地区（今阳湾、百赛、中刘、中湾、鲍湾、戴湾）革命人士欧阳文喜、杨秋成、傅德树、傅在炎、傅鹤林、项新山等在合丰禅林古庙召开群众大会，蒋天树发表讲话，号召穷苦人民团结起来，打倒军阀，打倒贪官污吏，打倒土豪劣绅。

1927年

春节 蒋天树、欧阳文喜、杨秋成、傅德树、傅在炎、傅鹤林、项新山等人协助中刘八屋岭人刘柏章（武昌中华大学毕业，曾任平汉铁路特别党部宣传科长）在和丰堡禅林古庙内召集三堡（和丰堡、六海堡、龙泉庵）的群众大会。蒋天树主持会议，号召大家组建农民协会。

元宵节 蒋天树、欧阳文喜、杨秋成、傅德树、傅在炎、傅鹤林、项新山等人赴侏儒山考察汉阳县第19区（侏儒山）区党部、区农民协会、妇女协会、赤卫队、儿童团、工会等组织，并与徐质夫、章华藻、李禹廷、刘可人、廖炳中等中共组织负责人座谈。晚上，蒋天树等与区党部、区农民协会刘可人、李发成、朱长江一起行动，取缔了原有保卫团的组织，解散了他们的武装。

3月上旬 蒋天树、刘可人、刘发廷、欧阳文喜、杨秋成、傅德树、方旺、傅在炎、傅鹤林、项新山等在和丰乡（今阳湾、百赛、中刘、中湾、鲍湾、戴湾）和丰禅林古庙内召开群众大会，成立第10区党部和丰分部。

3月下旬 蒋天树任10区党部和丰分部负责人，欧阳文喜、杨秋成、傅德树、方旺、傅在炎、傅鹤林、项新山等分别担任区分部、乡农民协会等组织的管理工作。

4月 蒋天树带领区分部、乡农民协会组织群众培修西湖垸、南屏垸大堤。疏浚小襄河和南屏垸内沟渠。在南屏垸设土地清丈局，清丈田亩数量，作为以后平均地权之用。

5月 蒋天树、刘可人带领和丰乡赤卫队与各乡赤卫队一起包围了马泗塞大地主徐大保、徐衡山的大宅，没收他们的浮财、粮食分给贫苦农民。

1928年

7月 以徐质夫、蒋天树为首的侏儒山地区中共领导人接到上级命令，将农民赤卫队和来自川阳边区的一批农民武装集中在百仗赛六海古堡举行川阳赤卫大队成立大会树旗仪式。阳湾村欧阳文喜、杨秋成、傅德树、傅在炎、傅鹤林、项新山、李先桓等人参加树旗仪式。

1929 年

11 月 蒋天树组织和丰三堡群众在和丰禅林古庙召开大会，成立和丰乡苏维埃人民政权。

1930 年

1 月 蒋天树与徐质夫、黄一光根据湘鄂西革命根据地红军领导的指示：由侏儒山地区的中共组织联合汉川南河、丁集中共组织将川阳边区赤卫队组成中国工农革命军川阳边区游击大队，在燕子山六海堡举行树旗仪式。

7 月 川阳边区中共负责人徐质夫、蒋天树、刘可人遵照上级指示，在六海堡将川阳游击大队改编为中国工农红军湘鄂西川阳独立团，举行树旗仪式。

8 月 国民党汉阳县保安大队至阳湾村“清剿”红军，途中被欧阳勋制止。

罗氏、周氏、邹氏迁入阳湾，祝氏迁入项湾，何氏、刘氏、谢氏迁入阳湾。

1931 年

6 月 时任红二军团第四师第十二团团长的蒋天树在红军攻打天门皂市的战斗中不幸牺牲，年仅 27 岁。

1939 年

秋 国民党汉阳县政府迁往侏儒山，建立有农民、工人、小资产阶级和民族资产阶级，还包括除了汉奸、大地主、大资产阶级、投降派以外的一切政治力量参加的侏儒山地区统一战线抗日民主政权。欧阳文喜、杨秋成、傅德树、方旺、傅在炎、傅鹤林、项新山、李先桓等代表合丰乡群众参加由县长陈绳武主持召开汉阳县抗日民主代表大会，并当选为抗日民主政权代表。

1940 年

傅玉和参加新四军先后任新四军五师第十五旅第四十四团侦察员、侦察参谋、手枪队队长。

1941 年

12 月 7 日 新四军第五师第十五旅第四十四团第三营在天汉支队两个连的配合下，自汉川城以南索河、萧家集出发，由熟悉伪军口令的新四军侦察参谋傅玉和引导，奔袭侏儒山南侧东至山伪第一师第三团，歼其团部及特务连，俘 100 余人，缴获迫击炮 2 门、轻重机枪和长短枪 70 余支（挺）。

12 月 23 日 第五师第四十四团和天汉支队 1 个大队攻占侏儒山、将军岭和南河渡，并乘胜向坝上发展，再克东至山，歼伪军 1 个机炮营又 2 个步兵排，缴获机枪 30 余挺。

1942 年

1 月 7 日 第五师以第四十三团、第四十四团和天汉支队向伪军第一师发起第三次攻击，歼其一个营，占领西流河，缴获伪军兵工厂步枪、机枪枪身 4000 余件和大量军用物资。

1 月中旬 伪军第一师由沔阳境内向汉阳响水港、消泗沟靠拢，企图重占侏儒山，第五师遂以第四十三团、第四十四团和天汉支队经萧泗沟逼近伪第一师，发动第四次攻击，歼其大部，并击退黄陵矶日军数十人增援。战后，在东江脑、窑头沟、三羊头缴获伪军藏匿的机床、马达等兵工设备及步枪、机枪枪身 2000 余件。

1 月 28 日 第五师集中第十三旅第三十七团、第三十八团和第十五旅第四十三团、第四十四团分两路对位于王家场、余家场、何家场地区的定国军第一师残部发起攻击，歼其 1500 余人，师长汪步青率数十人窜逃。

2 月 2 日 第十三旅第三十七团、第三十八团各一部进击沔阳县胡家台日伪军，歼其大部。

6 月 16 日 日伪军突袭傅湾，傅德树不幸被捕，惨遭杀害。傅在炎、方旺亦惨遭杀害。

1943 年

李先桓在日寇扫荡天汉根据地，在掩护被服厂转移时，与日军作战壮烈牺牲。

1945 年

抗战胜利后，汉阳县属第三行政督察区（随县）专员公署。废区制，实行新乡制，欧阳湾、小阳湾、傅湾、项湾、蛟洼隶属侏儒乡。

1946 年

7 月 张环芝同儿子傅铁桥根据上级指示重返被国民党反动派占领的天汉根据地，因叛徒出卖，不幸被捕，母子 2 人壮烈牺牲。

1948 年

2 月 中共成立川汉沔县政府，欧阳湾、西阳湾、谢湾、傅湾、项湾、蛟洼派出代表参加川汉沔县政治协商会议，为迎接侏儒山地区解放做好准备工作。

8 月 4 日 中国人民解放军在阳湾村傅家山对驻守军山的国民党保安团发起炮击，侏儒山全境解放。

1949 年

7 月 汉阳县第四区设和丰村（联村：阳湾、中刘、百赛、中湾、戴湾、鲍湾），阳湾村隶属和丰村。

8 月 谢本祥、何定金配合区委工作并负责筹建农民协会，制定《和丰村农民协会章程》并在各自然村进行宣传，组织发动广大雇农、贫农、中农及农村中一切反封建的积极分子加入农民协会，学习贯彻《中华人民共和国土地改革法》。

1950 年

3—6 月 谢本祥、何定金配合四区党委派遣的干部和人民解放军深入阳湾村开展清匪反霸的斗争，建立和巩固地方人民政权。向广大农民宣传中国共产党七届三中全会精神和《中华人民共和国土地改革法》。

9—12 月 谢本祥、何定金发动阳湾村群众参加中国人民志愿军和捐献资金支持抗美援朝运动。傅汉桥、傅华桥参加中国人民志愿军入朝作战。

1951 年

谢本祥、何定金根据四区党委指示配合土改工作队在阳湾村开展镇压反革命分子的宣传活动。开展土地改革运动，放手发动群众，划分阶级，没收地主阶级的土地及财产分配给贫下中农，实行农民的土地所有制。

1952 年

第四区党委从农民中发展党员积极分子，阳湾村谢本祥加入中国共产党。

1953 年

谢本祥、何定金根据区党委指示考察学习五公村办农业互助组的经验，在阳湾村开始试办农业互助组 3 个。并开展扫除农民文盲运动，创办农民夜校，请学校老师教农民识字和算术。

1954 年

5—6 月 长江流域发生百年来罕见的特大洪水，侏儒山地区水位全面超过历史最高纪录，阳湾村大部分农田被淹，部分低洼地方村民撤离到清风山搭棚子居住。谢本祥、何定金组织阳湾村群众投入防汛抗洪斗争，紧急开展救灾和灾后重建，恢复生产。

秋 阳湾村在南屏垸抢种大面积荞麦获得丰收。

1955 年

中共和丰支部成立，阳湾村谢本祥为支部副书记，何定金被吸收为中共党员，同时，宣传贯彻中共中央召开的第三次农业互助合作会议，谢本祥、何定金到五公村考察李木和办的初级农业生产合作社。

冬 阳湾村发展 3 个初级合作社，第一初级合作社杨湾和谢湾、第二初级合作社欧阳湾、第三初级合作社小阳湾和蛟洼。

1956 年

5 月 阳湾初级合作社发展成高级合作社，阳湾改为幸福十四社。谢本祥为党支部书记，何定金为社长。

项湾、傅湾为幸福十三社。

1957 年

幸福十四社和十三社开展以大炼钢铁为中心的“大跃进”“人民公社化运动”。

1958 年

幸福十四社改为阳湾大队，十三社并入阳湾大队，隶属合丰公社管辖。傅新桥任党支部书记。一些领导干部“官僚主义、强迫命令、瞎指挥、浮夸风、共产风”盛行。

幸福十四社南屏垸 1438 亩土地被“一平二调”划走。

10 月 蒋天树之妻杨敏获毛泽东主席签署的革命军人牺牲家属光荣纪念证。

1959 年

粮食短缺，群众生活困难。

1961 年

秋 合丰公社启动苏家垸垦荒造田，阳湾大队组织男女劳动力在苏家垸垦荒数百亩。

1962 年

夏 南屏垸田鼠成灾，禾苗被毁，机关人员及在校学生帮助挖鼠。一天，蛟洼发生大雨雷电事故，一村民遭雷击死亡。

秋冬 合丰公社修建苏家垸围堤，阳湾大队组织男女劳动力在苏家垸修建围堤长 1800 余米。

1963 年

4 月 阳湾大队党支部请县区血防站医生进村为广大农民群众检查治疗血吸虫病，在六海赛投放药物消灭钉螺。

5 月汛期 苏家垸围堤难以抵御洪水，垸内即将收割的庄稼被淹。

6—10 月 兴建阳湾大队部，兴办采石炼灰场厂。购柴油机两台套用于农田灌溉、轧米。

1964 年

阳湾大队通电照明，设广播室、医务室、供销点，成立文艺宣传队。

1965 年

兴建六屋台机站、项湾机站、傅湾机站和蛟洼水库，改造水井 5 口。

1966 年

5 月 “文化大革命”爆发，阳湾大队沦为“文化大革命”重灾区。傅湾成立造反派组织红卫军的指挥部，造反派大搞破除“四旧”，抄没文物，焚烧书籍，横扫一切“牛鬼蛇神”。阳湾大队党支部处于瘫痪状态，一些干部和群众被抓去“戴高帽子”“挂黑牌”游斗。

1968 年

傅协成任阳湾大队党支部书记。造反组织批判“唯生产力论”，取消农户的自留地和家庭副业，砍伐农民房前屋后的树木，割资本主义的尾巴。少数村民参加红卫军组织的武斗活动。

1969 年

兴建阳湾小学，设 1—5 年级 5 个班。

同年 接纳下放知识青年（含投亲靠友）48 人。

1970 年

7 月 杨圣之任阳湾大队党支部书记。

12 月 贯彻区委会议精神，“文革”动乱得以遏止。

1971 年

合丰公社启动军山外垸堤防修建工程。阳湾大队承建军山外垸南堤 300 多米的段面，经 5 个月的艰苦奋战圆满完成任务。

1972 年

阳湾大队在军山外垸新增 2000 亩土地种植棉花和水稻。

1973 年

8 月 某天，蛟洼发生大雨雷电事故，一村民遭雷击死亡。

1974 年

阳湾大队党支部带领群众将六海赛改为水稻田，种植水稻 88 亩，收获粮食 5 万余斤。

阳湾大队南屏垸千亩棉田高产基地皮棉产量达到了 100 斤/亩。按政策每 100 斤皮棉奖励 200 斤粮票，一年获 20 万斤粮票奖励。

1975 年

阳湾大队提升六屋台机站、项湾机站、傅湾机站和蛟洼水库服务功能，改造水井 5 口。整修村庄道路和南屏垸格田化道路，并参加侏儒至消泗湖区公路建设。

接纳七机部 824 厂下放知识青年 26 人，同时兴办军山外垸（50 亩）农场，阳湾大队塑料加工制品厂，产品对接 824 厂。

1976 年

阳湾学校师生到炼灰厂送石灰，自力更生，艰苦奋斗，盖起了大队小学校舍。

1977 年

“文革”后恢复高考第一年，阳湾大队考取大学本科 3 人，中专生 4 人。

1983 年

12 月 阳湾大队改名阳湾村，隶属横龙乡。

阳湾村联合武汉电扇厂创办汉阳县阳湾塑料厂。

1985 年

聂东平任阳湾村党支部书记，以经济建设为中心，保持安定团结，坚持四项基本原则，反对资产阶级自由化，抓好对党员思想教育和整党等方面的学习教育活动。

1988 年

欧阳万祥任阳湾村党支部书记。坚持物质文明和精神文明两手抓，充分发挥党组织战斗堡垒作用和党员先锋模范作用，坚定不移走强村富民之路，向人民群众宣传新人新风和传统美德，同时，全村征订党报党刊 40 余份，实现党员人手一份。

1989 年

杨艾之任阳湾村党支部书记。积极支持一部分能人外出创业，鼓励少数人先富起来而逐步走向共同致富。在农业方面倡导大户承包种植、走名优特品种集约化经营之路，农田水利设施进一步完善，防汛、抗洪、抗旱、救灾等工作取得重大胜利。计划生育、殡葬改革等工作位居全乡前列。

1991 年

杨圣之任阳湾村党支部书记。村党支部毫不放松党员思想教育，针对社会上有的党员社会主义、共产主义信念动摇，理想模糊，纪律松弛，经不起金钱的诱惑和错误思想的侵袭，甚至出现极少数腐败分子等问题，坚持加强党的领导，要有一个好的精神状态，发挥党组织的核心作用和监督保证作用，发挥党员的先锋模范作用。

1992 年

杨平轩任阳湾村党支部书记。根据湖北省民政厅文件精神，决定撤销横龙乡、五公乡行政建制，两乡并入侏儒镇，同年 10 月，阳湾村 6 名党员代表参加中共侏儒镇第一次代表大会。

1993 年

台胞欧阳一组织一百多位台湾同胞共集资 87 万新台币及美金港币外汇券等捐献阳湾村兴建希望工程阳湾小学和图书馆，并设立希望工程奖（助）学基金。

1995 年

12 月 10 日 欧阳瑞章任阳湾村党支部书记。阳湾村 6 名党员代表参加中共侏儒镇第二次代表大会。

阳湾村发生拖欠农业税问题。

1996 年

8 月 发生特大洪涝灾害，阳湾村党支部、村委会带领群众奋力抗灾，夺取抗洪斗争胜利。

1998 年

7 月 发生特大洪涝灾害，阳湾村党支部、村委会带领群众奋力抗灾。

郑彦轩任阳湾村党支部书记，村党支部、村委会筹资上缴农业税。

1999 年

8 月 发生特大洪涝灾害，阳湾村党支部、村委会带领群众奋力抗灾，夺取抗洪斗争胜利。

11 月 20 日 阳湾村 6 名党员代表参加中共侏儒镇第三次代表大会。村党支部组织开展党的十四大、十五大精神学习宣传活动，贯彻党中央抓住机遇，加快发展的决策和战略部署。

2000 年

欧阳勤阶任阳湾村党支部书记。境内遭遇百年一遇的特大旱灾，村党支部协助镇党委千方百计从汉川借水解决居民饮用水和农田用水困难，确保农业丰收。

2003 年

欧阳万祥任阳湾村党支部书记。立足农业结构调整，促进农民增收；立足农业基础建设，改善生产条件。

2005 年

杨社文任阳湾村党支部书记。村党支部全力推进基层组织基本队伍、基本阵地、基本制度、基本活动、基本保障为主要内容的基层党组织“五个基本”建设。村党员服务中心完善，基层组织台账档案规范健全。

2012 年

傅玉和之子傅建桥集资兴建侏儒山抗战纪念馆。

2013 年

2—5 月 阳湾村发生非法填占六海赛湖事件。

6 月 村民为填湖事件上访，部分村民组织护湖队保护六海赛湖。

2014 年

欧阳国华征得村两委和群众同意，制订六海赛生态园建设规划，并报有关部门审批。

阳湾村引入湖北省博茂生态农业发展有限公司。

2015 年

欧阳国华出资 8000 万元兴建阳湾村六海赛生态小镇。

2016 年

六海赛生态小镇进入施工紧张阶段。

2017 年

7 月 1 日 由傅建桥筹资，傅家山“铁军亭”“红色广场”和上山梯道开始动工兴建。

11 月 30 日 “铁军亭”“红色广场”和上山梯道竣工。陈毅之子陈昊苏、张执一之女张末生、李人林之子李战平等出席铁军亭竣工仪式。

12 月 六海赛生态小镇被评为荆楚最美小镇。

2018 年

阳湾村争取到政府配套资金 3000 万元，用于村湾改造建设。

2019 年

袁胜军任阳湾村党支部书记。

六海赛生态小镇建成投入使用。

2020 年

9 月 30 日 阳湾村被中组部、财政部列为全国首批红色美丽村庄试点村。（全国 200 个村，湖北 23 个村，武汉市 1 个村）。

11 月 2 日　中共湖北省委组织部、湖北省财政厅转发中共中央组织部、财政部《关于开展推动红色村组织振兴建设红色美丽村庄试点工作的通知》的通知。

26 日　中共蔡甸区委办公室、区政府办公室印发《蔡甸区侏儒山街阳湾村2020年度红色美丽村庄试点实施方案》的通知。

12 月 5 日　杨家斌任阳湾村党支部书记。

2021 年

3 月 23 日　蔡甸区档案馆在阳湾村召开《阳湾村志》编纂工作会议。

11—12 月

阳湾村举行第十一届两委会换届选举。

九、附录

农民协会、高级农业生产合作社文件

汉阳县第四区和丰乡农民协会章程

第一章　总则

第一条　和丰乡（指的是原和丰三保：合丰保：欧阳湾、谢湾、西杨湾、小阳湾、蛟洼、中刘家、八屋岭、黄家台、戴湾；六海保：百仗赛、沙咀、道士湾；龙泉庵：中湾、鲍湾）农民协会（以下简称本会）是在中国共产党领导下由农民自愿结合的群众组织。

第二条　本会的任务是：

一、团结雇农、贫农、中农及农村中一切反封建的分子，遵照人民政府的政策法令，有步骤地实行反封建的社会改革，保护农民利益。

二、组织农民生产，举办农村合作社，发展农业和副业，改善农民生活。

三、保障农民的政治权利，提高农民的政治和文化水平，参加人民民主政权的建设工作。

第三条　根据中华人民共和国土地改革法，本会是农村中改革土地制度的合法执行机关。

第二章　会员

第四条　凡本乡（村）雇农、贫农、中农及农村中一切反封建的分子经本人申请，由乡农会批准方可成为本会会员。

第五条　会员的权利如下：

一、在农民协会内，有发言权、表决权、选举权、被选举权，并有建议撤换农民协会工作人员的权利。

二、有取得农民协会各项合法利益并取得农民协会合法保护的权利。

三、有享受农民协会所举办的文化、教育及经济事业的优先权。

第六条　会员的义务如下：

一、遵守会章。

二、服从组织。

三、执行决议。

四、积极参加本会活动。

五、与地主、富农、反革命分子及坏人坏事划清界线并坚持斗争。

第三章　组织

第七条　本会服从上级农民协会的管理。本会筹备领导小组视情况需要，由上级农民协会会同商定，召开本辖区农民代表大会，成立农民协会。

第八条　本会的组织原则是民主集中制：少数服从多数，下级服从上级，会员服从组织。

第九条　本会行使权力的机关是本级农民代表大会，其职权是根据政府法令和上级农民协会指示及当地农民要求，决定农民工作的方针和计划，审查本会的工作报告，选举本会委员会。

第十条　农民代表大会代表的产生方法如下：

乡农民代表大会的代表，由全乡农民直接选举之。没有加入农民协会的农民，经乡农民协会委员会之批准，亦得参加选举。县和区农民代表大会的代表，由乡农民大会或乡农民代表大会选举之。

农民代表大会的代表名额，由农民协会委员会根据辖区具体情况拟定，提请上级农民协会批准之。

第十一条　在农民代表大会闭会期间，农民协会委员会是农民协会行使权力的机关。本乡农民协会委员会由本乡农民代表大会选举委员及候补委员若干人组成之，由委员互推主席一人，副主席一人至数人，主持会务。在委员会下设若干部门，分工办事。

第十二条　本会委员会委员的任期由各上级农民协会章程规定之。

第十三条　农民代表大会和本会委员会对于违犯农民协会章程和纪律者，按照具体情况给以处分。对会员个人的处分是劝告、警告、撤销工作以至开除会籍。对整个组织的处分是指责，部分改组其领导机关，撤销其领导机关并指定临时的领导机关，以至解散整个组织并派人重新组织之。

第十四条　本会委员会认为必要时召集农民协会代表会议，需报请上级农会批准。

第四章　经费

第十五条　本会经费的来源，是会员的会费和人民政府的补助。本会会员每人每年缴纳会费一斤米。本会需用的房屋和设备由人民政府拨给之，在利用邮政、电报、电话、铁路、公路、航运等方面，本会享有与同级人民政府机关所享受的同等待遇。

第十六条　本会的经费收支，应定期向农民代表大会报告，经代表大会审核批准后，向农民公布。

第五章　附则

第十七条　本章程经本乡农民代表大会通过后，公布施行。在本章程公布前已制定农民协会规章者，如有与本章程抵触之处，应根据本章程加以修正。

第十八条　本章程经区委和区农会批准后公布施行。

和丰乡农民协会筹备委员会

1952 年 12 月 20 日

侏儒区幸福十四社章程

第一章　总则

第一条　幸福十四社（指的是由欧阳湾、小阳湾、西杨湾、谢湾、蛟洼组成的高级农业生产合作社，以下简称本社）是劳动农民在共产党和人民政府的领导和帮助下，在自愿和互利的基础上组织起来的社会主义的集体经济组织。

第二条　本社按照社会主义的原则，把社员私有的主要生产资料转为合作社集体所有，组织集体劳动，实行“各尽所能，按劳取酬”，不分男女老少，同工同酬。

第三条　本社要根据当地条件，不断地改进农业技术，在国家的援助下逐步地实现农业的机械化和电气化，使农村经济不断地向前发展；同时要随着生产的发展，不断地增加社员的收入，提高社员的物质生活和文化生活的水平。

第四条　本社要把集体利益和个人利益正确地结合起来。社员必须服从和保护全社的集体利益，本社必须关心和照顾社员的个人利益。

第五条　本社要把全社利益和国家利益正确地结合起来，在国家经济计划的指导下独立地经营生产，必须认真地对国家尽交纳公粮和交售农产品的义务。

第六条　本社实行民主管理。本社的领导人员由社员选举，本社的重大事务由社员讨论决定。本社的领导人员必须实行集体领导，密切联系群众，遇事和群众商量，团结全体社员办好合作社。

第二章 社员

第七条 年满16岁的男女劳动农民和能够参加社内劳动的其他劳动者，都可以加入本社成为社员。入社由本人自愿申请，经社员大会或者社员代表大会通过。

本社要积极地吸收烈士家属、军人家属、国家机关工作人员家属、残废军人、复员军人（包括起义以后和和平解放以后复员回乡的军政工作人员）、外来移民入社和老、弱、孤、寡、残疾的人入社。

第八条 本社对于过去的地主分子和已经放弃剥削的富农分子，根据他们的表现和参加劳动生产的情况，并且经过乡人民委员会的审查批准，可以分别吸收他们入社做社员或者候补社员。

本地过去的反革命分子，如果是在历史上只有轻微罪行，现在已经悔改的，或者罪行虽然比较重大，但是对于镇压反革命立有显著功劳的，以及刑满释放、表现良好的，本社对于这些人，根据他们悔改的程度和立功的大小，并且经过乡人民委员会的审查批准，可以分别吸收他们入社做社员或者候补社员。

对于不够入社条件的过去的地主分子、富农分子和反革命分子，经过乡人民委员会的批准，本社可以吸收他们参加社内的劳动，使他们获得改造成为新人。对于这些人，本社应该同对待社员一样地按照他们的劳动付给报酬，并且同对待社员一样地处理他们的生产资料。这些人如果表现良好，经过乡人民委员会审查批准，可以做社员或者候补社员。候补社员如果表现良好，经过乡人民委员会审查批准，可以做社员。

地主、富农的家属没有参加剥削的，反革命分子的家属没有参加反革命活动的，可以入社做社员。

第九条 本社每个社员同样地有以下的权利：

（一）参加社内的劳动，取得应得的报酬。

（二）提出有关社务的建议和批评，参加社务的讨论和表决，对社务进行监督。

（三）有选举和被选举本社的领导人员的权利。

（四）在不妨碍本社生产的条件下，经营家庭副业。

（五）享受合作社举办的文化、福利事业的利益。

过去的地主分子、富农分子和反革命分子，在入社以后的一定时期内，没有被选举权，不能担任社内的任何重要职务；做候补社员的，并且没有表决权和选举权。

第十条　每个社员同样地有以下的义务：

（一）遵守社章，执行社员大会、社员代表大会和管理委员会的决议。

（二）积极地参加社内劳动，遵守劳动纪律。

（三）爱护国家的财产和合作社的财产。

（四）巩固全社的团结，同一切破坏合作社的活动作坚决的斗争。

第十一条　社员有退社的自由。

要求退社的社员一般地要到生产年度完结以后才能退社。社员退社的时候，可以带走他入社的土地或者同等数量和质量的土地，可以抽回他所交纳的股份基金和他的投资。

第十二条　社员如果严重地违反社章，经过多次教育和处分还不悔改，由社员大会或者社员代表大会讨论决定，可以取消他的社员资格。被取消社员资格的人如果不服，可以请求乡或者县人民委员会解决。

被取消社员资格的人可以留在社内参加劳动，合作社应该同对待社员一样地按照他的劳动付给报酬。如果被取消社员资格的人愿意离社生产，可以带走他入社的土地或者同等数量和质量的土地，可以抽回他所交纳的股份基金和他的投资。

被取消社员资格的人如果已经悔改，社员大会或者社员代表大会可以恢复他的社员资格。

第三章　土地和其他主要生产资料

第十三条　入社的农民必须把私有的土地和耕畜、大型农具等主要生产资料转为合作社集体所有。

社员私有的生活资料和零星的树木、家禽、家畜、小农具、经营家庭副业所需要的工具，仍属社员私有，都不入社。

社员土地上附属的私有的塘堰、井等水利建设，随着土地转为合作社集体所有。如果这些水利建设是新修的，本主还没有得到收益，合作社应该适当地偿付本主所费的工本。如果修建这些水利所欠的贷款没有还清，应该由合作社负责归还。

社员私有的藕塘、鱼塘等转为合作社集体所有的时候，对于塘里的藕、鱼等，合作社应该付给本主以合理的代价。

第十四条　社员的土地转为合作社集体所有、取消土地报酬以后，对于不能担负主要劳动的社员，本社应该适当地安排适合于他们的劳动，如果他们在生活上有困难，本社应该给以适当的照顾；对于完全丧失劳动力，历来靠土地收入维持生活的社员，应该用公益金维持他们的生活，在必要的时候，也可以暂时给以适当的土地报酬。

对于军人家属、烈士家属和残疾军人社员，本社还应该按照国家规定的优待办法给以优待。

第十五条　从事城市的职业、全家居住在城市的人，或者家居乡村、劳动力外出、家中无人参加劳动的人，属于他私有的在农村中的土地，可以交给合作社使用。如果本主生活困难，历来依靠土地收入补助生活，本社应该给以照顾，付给一定的土地报酬。如果本主移居乡村，或者外出的劳动力回到乡村，从事农业生产，本社应该吸收他入社。如果他不愿意入社，本社应该把原有的土地或者同等数量和质量的土地给他们。

第十六条　本社应该抽出一定数量的土地分配给社员种植蔬菜。分配给每户社员的这种土地的数量，按照每户社员人口的多少决定，每人使用的这种土地，一般地不能超过当地每人平均土地数的5%。

社员原有的坟地和房屋地基不必入社。社员新修房屋需用的地基和无坟地的社员需用的坟地，由本社统筹解决，在必要的时候，本社可以申请乡人民委员会协助解决。

第十七条　社员私有的耕畜、大型农具和社员经营家庭副业所不需要而为本社所需要的副业工具转为本社集体所有，要按照当地的正常的价格议定价款的数目，分期付给本主。付清的时间一般地是三年，至多不超过五年。没有付清的价款的利息问题，由合作社同本主协商解决。

生产中需用的小型农具，如镰刀、锄头等，由社员自备自修。

第十八条　社员私有的林木，应该根据以下的原则处理：

（一）少量的零星的树木，仍属社员私有。

（二）幼林和苗圃，由合作社偿付本主一定的工本费，转为合作社集体所有。

（三）大量的成片的果树、桑树、竹子和其他经济林，根据今后收益的大小、经营的难易、本主所费工本和所得收益的多少，作价归本社集体所有，价款从林木的收益中分期付还。在本社初建的时候，对于这种经济林，也可以暂时仍属社员私有，由本社统一经营，从这些林木的收益中付给本主一定比例的报酬。

（四）大量的成片的用材林，应该根据当时的材积分等作价，转为本社集体所有，价款从林木的收益中分期付还。在本社初建的时候，对于这种用材林，也可以暂时仍属社员私有，由合作社统一经营，从这些林木的收益中付给本主一定比例的报酬。

第十九条　社员私有的成群的牲畜和蜜蜂，一般地应该由我社按照当地的正常的价格作价收买，转为本社集体所有，价款在几年内分期付还。价款付清的期限和没有付清的价款的利息问题，由本社同本主协商解决。

在本社初建的时候，对于成群的牲畜和蜜蜂，也可以暂时仍属社员私有，由合作社统一经营，按照当地的习惯议定本主应得的报酬。

第四章　资金

第二十条　本社为了筹集生产费和收购社员私有的生产资料，可以按照生产的需要和社员的负担能力，向社员征集股份基金。

第二十一条　股份基金由全社的劳动力分摊。

在本社的初级阶段，股份基金已经由社员按照土地或者按照土地和劳动力各占一定比例分摊交纳了的，不再重摊。

社员在交纳股份基金的时候，可以用本社需要的各种生产资料抵交。如果不够，不够的部分由社员分期交给本社；如果有多余，多余的部分由本社按照第十七条、第十八条和第十九条的规定分期还给社员。贫苦的社员，在向银行申请到贫农合作基金贷款以后，仍然不能交清股份基金的，可以由社员大会或者社员代表大会决定缓交或者少交。分期交纳和缓交的股份基金都不计利息。

过去的地主分子和富农分子入社的全部生产资料的价款，在抵交应摊的一份股份基金以后，如果有多余，应该补交一份公积金、公益金，如果仍有多余，作为多交的股份基金。

股份基金分记在各人的名下，不计利息，除非退社，不能抽回。

第二十二条　本社应该从每年的收入当中留出一定数量的公积金和公益金。公积金用作扩大生产所需要的生产费用、储备种籽、饲料和增添本社固定财产的费用，不能挪作他用。公益金用来发展合作社的文化、福利事业，不能挪作他用。

本社的公积金和公益金，社员退社的时候不能带走，新社员（除了生产资料比较多的过去的地主分子和富农分子）入社的时候不要补交。

第二十三条　本社资金不够的时候，可以由社员在自愿原则下，按照自己的力量向社投资。但是，合作社不得强迫社员投资。

社员的投资由本社负责偿还，还清的期限由合作社同社员协商决定。现金投资的利息，一般地要相当于信用合作社的存款利息。实物投资可以不给利息，也可以按照当地的习惯付给适当的利息。

第二十四条　在几个合作社合并的时候，股份基金一般不再重摊。如果有的合作社因为某些生产资料没有转为集体所有，社员少摊了股份基金，应该在合并以前，把那些生产资料转为集体所有，补摊股份基金。

在几个合作社合并的时候，一切公共财产不能分掉。

用作增添合作社的固定财产的社员投资和社外贷款，在几个合作社合并的时候，随同固定财产转归合并后的新社，由新社负责偿还。

第五章　生产经营

第二十五条　本社在组织和发展生产上，必须贯彻执行勤俭办社的方针，积极地扩大生产范围，发展同农业相结合的多部门经济；要厉行节约，降低生产成本。

第二十六条　本社应该根据本身的经济条件和当地的自然条件，积极地采取以下的各种措施，提高农业生产的水平：

（一）兴修水利，保持水土。

（二）采用新式农具，逐步地实现农业机械化。

（三）积极地利用一切可能的条件开辟肥料来源，改进使用肥料的方法。

（四）采用优良品种。

（五）适当地和有计划地发展高产作物。

（六）改良土壤，修整耕地。

（七）合理地使用耕地，扩大复种面积。

（八）改进耕作方法，实行精耕细作。

（九）防治和消灭虫害、病害和其他灾害。

（十）保护和繁殖牲畜，改良牲畜品种。

（十一）在不妨碍水土保持的条件下，有计划地开垦荒地，扩大耕地面积。

本社应该积极地学习先进的生产经验，努力找出本社增加生产的最关紧要的办法，并且用最大的力量贯彻实行。

第二十七条　本社要根据国家的计划和当地的条件，努力增产粮食、棉花等主要作物，同时又要发展芝麻、油料、果类、药材和其他经济作物。

第二十八条　本社要根据需要和可能，积极地发展林业、畜牧业、水产业、手工业、运输业、养蚕业、养蜂业、家禽饲养业和其他副业生产。

在不妨碍本社生产的条件下，本社应该鼓励和适当地帮助社员经营家庭副业。

第二十九条　本社应该制订全面的生产计划，有计划地进行生产。

本社应该制订三年以上的长期计划，全面地规划这个时期内的各项生产和建设。

在每一个生产年度开始以前，本社应该定出年度的生产计划。年度的生产计划包括以下的主要内容：

1. 作物的种植计划、产量计划，保证完成计划的技术措施；

2. 林业、畜牧业、水产业和其他副业生产计划；

3. 基本建设计划；

4. 劳动力和畜力的使用计划。

为了保证年度生产计划的完成，本社应该按照农事季节或者耕作段落，定出一个季节的或者一个段落的生产计划，具体地规定生产任务和完成任务的期限。

第六章　劳动组织和劳动报酬

第三十条　本社应该根据生产经营的范围、生产上分工分业的需要和社员的情况，把社员分编成若干个农业生产队和副业生产小组或者副业生产队，指定专人担负会计、技术管理、牲畜的喂养、公共财物的保管等专业工作，以便实行生产当中的责任制。

第三十一条　农业生产队是本社的劳动组织的基本单位，生产队的成员应该是固定的。农业生产队负责经营固定的土地，使用固定的耕畜和农具。副业生产小组或者副业生产队负责经营固定的副业生产，使用固定的副业工具。

在给农业生产队配备成员和分配任务的时候，要照顾到耕作土地的数量、土地的分布状况、种植作物的种类和社员居住地点的远近，并且要使劳动力的多少、技术的高低和领导力量的强弱，同生产队所担负的生产任务相适应。在给副业生产小组或者副业生产队配备成员和分配任务的时候，也要作相应的照顾。

在必要的时候，管理委员会可以调动某一生产队的人员、耕畜、农具和工具，支援别的生产队，或者组成临时的生产队，完成一定的任务。

第三十二条　本社要正确地规定各种工作的定额和报酬标准，实行按件计酬。

每一种工作定额，都应该是中等劳动力在同等条件下积极劳动一天所能够做到的数量和应该达到的质量，不能偏高偏低。

每一种工作定额的报酬标准，用劳动日作计算单位。完成每一种工作定额所应得的劳动日，根据这种工作的技术高低、辛苦程度和在生产中的重要性来规定。各种工作定额的报酬标准的差别，应该定得适当，不能偏高偏低。

在工作条件有了变化的时候，管理委员会可以适当地调整工作定额。

第三十三条　本社可以实行包产和超产奖励。各个农业生产队和副业生产小组或者副业生产队，必须保证完成规定的产量计划，还必须保证某些副业产品达到一定的质量。对于超额完成了生产计划的，应该斟酌情形多给劳动日，作为奖励。对于经营不好，产量或者产品质量达不到计划的，应该斟酌情形扣减劳动日，作为处罚。如果遇到不可抗拒的灾害，应该适当地修改产量计划。

全社的生产因为领导得好，超额完成了生产计划，对于有功的管理人员，应该多给劳动日，作为奖励。

社员在生产技术上有创造发明的，对保护公共财产和节约开支有特殊贡献的，应该多给劳动日，作为奖励。

第三十四条　本社要制订劳动计划。在规定各个生产队全年的、一个季节的或者一个段落的生产计划的时候，要同时计算出完成生产计划所需要支付的劳动日的数量。本社可以实行包工，按照所计算的劳动日数量，把生产任务包给生产队。

本社根据生产的需要和社员的自报，规定每个社员在全年和每个季节或者每个段落应该做到多少个劳动日。本社在规定每个社员应该做多少劳动日的时候，要注意社员的身体条件，照顾女社员的生理特点和参加家务劳动的实际需要。

社员在做够了规定的劳动日以后，其余的时间由社员自由支配。

第三十五条　本社的管理人员，经常不能直接参加生产劳动的，合作社应该根据各人所担负的任务的多少和工作的繁简，由社员大会或者社员代表大会议定一定数量的劳动日，作为报酬。用一部分时间参加社务工作的管理人员和参加临时性社务工作的社员，本社应该按照他所参加的工作的多少和占去生产劳动时间的多少，给以适当数量的劳动日，作为补贴。

本社主任全年所得的劳动日，一般地应该高于一个中等劳动力一年所得的劳动日。

本社的管理人员不能过多。全部管理人员参加社务工作所得的劳动日的数量加上补贴给参加临时性社务工作的社员的劳动日的数量，至多不能超过全社劳动日总数的2%。

第三十六条　本社要组织劳动竞赛。通过劳动竞赛，动员社员积极地提高劳动效率和生产技术，克服生产当中所发生的各种困难，完成和超额完成生产计划。

对于在劳动竞赛当中的先进单位或者个人，合作社应该给以奖励。

第三十七条　本社在劳动管理上要建立检查和验收的制度。本社委员会和各个生产队队长要及时地和深入地检查各队和各人是不是按照规定的数量、质量和时间完成任务。对于没有按照规定完成任务的生产队或者个人，可以要求重做或者斟酌情形扣减劳动日。

第三十八条　本社社员必须遵守以下的劳动纪律：

（一）不无故旷工。

（二）劳动的时候听指挥。

（三）保证工作的质量。

（四）爱护公共财产。

对于违反劳动纪律的社员要进行教育和批评。如果情节严重，可以区别情况，给以扣减劳动日、赔偿损失、撤销职务以至取消社员资格的处分。

第七章　财务管理和收入分配

第三十九条　本社管理委员会应该在制定年度生产计划的同时，制定年度的财务收支预算，提交社员大会或者社员代表大会通过以后实行。

本社的预算应该包括：资金（包括实物和现金）的来源和本年度使用资金的计划，本年度生产总值的概算和分配的概算。

第四十条　本社使用资金，必须严格地注意节约，避免浪费，在财务管理上贯彻执行勤俭办社的方针。每年预算的生产费的各个项目（包括种籽、肥料、草料的开支，购买农药、修理农具、医治耕畜的费用，付给拖拉机站、畜力农具站的代耕费用和抽水机站的灌溉费用，副业生产周转的费用，生产管理费等），都应该定出开支的限额。本社的生产管理费的限额（不包括社务工作的报酬和补贴），至多不能超过全年生产总值的千分之五。

第四十一条　本社必须建立必要的财务制度和手续。

本社的一切开支都要经过一定的审查和批准手续。预算以内的一般开支，要经过管理委员会主任批准。预算以内的较大开支，要经过本社管理委员会通过。追加预算，要经过社员大会或者社员代表大会讨论通过。对于一切不合制度和手续的开支，会计员和出纳员有权拒绝。

本社的一切收支必须有单据证明，会计员凭单据记账。

本社的会计工作和出纳工作要分人负责。

本社的账目必须日清月结，按季、按生产年度公布收支结果。每个社员所得的劳动日的账目，必须按月公布。

本社合作社的公共财产必须有专人保管。公共财产的清单，在年度结账的时候公布。

第四十二条　本社的公共财产必须受到保护，任何社员都不得侵犯。对于贪污、盗窃、破坏公共财产的，或者由于不负责任造成公共财产的重大损失的，本社应该分别情况给以应得的处分，并且要他退回原物或者赔偿；对于情节严重的，应该请司法机关处理。

第四十三条　本社全年收入的实物和现金，在依照国家的规定纳税以后，应该根据既能使社员的个人收入逐年有所增加、又能增加合作社的公共积累的原则，按以下的项目进行分配：

（一）把本年度消耗的生产费扣除出来，留作下年度的生产费和归还本年度生产周转的贷款和投资。

（二）从扣除消耗以后所留下的收入当中，留出一定比例的公积金和公益金。公积金一般不超过8%，包括归还到期的基本建设的贷款和投资在内。公益金不超过2%。经营经济作物的合作社，公积金可以增加到12%。

（三）其余的全部实物和现金，按照全部劳动日（包括农业生产、副业生产、社务工作的劳动日和奖励给生产队或者个人的劳动日）进行分配。如果本社的生产增加不很多，为了增加社员的个人收入，公积金可以少留。遇到荒年，公积金可以少留或者不留。遇到丰年，在保证社员个人收入增加的条件下，公积金也可以酌量多留。收入分配的方案应该由社员大会或者社员代表大会讨论通过。

第四十四条　春季和夏季收获的农产品，本社在留下所需要的部分以后，应该按照社员已经得到的劳动日的多少，预先分配给社员，到生产年度终了的时候再行结算。

本社的现金收入和国家对农产品的预购定金，在留下所需要的部分以后，应该根据社员已经得到的劳动日和实际需要，分期预支给社员，到生产年度终了的时候再行结算。

第八章　政治工作

第四十五条　本社要在共产党和人民政府的领导下，在青年团和妇女联合会的协助下，进行政治工作。政治工作的目的，是保证完成生产计划，保证执行勤俭办社的方针，反对铺张浪费，保证按劳取酬和男女老少同工同酬，保证合作社的集体利益、国家利益和社员的个人利益得到正确的结合，从思想上和组织上巩固农业生产合作社。

第四十六条　本社要利用业余时间，向社员讲解和宣传国内外的时事、共产党的主张和人民政府的政策法令，并且要通过社内的各种实际活动，向社员进行爱国主义和集体主义的教育，加强工农联盟的思想，不断地提高社员的社会主义觉悟，克服资本主义思想残余。

第四十七条　本社要采取组织劳动竞赛、组织参观、交流经验、提倡改进生产技术、奖励合理化建议、表扬先进生产者等办法，鼓励社员在劳动中发扬积极性和创造性。

第四十八条　本社要充分发扬社内民主，反对强迫命令和官僚主义，开展批评和自我批评，加强领导人员同社员之间、社员同社员之间、生产队同生产队之间的团结。

本社要加强同其他农业生产合作社、手工业生产合作社、供销合作社、信用合作社之间的团结，要注意团结社外农民。

第四十九条　本社要不断地提高社员的革命警惕性，加强合作社的保卫工作。

第九章　文化福利事业

第五十条　本社必须注意社员在劳动中的安全，不使孕妇、老年和少年担负过重和过多的体力劳动，并且特别注意使女社员在产前产后得到适当的休息。

本社对于因公负伤或者因公致病的社员要负责医治，并且酌量给以劳动日作为补助；对于因公死亡的社员的家属要给以抚恤。

第五十一条　本社应该在生产发展的基础上，随着合作社收入和社员个人收入的增加，根据社员的需要，逐步地举办以下各种文化、福利事业：

（一）组织社员在业余时间学习文化和科学知识，在若干年内分批扫除文盲。

（二）利用业余时间和农闲季节，开展文化、娱乐和体育活动。

（三）开发公共卫生工作和社员家庭卫生保健工作。

（四）提倡家庭分工、邻里互助、成立托儿组织，来解决女社员参加劳动的困难，保护儿童的安全。

（五）女社员生孩子的时候，酌量给以物质的帮助。

（六）在可能的条件下，帮助社员改善居住条件。

第五十二条　本社对于缺乏劳动力或者完全丧失劳动力、生活没有依靠的老、弱、孤、寡、残疾的社员，在生产上和生活上给以适当的安排和照顾，保证他们的吃、穿和烧柴的供应，保证年幼的受到教育和年老的死后安葬，使他们生养死葬都有依靠。

对于遭到不幸事故、生活发生严重困难的社员，本社要酌量给以补助。

第五十三条　本社应该在若干年内，组织社员逐步地做到储备一年到两年的粮食，以备紧急时候的需要。

第十章　管理机构

第五十四条　本社的最高管理机关是社员大会或者社员代表大会。

本社的社员大会或者社员代表大会选出管理委员会管理社务；选出合作社主任领导日常工作，对外代表本社；选出一个到几个副主任协助主任进行工作。

本社社员大会或者社员代表大会选出监察委员会监察社务。

第五十五条　社员大会行使以下的职权：

（一）通过和修改社章。

（二）选举和罢免合作社主任、副主任和管理委员会的委员，监察委员会的主任和委员。

（三）通过转为合作社集体所有的耕畜、农具、林木等的作价和股份基金的征集方案。

（四）审查和批准本社管理委员会提出的生产计划和预算。

（五）通过本社社务工作的报酬和补贴的方案。

（六）审查和通过本社管理委员会提出的全年收入分配和预分、预支的方案。

（七）审查和批准本社管理委员会和监察委员会的工作报告。

（八）通过新社员入社。

（九）通过对社员的重大奖励和重大处分，决定取消和恢复社员资格。

（十）其他重大事项。

第五十六条　本社社员大会或者社员代表大会由本社管理委员会召开，每年至少开会两次。社员大会必须有过半数的社员出席，才能行使职权。在行使第五十六条第（一）（二）（三）（四）（五）（六）（九）项规定的职权的时候，必须有出席社员的三分之二的多数通过，才能作出决议；行使其他各项职权，必须有出席社员的过半数通过，才能作出决议。

第五十七条　本社在社员人数过多，或者社员的居住地点过于分散，召开社员大会确有困难的情况下，可以召开社员代表大会，行使社员大会的各项职权社员代表大会的代表，一般由各个生产单位选举。社员代表大会代表的名额不能少于全体社员的十分之一。担任专业工作的社员、女社员、青年社员，应该在代表的名额里面占有适当的比例。社员代表大会必须有全体代表的三分之二的多数通过，才能作出决议。

在社员代表大会召开以前，必须以生产队为单位召开或者按地区分片召开社员会议，充分地征求社员的意见，由代表把这些意见带到社员代表大会去讨论；在社员代表大会闭会以后，必须召开同样的会议，由代表负责把代表大会的决议向社员报告。

第五十八条　本社管理委员会根据社章和社员大会或者社员代表大会的决议管理社务。

本社管理委员会由主任、副主任和委员组成。按照合作社的大小，管理委员会一般可以设九个到十九个委员。管理委员会的委员可以按照社内的事务进行分工。管理委员会的决定，必须经过管理委员会委员的多数通过，管理委员会在工作中必须发扬民主作风，不许滥用职权。管理委员会可以按照需要，任命合作社的工作人员。管理委员会任命生产队长或者直属的生产组长，事前要征求队员或者组员的同意。

第五十九条　本社监察委员会监督本社主任、副主任和管理委员会的委员是不是遵守社章和社员大会或者社员代表大会的决议，检查本社的财务收支是不是正确，检查本社内对公共财产有没有贪污、偷盗、破坏等情形。本社监察委员会要按期向本社社员大会或者社员代表大会报告工作，并且可以随时向本社管理委员会提出意见。

本社监察委员会一般由五个到十一个委员组成。在需要的时候，监察委员会可以推选一个到两个副主任，协助主任进行工作。

本社的主任、副主任和管理委员会的委员、会计员、出纳员、保管员，都不能兼任监察委员会的职务。

第六十条　本社的主任、副主任和管理委员会的委员、监察委员会的主任和委员，每年改选一次，可以连选连任。

本社的领导人员和工作人员候选人在贫下中农先进代表中产生，女社员要占有一定的名额。在合作社主任、副主任候选人里面，至少要有妇女一人。

第十一章　附则

第六十一条　本章程修改权在本社社员代表大会。

第六十二条　本社社员代表大会依照本地的情况和需要，可以对于本章程没有规定或者没有具体规定的事情，作出补充规定。

幸福十四社

1956年5月10日

国家、省、市、区文件

中共中央组织部、中华人民共和国财政部关于开展推动红色村组织振兴建设红色美丽村庄试点工作的通知（组通字〔2020〕16号）

各省、自治区、直辖市党委组织部、政府财政厅（局），新疆生产建设兵团党委组织部、财政局：

新中国是无数革命先烈用鲜血和生命铸就的。习近平总书记指出，绝不能忘记革命先烈，绝不能忘记老区人民，要把革命老区建设得更好，把红色资源运用好、红色传统发扬好、红色基因传承好，发挥好党组织战斗堡垒作用和党员先锋模范作用，让乡亲们的生活越来越红火。为深入贯彻落实习近平总书记重要指示精神，贯彻落实新时代党的组织路线，切实把红色村党组织建设成为宣传党的主张、贯彻党的决定、领导基层治理、团结动员群众、推动改革发展的坚强战斗堡垒，示范带动抓党建促乡村振兴深入扎实开展，以红色精神的传承赓续不断激发广大群众创造美好幸福生活的磅礴力量，夯实筑牢党在农村的执政根基，中央组织部、财政部决定选择一批红色村开展推动组织振兴建设红色美丽村庄试点工作。现就有关事项通知如下。

一、试点范围、条件及扶持政策

（一）试点数量。计划用3年时间，在全国选择1000左右红色村开展试点。2020年，在河北、福建、江西、河南、湖北、湖南、广东、陕西、甘肃、宁夏10个红色资源较丰富的省区，选择200红色村先行试点。

（二）选点条件。在党的创建、大革命、土地革命战争、抗日战争、解放战争时期为党领导的革命事业作出重要贡献，发生过重大历史事件或涌现出重要历史人物，有红色遗址遗迹或纪念设施的行政村，有典型性、代表性；符合乡村振兴规划、具备一定发展条件，村党组织创造力、凝聚力、战斗力强，党员和群众有意愿、有共识、有内生动力；所在地方党委特别是县乡党委高度重视农村基层党组织建设并认真履行主体责任，抓乡促村工作成效明显。

（三）资金补助。根据各地经济社会发展情况，中央财政通过农村综合改革转移支付，对东、中、西部地区的试点村按照每村200万元、300万元、400万元的标准予以一次性奖补。地方财政可视情况安排补助资金。

二、试点主要内容

试点工作要紧紧围绕传承红色基因、弘扬革命传统，充分依托红色资源，全面加强村党组织建设，增强政治功能和组织力，为建设红色美丽村庄提供坚强保证。

（一）建强红色村党组织，充分发挥在建设红色美丽村庄中的领导作用。弘扬“支部建在连上”光荣传统，紧密结合新时代要求和红色村实际，推进党支部标准化规范化建设。继承和发扬革命传统，严格党的组织生活，加强党员政治训练、思想淬炼。推动村干部、党员密切联系服务群众，坚持不懈为群众办实事做好事解难事，不断增强群众获得感幸福感安全感。通过党内关怀帮扶等渠道，加强老红军、军烈属、革命“五老”人员、革命后代、因公牺牲党员干部家庭、因公伤残党员干部关心关爱。县乡党委落实主体责任，健全经常性指导推动机制，着力把红色村党组织建设成为坚强战斗堡垒，使红色村党建工作成为样板和标杆。

（二）深入开展红色教育，丰富红色美丽村庄建设内涵。立足村庄特色，用好红色资源，做到有址可寻、有物可看、有史可讲、有事可说。把红色资源作为党员干部坚定理想信念、加强党性修养的生动教材，作为团结凝聚广大群众感党恩、听党话、跟党走的有效载体，广泛深入讲好党的故事、革命的故事、根据地的故事、英雄和烈士的故事，组织学习党史、新中国史、改革开放史、社会主义发展史，加强革命传统教育、爱国主义教育、青少年思想道德教育，让广大党员干部群众牢记红色政权是怎么来的、新中国是怎么来的、今天的幸福生活是怎么来的，不忘历史、不忘初心、饮水思源，让红色基因代代相传，为实现美好生活而奋斗。

（三）充分依托红色资源优势，因地制宜发展壮大村级集体经济。发挥村党组织的组织优势、组织功能、组织力量，统筹整合资金项目，盘活集体资源资产，把丰富的红色生态资源优势转化为农民致富的绿色产业优势，发展壮大村级集体经济，实现强村富民。巩固脱贫攻坚成果，确保脱贫攻坚与乡村振兴有机衔接。健全符合市场经济要求的运行新机制，探索建立更加有效，更加长效的利益联结机制，努力实现集体资产保值增值，确保农民持续受益，不断增强党组织凝聚服务群众的能力。

（四）健全党组织领导的村级治理机制，提高治理能力和治理水平。加强村党组织对隶属本村的各类组织和各项工作的统一领导。创新完善“行政村党组织—网格（村民小组）党支部（党小组）—党员联系户”的村党组织体系，加强以党组织为领导的村级各类组织建设，推行网格化管理和服务，提升党建引领乡村治理精准化、精细化水平。村级重大事项决策实行“四议两公开”，加强民主管理监督和协商，引导村民参与红色美丽村庄建设和日常监督管理。推动文明乡风建设，制定完善村规民约，推进移风易俗、抵制陈规陋习，坚决反对亵渎先烈、英雄和歪曲历史。

（五）着力改善村容村貌，建设宜居宜业红色美丽村庄。保护和利用好红色纪念设施，坚持将传承红色基因转化为村党组织带领村民改善农村生产生活设施、打造安居乐业美丽家园的生动实践，实现乡村组织振兴和生态振兴两促进、双提升。加强村庄规划，改善农村人居环境，提升村容村貌，建立长效运行管护机制。组织党员、群众改善人居环境，倡导文明健康生活方式，共同建设红色美丽家园。

三、加强组织领导

推动红色村组织振兴、建设红色美丽村庄试点工作，政治性、政策性强，相关省区市要提升政治站位，切实加强领导，精心组织实施，积极稳步推进，务求取得实效，真正把试点村建设成为示范点。

（一）强化责任落实。试点工作以县级党委和政府为主统筹协调，乡镇党委和政府组织实施。试点工作纳入市县乡党委书记抓基层党建述职评议考核的重要内容，县级相关领导班子成员要联村，乡镇领导班子成员要包村，推动抓好落实。各级组织、财政部门要加强具体指导。

（二）精心制定方案。县一级要逐村编制实施方案，明确组织领导、目标任务、主要内容、进度安排、资金安排及使用方向等。实施方案不层层编制，依次由市级、省级组织、财政部门审核，经省级党委和政府同意后，报送中央组织部组织二局、财政部农业农村司备案。

（三）严格管理监督。要尊重历史，对红色资源的宣传利用严把政治关和史实关。要从实际出发，注重对红色资源的内涵挖掘和价值阐释，红色美丽村庄建设要防止生搬硬套、贪大求洋、大拆大建，防止过度市场化、商业化，甚至娱乐化、庸俗化。要强化资金监管，确保资金使用规范、安全、高效，发挥最大效益。省级组织、财政部门要建立推动红色村组织振兴建设红色美丽村庄试点工作台账（样式见附件），于下一年度 2 月底前报送中央组织部组织二局、财政部农业农村司。

（四）加强评估问效。省市两级组织、财政部门要加强试点跟踪、工作指导和绩效评价，及时了解试点情况、总结经验、纠正偏差，并将评价结果作为资金安排的重要依据。中央组织部、财政部适时进行抽查。对试点村，要按照县级自评、市级初验、省级验收的程序适时进行效果评估，并将结果报送中央组织部组织二局、财政部农业农村司。

中共中央组织部

中华人民共和国财政部

2020 年 9 月 30 日

中共湖北省委组织部、湖北省财政厅转发中共中央组织部、中华人民共和国财政部《关于开展推动红色村组织振兴建设红色美丽村庄试点工作的通知》

各市州、直管市、神农架林区党委组织部，政府财政局：

2020 年 9 月 30 日，中共中央组织部、财政部印发《关于开展推动红色村组织振兴建设红色美丽村庄试点工作的通知》（组通字〔2020〕16 号，以下简称《试点通知》），计划用 3 年时间在全国选择 1000 个左右红色村开展试点，今年在 10 个红色资源较丰富的省区，选择 200 个红色村先行试点。经前期择优推荐，我省第一批有 23 个红色村入选全国试点。现将该通知转发给你们，并就抓好贯彻落实提出以下要求。

一、提高政治站位，压实政治责任。各地要深入贯彻落实习近平总书记重要指示精神，把开展推动红色村组织振兴建设红色美丽村庄试点工作，作为运用红色资源、发扬红色传统、传承红色基因、做到“两个维护”的重要抓手，作为贯彻落实新时代党的组织路线的重大举措，作为示范带动抓党建促乡村振兴的重要载体，纳入市县党委书记抓基层党建述职评议考核重要内容，切实增强抓好试点工作的政治责任感和历史使命感。试点县市党委书记要亲自抓，县市党委常委会要抓紧研究贯彻落实措施，抓紧抓细抓到位。

二、聚焦试点目标，落实重点任务。各地要认真对照《试点通知》要求，着力在建强红色村党组织、深入开展红色教育、充分依托红色资源优势发展集体经济、健全党组织领导的村级治理机制、建设宜居宜业红色美丽村庄等五个方面下功夫。要推动试点工作与深化新时代党建引领加强基层社会治理深度融合，切实建强红色村党组织，建好用好红色阵地，探索打造多功能政治生活体验馆等，健全党组织领导的自治、法治、德治相结合的农村基层治理体系，构建共建共治共享的农村基层社会治理格局，提升党建引领乡村治理精准化、精细化水平，使红色村党建工作成为样板和标杆。

三、注重统筹资源，鼓励多元投入。采取财政奖补的方式支持试点工作。原则上每个试点村中央和省级财政通过农村综合改革转移支付奖补300万元，县级财政奖补100万元。在财政奖补的基础上，各地要加大乡村建设有关项目资金的统筹整合力度，发挥财政资金的示范引导作用，吸引和撬动金融资本、工商资本、民间资本等共同投入红色美丽村庄建设，形成多元化、可持续的投入机制。

四、规范资金使用，强化项目监管。红色美丽村庄试点财政奖补资金主要用于试点村内红色遗址遗迹修复保护、基础设施建设、人居环境改善、村民认为迫切需要且直接受益的村级公益事业建设项目。红色美丽村庄建设的规划设计经费由县级统筹安排，可以在财政奖补资金中列支。红色美丽村庄试点财政奖补资金，不得用于项目管理工作经费、村级运转工作经费、购买交通工具、村干部报酬和发放部门（单位）奖金、津贴、福利补助等开支。各地要按照《湖北省美丽乡村建设项目管理暂行办法》、《湖北省美丽乡村建设奖补资金管理暂行办法》（鄂农综改办〔2016〕18号）、《湖北省美丽乡村建设试点村验收暂行办法》（鄂财办发〔2019〕10号）加强项目资金管理，严格评估问效和验收，确保资金专款专用，严禁截留、滞留、挪用和超范围开支。

五、加强指导督促，推动落地见效。各试点市州党委组织部要制定本地区开展红色美丽试点村工作方案，各试点县市党委和政府要切实履行主体责任，逐村编制实施方案，明确试点工作的组织领导、目标任务、建设项目、进度安排、资金投入等。要推动市县两级相关领导班子成员联村，乡镇领导班子包村，推动工作落实。市县两级组织、财政部门要加强跟踪指导和绩效评价，注重总结宣传，确保试点工作顺利推进、取得实效。

各试点市州工作方案和试点县市实施方案经市级组织、财政部门同意后，于2020年11月15日前，分别报省委组织部（组织二处）、省财政厅（农村处）审核。试点工作进展情况要每季度向省委组织部、省财政厅报告。

中共湖北省委组织部　湖北省财政厅

2020年11月2日

附：湖北省 2020 年扶持红色村试点名单（共 23 个）

武汉市蔡甸区侏儒山街阳湾村
老河口市袁冲乡袁冲村
远安县茅坪场镇瓦仓村
长阳土家族自治县都镇湾镇西湾村
大冶市大箕铺镇曹家晚村
大冶市殷祖镇南山村
黄石经济技术开发区铁山区大王镇港西村
十堰市郧阳区南化塘镇玉皇山村
监利市周老嘴镇周老社区
京山市新市镇八字门村
鄂州市华容区段店镇刘弄村
大悟县新城镇严河村
大悟县芳畈镇白果树湾村
大悟县宣化店镇河西村
黄冈市黄州区陈策楼镇陈策楼村
红安县七里坪镇盐店河村
红安县七里坪镇八一村
蕲春县漕河镇高山铺村
咸宁市咸安区汀泗桥镇汀泗社区
通城县塘湖镇获田村
随州市曾都区洛阳镇九口堰村
咸丰县忠堡镇高笋塘村
鹤峰县五里乡五里村

湖北省农业厅、省林业厅等部门文件

由湖北省农业厅、省林业厅等多部门联合主办的 2017“荆楚最美村镇”评选结果揭晓。全省 55 家单位分别获得“十大最美乡镇”“十大最美乡村”等 7 大类奖项。2017“荆楚最美村镇”评选今年 6 月启动报名，共有来自武汉、咸宁、黄石、荆门、十堰、恩施等市州的近 300 家村镇及企业报名。经过初审、网络公众投票和组委会专家实地考察等环节，最终评选出了获奖名单。

十大荆楚最美小镇

序号	名称
1	黄石市大冶市陈贵镇
2	武汉市黄陂区蔡店街
3	孝感市孝昌县小河镇
4	黄石市大冶市还地桥镇
5	黄冈市蕲春县张塝镇
6	武汉市黄陂区木兰乡
7	武汉市蔡甸区侏儒山街六海赛生态小镇
8	武汉市新洲区旧街街
9	荆门市钟祥市九里回族乡
10	荆门市京山县太子小镇

中共蔡甸区委办公室、区政府办公室

关于印发《蔡甸区侏儒山街阳湾村 2020 年度红色美丽村庄试点实施方案》的通知

各街道乡（开发区）党（工）委、办事处、人民政府，区人武部党委，区委各部委，区级国家机关各委办局及局级企、事业单位，各人民团体党组织：

《蔡甸区侏儒山街阳湾村 2020 年度红色美丽村庄试点实施方案》已经区委区政府同意，现印发给你们，请认真抓好落实。

中共蔡甸区委办公室

2020 年 11 月 26 日

蔡甸区侏儒山街阳湾村 2020 年度红色美丽村庄试点实施方案

为贯彻落实中共中央组织部、财政部印发《关于开展推动红色村组织振兴建设红色美丽村庄试点工作的通知》（组通字〔2020〕16 号）以及省委组织部、市委组织部相关工作要求，经区委、区政府研究，制定侏儒山街阳湾村 2020 年度红色美丽村庄试点实施方案如下：

一、目标任务

侏儒山街阳湾村位于武汉市蔡甸区侏儒山街西南区域，318 国道穿境而过，村“两委”干部 5 人，党员 37 人，全村辖 7 个自然湾，366 户，1684 人，以传统种植和养殖为主，2019 年村集体经济为 11.4 万元，入选 2017 年湖北省“十大荆楚最美小镇（村）”名单。

阳湾村红色美丽村庄建设试点目标任务为：坚持以习近平新时代中国特色社会主义思想为指导，以传承红色基因为主线，以组织振兴为保障，围绕蔡甸区“三个三”发展战略，按照“产业主导、错位发展、彰显特色”的理念，坚持守正创新，依托阳湾村作为新四军侏儒山战役发生地的红色资源优势，旗帜鲜明地发展红色文化和红色旅游，建设新农村示范区、主题文化保护区、生态休闲度假区、红色文化主题教育区、农产品采摘示范区、主题文化体验区及新农村特色体验区七大板块。

二、建设内容

（一）建强红色战斗堡垒，引领红色美丽村庄建设

弘扬“支部建在连上”光荣传统，突出红色引领，加强基层组织建设，选优配强村党支部书记，构建村党支部—党小组—党员中心户三级组织架构，形成以村党支部为领导、党小组为“神经末梢”、党员为“根系”的党建引领建设红色美丽村庄体系，把党的领导延伸到最基层。推进党支部标准化规范化建设，继承和发扬革命传统，严格党的组织生活，加强党员政治训练、思想淬炼。推动村干部、党员密切联系服务群众，坚持不懈为群众办实事做好事解难事，不断增强群众获得感幸福感安全感。通过红色基金、党费等党内关怀帮扶渠道，加强对老红军、军烈属、革命“五老”人员、革命后代、因公牺牲党员干部家庭、因公致残党员干部关心关爱。建设红色阵地，对村级党群服务中心进行提档升级，充分发挥村级阵地服务功能。区委、侏儒山街党工委落实主体责任，建立区委书记联村、街工委书记包村机制，经常性调研指导，着力把阳湾村党组织建设成为坚强战斗堡垒，使阳湾村党建工作成为样板和标杆。

（二）打造红色教育基地，丰富红色美丽村庄内涵

依托侏儒山战役历史文化资源，深入挖掘红色文化资源的丰富内涵、历史意义和时代价值，传承和弘扬代代赓续、历久弥新的红色精神，保护和发掘新四军侏儒山战役历史遗迹，做好做活红色文化文章，打造“红色生态文明小镇”。推动

互联网技术和信息化手段“双线融合”，通过“声、光、化、电”技术手段，融合“视、听、动、忆”于一体，生动立体还原“三打侏儒山”战役场景，为开展爱国主义和革命英雄主义教育提供更为丰富生动的教材。摈弃大拆大建，按照修旧如旧的原则，完善侏儒山抗战纪念馆及配套设施，恢复革命历史遗迹交通站、侏儒山战斗指挥部、傅家山门楼及通道、傅家山铁军亭、新四军策反伪军谈判点、烽火台及其连接线等。创新建设阳湾村多功能政治生活体验馆，抓好红色覆盖，营造红色氛围，在馆周边及馆内醒目位置开展党的理论和政策宣传，作为村党支部开展七一建党节等活动红色阵地，又作为丰富群众精神生活的文化舞台，在重大节日为群众播放红色电影，举办红色联欢会，创办红色大讲坛，开展红色大课堂

（三）依托红色资源优势，发展壮大村级集体经济

将红色美丽村庄建设与脱贫攻坚结合起来，积极探索“村党支部＋公司＋农户”的发展模式，建设侏儒山街扶贫农产品销售中心（电商平台）。大力发展旅游服务业，建设“红色教育＋生态旅游”集散服务中心，实现农旅融合发展，带动村集体和农民通过资源租赁赚“租金”，合作开发赚“股金”，就近就业赚“薪金”，发展旅游赚“酬金”。实施“我在阳湾有一亩地”项目，组织市民在阳湾村订制认领田地，由阳湾村提供全程的劳务、技术、配送服务，市民随时体验插秧和鱼苗、鸭苗、蟹苗放养及收获的乐趣。将阳湾村红色美丽村庄打造为展现多功能融合与多彩历史文化之美荟萃的特色村，打造成武汉市革命老区贫困乡镇的示范项目、武汉近郊乡村休闲度假游的胜地。

（四）创新党建引领机制，提升红色美丽村庄治理

加强以党组织为领导的村级各类组织建设，推行网格化管理和服务，推动各类问题诉求线上受理、线上办结、线上反馈，形成智慧化乡村治理新格局。提升党建引领乡村治理精准化、精细化水平。推行互联网＋治理，打造红色智慧乡村通过互联网等信息技术，完善丰富“互联网＋乡村治理”大数据平台服务功能健全自治、法治、德治“三治合一”的红色乡村治理体系，健全村“两委”议事决策规则，提高村级治理体系和治理能力现代化。推动村级自主议事、自我管理自我服务、自我监督，落实好“五议五公开”制度，落实村级“阳光财务”。推行农村小微权力清单制度，推动农村基层党员干部按章办事。大力建设法治乡村建立遇事找法、解决矛盾靠法、全民守法的乡村法治格局，引导村民知法、守法用法。实施“雪亮工程”，完善公共区域视频监控系统覆盖，切实提升农村群众安

全感。弘扬德治文明乡风。制定村规民约，规范文化习俗、家风家训，培育淳朴民风。深入宣传道德模范、身边的典型事迹，广泛开展具有浓郁乡土气息的文化活动，推进文明乡风建设，推进移风易俗、抵制陈规陋习，坚决反对亵渎先烈、英雄和歪曲历史。

（五）实施村湾环境改造，扮靓红色美丽村庄形象

保护和利用好侏儒山抗战纪念馆及其配套设施，切实改善阳湾村人居环境，提升村容村貌，建成绿色发展、生态宜居的精品示范村。打造红色景观线路，建设鲜花广场，用铜像、雕塑展示侏儒山红色人物风采，着力抓好农家房屋风貌提升，着力改善水环境质量，为人们提供良好的亲水环境，打造一幅美丽的乡村画卷，建设红色美丽家园。组织党员、群众改善人居环境，倡导文明健康生活方式，共同建设红色美丽家园。实施村湾农房立面整治改造，开展道路、绿化等村湾环境治理，完善基础设施，改善村容村貌，提高村民生活质量。

三、资金保障

根据省委组织部、省财政厅的通知精神，多方筹措资金，统筹用好“六海赛生态小镇”建设资金（计划总投资1.7亿元，其中：政府投资项目5000万元，企业投资1.2亿元）、红色美丽村庄试点财政奖补资金（中央和省级财政通过农村综合改革转移支付奖补300万元，区级财政奖补100万元），挖掘阳湾村既有资源，吸引社会资本参与，高效建设红色美丽村庄并创建可持续发展的运营机制。

四、执行保障

（一）加强组织领导。成立蔡甸区阳湾村红色美丽村庄建设领导小组，由区委书记陈新垓任组长，区委副书记、区政府区长郝胜勇任第一副组长，区委常委、组织部部长曾昳军，区政府副区长胡莹任副组长，区委办公室、区政府办公室、区委组织部、区委宣传部、区委政法委、区委党校、区财政局、区农业农村局、区自然资源和规划局、区文化和旅游局、区教育局、区民政局、区司法局、区园林和林业局、区档案馆、侏儒山街等相关单位负责人为成员，切实落实好创建工作主体责任，保障红色美丽村庄顺利建设。

（二）坚持统筹推进。在开展推动红色村组织振兴建设红色美丽村庄试点工作中，要尊重历史，充分挖掘保护利用红色资源和价值阐释，统筹推进乡村振兴、美丽乡村建设、脱贫攻坚，为建设红色美丽村庄提供坚强保证。

（三）加强项目管理。侏儒山街要细化红色美丽村庄工作任务清单，明确投资金额、来源、建设内容、责任人、进度安排等，自觉接受各级有关部门的检查督导，确保红色美丽村庄建设落地见效。要防止生搬硬套、贪大求洋、大拆大建，防止过度市场化、商业化，甚至娱乐化、庸俗化。区委组织部、区财政局要加强试点跟踪、工作指导和绩效评价，及时了解试点情况、总结经验、纠正偏差，并将评价结果作为资金安排的重要依据。

五、项目成效

（一）社会效益。通过充分挖掘和利用红色教育资源，打造成为党性教育培训基地和党员干部“不忘初心、牢记使命”理想信念教育的场所，成为党员干部精神补钙、净化灵魂、固根守魂的讲堂。加上生态小镇、美丽乡村、农旅融合发展等建设，预计建成后每年吸引各级党员干部、学生、市民团体等参观不少于1000批次、50000人次。

（二）经济效益。一是增加村级集体收入。引入社会资本，成立项目公司，村委会以集体资产入股，通过配套旅游产品经营，实现集体收入的逐年增长，力争2023年村级集体收入突破50万元。二是增加农户收入。通过配套红色旅游服务和侏儒山街扶贫农产品销售等方式，有效增加农民收入，力争每年增长速度明显高于本地平均水平。

（三）生态效益。通过实施红色美丽村庄项目，践行绿水青山就是金山银山理念，对村民建筑、道路、公共空间、村湾环境等进行整治，保护山水资源、历史遗迹，有效改善农村人居环境，提升村容村貌，建设成为生态型美丽乡村。

（四）示范效应。充分整合利用乡村红色资源和生态资源，坚持红色与绿色相结合的发展理念，打造阳湾村“红色文化＋生态旅游”示范点，让红色资源和生态环境优势转化为经济优势、发展优势，打造农民安居乐业的美丽家园，建成乡村振兴的阳湾样板，成为蔡甸区乃至武汉市一张靓丽的名片。

中共蔡甸区委办公室

2020年11月26日

村级文件

阳湾村党支部、村委会1984—2020年努力发挥党组织先锋模范和战斗堡垒作用，不断优化村两委为民服务治理能力，根据广大村民要求，结合本村实际相继制订了一系列规章制度，供干部群众遵照执行。

阳湾村村规民约

为了维护社会治安，净化社会风气，弘扬劳动人民的优良传统，建设社会主义精神文明，使村民的生产、生活有一个良好的社会环境，对照国家的有关法律、法规和法令，结合本村实际，经村民大会共同协商，特制定本村村规民约，全村村民共同遵守执行。

一、遵守国家的法律、法规、法令，执行国家各项方针、政策，按时完成上级分配的各项工作任务。

二、维护妇女、儿童、老人和残疾人的合法权益，严禁虐待妇女、儿童、老人和残疾人，不得遗弃婴儿，不准歧视残疾人，要对老人尽赡养义务。要关心教育好子女，使其从小养成良好的道德习惯。

三、移风易俗，提倡婚事新办，反对铺张浪费和包办婚姻，结婚前要到民政部门办理结婚手续。

四、执行国家生育政策，提倡晚婚晚育，少生优生，杜绝重男轻女恶习，计划生育男女有责，亲属邻里互相监督，切实控制人口增长。对抗拒不作计划生育的外逃户，进行加强教育，并给予经济处罚；对窝藏计划生育对象的农户要给予从重处罚。

五、支持勤劳致富，杜绝偷盗行为，如发现偷盗，人人有权报送到公安机关处罚。

六、轻微民事纠纷，先找党员责任区的党员或村民组长进行调解，不服调解的由责任区的党员或村民组长签署意见，到村里处理，超越规定或手续不全的，村不予受理。

七、严禁赌博，一经发现，除没收赌资外，从经济上、行政上加重处罚。青少年参加赌博要追究其父母责任，惯赌或教唆、引诱他人赌博者，从严、从重处罚。

八、切实维护社会治安，对可疑人物或有破坏者，要进行盘查，及时报告村委会。

九、自觉遵守执行环境保护法规条例，提高环境保护意识和做好环境保护工作，抵制破坏环境的不良倾向。

十、禁止在村内的建筑物、公共设施、树木上涂写刻划或张贴各类宣传品，不准乱搭乱摆，乱挂广告，有碍村容村貌的行为，违反者除责令拆除外并按有关规定处罚。

十一、禁止在村内随地吐痰，乱丢果皮、纸屑、烟头等垃圾和杂物，违者按有关规定进行处罚。

十二、自觉养成保护爱护道路两旁、庭院的花草树木，发现有损坏者按有关规定进行处罚。

十三、严禁毁林毁草开荒，注意村庄防火安全，预防火灾事故发生。

十四、做好牲畜的看管工作，严禁人畜践踏庄稼。

十五、积极送适龄儿童入学，积极参加扫盲学习。

十六、严禁乱砍滥伐集体树木和偷盗他人树木，违者除按“砍一栽三罚五”处罚外，还要给予一定的经济、行政处罚。构成犯罪的，送交国家政法机关惩处

十七、积极参加村民会议和其他会议，学习国家的有关法律、法令和法规，了解党的路线、方针和政策，关心国家大事。

十八、讲文明、讲卫生、讲礼貌、讲道德，严禁侵犯他人的人身权利，不准酗酒闹事，加强邻里团结，争当模范村民。

十九、凡是违反上述规定及违反《治安管理处罚条例》都必须严格按照《中华人民共和国治安管理处罚条例》进行处罚。

二十、本村规民约自通过之日起执行。

1985年1月10日

阳湾村“两委”班子及其成员民主评议制度

一、评议原则

按照想事、干事、成事和德才兼备的原则，客观、公正地评价村两委班子及其成员。

二、评议内容

（一）是否具有坚定的共产主义信念，把实现新农村建设的奋斗目标同脚踏实地做好本职工作结合起来，全心全意为人民服务。

（二）是否坚决贯彻执行党建设社会主义新农村的路线方针政策，在政治上同党中央保持一致，是否带领全村百姓共同致富，提高了村民生活水平。

（三）是否站在建设社会主义新农村前列，能否正确处理国家、集体、个人利益之间的关系，做到个人利益服从党和人民的利益，局部利益服从整体利益。

（四）是否切实执行党的决议，严守党纪、政纪、国法，坚决做到令行禁止。

（五）是否密切联系群众，关心群众疾苦，艰苦奋斗、廉洁奉公，在个人利益同党和人民的利益发生矛盾时，自觉地牺牲个人利益。

（六）是否具有驾驭农村经济工作的能力，带领广大群众共同致富，有干劲和真本事。

（七）是否保持清正廉洁，做到防微杜渐，拒腐蚀、永不沾。

三、评议方法

组织党员和村民代表以投票的方式，背靠背地进行评议，通过座谈、走访、谈心、民意测验等手段，广泛征求党内外群众的意见，以求评议全面准确。

四、评议结果的运用

（一）测评满意率在95％以上为优秀；80％以上为称职；70％以下为帮教线；60％以下将通过有关程序取消任职资格，对连续两年在70％以下的也将不再任用。

（二）评议结果，将作为下届是否连任的重要依据。

1986年2月10日

阳湾村民主评议办法

第一条　为加强对村党支部书记日常管理和监督，根据本村实际，制定本办法。

第二条　本办法所称民主评议，是党员、群众对村党支部书记履职情况进行评议和测评。

第三条　民主评议每年进行一次。根据工作需要，也可临时进行。

第四条　民主评议内容主要包括：

（一）执行上级决议、决定的情况。

（二）为民办实事，工作目标完成情况。

（三）班子和干部队伍建设情况。

（四）保障党员、群众民主权利情况。

（五）处置重大突发事件的情况。

（六）遵纪守法、廉洁自律情况。

第五条　民主评议采取大会评议、“一户一票”评议、全体村民评议等方式进行。

第六条　参加民主评议大会人数不得少于村民总数的60%，其中村民代表不得少于80%。参会代表经民主推荐产生，任何个人和组织不得指定。

第七条　实行“一户一票”和全体村民评议的，村党支部书记应采用适当方式向党员和村民进行述职。评议结果应于投票结束后及时公布。

第八条　民主评议前，应组织参会代表收集村民意见。

第九条　村党支部书记应根据评议中提出的意见和建议，制定整改方案。整改方案和整改结果应在本村范围进行公示。

第十条　在民主评议中，群众不满意率高于30%的，不得确定为称职以上等级，并应进行诫勉谈话；高于50%的，应引咎辞职。

1996年7月10日

阳湾村民主决策“五议、五公开”制度

本村重大事项都必须在村党组织的领导下，按照“五议五公开”的程序决策实施。“五议”即村民建议、支部会提议、“两委”商议、党员大会审议、村民代表大会决议；“五公开”即程序公开、决议过程公开、决议结果公开、实施方案公开、实施结果公开。

一、准确把握“五议五公开”的主要内容

1. 村民自治章程和村规民约的制定，村发展规划和年度工作计划的规定。

2. 村集体资产购建与处理、集体借贷、集体企业改制、村机动地、林果基地及“四荒”地等经济资源的开发、承包、租赁、流转，集体所有的土地、房屋、设施、机械等的经营、承包、租赁、出售、转让及费用的收缴和使用，集体经济项目的立项、承包。

3. 村组建设规划、土地征用及补偿分配，宅基地的规划、报批，生育证发放对象、优抚对象、低保户、五保户的确定，政府下拨和社会捐赠的救灾、救济、扶贫、助残等款物的分配、发放。

4. 农村公益事业建设承包、经费筹集、组织、实施与管理。

5. 村集体大额资金的使用、支出。

6. 法律规定必须由村民会议讨论通过的事项，按有关法律规定执行。

7. 其他事关村民切身利益和全村经济发展稳定的事项。村党支部不得对以下事项进行提议：违反党的路线方针政策的事项；违反国家法律法规的事项；和上级党委、政府决策有冲突的事项；损害国家、集体、他人合法权益的事项；违背群众利益的事项；容易引起矛盾纠纷的事项。

二、严格执行“五议、五公开”工作要求

1. 五议

村民建议。对村民最关心、最直接、最现实的村级经济发展和民生等问题，通过个人或者村民小组以书面形式向村支部提出建议。

村党支部会提议。对村内重大事项，村党支部在充分征求党员、村民代表及广大村民意见和认真调查论证的基础上，集体研究提出初步意见和方案。

村“两委”会商议。根据党支部的初步意见，组织“两委”班子成员充分讨论，科学论证。对意见分歧较大的事项，根据不同情况，可采取口头、举手、无记名投票等方式进行表决，按照少数服从多数的原则形成商议意见。

党员大会审议。将村“两委”商定的重大事项形成方案，提交党员大会讨论审议。召开党员大会审议前3天，把方案发给全体党员，在党员中充分讨论征求村民意见；党员大会审议时，到会党员人数须占党员总数的2/3以上，审议事项经应到会党员半数以上同意方可提交村民代表会议或村民会议表决；党员大会审议后，“两委”要认真吸纳党员的意见建议，对方案进行修订完善，同时组织党员深入农户做好方案的宣传解释工作。

村民代表会议或村民会议决议。党员大会通过的事项，依照有关法律法规规定，在党支部领导下，由村委会主持，召集村民代表会议或村民会议讨论表决。参加会议人数必须符合法律规定，讨论事项必须经全体村民代表或到会村民半数以上同意方可决议通过。

2. 五公开

程序公开。党支部都必须把“五议五公开”工作流程和工作要求通过村民大会和党务村务公开栏进行公开。

过程公开。“五议”的每一个环节都要通过一定形式向村民公开，要让村民关注的重大事项通过合理化建议、支部提议、“两委”商议、党员大会审议、村民大会决议的议事程序公开透明化。

决议过程公开。党员和村民代表有哪些人参加，对参会人员要有到会签到、发言记录和投票表决过程。

决议结果公开。经村民代表会议或村民会议决议通过的事项，一律在村级活动场所和各村民小组村务公开栏公示，公示时间原则上不少于 7 天。如果发现公示内容有遗漏或不真实的应立即重新公示。

实施方案分开。通过“五议”形成的决议事项，由“两委”制定实施方案，形成方案材料，由“两委”成员、全体党员和村民代表深入群众征求意见，对实施方案做进一步的补充和完善。

实施结果公开。决议事项在党支部领导下由村委会组织实施，实施结果及时向全体村民公示。公示内容要翔实、准确、全面；在公示时要设立意见箱，收集党员群众意见建议；对收集到的群众意见必须在 3 日内由村委会予以答复；对村委会解释、答复不满意或村委会不能解决的问题，可由党支部组织党员大会审核，把审核结果提交村民代表大会讨论、表决，表决结果作为村级最终处理结果。

2000 年 3 月 10 日

阳湾村村民代表会议制度

一、村民代表会议是村级民主决策的基本组织形式。

二、村民代表会议由村民代表为主体组成，村民代表由各村民小组选举产生，每 10 户选 1 名，依照法律法规行使村民代表的权利。

三、村民代表必须年满 18 岁以上，有参政议政能力；热心为村民服务，敢于坚持原则，遵纪守法；密切联系群众，在村民中有一定威信。村民代表每届任期三年，可连选连任。

四、村民代表会议由村委会主持并负责召集，每半年召开一次，必要时可随时召开。

五、村民代表会议的职权

1. 审议村集体经济和社会发展规划、年度工作计划。

2. 确定本村享受误工补贴的人数及补贴标准。

3. 讨论确定村集体经济所得收益的使用和村集体举债。

4. 讨论确定村集体经济项目的立项、承包方案及村公益事业的建设承包方案。

5. 讨论确定村集体土地承包和租赁，村集体资产的处置、村集体企业的改制。

6. 确定农村最低生活保障对象、救灾救济款物的发放及“五保”对象。

7. 听取审议村民委员会工作报告和财务收支的报告，审查、批准村务公开方案。

8. 民主评议村干部。

9. 讨论决定村民会议授权及村民利益的其他事项。

2001年4月10日

阳湾村村民议事制度

一、村民会议由本村18周岁以上的村民组成。召开村民会议，应当有本村18周岁以上村民的过半数参加或者有本村过2/3的户代表参加，方能对村内重要事项进行议决。

二、村民会议是农村基层民主和村民自治的重要组成形式，对本村村务享有最高决策权。村民会议决重重大村务时，所在决定必须由参加会议的村民或户代表过半数以上通过方可有效。

三、村民会议的召开由村党支部、村民委员会根据工作需要和村民代表会议的提议研究确定，由村党支部和村民委员会召集。村民会议一般每年召开一次。有十分之一以上的村民提议，应当召集村民会议。

四、有五分之一以上的村民对村民代表会议的决议持不同意见提议时，应召开村民会议，重新讨论表决。

五、村民会议的决议由村委会组织实施，村民代表会议监督落实。

2004年10月10日

阳湾村干部离任审计制度

一、本村干部任期届期满或离任时，必须接受审计。

二、审计工作由村民主理财小组负责实施，必要时报乡镇经管、审计、财政、民政和纪检监察等部门介入。

三、主要审计重大建设投资项目的管理及效益情况；财务收支情况；资金使用和村集体资产管理情况。

四、重点审查本村干部任职期间有无侵占村级集体资产、资金和其他违法违纪情况。

五、在审计中查出侵占挪用集体资产和资金及不合理的开支，要责令其如数退赔。

六、审计中发现干部违法违纪，需要给予党纪、政纪处分的，移交纪检监察机关处理；构成犯罪的，移交司法机关依法追究法律责任。

2005年10月20日

阳湾村干部工作移交制度

一、村组干部离任或任期届满，必须做好工作移交。

二、移交工作必须向街道办事处报告，争取其支持、指导和帮助。

三、移交内容包括公章、办公场所、办公用具、集体财务账目、现金存款、固定资产、工作档案、债权债务及其他遗留问题等。

四、对拒绝移交或无故拖延移交的，报街党工委和办事处给予批评教育，督促其加以改正。

五、移交过程中发现有重大问题的，报街党工委和办事处、纪检监察机关和司法机关依法处理。

2005年10月20日

阳湾村村务、财务公开制度

一、公开内容

1. 村干部三年任期目标、村委会成员分工、岗位职责和各项工作制度；

2. 村干部年度考核评议以及其他以年度为执行时间的年度性工作；

3. 村级财务收支明细情况、村集体债权债务；

4. 救灾救济（含低保）款物发放；

5. 村干部报酬；

6. 村集体经济所得收益（农村机动地、山林水面和其他集体资产承包、经营、拍卖、租赁所得）情况；

7. 村内“一事一议”筹资筹劳；

8. 宅基地使用；

9. 土地征用补偿及分配；

10. 计划生育政策落实情况；

11. 新型合作医疗；

12. 种粮直接补贴；

13. 退耕还林款物发放；

14. 家园建设行动计划情况；

15. 国家其他补贴农民、资助村集体、地方政府部门对口扶持村集体及村民款物落实情况。

二、公开程序

公开项目由村委会提出公开的具体项目和内容，然后村民主理财小组和村务公开监督小组对项目和内容进行审查、补充完善后，提交村党支部、村委会联席会议讨论确定，村委会应于5日内通过村务公开栏公布，并听取收集群众意见。

三、公开时间

每季度首月上旬为村务公开月。一般的村务事项每季度公开一次，涉及农民利益的重大问题以及群众关心的事项及时公开。财务往来较多时，财务收支情况每月公布一次。

四、公开形式

1. 利用广播、黑板报公开。2. 利用村务公开栏公开。3. 召开村党员大会、村民会议、村民代表会议，定期或不定期向村民公开。

五、公开责任人

村党支部书记为本村村务公开第一责任人，村委会主任为村务公开直接责任人。

2006年1月20日

阳湾村党支部“创先争优”活动实施方案

为进一步巩固和拓展深入学习实践科学发展观活动成果，提高党的执政能力、保持和发展党的先进性、密切党群干群关系，构建乡村统筹党建新格局，根据街党工委关于印发《关于在党的基层组织和党员中深入开展创先争优活动实施意见的通知》的文件精神，结合阳湾村实际，特制定本方案。

一、总体要求

开展创先争优活动，要以邓小平理论和“三个代表”重要思想为指导，认真贯彻落实党的十七大、十七届三中和四中全会精神，以深入学习实践科学发展观为根本要求，以“科学发展引领建设新农村，创先争优构建和谐新侏儒”为主题，以“四个创先争优”（在发展生产上创先争优，在带头致富上创先争优，在保护环境上创先争优，在文明和谐上创先争优）为载体，把队伍建设和经济建设两项建设贯穿始终，从本村实际出发，丰富内容，创新形式，务求实效，统筹推进党的建设和其他经常性工作，充分发挥基层党组织的战斗堡垒作用和共产党员的先锋模范作用，在推动科学发展、促进社会和谐、服务人民群众、加强基层组织的实践中建功立业。

（一）推动科学发展。要认真履行职责，切实贯彻党的路线方针政策和区委、街党委作出的重大决策部署，认真落实本村科学发展规划、思路、举措，努力把科学发展观的要求转化为谋划科学发展的正确思路、促进科学发展的政策措施、领导科学发展的实际能力、推动科学发展的自觉行动；广大党员要以模范行动影响和带领广大群众努力完成各项工作任务，在践行科学发展观，完成各项工作任务中当标兵、作表率。

（二）促进社会和谐。要及时了解群众思想动态，有针对性地做好群众工作，自觉维护社会稳定大局；积极践行社会主义核心价值体系，加强社会公德、职业道德和家庭美德建设，推动形成良好社会风气；主动排查矛盾纠纷，及时做好化解工作；在重大突发事件面前，立场坚定、旗帜鲜明，坚决捍卫国家和人民利益。

（三）服务人民群众。要充分尊重群众，紧密联系群众，紧紧依靠群众，认真倾听群众呼声，及时反映群众意愿，主动关心群众疾苦，帮助群众解决生产生活中遇到的实际困难；积极参加党员志愿服务活动，多为群众办实事办好事。

（四）加强基层组织。全面推进基层党组织建设，大力实施“堡垒工程”和“先锋工程”，进一步扩大党的组织和党的工作覆盖面，优化组织设置，强化组织功能；造就高素质的基层党组织带头人队伍，强化教育培训，完善激励保障和监督管理机制；创新活动方式，积极推进学习型党组织建设，增强党员队伍的生机活力，充分发挥基层党组织的战斗堡垒作用。

二、主要内容

先进基层党组织要出色完成党章规定的基本任务，努力做到“五个好”：一是领导班子好。深入学习实践科学发展观，认真贯彻党的路线方针政策，建设学习型党组织成效明显；团结协作，求真务实，勤政廉洁，有较强的凝聚力和战斗力。二是党员队伍好。党员队伍结构合理、素质优良，党员有较强的党员意识，能够充分发挥先锋模范作用。三是工作机制好。规章制度完善，管理措施到位，工作运行顺畅有序。四是工作业绩好。坚持围绕中心、服务大局，党的建设与各项工作统筹兼顾，相互促进，成绩显著。五是群众反映好。基层党组织在群众中有较高威信，党员在群众中有良好形象，党群干群关系密切，群众满意度较高。

优秀共产党员要模范履行党章规定的义务，努力做到“五带头”：

一是带头学习提高。认真学习中国特色社会主义理论特别是科学发展观，理想信念坚定；认真学习科学文化知识，成为本职工作的行家里手。

二是带头争创佳绩。具有强烈的事业心和责任感，爱岗敬业、踏实肯干、无私奉献，勇于承担急难险重任务，在本职岗位上做出显著成绩。

三是带头服务群众。积极践行全心全意为人民服务宗旨，主动为群众解难题、办实事，自觉维护群众正当权益。

四是带头遵纪守法。自觉遵守党的纪律特别是关于反腐倡廉的各项规定，模范遵守国家法律法规。

五是带头弘扬正气。模范践行社会主义核心价值体系，发扬社会主义新风尚，遵守社会公德、职业道德和家庭美德，敢于同不良风气、违纪违法行为作斗争。

三、活动内容

（一）抓学习，提高素质。一要在加强政治理论学习上争先创优，全村党员干部要认真学习党在农村的各项路线、方针、政策，不断提高自己的政策理论水平和思想觉悟。二要在加强业务技能学习上争先创优，努力掌握做好本职工作的基本技能、基本规律和基本方法，学用结合，活学活用，加快党在农村各项政策的落实，推动农村各项工作全面、快速、健康发展。三要在深入调研走访上争先创优，紧密围绕经济建设这个中心，将制约、影响我村发展的突出问题找准，理清发展思路，探讨破解办法。

（二）抓工作，推动发展。一要在全力支持街招商引资和项目建设上争先创优。在上级部门支持领导下，以实际行动支持乡招商引资和项目建设工作，积极为乡文化站建设、政府危房改造等招商引资和项目建设工作提出合理化建议。二要在农村基础设施建设上争先创优。加大农村道路、水利基础建设力度，通过改善水利设施，完善安饮建设，逐步改善农村发展环境。三要在形成发展合力上争先创优。要围绕发展和稳定大局，为推动我村科学发展、统筹发展尽职尽责、贡献力量。

（三）抓作风，弘扬正气。一要在优化服务态度。上争先创优，要切实转变服务理念、优化服务态度、提高服务质量，始终以人民群众的满意为最高荣誉，以人民群众的口碑为最高赞誉，耐心周到，热情细致，廉洁高效。二要在改进工作方法上争先创优，要经常站在服务对象的角度进行换位思考，想人民群众之所想，急人民群众之所急，忧人民群众之所忧。三要在转变工作作风上争先创优，现场可解决的问题，要求现场解决，现场解决不了的问题，要求限期解决到位。

（四）抓管理，塑造形象。一要在增强服务大局意识上争先创优。要以规范管理、精细管理为突破口，规范工作流程，紧密围绕促进我村经济快速发展这个中心展开工作。二要在日常管理方面争先创优。要结合党员实际和全村工作任务，制定和完善管理制度，特别要完善会议制度，加强会议考勤，通过绩效考核落实任务、夯实责任、激发活力、推动发展。

（五）通过深入扎实开展创先争优活动，使全体党员干部的素质有新的提高，工作能力有新的增强，工作作风有新的改进，服务质量有新的变化，各项工作有新的突破。

四、方法步骤

（一）广泛发动，安排部署（2010 年 6 月上旬—6 月下旬）。主要抓好四项工作：一是制定方案。村党总支建立创先争优活动工作小组，制定出本村实施方案报街道创先争优办公室。二是明确目标。按照“五个好”先进党支部和“五个模范”优秀共产党员标准，制定出具体的争创目标。三是广泛动员，加大创先争优宣传力度。四是组织学习。组织党员集中开展一次党性教育，通过专题学习讨论、广泛听取意见等方式，广泛动员党员参与。健全落实学习制度，严肃学习纪律和要求。

（二）全面争创，扎实推进（2010 年 6 月下旬—2011 年 6 月中旬）。通过重点开展“党性教育”“岗位奉献”“服务群众”“组织创新”等活动，使全村党员的党员意识进一步提升，工作水平进一步提高，党员模范带头作用进一步发挥，党的基层组织战斗堡垒作用进一步增强。

（三）对标定位，晋档升级（2011年7月—2012年6月底）。对照创先，争优标准，着眼全面提升，主要抓好培树典型、对标先进、晋档升级三项工作，引导广大党员群众从那些不符合创先争优要求的观念、做法中解放出来，使党支部和党员的整体素质和水平都有校大幅度提高。

（四）系统总结，完善机制（2012年7月—党的十八大召开前）。重点抓好成果展示、经验总结、考核评议、完善机制四项工作，对创先争优活动的做法、效果、经验、典型及需要引起注意的问题进行全面总结，形成专题报告和系列典型材料，上报街党委创先争优活动领导小组办公室；对开展创先争优活动中行之有效的做法用制度的形式固定下来，形成创先争优的长效机制。

五、工作要求

（一）为加强领导，成立阳湾村创先争优活动工作领导小组。充分认识开展村级组织创先争优活动的重要意义，消除思想顾虑，切实把开展村级组织创先争优活动纳入重要议事日程，大力支持和协助乡领导小组开展工作，全力配合。

（二）切实负起责任，做好党员群众的思想工作，主动参与创先争优活动，实事求是反映真实情况，对人为设置障碍、干扰创先争优活动的人和事要严肃处理。

（三）领导小组成员要按照实事求是的原则，坚持做到公开、公平、公正，认真履行各自的工作职责，扎扎实实做好各项工作，确保活动取得实际成效。

2010年6月

阳湾村村级财务管理制度

一、村财务管理专班由村主任、报账员（财经委员兼任）、民主理财小组组成。村主任负责财务收支的审批；报账员负责办理票款结算，民主理财小组负责财务审核。村级资金和账务交由街（乡镇）农村会计服务中心进行审计。

二、财务事项发生时，经手人必须取得有街道办事处及有关主管部门的有效原始凭证，注明用途并签字（盖章），报经村主任审批同意并签字（盖章）交村民主理财小组集体审核同意并签字（盖章）后，由报账员在规定时间内送会计服务中心审计。

三、每年1月份，村财务管理专班根据承包合同或协议，以及上年度收支状况，按照量入为出、不增债务的原则，编制全年财务预算方案。经村两委会讨论通过，会计服务中心审核后，报街（乡镇）批准，并发文执行。对各项承包租赁收入一律通过签订合同协议进行管理，并纳入账内核算。“一事一议”建设资金以区经管局审批的方案为依据。

收入必须使用会计服务中心统一规定的收款收据，资金于7日内存入指定账户，逾期作侵占公款论处。

四、开支项目根据年度财务预算的安排及收入计划的情况确定，实行申报制度，单项开支在300元—500元的要通过书记、主任、财经委员签字同意，500元以上的要经村“两委会”集体研究同意、大型公益事业支出等必须报街（乡镇）审核，并附工程预算、合同。小组共同生产费的提取和使用必须经过本组户代表会议讨论通过，当年平衡。

五、村财务管理专班应当将集体财务活动情况及有关账目，在统一制定的公开栏内定期如实地向村民公开。对群众提出的问题，及时给予解答和解决，让群众满意。对群众反映强烈的突出问题、村范围内的“一事一议”筹资筹劳、土地征用补偿费、转移支付资金等，主动接受上级主管部门的专项审计；村干部任期届满和离任时，主动接受上级主管部门的经济责任审计；审计结束后，及时将审计结果向群众公布，接受群众监督。

2010年4月10日

阳湾村村务监督委员会的主要工作职责

一、监督村党组织和村民委员会贯彻执行党在农村的路线、方针、政策情况，监督村民大会和村民代表大会形成的决议执行情况。

二、监督村级重大事项民主决策落实情况。凡与农民群众利益密切相关的村级大事项必须按照村级民主决策程序研究决定。村务监督委员会全程监督民主决策实施过程，如发现村委会未严格遵守民主决策程序，应督促其重新召开村民代表大会讨论决定。

三、监督村务公开情况。凡是上级规定和农民群众要求公开的村务事项，村委会应当全面、真实、及时公开。村务监督委员会要认真审查公开的内容、时间和程序，如公开情况不能满足村民要求，应督促村委会重新公布，村委会应在一周内予以答复。

四、监督村级财务管理情况。村级财务事项发生时，必须取得有效的凭证，注明用途，由经手人签字，交村务监督委员会集体审查签署意见并盖章，再由村党支部书记、村委会主任联鉴后，报街道农村社会经济服务中心审核入账。街道农村社会经济服务中心财务审核人员要认真履行职责，严格审核把关，如审核把关不严，造成不良后果的，要追究其责任。

五、监督村集体经济合同和项目招投标情况，村务监督委员会参与制定本村集体的财务计划和各项财务管理制度，监督村级集体投资项目和资产、资源处置的公开竞价、招投标活动。按照有关规定，配合街道农村社会经济服务中心定期检查、审核村财务账目及相关的经济活动事项。

六、监督村干部履职情况。村务监督委员会应加强对村干部履行职责情况的监督，并及时向村民代表大会或村民大会报告情况。

七、监督村民代表大会或村民大会授权的其他事项。

2014 年 10 月 20 日

阳湾村集体财务审计监督制度

为了加强对本村集体经济的审计监督，保障村集体资产的安全、完整，正确、客观地评价村干部，促进党风廉政建设和农村基层组织建设，根据上级有关规定，结合本村实际，制定本制度。

一、审计范围、对象：按上级“三年一轮审”的要求和审计计划，对村级财务实施年度审计；对村干部任期届满或离任时实行经济责任审计；经济责任审计的对象是党支部（总支）委员会、村民委员会班子成员中分管财务审批工作的领导，以及参与村经济活动决策的其他人员；对群众反映强烈的有关村重大工程建设项目或需要审计的重大事项可实行专项审计。

二、审计的实施：本村集体财务的审计工作原则上委托街道办事处组织实施，也可委托其他有审计资格的审计部门审计。在审计过程中，涉及到的相关人员必须全力配合审计部门的审计，不得以任何借口拒绝或回避。

三、审计的要求：必须向审计单位如实提供所需账册、有关资料等，不得隐瞒。

审计人员依法实施审计，受法律保护，任何组织和个人不得拒绝、阻碍和干扰审计人员执行公务。审计结果及时上报街道党工委、办事处，并在村两委会、党员大会和村民代表会议上宣布，同时在村务公开栏等适当场所公布审计结果。

2016 年 12 月 10 日

阳湾村环境卫生“最清洁户”“清洁户”评比活动方案

为进一步改善村民居住环境，推进农村环境综合整治工作进家庭，提高生活质量，提高村民的卫生意识，深入推进环境卫生整洁工作，经村“两委”会研究决定在全村开展“最清洁户”“清洁户”评比活动。

一、指导思想

为进一步巩固“城管革命”成果，推进农村环境卫生管理规范化、制度化、常态化建设，以提高我村村民环境卫生意识为重点，广泛发动群众积极参与，形成人人关心动手、户户参与争创、比卫生意识、比卫生质量的氛围，促进村庄环境卫生工作健康发展。

二、工作目标

坚持“标本兼治、建管并重”的原则，通过开展“最清洁户”和“清洁户”创评活动，发动全村力量共同参与创建，形成全体村民参与村庄环境卫生整洁工作的良好格局，使环境卫生管理逐步走上基础化、制度化、规范化轨道，推动村庄环境卫生整洁行动向纵深方向发展。

三、方法与步骤

村委会组织村民代表评选出“最清洁户”和“清洁户”，由村或管委会以相关部门名义制作奖牌，由村委会组织到户授牌。

四、评选标准

（一）自家宅院内每天卫生清扫保洁到位，无乱堆乱扔垃圾，每天把垃圾集中放置入垃圾池或垃圾收集点。

（二）家庭周围环境优美，卫生整洁，无乱堆乱放杂物，无乱搭盖悬挂，无放养家禽家畜，无污水排放，房前屋后和室内外环境干净整洁。

（三）积极参加村委会统一组织的环境卫生保洁劳动和环境卫生整治以及相关环保志愿活动。

（四）符合《阳湾村自治章程》中“环境整洁”方面的相关规定和要求。

五、动态管理办法

（一）“最清洁户”“清洁户”荣誉实行动态管理，每月检查一次，如发现被评选授牌的“最清洁户”出现脏、乱、差状况，经 2 次警告仍没有整改的由村给予“不清洁户”，待整改后由该户提出书面或口头申请，才给予重新授牌。

（二）“最清洁户”“清洁户”每年复评一次，复评工作在每年的 12 月 25 日前完成。

（三）建立“最清洁户”花名册档案以备检查和动态管理时使用。

六、保障实施

（一）强化组织。成立以村党支部书记担任农村环境整治工作组组长的领导小组，落实村两委成员（或村民代表）环境卫生划片包户责任区负责制，实施好农村环境卫生综合整治工作。

（二）监督检查。健全完善村环境卫生综合整治日常检查工作。农村环境卫生综合整治纳入村年度工作目标中，由村两委组织牵头，组织环境卫生督察，每月不定期督查检查。

2017 年 3 月

阳湾村社会管理综合治理网格化管理实施方案

根据区、街综治部门的具体要求，为进一步健全社会管理体制、改进社会管理方式、完善社会管理手段、提高社会管理效能，努力走出一条具有阳湾特色的社会管理新路子，以整合资源、结合实际，创新方法为手段，通过“定格、定人、定责”，依托推进社会管理创新“网格化管理”工作信息平台，积极探索建立健全职责明确、管理精细、信息共享、渠道畅通、服务有效的网络体系。各片区组织实施，密切配合，确保各项工作顺利完成。

一、社会管理工作网格服务对象，网络内服务管理对象主要包括“人、地、物、事、组织”

（一）人：社会管理的各类人员，包括刑释解教人员、社区矫正人员、吸毒人员、精神病人员、信访重点人员、违法犯罪青少年、其他重点人员。社会服务涉及：流动人口、低保人员、孤寡老人、空巢老人、留守儿童、残疾人等。

（二）地：商场、学校、卫生所：娱乐场所、繁华地段、广场公共场所；停车场、废品收购站点等；涉及社会服务工作各类场所。

（三）物：包括涉及国计民生的水电气热设施、通信设施、易燃易爆危险品、化学剧毒物品存放场所等。

（四）事：包括人民内部矛盾纠纷、重大事件、重大案件、局部自然灾害和其他重要事件。

（五）组织：包括已登记注册的各类组织、未注册其他需关注的组织情况。

二、社会管理工作网格的任务

（一）掌握网格基本情况。掌握工作网格内各类社会服务管理对象的基本情况，对网格内人、地、物、事、组织情况做到底数清、情况明，对其变动情况要及时掌握，及时变更基本信息，供各方共享。

（二）了解村情民意。及时收集、上报涉及社会政治稳定和治安稳定的各类信息，定期排查，分析社情动态和突出治安问题，将各类情况信息，进行积累、分析、对比，切实做到基础工作信息化。

（三）排查化解矛盾纠纷。掌握工作网格内现有的矛盾纠纷，分析问题产生的原因，掌握发展趋势。定期开展矛盾纠纷排查工作，及时发现新的矛盾纠纷和苗头性事件，及时化解各类矛盾。对一时解决不了的问题，及时上报村部工作平台。

（四）管理实有人口。全面准确登记辖区实有人口，了解、掌握基本情况，熟悉可能违法犯罪的高危人群，重点掌握列管人员和监外执行人员的现实表现，开展监督管理和帮教工作，落实工作措施，重点掌提出租房屋和暂住人口的动态情况。

（五）组织群防群治，深化平安建设。充分依靠基层组织，大力开展安全防范宣传教育，增强群众的自我防范意识和能力，指导治保会、护村队等群防群治力量，开展治安巡逻邻里守望活动，严密辖区群防群治网络，广泛利用辖区资源，动员群众使用技防、物防设施，提高治安防范水平。组织开展平安村居、平安家庭建设工作。

（六）维护治安秩序。严格辖区公共场所、娱乐场所、商贸市场、出租房屋等的治安管理，开展经常性的治安检查，督促、指导辖区治安保卫重点单位建立健全安全防范制度，落实安全防范措施，预防、减少各类案件和治安灾害事故的发生；协助办理辖区各类案件，为侦破刑事案件提供线索。

（七）落实社区矫正和安置帮教工作。在工作网格中固化矫正帮教体系，落实工作网格矫正、帮教工作任务，掌握社区矫正人员和刑释解教人员的思想动态和日常走向，了解和反映其基本需求。

（八）开展群众工作。走家串户，深入群众，倾听群众意见，了解群众疾苦和诉求，为群众排忧解难；积极参与排查调处民间矛盾纠纷；向居民代表定期报告工作，自觉接受监督。

（九）搞好社会组织尤其是“两新”组织服务管理。对各类社会组织做到底数清、情况明，服务到位、管理规范。依法坚决取缔非法组织，积极培育社区服务组织。

（十）开展辖区环境监督治理。发现工作网格内散发小广告、私搭乱建、流浪乞讨等影响环境秩序的各类问题，及时上报有关部门，并做好配合治理工作。

三、社会管理工作网格的职责

网格划分在充分考虑全村人文、地理和现有布局等因素，以有利于服务管理，有利于群众办事，有利于形成统一的区域特色为基本要求，一般以一个组别一个网，村党支部书记、村委会主任担任网格责任人，即把全村划分为几个网格。每一个网格，由包组干部担任组长，组员由村民代表组成，并确定其中1—2人为信息员。各网格可视具体情况吸收律师、医师、教师、团员等各界人士组成“平安志愿者”队伍，开展志愿服务工作。

四、明确工作流程

各网格将排查出来的矛盾纠纷、治安隐患、安全事故隐患、重点人员进行分类梳理后，及时上报村综治维稳工作站。对一般性的问题，由网格责任人协同辖区民警自行采取相应的化解整治稳控措施，组织解决问题；矛盾纠纷、以调解委员会为主化解，有关人员配合；要认真研究工作对策，周密制定方案，明确具体负责人员，并及时报告办理情况和结果；对复杂疑难问题，不能解决的通过村综治维稳工作站、上报街道综治维稳工作中心。

五、工作要求

（一）加强领导，建立机构。成立网络化管理工作领导小组，全面负责开展网络化管理工作的组织和领导，下设办公室，负责具体实施、协调和指导工作。书记、主任主要领导为责任人，负责开展网格化管理具体工作。要根据街道党工委、街道办事处的统一部署，积极主动地参与网格化管理工作，努力形成工作的整体合力。同时为了加强信息平台建设，并指定信息员，从事信息收集、汇总、整理上报及反馈等工作。

（二）落实责任，强化督查。网格服务工作责任制，层层分解落实工作责任，一级抓一级，层层抓落实，全面掌握工作推进情况。建立健全考核激励机制，加强督促检查，确保工作不流于形式、不走过场。要在真抓实干、落实责任上下功夫，要在务求实效、建章立制上下功夫，要在督促检查、狠抓落实上下功夫。要充分调动辖区居民和网格工作人员的积极性、主动性，确保任务到格、责任到人，取得工作实效。

（三）加强宣传，引导舆论。加大网格服务管理工作宣传力度，充分利用信息、广播、黑板报、宣传栏、标语横幅等方式，大力宣传开展网格化管理工作的重要意义，激发全社会的热情和积极性，使更多的人投入到网格化管理工作中来。网格管理主要职责任务是依托村综治维稳工作站，开展矛盾纠纷、治安隐患、安全事故隐患、重点人员排查管理，并对排查出来的情况进行分类梳理，做好收录上报社情信息、宣传政策法规、开展平安巡逻、协助社会管理、做好民情日记等工作。

2018年2月3日

阳湾村群防群治工作方案

为认真贯彻落实省、市有关精神，保护人民群众生命财产安全，广泛动员广大人民群众参与社会治安管理工作，全面落实社会治安综合治理各项措施，维护我村社会政治大局稳定，结合我村实际，经研究特制定群防群治工作方案：

一、指导思想

以“三个代表”重要思想和党的十九大精神为指导，按照执政为民、构建社会主义和谐社会的要求，解决群众反映强烈的治安问题，坚持“打防结合，预防为主，专群结合，依靠群众”的方针，广泛发动群众严厉打击各种违法犯罪活动，周密防范，齐抓共管，切实加强治安防范体系建设，大幅度提高人民群众安全感，提升人民群众对治安状况的满意率，进一步把平安创建活动引向深入，为创建平安阳湾，构建和谐社会营造良好的社会治安环境。

二、目标任务

建立健全群防群治长效工作机制，达到发案少、秩序好、社会稳定、群众满意。

三、工作措施

（一）提高认识，加强领导，不断增强做好群防群治工作的责任感、紧迫感。要从维护社会稳定，保障人民群众安居乐业的大局出发，把群防群治工作作为一项“民心工程”来抓，进一步统一思想，提高认识，增强大局意识和群众意识，把这项工作摆在重要位置，精心组织，周密布署，认真实施。一是要明确组织体系，将群防群治工作纳入重要议事日程，制定详细的发展规划，定期研究解决群防群治工作中出现的问题和困难，加强各种治安防范力量建设，将必要经费纳入预算；二是严格责任机制，建立健全防范工作目标管理责任制，层层签订责任状，确保群防群治工作有人抓，有人管。

（二）建章立制，多措并举，健全群防群治工作长效机制。群防群治贵在坚持，实际工作中，要坚持打防并举，以防为主，标本兼治的工作方针，建立健全各种工作制度，认真组织群众开展群防群治工作。一是发挥公安机关职能作用，进一步加强农村警务室建设和民警巡逻，保证足够警力，指导群防群治工作的组织开展，督促各小组建立健全安全保卫责任制，明确防范职责和防范重点，落实各项防范措施；二是强化村专业巡逻队伍建设，对联防队员实行军事化、集中化管理，统一服装，严格工作纪律，坚持全天在辖区内进行巡逻，深入村辖区各道路的每一个角落，对行踪可疑人员、车辆进行认真盘查，同时要经常深入到村组督促群防群治工作开展情况，确保各种防范措施落到实处；三是大力推进农村技防入户，实现以自然湾为单位技防设施覆盖率达50％以上，十户联防报警器入户率达60％，并切实发挥作用。

（三）强化群防群治组织管理，完善督导奖惩运行机制。一方面街里由综治委牵头，班子成员带队，组成2个督导组，定期、不定期对各小组的群防群治工作进行督导检查，并进行评估，半年一总结，全年一总评，考核结果作为衡量其主要领导、分管干部工作业绩的重要内容和晋级评先的重要依据，对因工作不到位，措施不落实致使辖区案件高发、严重影响社会稳定以及治安混乱的实行综治一票否决，并追究领导责任。另一方面在检查中发现的缺岗、脱岗的领导干部要当场兑现罚金10至20元；对成绩突出的个人以及同违法犯罪分子作斗争的有功人员要给予表彰奖励。

2019年1月28日

阳湾村社会治安综合治理和平安建设实施方案

为认真贯彻落实中央和省、市关于社会治安综合治理和平安建设工作的各项要求，进一步维护社会政治稳定，切实保障人民群众安居乐业，结合本村实际，制定本方案。

一、指导思想

坚持以习近平新时代中国特色社会主义思想为指导，以人民群众满意为宗旨，以保障村民安全、村湾稳定为核心，按照“安全、稳定、健康、文明、和谐”的总体要求，进一步创新工作机制、突出宣传效果、回应社会关切，及时有效应对处置涉法涉稳舆情，进一步提高人民群众对平安建设工作的知晓率、参与率、满意度。切实抓好村湾安全稳定工作的体制机制建设、防范体系建设、基础设施建设、安全文化建设、机构队伍建设和村民思想政治工作，为经济社会发展提供坚实的安全保障。

二、工作目标

（一）村湾安全感进一步增强。组织开展村湾治安秩序的专项整治活动，严厉打击各类违法犯罪活动，确保阳湾村内无刑事案件、重大治安案件、重大恶性事故和群体性闹事事件发生。

（二）切实加强维护国家和反邪教工作。把宣传教育作为反邪教工作的基础性和预防性工作来抓，切实加强国家安全和反邪教警示宣传教育。利用志愿者服务活动，组织发放社会治安综合治理以及禁毒、打击传销、反邪教、国家安全、网络安全等治安防范宣传材料，通过微信工作群，政务微博等形式传达到每位村民群众，使大家时刻保持警惕，做好防范。

（三）深入持续宣传扫黑除恶专项斗争重大意义和成果。排查政务服务领域黑恶势力违法犯罪行为，做好扫黑除恶专项斗争宣传工作，务求“有恶必除、除恶必尽”，鼓励广大干部村民大力支持并积极参与到扫黑除恶专项斗争中。

（四）坚持以思想稳安，抓好村湾思想政治工作。严密防范和抵御各种敌对势力、邪教组织对村湾的各种破坏活动和侵蚀。不断完善各类机制。妥善处理改革与发展稳定的关系。

（五）坚持以排查固安，抓好整改落实。开展村湾安全隐患大检查，重点检查设施设备等方面的安全情况，对存在的各种隐患，及时落实整治措施和方案，杜绝各类安全事故的发生。

（六）坚持以问责促安，严格落实责任追究、强化村干部的安全责任感，层层分解落实安全管理任务和职责，做到安全管理责任到人、任务到岗，对发生的各类安全事故进行全面调查和处理，严肃追究相关人员的责任，促进村湾安全管理规范化、制度化、科学化、标准化发展。

三、工作要求

（一）加强领导，精心组织。要充分认识平安建设工作的重要性和必要性，切实将此项工作摆在重要位置，健全和完善组织、责任、工作机制，精心组织，周密部署，严格履行职责，切实落实各项工作措施。

（二）加强宣传，营造氛围。通过标语横幅、印发宣传资料等多种形式，广泛宣传平安创建的重要意义，使之深入人心，努力营造人人关心、人人支持、人人参与平安创建的浓厚氛围。

（三）突出重点，务求实效。对带有普遍性、全局性的热点问题高度重视、统筹安排，把各项创建工作任务落到实处，坚决防止做形式，图政绩的浮躁心态。要把平安建设工作作为执政为民，保一方平安的政治任务切实抓好，主动适应新时代社会主要矛盾变化，紧紧围绕人民群众对平安的新需要，以人民为中心，以社会治理现代化为抓手，以扫黑除恶专项斗争为牵引，创新工作思路，完善工作机制，强化工作保障，不断增强人民群众获得感、幸福感和安全感。

2020 年 2 月 10 日

台胞捐建阳湾小学希望工程图书馆序言

中国青少年发展基金会于 1989 年成立推动希望工程，计划针对贫困偏远的中国广大乡村进行教育推展工作，经费系由海内外透过各种管道进行捐款。本人于 1991 年 2 月由台湾返乡亲眼目睹阳湾小学之贫困落后之情形，即于 1992 年 6 月亲函阳湾小学郑彦轩校长，表达推展希望工程图书馆之捐建工作，以抛砖引玉之心期望湖北省及国家共同来注意并改善教育之落后的情况。由于郑彦轩校长的热心奔走和配合，使本案虽二地相隔千里仍然可以依计划进行而达成熟阶段。1993年3月本人在台湾结合百多位台湾同胞之热心捐献，共集资87万新台币及美金、港币、外汇券等。于1993年4月2日与阳湾小学新建图书馆之破土奠基上，亲交郑校长并随即择日进行兴建工作。希望于该馆落成启用后成为本乡之文化教育中心，以嘉惠学子与乡人，并成为希望工程实施计划之成功案例。

欧阳一于中国台湾省台南市

1993年3月25日

阳湾小学希望工程图书馆台湾同胞捐款芳名纪念碑

贰拾伍万元：欧阳一

伍万元：陈丁钦、吴美莲

贰万伍仟元：郑顺和、苏秀文、谢秋、陈金随、吴宝堂、吴辉宝

贰万元：陈正忠

壹万元：孙国河、蔡顺鳛、郑钦鸿、许秀香

伍仟元：蔡明福、王丽美、谢德参、郭茂东、廖相调

叁仟元：杨文雄、蔡金泉

贰仟伍佰元：简进账、郑秀銮、吴守雄、吴谢美玉、吕金树、郑秀专、吕全益、吕全能

贰仟元：黄龙辉、吴协峰、吴龙顺、杨子许、张宜云、王清辉、林一鹏、胡俊铭、王朝宝、陈振美、许金江、胡聪锦、李文清、金宴逸、林信、李隆铭

壹仟伍佰元：萧国治、萧武动

壹仟元：丁蔡珠、何京、欧阳萍、郑秋洪、黄碧珠、吕烂昌、周裕华、林俊茂、邱天赐、陈铭波、黄佐文、宋慧美、郭腾鸿、邱高炎玉、林建豪、杜建伟、钟安柱、王鑫、李宗智、凯威汽车、林弘谋、刘桓吉、邱舜贤、郭宝宝、官比得、许求莉、魏淑琴、赖丁旺、曾君、曾陈玉绣、曾彭英、曾兰英、曾春换、官乐尧、蔡朝原、翁庆长、陈王明、陈彩雪、陈琮壹、陈荣聪、陈玫君、江德淞、许振才、邱启兴、邱森懋

伍佰元：黄高山、刘华金、蔡俊雄、李天成、林贤辉、洪捷孟、虞济强、庄雅夙、曾椿雅、陈政议、纪文彦、周志聪、欧阳欣、欧阳凤、刘国华、黄辉明

章觐华、章瑜、欧阳珊、丁志煌、丁荣娴、陈欣棠、杨慕曼、欧阳翎、张淑敏、丁荣光

王静谊捐款美金 47 元、港币 1000 元、外汇券 62 元

（因维修施工原纪念碑文损毁，于 2021 年 8 月重建）

侏儒山战役博物馆、铁军亭建设捐赠芳名榜

侏儒山战役博物馆建设捐赠芳名榜

姓名	金额	姓名	金额	姓名	金额（备注）
傅在田	2 千元	傅卓	10 万元	傅正祥	1 千元
傅金川	5 万元	陈柏松	10 万元	冯继元	1 千元
傅天助	5 万元	傅超华	5 千元	傅楚美	1 千元
傅伟林	5 万元	傅金桥	5 千元	傅华轩	1 千元
傅祥	5 万元	傅正信	5 千元	傅杰	1 千元
傅转桥	3 万元	周振中	5 千元	傅志勇	1 千元
傅小娥	3 万元	周继红	5 千元	傅方宏	1 千元
喻忠振	3 万元	余双明	5 千元	傅方天	1 千元
傅天娥	3 万元	傅建英	5 千元	傅志桥	1 千元
甘正芳	3 万元	傅四娥	3 万元	张思成	4 千元
周秋云	3 千元	叶志雄	3 万元	周琪璋	3 千元
傅少华	3 千元	傅志平	1 万元	傅志军	1 万元
傅正平	3 千元	傅正统	1 千元	傅贵荣	1 万元
傅益宏	2 千元	周义明	1 万元	傅彦斌	2 千元
傅可	1 万元	傅来桥	2 千元	李勇	1 万元
傅江	2 千元			傅感恩	1 万元（绿化）
傅艳	1 万元	杨江河	1 千元	高进烈	1 万元（设计）
陆喆	1 万元	傅志敏	1 千元	周祥福	1 万元（油漆）

续表

姓名	金额	姓名	金额	姓名	金额（备注）
傅直军	1 万元	李平安	1 千元	涂飞雄	3 千元（水泥）
蟠龙堂	1 万元	傅正甫	1 千元	傅功权	3 千元（印刷）
傅建桥、周琳璋	58 万元				

铁军亭建设捐赠芳名榜

傅卓	李锴盛（5 万元）	鲁静怡（2 万元）
陈柏松	傅小娥	汪新德
陈卓悦（20 万元）	喻屏	何桃枝（2 万元）
傅江	应选忠	胡冬元
胡小军	应瑜	汪振玲（1 万元）
傅磊	喻扉	傅汉娥
罗艳红	刘勇	吴恒
傅梓彤（10 万元）	刘星宇（2 万元）	黄威
榨坊村委会（10 万元）	傅天娥	吴迟
傅转桥	甘正芳	杨黎
李春华	甘泉	吴俊辉
傅欢	陈杰	黄育菁（1 万元）
郑卜汉	陈逸然（2 万元）	高进玲
郑建宇（5 万元）	傅四娥	李建军 5 千元
傅可	叶志雄	贺克己 3 千元
李勇	叶宁	傅建桥、周琳璋（50 万元）
李锴源	鲁宵帆	

蔡甸区侏儒山街六海赛生态小镇固定资产评估汇总表

评估基准日：2021 年 9 月 27 号

评估单位：武汉子午资产评估事务所

被评估单位：蔡甸区侏儒山街六海赛生态小镇

金额单位：元

序号	科目名称	评估价值
一	建筑物	10381000.00
二	建筑物装修	5064000.00
三	地上附着物	62240060.00
四	绿化苗木	2711644.00
五	机械设备	6094400.00
总计		86491104.00

填表日期：2021 年 9 月 28 日

六海赛生态小镇固定资产——构筑物及其他辅助设施评估明细表

序号	名称	规格(m)			计量单位	数量	评估单价	评估总价
		长度	宽度	高度			(元/单位)	(元)
1	建筑门楼				处	2	135000.00	270000.00
2	湖心岛曲桥				座	1	198484.00	198484.00
3	曲桥水池				座	2	84500.00	169000.00
4	双亭楼阁				座	1	800000.00	800000.00
5	单亭楼阁				座	1	500000.00	500000.00
6	人行长廊	52			米	52	14130.77	734800.00
7	湖心岛周边巨石	2100			米	2100	413.18	867668.00

续表

序号	名称	规格(m)			计量单位	数量	评估单价	评估总价
		长度	宽度	高度			(元/单位)	(元)
8	沿湖路东双层楼阁				座	1	128000.00	128000.00
9	景观灯柱				个	16	6000.00	96000.00
10	吊灯				个	2	50000.00	100000.00
11	普通灯柱				个	16	1800.00	28800.00
12	景观炮台				座	1	700000.00	700000.00
13	景观区域公厕				栋	2	224000.00	448000.00
14	假山				座	1	620000.00	620000.00
15	溪溪流水(景观)				座	1	452406.00	452406.00
16	祖先陵园及假山				座	1	470000.00	470000.00
17	小桥流水				项	1	84000.00	84000.00
18	进村口桥				座	2	519091.50	1038183.00
19	儿童浮雕				处	3	33333.33	100000.00
20	佛像景观石				座	1	80000.00	80000.00
21	标志建筑				座	1	280000.00	280000.00
22	升旗台				座	1	30000.00	30000.00
23	沿湖停车场	468	4		平方米	1872	721.15	1350000.00
24	沿湖石凳				处	8	500.00	4000.00
25	九龙戏珠				处	1	641000.00	641000.00
26	五谷丰登				处	1	60000.00	60000.00
27	石标				处	2	285000.00	570000.00
28	钢构廊桥				座	1	586000.00	586000.00

续表

序号	名称	规格(m)			计量单位	数量	评估单价	评估总价
		长度	宽度	高度			(元/单位)	(元)
29	假山				座	1	1102930.00	1102930.00
30	项付湾桥				项	1	900000.00	900000.00
31	万功桥				项	1	2600000.00	2600000.00
32	观光车				辆	2	90000.00	180000.00
33	金刚砂地坪				项	1	1350000.00	1350000.00
34	公路南停车场				项	1	1818180.00	1818180.00
35	拆迁征地还建房				项	1	4460000.00	4460000.00
36	花坛				平方米	240	340.00	81600.00
37	草坪				平方米	3600	220.93	795340.00
38	排灌站				座	2	305200.00	610400.00
39	明渠						0.00	
40	混凝土管				米	914	247.78	226468.00
41	民宿别墅明沟				米	692	533.66	369292.00
42	停车场				米	1160	911.26	1057059.00
43	民宿污水管				米	702	180.42	126654.00
44	沿湖路明沟(含盖板)				米	430	197.65	84988.00
45	检查井				米	36	608.83	21918.00
46	水泥涵管				米	347	380.80	132136.00
47	U型槽排水				米	2140	129.00	276060.00
48	沿湖路至九龙戏珠处道路	2405.00	5		平方米	12025	751.00	9030775.00

续表

序号	名称	规格(m)			计量单位	数量	评估单价(元/单位)	评估总价(元)
		长度	宽度	高度				
49	双边路	116.00	5		平方米	580	751.00	435580.00
50	桥				座	2	400000.00	800000.00
51	挡水坝				座	4	1032000.00	4128000.00
52	钢木桥				座	1	380000.00	380000.00
53	湖心岛				平方米	1998	2036.52	4068958.00
54	环城河		20		立方米	13308	145.46	1935782.00
55	生态园至九龙戏珠河面挖方		20		立方米	5778	145.00	837810.00
56	生态园至万功桥西至清明山后河面挖方		20		立方米	21000	145.46	3054560.00
57	木质民宿河道两旁钢混护坡				项	1	838200.00	838200.00
58	沿湖大道路灯				盏	33	3800.00	125400.00
59	生态园河渠两旁路灯				盏	68	3800.00	258400.00
60	木质民宿双头路灯				盏	10	2800.00	28000.00
61	万功桥中华灯				盏	10	10000.00	100000.00
62	生态园1、2号楼中华灯				盏	4	5000.00	20000.00
63	生态园小区高杆灯				盏	6	2666.67	16000.00
64	假山及标志射灯				盏	16	1800.00	28800.00

续表

序号	名称	规格(m)			计量单位	数量	评估单价	评估总价
		长度	宽度	高度			(元/单位)	(元)
65	六海赛湖(挖方)			3	亩	80000.4	86.95	6955704.00
66	石山羊				只	9	1793.33	16140.00
67	灯带	22000			米	22000	25.00	550000.00
68	道路	86.00	6		平方米	516	0.00	
69	大理石护栏	887.00		1.2	平方米	1064.4	342.00	364025.00
70	沿湖大道钢混结构制作古树护栏及大理石护栏				平方米	516	250.00	129000.00
71	平整山坡场地				平方米	120000.6	4.50	539460.00
合计						62240060.00		
减:构筑物及其他辅助设施减值准备						24251044.00		
合　　计						86491104.00		
被评估单位:武汉市蔡甸区侏儒山街阳湾村六海赛生态小镇						评估单位:武汉子午资产评估事务所		

填表日期:2021年9月28日

后　记

《阳湾村志》是贯彻落实中共中央组织部、中华人民共和国财政部印发《关于开展推动红色村组织振兴建设红色美丽村庄试点工作的通知》精神，组织开展蔡甸区侏儒山街阳湾村红色美丽村庄试点工作内容之一。区委组织部、区财政局、区档案馆、侏儒山街党工委、阳湾村两委对此高度重视，区档案馆作为责任主体单位，精心谋划修志工作，于 2021 年 3 月组成修志班子，拟订修志方案，并在阳湾村召开由区档案馆、侏儒山街党工委、阳湾村两委及村民代表参加的修志启动会议。建立了以村两委及乡贤代表组成的村志编纂委员会和第三方服务的村志编辑部。

编修《阳湾村志》没有先例可循，由于村级资料缺失，修志工作面临许多困难。在区档案馆具体指导下，修志人员紧紧依靠人民群众，深入 7 个自然村湾、11 个村民小组、21 个姓氏，进家庭，查族谱，访“三老”（老党员、老教师、老村民），千方百计挖掘历史文化资源。同时，编辑部还从蔡甸区政协文史资料、区统计资料、区地方志资料、侏儒山史志资料及已故文人的资料中搜集阳湾村的资料，认真分析比对，转化为村志所用。侏儒山战役博物馆馆长傅建桥、六海赛生态小镇创建者欧阳国华、阳湾村老书记杨圣之、郑彦轩、聂东平、欧阳瑞章、退休教师项必祥、村干部欧阳荣国、郑良帅等都积极协助修志工作，提供了大量有价值的资料。

阳湾村历史悠久，情况特殊。从欧阳氏移民建村到现在已有 649 年历史，其间历经王朝兴替，自然演变，存亡续绝，之所以生生不息，村湾的品质、品位、品牌是决定因素。村志要想写出一定的高度、厚度、深度、精度有一定难度。为此，编者本着“尊重历史、实事求是”的原则，围绕经济发展村湾治理这一主线，紧扣时代特点、事件重点和精神亮点谋篇布局。明清时期阳湾村农耕文明成果十分突出，民国时期全村形成以中等收入农户为大多数的两头小中间大的“橄榄形经济结构”，这在当时侏儒山地区品位是很高的。对于它的可行性和可信度，编者为慎重起见，查阅了土改时期有关资料，还专门求证于农业史专家。对历史上阳湾村各家族注重乡村治理，重视教育，传承弘扬文明乡风、淳朴民风、优良家风以及乡绅保村护民等优良品质，编者多次走访老一辈知情人，从他们的口碑中得到证实。

红色美丽村庄这个品牌，是历代先贤、无数革命先烈和当代乡贤不断接力、大义担当、无私奉献的结晶。历史是丰富多彩的，也是曲折多变的。地方志的编写要求以历史唯物主义为指导，实事求是、秉笔直书，既写成功的经验也不回避挫折，通过历史的真相给后世劝诫和警示，达到以史为鉴、资治教化的目的。对有些历史敏感问题，如“大跃进”“文革动乱”的严重挫折，编者从正反两个方面总结历史经验，把握好分寸，点到为止。

《阳湾村志》总体记录了阳湾村有史以来至2021年的历史。全书共有概述、基本村情、红色历史与教育基地、六海赛生态小镇、经济产业、村级组织、民俗风情、人物、大事记、附录等部分。在阳湾村这个大家庭中，7个自然村湾21个姓氏都有自己繁衍生息的历史，虽然移民建村情况各异，家族文化各具特色，但是，人们“卧薪尝胆发愤图强，风雨同舟和衷共济，为民兴村无私奉献”的精神是高度一致的。编者在资料搜集和村志编修过程中，坚持人民是历史创造者的观点，尊重人民主体地位，聚焦人民实践创造，为人民立言，突出人民群众在社会发展中的地位和作用，用历史智慧和经验镜鉴现实。

《阳湾村志》在修改审订过程中得到武汉市地方志办公室、蔡甸区档案馆专家悉心指导，特别是市地方志办公室领导认真把关，为此倾注了大量的心血，在此谨表示感谢。由于历史久远，许多资料失考，修志人员学识有限，对于阳湾村的史实难免挂一漏万，敬请读者补充指正。

《阳湾村志》编辑部

2021年8月